此书由中国商业文化研究会、文化建设基金管理委员会策划

A RECORD OF
THE SPIRIT OF CHINESE
ENTREPRENEURS

中国企业家精神录

张桂平 张杰 林锋 著

光明日报出版社

图书在版编目（CIP）数据

中国企业家精神录 / 张桂平，张杰，林锋著. — 北京：
光明日报出版社，2018.1
　ISBN 978-7-5194-3628-5

　Ⅰ.①中… Ⅱ.①张… ②张… ③林… Ⅲ.①企业家
—企业精神—研究—中国 Ⅳ.①F279.23

中国版本图书馆CIP数据核字（2017）第281554号

书　　名：中国企业家精神录
著　　者：张桂平　张　杰　林　锋
责任编辑：庄　宁　　　　　责任校对：傅泉泽
封面设计：中尚图　　　　　责任印制：曹　净
出版发行：光明日报出版社
地　　址：北京市东城区珠市口东大街5号，100062
电　　话：010-67022197（咨询），67078870（发行），67078235（邮购）
传　　真：010-67078227，67078255
网　　址：http://book.gmw.cn
E-mail：gmcbs@gmw.cn　zhuangning@gmw.cn
法律顾问：北京德恒律师事务所龚柳方律师
印　　刷：北京墨阁印刷有限公司
装　　订：北京墨阁印刷有限公司
本书如有破损、缺页、装订错误，请与本社联系调换
开　　本：710mm×1000mm　1/16
字　　数：304千字　　　　　印　　张：24
版　　次：2018年1月第1版　印　　次：2018年1月第1次印刷
书　　号：ISBN 978-7-5194-3628-5
定　　价：78.00元

謹以此書獻給

中國改革開放四十周年

丁酉仲秋　張桂平

目录
Contents

第一部分　历史篇

第五部分 | 访谈篇

序　章
中国企业家精神的"根"与"魂"

几年前，当今最伟大的物理学家史蒂芬·霍金，在接受美国著名知识分子视频共享网站 Big Think 访谈时，曾经做出了一个大胆预言："地球将在200 年内毁灭，而人类要想继续存活只有一条路，移民外星球！"

关于地球毁灭，霍金肯定地指出，原因只有一个，就是资源耗尽。而资源耗尽的原因，则根源于人类天性中的基因遗传密码：一是自私，二是贪婪。

霍金说："人类已经步入越来越危险的时期，我们已经历了多次事关生死的事件。由于人类基因中携带的'自私''贪婪'的遗传密码，人类对于地球的掠夺日盛，资源正在一点点耗尽，人类不能把所有的鸡蛋都放在一个篮子里，所以，不能将赌注放在一个星球上。"不要以为霍金在危言耸听，事实上，澳大利亚著名微生物教授弗兰克·芬纳宣称更加悲观："人类将在100 年内灭绝。"比这个更悲观的是牛顿在 1704 年手稿上的记录，认为这个世界将于 2060 年结束。更加不容乐观的是，科学家发现 2030 年前后太阳会进入一个休眠期，到时候地球上会出现一个迷你冰河期，而这将是距离最近、对人类最严峻的一次考验！

请注意，科学家不是在讲故事，除了和外星人接触、移民外星球，有点脑洞大开，其他的一切都是有根据的。人类对于地球资源的掠夺，的确是太过于无休无止，而人类的自私和贪婪也的确太过于无穷无尽了！

最明显的一个例证，就是目前正对全人类的生存环境造成最大威胁的全球变暖。这是人类在过去一二百年间大规模工业化进程所造成的。

全球变暖的危害显而易见：一是冰川融化、海平面上升。科学家预测，如果格陵兰岛和南极的冰架继续融化，到 2100 年，海平面将比现在高出 6 米。这将淹没许多印尼的热带岛屿和低洼地区，以及迈阿密、纽约市的曼哈顿和孟加拉国。在 21 世纪，蒙大拿州国家公园的冰川已经严重削减。另外，喜马拉雅冰川是恒河水的主要来源。恒河为 5 亿人提供饮用水和灌溉水，据说现在每年水量以 37 米的速度减少。二是干旱和炎热。2003 年，横扫欧洲的致命热浪害死了约 3.5 万人。在最近的 50 到 100 年中，酷热热浪的发生频率比往常高出了两到四倍。据预测，在未来 40 年中，还会有高过 100 倍的情况出现。酷热带来干旱，随着气候变暖，专家预测，在未来几十年中，降水量可能继续减少，估计那时的情况会很可怕。气候变化专门委员会指出，到 2020 年，0.75 亿至 2.5 亿的非洲人可能会遭遇水资源短缺，而非洲大陆的农业产量将下降 50%。专家预测，持续的热浪会导致火灾发生的频率增多，还会有相关疾病出现，地球的平均气温也会升高。三是暴风雨和水灾。在短短 30 年里，四级到五级强烈飓风的发生频率几乎增加了一倍。从 1905 年到 2005 年，飓风发生的频率稳固上升。1905 年到 1930 年间，平均每年约有 3.5 次飓风；1931 年到 1994 年间，平均每年约有 5.1 次；而 1995 年到 2005 年间，平均每年就有 8.4 次飓风了。四是疾病。世界卫生组织声称，新生的或复发的病毒正在迅速传播中，它们会生存在跟以往不同的国家中，一些热带疾病也可能在寒冷的地方发生。比如蚊子就使加拿大人感染了西尼罗河病毒。每年大约有 15 万人死于跟气候变化相关的疾病，气温变暖增加了烟雾的生成，例如在中国人们就倍受雾霾的困扰，呼吸系统发病人数大幅增加。

因此，我们可以肯定地说：气候变暖，是人类对地球资源疯狂掠夺达到一定的程度后，自然所给出的最直接反应，是对人类的惩戒和警告！

面对这种惩戒和警告，我们欣喜地看到，人类已经团结起来，世界气候大会已经多次召开，各个国家在节能减排方面都制定了目标，给出了承诺。

但我们更关心的一个问题是：这一切究竟是如何发生的？回归它的源头，我们是否可以找到比当初更好的方法，以避免悲剧再次发生呢？

在最本质的源头上，霍金已经说得很清楚，是人类遗传基因中的"自私"

和"贪婪"两大基因，造成了今天乃至未来的恶劣局面。人类自身必须对此负责。

这当然是没有问题的。但是，我们也大可不必为此就忧心忡忡，夜不能寐。毕竟，这已经不是人类第一次集体面对危机，人类从诞生以来的几千几万年中，我们已经不止一次地面对这样的危机。从远古时代的大洪水，到后来所历经的无数次的饥饿、灾荒、瘟疫，还有永远威胁着人类生存和发展、我们自己所制造出来的可怕幽灵——战争。人类从来都是在忧患与苦难中蹒跚前行，而人类从来都没有低下过高贵的头颅，没有停止过欢乐和歌唱，在苦难的土壤里孕育出了最美丽的花朵：音乐、舞蹈、诗歌、绘画、建筑……一代又一代人的生命接力棒一样地延续着，人类文明的大厦一砖一瓦汇成了今天的璀璨！

所以，人类绝不仅仅只有自私和贪婪的基因，人类还有着充满希望和光明的一面，有着温暖的、积极的、令我们可以自豪和骄傲的基因。只不过，西方文明是建立在批判的理性思维基础上，因此习惯从阴暗面也就是反面去看问题；而东方文明是建立在肯定的感性思维基础上，习惯从光明面也就是正面去看问题。西方人看到了人性的自私与贪婪，东方人则看到了人性中的另一面。以中华民族的先民为例，从炎黄二帝、尧舜禹汤一直到文武周公，到最后集大成者的孔子，对此明确表述定义为"和"与"仁"。这也是中华文明最核心的理念支撑。

和，可以简单地理解为和平。实际上"和"是一个动态的词语，有着不同的层次：第一个层次是和合，就是人与人之间的友好相处，包括家庭成员之间的相处，以及社会上没有血缘关系的陌生人之间的友好相处。和合，并不是否认自我的存在，而是求同存异，最大程度上达成一致。中华民族的图腾"龙"，据说角像鹿，头如驼，眼睛如兔，颈如蛇，腹似蜃，鳞如鲤，爪似鹰，掌如虎，耳像牛。这样一个只能存在于传说中的神秘动物，根本不是西方人所认为的恐龙，认为中华民族以恐龙作为图腾给人以残暴、凶猛，崇尚武力的错觉，事实上，中华民族以这么一个并不存在的动物作为图腾，恰恰展示了一种"和合"的核心理念，忠实地记载了在炎黄、蚩尤等部落融合之初，各个民族的图腾保留一点特色，最后集合成了"龙"。"龙"就是和合的象征。

　　第二个层次是和谐。和谐，是人与自然的和谐。中国古代的人们很早就产生了"敬天"的观念。敬天，不是指将天地鬼神的观念凌驾于人之上，而是通过对"天"创造万物德泽的确认，进一步发现人的自我价值。"敬天"方能"爱人"。每个个体的生命当然都很珍贵，但更珍贵的是能够学习"天"，去无私地爱更多的人，爱所有人，爱所有天地创生的生命。"天人合一"是我们祖先对自己和自然所能达到的和谐关系的最好描述，也是中国人一直追求的人与自然和谐的最高境界。

　　第三个层次是和平。和平，是指各个国家和地区、各个民族的人们，在不同的文化背景和历史、地理条件下创造出来的文明能够共生共存，互相交流借鉴，一起发展，而不是彼此冲突，争斗不休，一起毁灭。这一理想的境界，著名社会学家费孝通先生在自己的八十岁寿辰上用十六个字给予了描述："各美其美，美人之美，美美与共，天下大同。"在古代，中国人就已经提出了大同思想。《礼记·礼运》大同章，通常简称《礼运大同篇》："大道之行也，天下为公，选贤与能，讲信修睦，故人不独亲其亲，不独子其子，使老有所终，壮有所用，幼有所长，鳏寡孤独废疾者皆有所养；男有分，女有归，货恶其弃于地也不必藏于己，力恶其不出于身也不必为己，是故谋闭而不兴，盗窃乱贼而不作，故外户而不闭，是谓大同。"这就是中国人理想中的"大同世界"。

　　同样，"仁"也不是一个静态的词语，而是有着丰富的不同层次内容。

　　仁，《说文解字》作"从人，从二"。从人，从二，都是人人的意思。就是一个人如何做人，如何将自己的个人利益于众人的利益结合在一起。人与人是一个互相连接的整体，必须将个人放在整体中去考量和定义。

　　仁的第一个层次是爱自己。一个人必须首先自爱，懂得对自我生命的尊敬。古人云："身体发肤，受之父母。"一个人如果连自己都不爱护，很难想象他会去爱护别人。当然爱自己不是一味纵容，而是对自己严格要求。所谓的"诚意正心""慎独"都是作为一个君子对自己的基本规范。而成为"君子"是"仁"在你的身上生发的第一步，只有先从内在生根发芽，然后才能扩充出来，泽及你之外的其他人。

仁的第二个层次是爱人。爱人包括两个方面：一是爱与自己有血缘关系的人，包括你的父母、兄弟、姐妹，你的家族亲戚。二是从血缘关系扩展到地缘关系，爱自己的同学、朋友，从左邻右舍到乡里乡亲，最后扩充到整个国家，乃至于天下。

仁的第三个层次是爱万物。不但爱人，还要爱惜天地宇宙所创造的一切。一花一草，皆有生命；山川河流，皆为有情。要将众生的苦楚看作自己的苦楚；将自然灾害所造成的损失，看成自己遭受的损失，与整个的天地宇宙同命运、共呼吸，这样的仁才算是达到了最高层次和境界。

总之，"和"与"仁"的基因，在中华民族的血脉里延续了几千年，从而使得中华文明成为世界上从古代绵延到现在唯一存在的、活着的文明。

也正因如此，在"和"与"仁"的土壤里，一切文化无不被打上了印记。

农耕文化不用说了，整个文化的体系就是建立在"和"与"仁"的根脉上；就连处于弱势，一向不被重视的商业文化，也是以此为根，壮大起来的。我们可以看到，一部中国古代商业文化史，离不开这两个字：

一是"和"。和为贵，和气生财。中国古代商人深知"和"的重要性。和为什么能生财？就因为贸易必定是建立在双方平等自愿、互利互惠的基础上，这是公平交易的前提。如果失去了这个前提，就变成了人与人之间的争夺，就会因为不公和愤怒而演变成冲突，最后升级成为战争。

因此，中国古代商人的第一个精神就是"贵和"。

二是"义"。中国古代商人经常挂在嘴边的就是以义取利、义利并举、见利思义。这一点或许让人奇怪，为什么商人第一重视的不是利，而是义呢？商人当然要追逐利润，所谓"天下熙熙皆为利来，天下攘攘皆为利去"。但是如果人人都只追求利润，就会形成"争利"，就会为了利无所不用其极，各种手段都用出来，尔虞我诈，甚至造假售假，就会造成整体商业环境的混乱、无序乃至失衡。

"义利之辨"在中国文化史上一直是一个贯穿始终的命题。从孔子高足子贡开始，义利就被联系在一起，从此密不可分。义有两层意思：一是公共，二是合宜。公共利益就是天下人的利益，是国家和民族的整体利益；合宜就是利润的追逐不能无休无止，更不能竭泽而渔，而必须保持一个合理的限度，以维护整体的商业环境。在古代，陶朱公提出了"什一之利"，就是十分利润只取一分。后来，子贡继承了孔子思想"以义取利"，再后来演变成"见利思义"等，那种对不法商人批评"见利忘义"，恰恰说明了商人群体对"义"的尊重。这一传统延续到今天，很多老字号如"同仁堂""全聚德"等都是这一理念的忠实践行者。

进入近代以来，中国社会开始遭遇西方商业文化的入侵，战争的频繁发生和中国的一次次战败，让中国文化被迫发生了变化，农耕文化的重心和根基发生了动摇，商业文化被日益重视，商人精神也得以在时代嬗变中，焕发出了最旺盛的生命活力，当然也继续继承了传统文化精髓。

从鸦片战争以后的自强运动、洋务运动以来，商人精神一个突出特点就是——担当！

敢于担当，"先天下之忧而忧，后天下之乐而乐"本来是中国传统士大夫精神。但是进入近代以来，士大夫已经不能救国救民，这一振兴国家、与外国列强进行"商战"的重任落在了商人身上，实业报国、师夷长技以制夷，通过振兴工商，提高经济实力来提高国力，对抗列强，商人在这一时期以"儒魂商才"作为自我驱动的动力，展示了惊人的活力、创造力和生命力。商人精神也因为注入了"担当"这一核心理念，而变得从来没有过的旺盛和强健，从个人追逐的蝇头小利到家国之利，商人的自我价值第一次与家国命运紧密相连，真正意义上得到了确认。从建立自我、实现自我开始，向着无我的境界昂首阔步挺进。

1949年新中国成立，私人性质的商业活动一度绝迹，但是轰轰烈烈的国有企业，以近乎运动的方式，创造出了一种崭新的商业精神，这就是"家国情怀"。这同样是根植于传统文化的优秀基因，在新的时代环境里萌发了新的生机。"天下一家，世界大同"，中国人此前只是在理想里描述的境界，开始在现实中描绘蓝图了。"共同富裕"成为中国人民的一个新追求，中国商业文化以崭新的姿态昂首屹立于世界东方。

从1978年开始的改革开放，如今已经将近40年。这是中国文化的主体从农耕文化向商业文化过渡转型的一个新历史时期，也是中国开始真正走向全球，为登上世界舞台中心而努力的一个新奋斗过程。中国商人又一次在这个过程中扮演了历史推动者的角色，商人精神再结硕果：

一是敢拼敢赢。从南方沿海地区开始蓬勃起来的商人精神，带来了"爱拼才会赢"的不屈不挠的进取基因。中国商人从来都不惮于环境的险恶，不害怕任何竞争对手，只要有合适的土壤、水分和阳光，就要萌芽。古代的十大商帮、近现代的华商、改革开放后的"走出去"一代又一代商人，无不用行动和成就生动地诠释了"敢拼敢赢"的核心价值理念。

二是诚信。中国古代商人就追求"立功立德立言"的"三不朽"，后来商跟儒创造性结合在一起，出现了儒商，儒商对"信"的追求成为一个鲜明特色。"人无信不立。""人而无信不知其可。"信，是商人的声誉，甚至超过了生命。中国的家族企业虽然都通过血缘来维持财富的传递，但是真正支撑不倒的不是血缘，而是诚信。诚信才能立于不败之地。

三是创新。有人回首改革开放近40年，发现中国人最擅长的是模仿，是跟风，是"山寨"，由此认为中国人不善于创新。他们忘记了，是中国人率先发明了造纸术、印刷术、指南针、火药，不管是在农耕技术方面，还是在航海贸易方面，中国人都领先于世界。中国人的组织才能和领导才能一点都不比西方人差，只是因为中国文化的"和"与"仁"的内在稳定和趋于保守，使得我们更多侧重于防御，侧重于内向而不是攻击性、外向性的，因此在近代以来才被西方领先，中国陷入被动落后。这是多方面的，但不能因此说中国人不善于创新。实际上我们40年改革开放，成功实现了经济的赶超和国家的"和平崛起"，我们的社会主义市场经济制度和中国模式都是创新。

中国商人普遍被认为善于模仿，其实德鲁克早就指出，"创造性模仿"也是一种创新。何况对商人来说，他们关心的并不是自己是否模仿与原创，而只是要追求利润，并且中国商人还有一个注重不同的追求，就是利他主义。和西方人的"利己"主义不同，中国商人是追求"利他"的，这是儒家伦理对中国商人精神的一个巨大而深刻的影响。

目前，中国经历了改革开放四十年的"请进来"之后，已经开始大规模"走出去"，不管是国有企业还是民有企业，纷纷"出海"，开启了全球化征程。中国正在尝试扮演起领导全球化的新角色，之所以有这样的自信，除了雄厚的位居世界第二的经济实力，更重要的是我们的五千年文化底蕴。

当然了，这个机会对中国的企业和企业家来说是梦寐以求的，但也是必须做出改变的。中国企业和企业家要有更多的自信，也要有更大的担当，中国企业家精神将因时而变、顺势而变，但是变中又有不变。变的是形式和内容，不变的是我们的"根"，是我们的"魂"！

这个"根"和"魂"，就是中华民族五千多年的历史岁月里，所积累起来的优秀传统文化养分，是以孔子为代表的儒家思想所倡导的以仁爱和平为核心的"义利观"；就是近代鸦片战争之后仁人志士所共同怀有的"家国情怀"；就是上个世纪二十年代初中国共产党诞生，义无反顾地肩负起实现中华民族伟大复兴的历史使命；就是新中国成立之后，建设以"共同富裕"为目标的现代化经济体系，在改革开放近四十年波澜壮阔进程中不断丰富完善的社会主义核心价值体系，是毛泽东思想、邓小平理论、"三个代表"重要思想、科学发展观和习近平新时代中国特色社会主义思想；就是十三亿多中国人民对美好生活的向往追求。

在党的十九大报告中明确提出"激发和保护企业家精神"，这是对中国企业家群体的肯定，更是期许。中国企业家将以更加昂扬的姿态、更加坚定的步伐，奋力迈向世界舞台！为中国特色社会主义市场经济的伟大实践提供创造力和发展活力，为中国特色社会主义文化培育和践行社会主义核心价值观、提升国家文化软实力和中华文化的国际影响力主动担当，为青山绿水的美丽中国和人与自然的和谐共生贡献力量！

正如习近平总书记在党的十九大报告中所说："我们生活的世界充满希望，也充满挑战。我们不能因现实复杂而放弃梦想，不能因理想遥远而放弃追求。""中国共产党人的初心和使命，就是为中国人民谋幸福，为中华民族谋复兴。"中国企业家群体作为中华民族的一分子，为这样伟大的初心和使命奉献力量，是无上的光荣，更是必须担当的责任！

　　在决胜全面建成小康社会、开启全面建设社会主义现代化国家新征程上，中国企业家群体将坚定不移地听党的话，信党的话，跟党走，以"坚定者、奋进者、搏击者"的姿态继续前进，中国企业家精神必将再结硕果！这是中国企业家群体的心声，也是中国企业家群体的誓言！

第一部分

历史篇

第一章

先秦时期——群星闪耀的时代

商人精神的源起

在中国传统社会，做生意的人们喜欢在自己的店铺里贴上一副对联："陶朱事业，端木生涯。"用意有二：一是表明自己的职业，二是表明自己的志向。可以说，正是对联上的这两人塑造了最早的商人精神。

陶朱，指的是陶朱公，也就是范蠡。他是楚国人，一生中广为人知的，是帮助越王勾践，密谋积蓄二十年的力量，最终复仇吴国成功，一举逆袭，成为春秋五霸之一的最后一位霸主。成功之后，范蠡没有选择享受荣华富贵，而是急流勇退，抽身而去。不但自己隐去，而且据说还和西施泛舟五湖，从此过起了逍遥悠闲的生活。当然，事实上范蠡并没有在五湖待多久，而是去了齐国，在齐国的海滨隐姓埋名，更名鸱夷子皮，并且以此为商号，做起了生意。鸱夷子皮，通俗来说，就是酒囊饭袋的意思，是范蠡对自己的一个自嘲，表明他从此远离政治，不再过问国家大事了。他将自己的余生定位成为一个生意人，他选择了和家人在海边从事耕种和渔牧。虽然这看起来只是平淡无奇的事业，但是范蠡不愧是一代奇才，他将帮助越王勾践壮大国家的办法运用到了个人经营上。蓄养五牡，即母马、母羊、母猪、母犬和母牛，在近海地方从事鱼类养殖，仅仅依靠动物的天然繁衍能力，他的财富数量年年翻番，以惊人的速度增长，很快积累了令人惊讶的财富。

　　而范蠡最为人称道的，还不在于他创造财富的能力，而在于他能够"舍"。他帮助越王勾践复仇成功，本来可以安享富贵，对于一个人的一生来说已经足够，可是他选择了放弃；在齐国的时候，他的经商才能引起了田常的注意，推荐他做齐国的相国，可是将相印送到他家的时候，他已经带着一家人连夜离开了，将全部的经营积蓄分散给了穷苦百姓，只留下一点贵重之物。从齐国来到鲁国的定陶之后，范蠡又一次更名换姓，自称陶朱公，他在定陶又一次展示了自己的过人才华，利用定陶"天下之中"的位置，吞吐天下货物，很快又积累千金。同样，没过几年，他又一次将这些财富分散给了周围的穷苦百姓。

　　因此，我们可以清晰地看到，范蠡对于财富的态度：财富本身并没有好坏，创造财富是一个人的人生价值体现；而如何使用财富，则是一个人的人生智慧体现。范蠡是一个有智慧的人，甚至是五千年历史上最有智慧的几个人之一。关于他的智慧，《史记》里记载了这么一个故事：

　　陶朱公的二儿子在楚国杀了人，被关进了监狱。陶朱公一家开始商量营救之计。陶朱公的想法是，让小儿子拿着一大笔钱到楚国去展开营救。但是他的计划遭到了大儿子的坚决反对。大儿子说："我是家里的长子，这么重大的事情，必须由我去做。如果不让我去而让最小的弟弟去，那么我就一头撞死算了。"看他吵嚷得这么凶，陶朱公的妻子就劝说丈夫："你看这件事情怎么办？如果不让老大去，就是救回来老二，老大也会自杀。所以这件事情，还是让老大去办吧，你只要告诉他怎么办，应该不会有什么差错的。"陶朱公没有办法，只好同意，叫来老大告诉他："你到了楚国，将一千两黄金交给一个叫庄生的人，然后扭头就走。剩下事情就不用你管了。记住，一定要照我说的去做。"老大到了楚国，找到庄生，放下一千两黄金就走。可是他还不放心，又偷偷用多带去的钱打点其他上层官员。结果庄生去告诉楚王，天象示警，必须大赦天下，楚王对庄生言听计从，立即同意了。消息一传到陶朱公大儿子耳中，他认为弟弟有救了，如果这样，还给庄生一千两黄金干什么呢？于是又去找庄生，婉转地说明来意，庄生立即将一千两黄金原封不动还给他。结果他刚出门，庄生又去找楚王，说外面流传，大富豪陶朱公的儿子犯了罪，所以楚王要格外开恩，大赦天下。楚王一听十分生气，于是命令先杀了陶朱公二儿子，然后再大赦天下。结果，陶朱公的大儿子只能悲哀地带着弟弟尸首返回定陶。

故事的重点在于陶朱公见到儿子尸体后的反应。一家人无不号啕痛哭，只有陶朱公不动声色地说："我早知道是这样，每天都在等着这个结果啊！"随后他告诉众人："我之所以要派最小的儿子去，就因为最小的儿子从小生活在富贵之乡，锦衣玉食惯了，根本不知道钱是从哪里来的，所以这一千两黄金，对他来说只是平常。但老大不一样，他从小跟着我劳动，吃了很多苦，才积累了今天的家业，知道一饭一钱来之不易，所以，他会心疼那一千两黄金。就是因为他心疼钱，所以坏了事。"

这个见之于《史记·越王勾践世家》的故事，应该是真实可信的。从陶朱公范蠡的身上，我们可以得到以下几个启示：一是自我价值可以通过创造财富来实现。范蠡就是通过创造财富而实现了"天下三徙"，所止之处必成名。二是财富本身并不能证明什么，能够证明和展示、实现自我价值的，取决于你如何使用财富。财富如果只是用在自己和家人身上，这是一种认识和价值体现，将财富用于社会和扶危济困上面，像陶朱公范蠡那样三散千金，这又是另一种认识和价值体现。三是财富说到底是服务于人的，是被使用的，而不是被占有的。服务的人越多，施与的范围越广，就越能发挥财富的巨大作用。陶朱公相传是老子的再传弟子，是一位道家信徒，因此他信奉"为而不有""功成身退"的天道，他创造财富，如同天创生万物；他积累财富然后散给百姓，如同大地成就万物而不占有。他能聚财，更能散财，而后者正是他被千秋尊崇的地方，被公推为"商圣"。

陶朱公的思想，有一个直接的继承者，就是他的学生猗顿。猗顿本来只是鲁国的一名穷苦儒生，后来仰慕陶朱公而投奔门下，陶朱公不但传授给他经营之术，而且给他指明了一个能发大财的地方——盐池，也就是中华商业文化孕育诞生的地方。盐池的盐在古代写作"卤"，从事盐业经营的人，叫作"卤人"，后来演变成为"贾人"，就是最早的商人。

猗顿来到盐池之后，利用当地丰美的水草很快发展起了畜牧业。而陶朱公真正让他来这里的目的，还是从事盐池的开发与盐业的运输贸易。猗顿不仅自己很快就赚了大钱，十年时间就成为巨富，声名直追陶朱公，被誉为"富甲天下"，而且他更是身体力行模仿陶朱公，将陶朱公的"散财"理念运用到了极致。对于普通百姓，扶危济困，悯孤怜贫。据说有次大旱，两年颗粒未收，他就把自己积存的谷物都拿出来，除了借给当地百姓外，还办了"济贫店""舍饭店"。现在山西临猗县城（原名猗氏城）以南十公里的王寮村西南巷，人们还叫它范（饭）家巷。而除了舍饭这类的小事情，猗顿更干了一件大事情：为了更加有效地经营池盐，加快贩运速度，他试行改变驴驮车运的落后运输方式，代以舟运，开凿了山西地区第一条人工运河。据乾隆《临晋县志》卷六记载，这条运河从河东盐池起，通于五姓湖，又从五姓湖至蒲坂（今山西永济市）之孟明桥入黄河，遥遥百里左右。这条运河当时未能使用，到后魏时改成永丰渠。专家分析，其不仅是运输池盐的需要，也是保护池盐的需要，因为河东池盐最忌客水（外来之水）浸入。运渠可以引走客水，保护盐池。总之猗顿不惜人力物力，做了件大好事。

和许多因为拥有巨富而被人嫉恨乃至唾骂的人不同，猗顿当时就被称为"急公奉饷，上利于国……下济于民"。身后更是赢得百姓一致追思感念，立碑纪念，被称为"立功立德立言"三不朽典范，司马迁在《史记》中罕见推崇陶朱公、猗顿是"富而好德"，是经商致富者的典范。

正因为富甲天下而又能造福一方，像他们这样的经商行为才被称为"事业"。

说完了陶朱公，我们再来说一说对联中另外一个人——端木子贡。

端木子贡，就是端木赐，孔子门下的高徒。端木子贡是卫国人，在其拜孔子为师之前，就已经在从事商业经营。我们猜测其当时从事的是贩运贸易，或者经营玉器加工买卖一类的生意，总之都是大生意。子贡当时就已经是一个很成功的商人了。但是他并不满足于只是做一个商人，因为卫国是君子之国，他的外公蘧伯玉就是一位闻名列国的君子。子贡一心想成为外公那样的君子，却又放弃不下自己的经商才能。

正当子贡犹豫的时候，孔子周游列国来到了卫国。子贡被外公引荐给孔子后，被孔子的思想深深折服，于是拜在孔子门下当了学生。

子贡最初只是跟随孔子学习君子之道，主要学习的是口才之学，也就是辩论之术。但是子贡很快发现，孔子的君子之道好是好，就是在现实中处处碰壁。而每一次遇到问题，都要靠子贡出马才能够顺利解决。理想再美好也离不开现实支撑，现实就是办什么事情都需要钱。于是子贡又悄悄地搞起了货殖之术。每到一个地方，他都去打听当地的行情，然后根据行情做出自己的判断，进行货物的买卖。孔子说："赐不受命而货殖焉，亿则屡中。"对于子贡的经商行为，孔子并不明确反对，但是孔子告诉子贡，一定要注意一个基本的前提，就是"义"。"不义而富且贵，于我如浮云"，这句话虽然是说自己的，但很明显，是说给子贡听的。子贡这个人是一个典型的实用主义者，只要能做成事情，达到目的，获得利益，不择手段的情况一定是会有的。孔子告诫他，"利"的前提必须是有"义"加以约束，也就是说，你获得的利如果过度了，是暴利，甚至是损害了大多数人的利，那么一定不可以取。只有建立在义的基础上的利，才是真正的财富。因此孔子又说："富而可求也，虽执鞭之士，吾亦为。"哪怕是当一个拿鞭子的人，什么叫作拿鞭子的人？一种是给天子或者诸侯出行拿鞭子敲响、驱赶行人避让的；一种是市场里的门吏，拿着皮鞭维护秩序的。不管是什么人，只要用正当的手法求得富贵，孔子也愿意，可是这能做到吗？显然很难。但正因为难，这样的人生才是值得追求的。后来子贡就牢牢记住老师的话，将义利结合、义利并举运用到了极致，成为儒商始祖。

子贡的商业经营活动贯穿一生，他从小经商，年轻的时候就喜欢冒险，跑到越国和吴国交战的战场上去发战争财。后来被孔子教化以后，他开始追求一种更有价值、更为宏大和丰富、精彩的人生，为了帮助孔子宣传仁道而从事经营活动。当孔子为了救鲁国而安排子贡出马，子贡立即去游说晋国、吴国、越国、齐国的君主或者掌权大臣。他穿着华丽的衣服，坐着豪华的车子，拉着满满一车的财货，施展自己的辩论之术，在嘴唇一张一合之间，五个国家的命运全部改变了，存鲁、乱齐、灭吴、强晋、霸越。他虽然只是一个手无寸铁的读书人，但是他的力量却强大到足以影响和改变各个诸侯国的上层政局。最根本的是，他是从一个商人的角度，从利害分析去打动人心，从而成就奇功。

子贡在孔子去世后守丧六年，即使是在守丧的时候，他也不忘记展示一下自己的商业才能：利用当地的树木，雕刻成孔子像来出售给前来瞻仰、吊唁孔子的人，以此作为自己的生活费用，居然也赚了不少钱。

离开鲁国后，子贡选择了齐国，在齐国开始重新经商。他很快又成功了，以富商大贾的身份周游列国，和各国君主把酒言欢，称兄道弟。只不过，这时候的子贡已经不再讲利害，而是满口的仁义，言必称孔子。正是他的影响和传播，才将孔子的声名和仁道传播到了列国之间。而第一次，子贡的道德超过了他的经商才能，"儒商"得到了认可。

子贡终老齐国，他的后人端木叔将家财散尽，被誉为"德过其祖矣"！

纵观子贡的一生，以商人始，以商人终。他是一个完美的商人典范。他虽然跟陶朱公范蠡的人生不止一次有过交集：在越国，在鲁国的定陶，他们甚至一度还成为商业竞争的对手，以子贡退出定陶而告终。不过，子贡显然并没有受陶朱公影响太深，他是完全不同的一类商人。

子贡身上有这样几个鲜明的特点：一是儒魂商才。子贡跟随孔子，最大的收获，就是孔子为他植入了一个儒者的灵魂。同样由商人而成圣，陶朱公是以散财而成圣，子贡则是以将儒与商创造性结合成为儒商而成为一代祖师。陶朱公讲的是天道，子贡讲的是人道。陶朱公的"事业"是改造社会，子贡的理想则在于改造整个的天下。陶朱公是指向自己的内心，子贡则影响和改造天下人的人心，难度无疑更大了一些。

二是义利合一。这是子贡创造的儒商对中国商业文化的一个最大贡献。之前，陶朱公和子贡在自己的商业生涯里，一定都考虑过一个最基本的问题：从事经商的意义是什么？陶朱公受道家思想影响，对此的回答是仿效天道，创造财富，建立事功，但是并不居功。"事了拂衣去，深藏身与名。"子贡受儒家思想影响，对此的回答是以义取利、以利弘义，通过利的强大的现实力量来推动义的实行，提升人性。和陶朱公虚无缥缈的天道思想比较起来，显然建立在人道基础上的子贡的商业哲学，更容易实践也更容易被人们所接受，因此流传开来。

三是由家及国。陶朱公的商业经营之术是用于"富家"，也就是以家族为单位创造财富，虽然最后超出了家族范围而成为社会事业，影响所及，也只是限于一个地区，或者一个国家。但子贡的商业经营目的是"治国""平天下"，是通过财富的驱动而带动仁义的发扬，有点类似管仲的"仓廪实，知礼仪"。这和孔子对管仲的推崇是分不开的。子贡选择在齐国经商，固然因为有好的商业环境，也有向管仲致敬之意。

总之，陶朱公和端木子贡，一南一北，一道一儒，恰如双峰对峙，同时雄起，为中国商人注入了活泼泼的精神和魂魄。从他们开始，中国商人开始有了通过经商致富实现人生价值的可能，有了安身立命于商道，而不需要再投身儒家、道家或者后来的佛家，商道足以承载他们的人生追求，实现他们的人生抱负，商人这一独立于士、农、工的崭新职业开始出现，并且从个体发展到群体崛起，最终列入了四民之列！

商人精神的继承和发展

继陶朱公和端木子贡之后，下一个商人精神的继承和发展者是白圭。

白圭这个人，不像陶朱公和子贡那样在历史上充满了传奇性，但是他的重要意义就在于，他是一个纯粹的商人。他的一生经营商业、研究商业，后来以商业教育作为自己人生的终点。他是一个既有实践又有理论的职业商人，并且对后世商人做出了基本素质上的要求和规范。

白圭是东周洛阳人，他从事商业经营的主要根据地在魏国，时间是魏文侯时候。当时魏国有一位经济大家，叫李悝，也叫李克。魏文侯对魏国进行经济改革，主要就是根据李悝的建议进行的。李悝主要的思想之一就是"尽地力"，鼓励老百姓进行精耕细作，在丰收年景的时候，国家以平价收购多余的粮食；在饥荒年景的时候，再以平价卖出。这样取有余以补不足做法的好处就是保证了农民和田地的稳定产出。

可是，李悝这样的做法，白圭却公开表示了不同意。因为李悝重视农耕，必然就压抑了商人的活动。白圭作为商人，遵从的是另外一套法则——乐观时变。什么意思呢？就是白圭认为李悝通过国家调控控制市场价格波动的做法太笨了，因为这么做只能保证百姓的基本温饱，并不能增加百姓的财富。要增加财富，就要通过观察市场来做出判断、然后采取灵活机动的方式展开经营，获得利润。白圭的做法是，人弃我取，人取我予。就是别人不要的我要下来，别人要的我就给予。当粮食丰收的时候，我就用丝漆去作为交换；当每年春天丝茧下来的时候，就用粮食去作为交换。因为市场的物价是受供需所决定的，供给多的时候，价格自然便宜，就大量收购；供给少的时候，价格自然贵，就卖出去，这样贱买贵卖，就成为商业经营最基本的生财之道。

这个经营策略，表面上看起来很简单，然而时机的选择与判断，绝不是一件容易的事情。这里面需要注意两个关键因素：一是信息。对市场的判断必须建立在信息充分掌握的基础上，对市场信息要有天然的敏感性，而且反应的速度一定要快，因为信息是瞬息万变的，受多种因素影响。

一个好的商人一定有自己独特的感知和预测市场信息的能力。白圭在前人的基础上，总结出一套星象预测，就是根据星象知道年景是旱是涝，从而对一年的粮食丰收还是歉收有一个大致预测，以此制定策略。

二是素质。商人需要具备什么样的基本素质？以前没有人说过这个问题。的确，谁都羡慕陶朱公、子贡，希望拜在他们门下，获得致富秘诀的传授。但是，也的确，不是每个人都适合成为商人，否则就没有士、农、工、商四民的划分了。有的人天生适合读书，有的人天生适合务农，还有是天生的手艺人，当然也有天生的商人，具备过人的计算能力和经营才华。这样的人往往容易成为大商人。但是如果只是成为一个中等以上的商人呢，需要具备什么素质？白圭总结出了四个方面：

第一，智。智是什么？是选择和判断的能力。你要对市场有一个基本的分析和判断，知道自己应该选择什么，应该在什么时候动手，什么时候退出。不该动的时候就韬光养晦，一动起来就要雷霆万钧。

第二，勇。有人说商人又不是军人，不需要上阵杀敌，需要什么勇气？白圭指出，勇就是迅猛地采取行动的能力，要像苍鹰搏击猎物那样扑向市场，要将市场机遇牢牢地捕捉住，如果没有足够的胆量，患得患失，那么再好的市场机遇也捉不住，就必然会遭受损失，功亏一篑。

第三，仁。这是从儒家思想提炼出来的，可以看出儒家思想在当时影响已经非常普遍。仁，就是要有仁爱之心，要守住义的底线。如果不懂得体恤百姓的疾苦，只知道一味赚钱，甚至昧着良心大发战争财、饥荒财，只知道聚敛而不懂得散财，这样的商人财富来也快去也快，根本保不住。

第四，强。也就是说，能够坚守自己的经营策略。经商有短暂的市场行为，也有长远的打算。如果因为目前市场的变化不定而轻易改变长远的策略，不停地变幻战略，这样同样会遭受失败。同样，经商要坚守底线，因为这是财富可以保全和传承的根本，否则就是竹篮打水一场空。

以上几个方面，讲的都是白圭教人们怎么赚钱。但白圭还有一点，就是教人们应该"薄饮食，忍嗜欲，节衣服"。作为商人，当然比普通的农民有钱，忍不住就会满足自己的私欲，或者锦衣玉食，或者穷奢极欲。但这是都是败坏的行为，往小里说是败家，往大里说是败坏社会风气。白圭自己就以亲身实践反对了这些行为，他经商的时候，生活是非常俭朴的，"摒弃嗜欲，节省穿戴"。他在外出的时候，和他的伙伴甚至奴仆们一起生活，一起劳动，一起吃同样的饭菜，同甘共苦。

勤劳、俭朴，这样的品质不但是中国商人，实际上也是中华民族的品质。

白圭身后，被《史记》《汉书》称为"天下治生祖"，被宋真宗封为"商圣"。

作为中华商业文化史上第一个集大成的人物，白圭的出现有着重要意义：

他是商业这门学问的开创者。正如春秋时代有儒家、道家、墨家、法家等一样，白圭无疑是有着明确的目的和理想抱负的，就是要创立一门商学，开创商家一派。他和孔子一样公开讲学，孔子有六艺之教，他有四学之教。他的弟子当时一定有很多，被尊为商人的祖师也名副其实。

他是职业商人群体的代言人。白圭是第一个真正意义上的职业商人，以商谋生，以商立业，以商安身立命。个人的价值不需要再去通过从政出仕，走传统士大夫的路线，而是通过经营致富就可以实现。商人有了独立的社会地位，也有了独立的品格和精神，有了自己的行为规范。

他赋予了商业之学开放和包容的襟怀气度。有人说白圭曾经拜鬼谷子为师，实际上我们可以看到，他的学问极杂，从兵家到儒家、道家、法家，无所不涉，他将这些学问中的长处都拿了过来，为己所用，最终熔铸为一炉，创立了商学。

他第一个提出要尊重市场规律，让市场发挥主体作用，而人只是根据市场规律来经营致富。他反对管仲、李悝等人所提出的国家调控政策，认为那样做只能做到"国富"，却不能实现"民富"。他主张激发百姓的创造财富欲望，让百姓都成为经营致富的高手，则国家自然就强大了。

他制定了商人的行为规范，对商人的素质养成提出了明确要求。这是之前没有过的，而在他之后，商人就从自发的、个体的、零乱的行为，上升为自觉的、群体的、有序的行为，商人的正面形象得到了大幅提升。

他赋予了商人以勤劳、俭朴、节欲的优秀品质。正是这些品质，才能确保商人作为一个独立的个体而不断地自我完善、提升，最终实现超越。

总之，即使今天看来，白圭的理论、实践和他的教诲，依然足资借鉴！

商人精神的变异

历史的发展，从来不以人的意志为转移。正当因为白圭出现，商人群体开始有了独立品格和精神，开始向着正面和积极发展，却出现了变异。

这个变异的出现，是因为吕不韦。

在吕不韦的时代，经商已经是很普遍的事情，而且很多人通过经商已经致富。吕不韦就是出身于一个经商世家，他从小耳濡目染，学到了很多本领，并且取得了很大成功。

可是，就是这么一个成功的大商人，他却还不甘心，一直在寻求更大的致富机会。这就是人的本性在作怪，趋利避害，人为财死鸟为食亡。当家族财富积累到千金以后，就有了足够的资本；而资本是要逐利的。

因此，吕不韦才带着雄厚的资本来到了邯郸，见到了秦国的质子异人后，大为欣喜，说了一句著名的话："此奇货可居也！"

奇货，就是天下少有的珠宝。能够见到一个落魄的王孙，而一眼看出其身上潜藏的商业价值，不愧是大商人，也不愧是商人唯利是图的本色。

于是，吕不韦立即开始在秦王孙身上进行了自己一生中最大的一笔投资：他的目的就是要帮助秦王孙回国去登上王位，成为秦国的君主。这在今天来说，就是风险投资。吕不韦颇擅谋略，也具有常人所不及的勇气，为未来的秦王经营、包装、行贿、设间，亲自冒着性命危险，前往秦国游说；又将自己心爱的女人，已经身怀有孕的赵姬，送给了未来的秦王。

他成功了。秦王孙真的回了国，不久即了位，成为新的国君。吕不韦的投资得到了回报。作为报答，秦王封他做了相国，这和一个富商大贾的身份比起来，简直一个天上一个地下。而吕不韦还有一笔意外的收获，不久后秦王去世，很有可能是他亲生骨肉的孩子继承了王位，就是嬴政。

吕不韦从一开始预期的巨大回报实现了，从一个商人而当上了丞相，被封文信侯，食河南洛阳十万户。嬴政即位后，尊他为"仲父"。可以说，中国历史上的商人，能够折腾到他这个地步的，前无古人，后无来者。

而这时候的吕不韦，有了一个更加宏伟的目标，就是要"经营天下"。为此他先加强国内的经济实力，出兵消灭了巴国和蜀国，又组织修建郑国渠，加强水利灌溉。当国内布局完毕后，他又出兵消灭了周王室，真正意义上宣告周王室统治的终结，为夺取天下扫平了最后一个障碍。

不但在经济上、政治上、军事上行动连连，他还在思想上做了准备，主持编写了一部《吕氏春秋》，这本书将所有的思想都统一进来，被称为"杂家"。但吕不韦的意思，就是要形成一个大一统的思想，以此影响人们的思想和观点。他为书宣传也是别具一格，以千金作为噱头，将书稿内容悬挂城门，谁能修改一字，给予一千金奖赏。自然无人敢领赏。

最终，有了吕不韦的铺垫和准备，秦王嬴政亲政以后，不出几年横扫六国，统一了中国，建立了第一个大一统的封建政权——秦。

一个商人，在商业、政治、军事、文化各方面都留下了自己的声名，这一点，吕不韦堪称古今第一人！他已经超越了陶朱公和子贡、白圭！

只可惜，站上了人生荣耀巅峰的吕不韦，注定了要以一个悲剧的姿态滑落！他死在了自己亲生儿子的手里，被一杯毒酒赐死。和他以前的大商人：管仲、子贡、陶朱、猗顿、白圭等比较起来，吕不韦是第一个以悲剧形式，结束自己的一生的。他的死，无疑对后人也是一个警示。

从他以后，在中国漫漫数千年的历史上，只要有哪一个商人，步吕不韦的后尘，则固然可以大富大贵，名动一时，也一定免不了一朝大厦倾倒，人头落地的悲惨结局。历史一再证明，这是一条不归路。

所以说，吕不韦其实是变异了商人精神，制造出了一条"吕氏迷途"！

吕不韦对商人精神的变异，主要表现在以下几个方面：

一是商业与政治的错误联姻。吕不韦是个聪明人，意识到金钱的力量虽然大，但是还不如权力的力量大。资本要最大逐利化，就要和权力进行联姻。他选择了投资秦王孙，就是选择了投资政治。他太过聪明了，轻而易举就突破了商人的底线，忘记了子贡的第一个教导，"以义取利"。

当一个商人，眼睛只盯着钱，而忘记了"见利思义"，就是误入歧途的开始。

吕不韦将白圭的四个字教导"智""勇""强"都发挥到了极致，他足够聪明，也有足够的行动力，即使遭遇一时挫折，也从来没有想到过更改和放弃战略。可是他唯独少了一个字"仁"，而这恰恰是致命的。

最后，他在成功以后，忘记了陶朱公的教导"功成身退""功成不居"。

吕不韦的商业与政治联姻，是商人作为一个群体崛起，拥有了雄厚资本之后的一个必然选择。商人虽然在社会上具有了独立地位，也有了独立精神，但对商人这个特殊的群体来说，最大的反制力量并不来自于外部，而来自金钱本身！这是陶朱公、子贡、白圭等人一再教导的！对商人来说，创造财富固然不易，更难的还是如何摆脱财富的反噬！

商业与政治的联姻，是一种特殊类型的商业文化，叫作"官商文化"或者"政商文化"，其不独为中国所独有。但是在中国两千多年的漫长时代里，一直占据着主导地位，和西方以市场为主导地位的商业经营活动差别巨大。

关于官商或政商文化，一直存在，并且在每个时代商人阶层崛起，都会备受瞩目。如何正确处理好官商或者政商关系，是一个至今未解的难题。

二是商人精神的自我阉割。吕不韦是一个大商人，他所展现的经营才华，他的投资战略和眼光，他的手腕和谋略，他的组织才能，无一不是出类拔萃的。

可是，就是这么一个天生商才，他对自己商人出身和社会地位并不满意。这和当时社会对商人的整体评价不高有很大关系。吕不韦自己主持编写《吕氏春秋》，里面一篇《上农》比较了农民和商人：为什么农民可以作为国家的根本而商人不可以呢？因为农民务农很简单，简单就会质朴，容易听话，所以边境就稳定，行为就稳重，土地因为不会轻易搬迁，所以农民依附在土地上，就会很好管理，就不会有其他心思。可是商人就不一样，商人头脑灵活，财产可以带着到处迁徙，于是就会不听从号令，不听从号令就不能守卫国土，不能与敌作战。国家有了灾难，他们就会存心避而远之，没有安居乐业之心。商人为了逐利，喜爱耍小聪明，行为上就会奸诈，就会钻法令的空子，把是当作非，把非当作是，在社会风气上就会起到坏的带头作用，成为反面教材。

可以说吕不韦对商人自身的缺陷是看得非常清楚的，他自己就是这么一个利用各种空子的机会主义大师。后人习惯说的"无商不奸"就是从《吕氏春秋》一书中来的，可以说是吕不韦给予商人的最准确揭露。

嬴政继承了父亲对商人的评价，他统一六国建立秦王朝之后，第一批法令所打击的就是商人，几乎是将商人赶尽杀绝，对其痛恨到了极点。

可以说，正是从吕不韦和嬴政开始，商人这一新兴的群体遭受了毁灭性打击。吕不韦肆无忌惮地挥霍自己的商才，将商人这一角色推到了历史舞台的中央，一番华丽的表演之后，黯然落幕，从此商人精神由昂扬趋于消沉，商人彻底丧失了独立的社会地位，更遑论品格和精神了！

第二章

从先秦到晚清——十大商帮的光荣与梦想

商而优则仕

中国的历史从秦朝开始进入大一统，而这并非是历史偶然发展的结果。

事实上，一切早已注定。著名历史学家黄仁宇在《中国大历史》一书中指出："易于耕种的纤细黄土，能带来丰沛雨量的季候风，和时而润泽大地、时而泛滥成灾的黄河，是影响中国命运的三大因素。它们直接或间接地促使中国要采取中央集权式的、农业形态的官僚体系。而纷扰的战国能为秦所统一，无疑的，它们也是幕后的重要功臣。"

黄仁宇从自然地理的环境给出了解释：黄土纤细，易于耕种，因此周朝开国，奠基于农业。黄河纵长 500 英里，将黄土地区劈成两半，滚滚的泥沙冲积出大片肥沃土地的同时，也带来了淤塞河床、堤坝崩溃的祸患。于是需要一个强有力的中央集权，能够调动所有人力物力应对水患。

再就是降雨，从中国东北向西南的一条"15 英寸等雨线"，天然地划分出了农耕民族和游牧民族截然不同的两种类型文明，从一开始就争斗不休，纠缠交结在一起达两千多年。秦始皇修筑的著名的万里长城，大致上就是与这条等雨线相吻合的，而此后的中国历史，简直就是一部中原农耕民族与塞外游牧民族不断斗争、彼此轮番崛起的更替游戏。

秦王朝建立后，历二世而终，所以游牧民族的威胁，延续到了汉朝。

　　和秦始皇一样，另外一个雄才大略的君主准备一劳永逸解决游牧民族问题，这就是汉武帝刘彻。当时游牧民族的主体是匈奴，据说有 24 个部落联盟，势力范围连绵 1500 英里，自东北至于青海，一场战争动辄投入 10 万以上的兵力，而且来去如风，具备很大的流动性，难以捉摸。

　　历史总是惊人相似，帮助秦始皇奠定统一六国大业根基的是吕不韦，同样，帮助汉武帝刘彻完成击败和驱逐匈奴大业的也是一个商才卓著的商人。他，就是为大汉帝国理财、被誉为"皇家总管"的桑弘羊。

　　桑弘羊，根据《史记·平准书》记载："（桑）弘羊，洛阳贾人子，以心计，年十三，侍中。"

　　心计，就是"心算"，一般来说，在两汉时期，人们计算数字都要用一种被称为"筹码"或"筹算"的计算工具。《汉书·律历志上》云："其算法用竹，径一分，长六寸，二百七十一枚而成六觚，为一握。"而桑弘羊呢，虽然年纪不大，可是计算已达到非常熟练的程度，在计算时则可以不用筹码，心算就能够准确地得出答案。可以肯定说，正因为桑弘羊具有这种特殊的心算技能，所以他才会被征召入宫，并被任为"侍中"的。

　　而汉武帝将桑弘羊召入宫中，是要他完成一项看起来不可能完成的任务。原来刘彻这个人，不但绝顶聪明，是个伟大的战略家；而且还富有行动能力，是个实干家。他要解决匈奴问题，不但立下了志向，而且亲自参与。他详细策划了每一场战役，全盘谋划，甚至详细到每一路军的人员、马匹。战役结束，也都亲定赏罚。由此他也深知其中利害，每次战役，都有 10 万骑兵参加，支援的步兵以及后勤部队又多出数倍，达到平均每次用兵 50 万人。至于战费，当时司马迁记载，内地输送的每 64 石粮食只有 1 石能抵达前方，可见后勤问题之艰巨且消耗巨大。而且汉武帝还不是战罢收手，还要继续移民巩固边防，费用更巨。

　　正因为一次次的战争开销巨大，所以汉武帝才想到选拔有商业才华的桑弘羊入宫。

　　此前，桑弘羊只是一个商人之子，并没有多少实际经营的经验。可是天才就是天才，一入宫之后，他就发现仅仅依靠农耕经济是无法支撑的，他提出了一个崭新的思路，简单说就是强调以"工商富国"，就是这么一个重心的转换，不但解决了"战费"问题，而且在国内持续创造了繁荣的局面。就连孙中山先生也由衷地钦佩："行均输、平准之法，尽笼天下之货，卖贵买贱，以均民用，而利国家，率收国饶民足之效。"

在桑弘羊看来，农业固然可以富国，却并非仅有农业才能富国。因为和农业相比，工商业，尤其商业，更是可以创造巨大财富的源泉，所以他明确否定农业是财富唯一源泉的看法，而强调工商业也是财富的源泉，甚至提出工商业的落后还将制约着农业发展。正所谓："富国何必用本农，足民何必井田也？"

这一说法，比较起管子、范蠡和白圭等人，都曾论述过的商业重要作用，显然更进了一步，是中国历史上第一次明确提出：商业才是致富的根源！

有了"以商富国"的战略，接下来，就是采用管仲等人早已运用纯熟的"轻重之术"——以国家作为主体的财政宏观调控政策。

在桑弘羊看来，既然商贾"追利乘羡"，可以"或累万金"，那么要增加财政收入，国家当然也可以借此赢利，并且，要大力打击私有商人，而强调国家独占商业的丰厚利润的垄断地位。他所制订或主持的盐铁官营、均输、平准等。如《史记·平准书》记载："大农之诸官尽笼天下之货物，贵则卖之，贱则买之。如此，富商大贾无所牟大利。"

桑弘羊重点做到了以下几个方面：一是明确山林川泽等，本来就应该归代表国家的皇帝所有。"山海之利，广泽之畜，天地之藏也，皆宜属少府。"少府，在秦汉时期即指皇家财政。这样一来，国家获得了更多的财政收入，也避免了因为开放政策，而造成豪强专利等危害国家的后果。

二是强调官营工商业的大规模生产优于私营工商业的个体经营。官营工商业的规模化生产，无论其资金、设备和人员方面，还是降低成本、实行标准化生产和工艺技术改进方面，都具有无可比拟的优越性。以冶铁为例，"卒徒工匠以县官（官府）日作公事，财用饶，器用备"；而私营的商人，既缺乏技术和财力，产品也无法保证质量，"铁力不销炼，坚柔不和"，客观上造成了资源的浪费。

　　三是坚持自己的主张，不顾受到巨大的阻力坚持推行下去。桑弘羊的做法可以说从根本上帮助汉武帝解决了问题，但还是因为直接侵犯了一些商人、贵族，与商勾结的官员、皇亲国戚等的根本利益，而遭到了不同程度的抨击，倍遭非议。与桑弘羊同时代的大农牧主卜式，身为太子太傅，有一年仅仅是天气有些小旱，他就借故向汉武帝要求把桑弘羊处以烹刑："烹弘羊，天乃雨。"由于武帝与桑弘羊的特殊情谊，桑弘羊才得以施展抱负。武帝一崩，靠山倒塌，桑弘羊的末日也就到了。

　　为了推倒桑弘羊，代天子而摄政专权的霍光，主持了一个会议，史称"盐铁会议"。

　　其争论的焦点，就是要废除桑弘羊所推行的一系列"重商主义"政策，尤其是国家参与垄断经营，"与民争利"的强硬措施。几十年后，有一个叫作桓宽的人，对这个会议的记录，进行了整理，写成一部传世名作，就是《盐铁论》。

　　然而，尽管这次会议开得热闹无比，可是本来要全面否定桑弘羊的财政政策，却只达成了一个小小的目的——"罢榷酤官"，部分地区停止铁器官营，其他政策不变。

　　这就再一次验证了桑弘羊思想的伟大和政策的正确性："晋、魏、隋、唐以来，皆沿而为法。""自桑弘羊既开利孔之后，虽有贤君良臣，多是因循不能变。"

　　不过，桑弘羊虽然做出了巨大的贡献，他的结局还是不可改变。他最后被霍光诛杀灭族，在他身后，自然而然地，他所执行的政策，也被荒弃，第一帝国煌煌的大幕，终于日薄西山，降落在即……

　　作为一个商人，桑弘羊和吕不韦一样，都通过自己过人的才华，而一步步走上了权力的巅峰，吕不韦是秦国的相国，被尊为"仲父"。桑弘羊也从一个普通"侍中"到"御史大夫"，最后被封为托孤大臣。两人都是权倾朝野、位极人臣，成为商人或者商人子弟从政的典范。同样，两人在淋漓尽致地展示了自己的才华之后都黯然落幕，令人扼腕。

财富观的变异：从创造到掠夺

以上，我们所讲的商人，都有一个共同特点——创造财富。

不管是陶朱公、子贡、白圭，还是管仲、桑弘羊，他们都有一个基本的理论指导，那就是"天道"。天道最大的特点有两个：一是创造，二是好生。天道行健，自强不息，天道不停地创造万物，又对万物的生命给予一律平等的爱护。因此古人看来，高高在上的天真是太伟大了！

而人的伟大，就在于对天的模仿。因此以上两派商人，不管是用之于家，还是用之于国，至少都是在创造财富，是天道在人间的实践者。

可是，随着大一统国家的形成，专制社会制度赋予了皇帝以过多的权力，皇帝亦成为天下财富的唯一拥有者。"普天之下莫非王土，率土之滨莫非王臣。"不但是所有的财富，甚至包括所有的人，都是皇帝的。

这就带来了两个极端：一方面是对皇帝的极端崇拜，人人都恨不得攀上皇帝、皇家这棵大树，因为攀上了高枝就意味着一人之下，万人之上，可以享用皇帝所享用的一切，皇帝吃肉你喝汤，就是那汤也是汁肥味美，是寻常人一生都梦寐以求而无法尝到的。另一方面，对皇权的顶礼膜拜，必然带来人的精神的自我阉割。过去从战国时代所昂扬的那种人的积极追求的精神，孔子所奔波行走宣扬的仁爱之道，都被丢弃到了脑后。人们对于生命只剩下一个认识，就是忍辱负重，自甘卑微，而一旦通过非常手段获得了高官厚禄，攀上了皇亲国戚，立即又飞扬跋扈，一朝权在手，便把令来行，醉生梦死，哪管今夕何夕？

这种猥琐而亢奋的变态精神和这种极度自我鄙视的生命观，最终使得人们对财富的看法也发生了变化，什么陶朱事业、端木生涯，都是浮云。人生只有两件事情：一是竭尽全力钻营，巴结皇家，溜须拍马。二是及时享乐，哪里顾得上为天下百姓疾苦着想、模仿天道而行人道？

财富，不再是用来利他，而是真正意义上变成了利己，是用来满足欲望的工具。

这样一来，没有人再去想着如何创造财富，人人都渴望着一条捷径，不劳而获。

历史上第一个不劳而获的大富翁，当数被誉为"通天商人"的邓通了。

《史记·佞幸列传》中是这么记载他的："邓通，蜀郡南安人也，以濯船为黄头郎。孝文帝梦欲上天，不能，有一黄头郎从后推之上天，顾见其衣裻带后穿。觉而之渐台，以梦中阴目求推者郎，即见邓通，其衣后穿，梦中所见也。召问其名姓，姓邓氏，名通，文帝说焉，尊幸之日异。"

这段话的意思，是说邓通原来也没有什么过人的地方，只不过从小出生在江边，精通水性。后来，他因为一个偶然的机会，到了宫里，做了一个负责掌船的"黄头郎"。而文帝呢，正好做了一个梦，梦见一个和邓通一模一样的人，醒来后，正好看见邓通，于是将其引为自己的"通天力士"。

事实上，邓通以水性而做了黄头郎，这是没有问题的。而文帝为什么一见面，就将其引为知己呢？原来，汉家天子，从高祖刘邦开始，就有一个不太好说出口的"传统"，那就是喜欢"男色"。后人对此的概括是"脏汉臭唐"。文帝之所以一见面就喜欢上了邓通，就是因为邓通是一个俊秀异常、聪明伶俐的"男童"，由此而得到皇帝"宠幸"。

就是这么一个没有任何本领，老实巴交的"邓通"，却得到了皇帝的无上信任。而这个"老实人"，似乎也并没有那么"老实"，因为很快，就有一个相者，来到了皇帝的身边，并且提出要给邓通"看相"。

"上使善相者相通，曰：'当贫饿死。'文帝曰：'能富通者在我也。何谓贫乎？'于是赐邓通蜀严道铜山，得自铸钱，'邓氏钱'布天下。"

正是因为有了这么一座取之不尽用之不竭的"钱山"，因此，"邓氏钱遍天下"。关于"邓氏钱"，《钱谱》和《西京杂记》都有记载，说它与"天子钱"无异，可知成分极好，"币信"极佳。此时的邓通之富，已经不可计数。

然而，这笔钱数目再大，也不过是皇帝的恩赐。皇家可以给你，也可以收回。

"及文帝崩，景帝立，邓通免，家居。居无何，人有告邓通盗出徼外铸钱。下吏验问，颇有之，遂竟案，尽没入邓通家，尚负责数巨万。长公主赐邓通，吏辄随没入之，一簪不得著身。于是长公主乃令假衣食。竟不得名一钱，寄死人家。"

最终，富可敌国的邓通转眼又成为一文不名的穷光蛋，抑郁而终。

但正如人性的永恒不变一样，像邓通这样畸形的财富观，注定不会就此灭迹。

邓通之后，又有一个人将对财富的占有和掠夺、炫耀与挥霍演绎到了极致。

他就是石崇。关于他的出身，《晋书·列传三》中有明确的记载：

"崇字季伦，生于青州，故小名齐奴。少敏惠，勇而有谋。苞临终，分财物与诸子，独不及崇。其母以为言，苞曰：'此儿虽小，后自能得。'"他父亲很奇怪，没有给他一点的家产，反而说他以后一定能"自得"。

不管真相如何，总之父亲没有留下一点资产，一无所有的石崇，只能先走仕途："年二十余，为修武令，有能名。入为散骑郎，迁城阳太守。伐吴有功，封安阳乡侯。在郡虽有职务，好学不倦，以疾自解。顷之，拜黄门郎。""武帝以崇功臣子，有干局，深器重之。""崇颖悟有才气，而任侠无行检。在荆州，劫远使商客，致富不赀。"

原来这就是父亲对他以后的预言，不是靠着劳动致富，而是赤裸裸地抢劫商客的钱财，以此致富。所谓能"自得"，不过靠着大胆和无赖罢了。

关于他的个人财产，史料中有详细记载：

"财产丰积，室宇宏丽。后房百数，皆曳纨绣，珥金翠。丝竹尽当时之选，庖膳穷水陆之珍。与贵戚王恺、羊琇之徒以奢靡相尚。恺以台澳釜，崇以蜡代薪。恺作紫丝布步障四十里，崇作锦步障五十里以敌之。崇涂屋以椒，恺用赤石脂。"

两个人比拼财富，到了这种惊世骇俗的地步，连当朝的皇帝都惊动了。可是，即使在皇帝的帮助下，王恺最后还是败在了石崇的手下。

也就是说，石崇的个人财富，已经超越了皇帝，是名副其实的天下首富。

尽管石崇对自己评价颇高，以孔子门下的颜回自居，但是他的一生，不过是寄情酒色，攀富斗贵，将自己的生命，交付给虚无缥缈的命运而已。最终，他和邓通一样，只能在忧郁和落魄中死去，了此一生。

海洋文化：开一代新风

自邓通、石崇以后，我们看到，商人精神经过变异，已经走向自我毁灭。

在朝廷士大夫阶层中的商人精神自我阉割而毁灭，恰恰说明这是一条不归之路。

商人精神说到底，还是要回归子贡、陶朱公的布衣本色，回到草根阶层。

草根，虽然是一个有些贬义的称谓，但是草根又有一个暗喻，就是旺盛的生命力。不要小看小草，著名的"野火烧不尽，春风吹又生"带着一种敬畏和喜悦的心情，歌颂了这种蓬勃的生命力，不管怎样被人看不起，经历怎样的冰雪霜冻和磨砺打压，一旦春风吹拂，立即又生机盎然。

小草、布衣，似乎只有在最广大的人群中，才会有最旺盛的商业精神。

这种草根商业精神在宋人张择端的《清明上河图》中表现无遗：极盛时期的开封，一天中从早晨到傍晚交易几乎不停歇，十字街头、大街小巷、汴河河畔，从卖点心刀剪的小贩到酒楼茶肆，再到河面上的船舶，路面上一辆辆的大车以及车子上的筐子袋子，数不清的各种各样商品呈现在人们眼前，一幅繁华富庶到无以复加之程度的商业画面跃然纸上！

难怪有学者说，在中国的宋朝，曾经发生过一场"商业革命"！

上至王安石的变法，下至普通百姓的商业交易活动，商业精神正在全面复苏！

虽然最终，宋朝被元朝给取代了，但是元代更是一个商业精神蓬勃旺盛的朝代。成吉思汗就是一个重视商业活动，将商业交易中的"诚信"原则视为金科玉律，仅仅因为花剌子模掠夺了他的一个商队，成吉思汗就出兵将整个花剌子模给消灭了，可见他多么憎恨有失诚信的行为。

因此，在元代，一个少女可以怀揣一袋金子而游遍广袤的国土，不能不令人惊叹！

正是在元代，失传已久、近乎萎缩的商业精神，重又昂扬起来，浴火重生！

而元代还带来了一个更大的改变：就是将商业环境从陆地拓展到了海上！

元代之前，中国一直是一个内陆国家，但是元代蓬勃进取的精神扩展到了海上，忽必烈时期曾经派出大规模的船队去征伐日本，虽然两次都失败了，却将造船和航海技术推到了一个前所未有的高度。

据考证，元代对外贸易有很大发展，通过海陆两路与亚非各国展开国际贸易，《岛夷志略》就记载，当时与中国发生海外贸易关系的国家和地区，仅菲律宾以南以西沿海的国家和地区就有九十多个，包括今菲律宾诸岛，印度支那半岛、马来半岛、印度尼西亚各岛屿，印度半岛及巴基斯坦、斯里兰卡各岛及沿海地区，波斯湾沿岸及阿拉伯半岛，非洲北部及东岸沿海地区，最远的到达层摇罗（今坦桑尼亚给巴尔岛）。

当时，从事海上贸易的，除政府和蒙古色目人贵族、官僚、僧道外，还有不少江南民间商人，他们都因此致富。陶宗仪《南村辍耕录》卷二十七称："嘉定州大场沈氏，因下番买卖致巨富。"此外，还有嘉定朱氏、管氏、澉浦杨氏、杭州张氏等。

至于中国出口的商品，种类很多，主要有生丝、花绸、缎绢、金锦以及麻布、棉布等纺织品，青白花碗、花瓶、瓦盘、瓦罐等，金、银、铁器，温州漆盘、明州席、雨伞、木梳、针等日用手工制品，水银、硫黄等矿产品，檀香、白芷、麝香等药材。至于从亚非各国进口的商品，以珍宝、香料、药材为主，如珍珠、象牙、犀角、玳瑁、钻石、铜器、珐琅、沉香、檀香、木材、漆器，等等⋯⋯

一时间，千帆林立，搏击风浪，人人以竞富为务，一个全新的时代拉开了大幕⋯⋯

正是在这样一个大时代里，一颗最耀眼的星辰出现了，他就是沈万三。

据"挑灯集异"所载："明初沈万三微时，见渔翁持青蛙百余，将事锉剚，以镪买之，纵于池中。嗣后喧鸣达旦，贴耳不能寐，晨往驱之，见蛙俱环踞一瓦盆，异之，将归以为浣手器。万三妻偶遗一银钗于盆中，银钗盈满，不可数计，以钱银试之亦如是，由是财雄天下。"

这显然是一个荒诞不经的说法，沈万三能够成为赫赫有名的一代巨商，竟然是因为偶然救了一群青蛙，青蛙送给他一个神奇无比的"聚宝盆"。

那么，真正让沈万三富可敌国的原因是什么？就是因为他从事海外贸易。

　　而沈万三之所以能够有力量，转向海上贸易的大事业，一个重要的因素是得到了一些当地富商的巨额资金的注入。《周庄镇志》卷六·杂记就记载有："沈万三秀之富得之于吴贾人陆氏，陆富甲江左…尽与秀。"又有杨循吉《苏谈》记载："元时富人陆道源，皆甲天下……暮年对其治财者二人，以资产付之。""其一即沈万三秀也……"

　　这也是一个非常值得关注的现象，说明当时的大商人，已经深感面对浩瀚的海洋，和方兴未艾的海上贸易，仅仅凭借个人的力量，根本不行。所以才会采取了筹集资金，组建联合资本的做法。

　　依靠这么一支身后资金雄厚、全力支持的队伍，沈万三迅速在海上贸易中纵横驰骋，经过一番苦心经营，没有用多长时间，他的个人资产就多到连自己都数不清楚了。初步估计，也达到了二十万万之巨，他富裕到什么程度，看他和当时的皇帝朱元璋展开的一场公开"斗富"就知道了。

　　《云蕉馆记谈》记载："我太祖既克金陵，欲为建都立地，广其外城，时兵火凋残之际，府库匮乏，难以成事。万三恃其富，欲与太祖对半而筑……同时兴工，先完三日。"

　　不知道当时沈万三是出于一种什么样的心理而选择这么做的？是主动炫耀自己的财富，还是因为受到了朱元璋的逼迫，不得不出钱完成南京城的军事防御工程？但这一举动，的确令他名传千古。

　　从这件事情中，我们也可以看出沈万三的气魄之大，做事情的风格之奇，完全不是常人所能想象的。

　　而捐助巨资，修完金陵城墙，他并没有就此罢手，又做出了一个更为大胆、令所有人目瞪口呆的举动。据《明史卷一百三十·列传第一》中《后妃一》记载："吴兴富民沈秀者，助筑都城三分之一，又请犒军。帝怒曰：'匹夫犒天子军，乱民也，宜诛之。'后谏曰：'妾闻法者，诛不法也，非以诛不祥。民富敌国，民自不祥。不祥之民，天将灾之，陛下何诛焉！'乃释秀，戍云南。"

　　如果说修筑城墙，还只是一个利国利民的举动，"计利当为天下计"，那么，要替天子犒赏军队，就是一个颇为冒险和大胆的举动了。因为这绝不是一次"异想天开"的创意，而纯粹是一次对朱元璋的试探，是一次"政治投资"。结果朱元璋根本不领他的情，一下子将他发配到了云南。

而到了云南以后，沈万三也没闲着，又做了很多有利于地方百姓的事情，开发矿山，促进边境贸易，据说云南的马帮文化正是由他创立的。

从沈万三身上，我们看到他不但继承传统商业精神，更有所发展：

一是加入了冒险精神。冒险精神是拜海洋所赐，海洋是一个和陆地完全不同的环境。海洋上暴风狂雨，风高浪急，一个人从踏上海面开始，就不知道能不能活着抵达目的地。只有抱着置之于死地而后生的义无反顾精神，才能成为一个合格的海上贸易者。以前，在陆地上进行贸易的商人，虽然也被认为是"人为财死"，较之普通人具有冒险精神，但对比海洋上来说，死亡是每时每刻都在发生的。如果不是对财富真正有强烈的渴望，是无法想象为了追逐利润而出海搏击风浪的！

"冒险"被认为是商人血液里的基因，一个人是否具有商人的天赋，除了精确的计算能力，"冒险"是一个决定性的因素。如果不具有冒险基因，就只能成为一个数学家，只有敢于冒险才会有逐利的大胆实践。

二是加强了合作精神。虽然为了追逐财富而冒险，是不得已而为之，但是为了将冒险的风险降到最低，就必须选择合作。虽然在陆地上进行长途贸易也需要组建商队，进行合作，但那只是一个松散的合作，除了核心人物，其他人都是可有可无，不会因为一两个人而危及整个团队。但是在海上，人与人之间的合作关系就更加紧密。因为任何人的一个小小的失误，都有可能葬送一船人的性命，带来灭顶之灾。在陆地上的合作可以建立在血缘关系基础上，在海上的合作则是真正的"风雨同舟"，你的性命很多时候只能掌握在陌生人手里，如何与没有血缘关系的陌生人合作，是海上历练的第一课，也是商业文化从家族文化向商帮文化过渡的一个转折点，而这竟然是从海洋贸易开始的。

我们说，海上贸易之所以和陆地贸易不同，就在于海上贸易看似简单，实则包含了许多的因素。最简单的就是信任，出海之前的资本合作，出海之后的风雨同舟，与陌生人合作，都必须做到无条件的信任对方。对这种信任没有任何的基础和保障，只能靠着一纸最简单的契约。契约关系以前在商业行为中也有，但是陆地上的贸易行为，道德似乎比契约更重要。而在海洋贸易中，契约回归其本质，信者得生，不信者必亡。

再就是对规则的遵守。海洋贸易因其航海的复杂性，有许多规则需要遵守，包括天气观察和航海技术的积累掌握。任何一条规则遭到破坏都足以造成船毁人亡的悲剧，更不用说损失满满一船货物了。在海洋贸易中规则的重要性仅仅次于契约。这种根深蒂固的规则意识对一个团队的生死存亡至关重要。

还有一点就是敬畏。出海的人一定要带着深深的敬畏，在出海之前有许多禁忌，祭过神灵之后出海。在海上也有很多禁忌，如果亵渎了神灵，在遇到风暴的时候神灵就不会来保佑。在南方人们普遍祭拜的是妈祖，传说妈祖经常在船只遇到风暴的时候给予拯救。除了敬畏神灵，出海人还敬畏大海，敬畏上天，甚至敬畏风，敬畏海中的大鱼，等等。总之这种敬畏意识深深地融入了海上商人的生命中，一直延续到今天。

正是因为给商业精神注入了"冒险""合作"两大新鲜内容，使得商业活动从个人转向群体成为可能，在沈万三时代，他的海洋贸易随着朱元璋的"片舨不得入海"的禁海令发布，在终止海上生涯之后转向陆地，在边境贸易中发展出最早的商帮文化，之后，商帮文化正式出现，登上历史舞台，并且以十大商帮为标志铸造了商业史上空前的辉煌！

晋商与徽商：风格迥异，大道同归

提起十大商帮，首先要提到的就是在五百年之久的岁月里屹立不倒的晋商。

事实上，晋商登上历史舞台远比五百年要早。晋，是山西古称，也是黄河流域农耕文化的主要发源地，"河东盐池"就是在这么一个地理范围内。我们说，最早的商人不叫商，叫作"贾"。贾，就是卤，而卤则专指河东盐池的盐。

前面说过，从河东盐池崛起了一个大商人猗顿，可以肯定地说，他是晋商的始祖。从他那里，晋商已经继承了丰富的商业知识，同时基本形成了自己独特的商业精神。猗顿的"立功立德立言"的三不朽，个人奋斗与家国情怀的交织，注定了晋商是有着宏大追求的一个群体。

晋商因盐而起，因盐而盛。自从桑弘羊效仿管仲，提出盐铁专营以来，商人似乎就很少再有机会染指盐这一国家经济命脉的根本，自然也就没有再出现猗顿那样标志性的大商人。但是上天赐予了盐这么一种宝贝，就一定会给晋商一个机会，而只要机会一出现，他们就一定会抓住。

这个机会直到明初的时候才终于出现。在此之前，宋代曾经实行过一种"钞引盐制"，就是商人先向政府交纳一定数量的财物，换取凭证"交引""盐钞"等，再到指定机构去换取食盐，然后到指定地点销售。但是这里面有两个显而易见的弊端：一是避免不了官商勾结，钱权交易；二是在偏僻边远地区，商人活动薄弱，还是要由政府主导销售食盐。

真正彻底解决问题在明朝建立之后，新朝初建，百废待兴。而最迫切需要解决的一个问题就是边防问题。边防涉及军饷和粮草供应，这两个大问题明王朝一时都无力解决，于是朱元璋采纳了亲信杨宪提出在国防重镇大同实行"开中制"。在大同仓缴纳一石米（大约今天的107.4斤），或在太原仓缴纳一石三斗米，政府给以凭证，让商人到相应盐场领取一引盐（200斤），并允许这些盐被贩卖到指定区域。

实际上，这就是将盐的专卖权卖给了商人，商人通过贩卖盐而获利，国家则获得了军饷以巩固边防，实在是一举两得的美事，何乐而不为？

开始的时候，只是用米换取盐引，后来，又进一步延伸出了纳麦、粟、豆、草、铁、茶、棉花、衣物等换取盐引的做法，实际上等于进一步降低了门槛，使得更多的商人得以加入到这支浩浩荡荡的换盐大军中。

最后，开中制甚至发展到由于军事需要，纳马、纳铁等，以换盐运销。

开中法自洪武年间一直实行到万历年间，如此漫长的时间，使得晋商有一个稳定的发展环境和充足的成长空间，为晋商的群体性发展创造了条件。

当然了，我们说晋商崛起，固然得天独厚，有历史原因，但是更有内在原因：

一是以商为业的传统。从最初的河东盐池，到最早的商贾，再到始祖猗顿的出现，给晋商留下了以商为业的传统。在封建专制时代，很多地方的人都是学而优则仕，但是在晋商这里，却是学而优则商，最有才华和能力的人不是去做官，而是经商，因为他们继承了猗顿传下来的"陶朱事业"，学习猗顿"富而好德"，将这样的人生作为自己的榜样和楷模。他们以商为业，安身立命，整个生命和血脉都融入了商。

二是义利并举的精神。除了猗顿之外，还有一个人深刻影响晋商，就是关羽。提起这个名字，可谓大名鼎鼎。不但中国人熟悉，而且在整个大中华文化圈内，无人不知，无人不晓。大部分人都是从小说《三国演义》里了解到这么一位"万世人杰"，是武圣人，可是晋商却偏偏将他作为财神爷来供奉，为什么？就是因为关羽讲义气，讲诚信，而"义"是孔子在《春秋》里所一再推崇的，诚信则是天下所有商业行为的基石。晋商崇拜关羽，一是表明自己追求"义"的精神，不唯利是图；二是表明自己的诚信，唯有诚信，才是商人的本色和底线，不可失却。

义气和诚信，义气的例子是著名的晋商商号之祖"大盛魁"，创业人之一王相卿，只不过是一个追随康熙的军队进行随军贸易的商贩。但其在随军过程中，却认识了另外两个人，一个叫作张杰，一个叫作史大学，三个人因为志同道合，于是结为异姓兄弟，效仿"桃园三结义"，开始了合伙经营。靠着如刘关张一样的义气，三人最终创立了"大盛魁"。

诚信的例子是晋商所发展出来的独特的票号，东家与经理、掌柜之间的关系，成为决定胜败的"关键"。东家只负责出钱，委聘而来的经理、掌柜则负责一切资金调度，全力促进经营。事实上，这就是今天的家族企业和职业经理人之间的关系。商场之上，胜负难测，很多时候很多事情都不是一言两语能说清楚的，那么东家和经理、掌柜之间如何完成合作？靠的就是"诚信"二字。而说来奇怪，在漫长的岁月中，固然有个别的例外，但是大部分的东家和经理、掌柜的都和睦相处，大家都以诚相待，很少出现欺诈和失信，因此而成就了票号辉煌！

三是商行天下。也许因为晋商的始祖猗顿本身就不是山西人的缘故吧，从一开始就给晋商注入了四海为家的情怀。当时的盐池，云集的也是天下的贾人。后来明朝实行开中制，同时实行移民、垦荒、商屯、军屯，在很长一段时间里，在山西到塞外之间上演着一幕幕背井离乡，"走西口"成为晋商的一个生动写照，而且这一走就是数百年，从穷乡僻壤的山沟沟里走向了全国，甚至走出国门，上演了一出出国际贸易大战！

商业史上最著名的恰克图之战就是晋商的杰作！今在俄罗斯境内的街区仍然称为恰克图，而在蒙古人民共和国境内者已经改名阿尔布拉克。关于俄国和中国之间，历史上早已存在一条隐秘的通道：山西——长城——蒙古——西伯利亚——欧洲腹地。这条"国际商道"的重点恰克图，有过犹太商人、俄国商人、英国商人、美国商人，却最终都败给了晋商。晋商击败诸强的武器有二：一是中国著名的茶叶，从遥远的南方福建，一直到寒冷的北方恰克图，万里迢迢的道路上，晋商建立起了水路和陆路两条道路，运输方式包括船装、车载、驮运。不管是在国内爆发太平天国起义，还是在清朝政府实行"厘金制度"的不利情形下，晋商始终保持了商路的畅通，源源不断运输茶叶，货物运输量从最初的几万担到十万担，最鼎盛时候甚至突破了二十万担，牢牢占据市场主导地位。为了应对晋商，俄国甚至通过政府出面，利用第二次鸦片战争机会，与中国签订了不平等的《中俄陆路通商章程》，不仅取得了天津通商口岸，还降低了俄商茶叶进口税，解除了银币出口禁令，俄商开始直接进入中国茶叶产地采茶贩茶。但晋商没有知难而退，反而迎难而上，通过对茶叶不断进行改造，制造出了"砖茶"，不但便于运输，质量更加蒸蒸日上。彻底击败了俄商，创造了又一个商战奇迹！

这就是晋商，一个个令人震撼而又耳熟能详的名字："大盛魁"，在那么一个险山恶水的环境里，创造出200年长盛不衰的辉煌。创立了"三晋源"票号的渠家，在中国近代民族商业资本向工业资本转变过程中，大放异彩，"保晋爱国"，令人称道。创立了"广盛公"商号的乔家，"先有广盛公，后有包头城"，独善其身，广济百姓，"仁周义溥"匾额，赢得了从朝廷到民间的广泛尊敬。"乔家一个院，常家两条街"的常家，虽然是商人世家，却博得了"书香门第"的雅号。从恰克图贸易中起家，200年不曾衰落，人才辈出，商学兼长"好行其德""崇文尚义",流传后世。"多福、多寿、多子"的"三多堂"曹家,"先有曹家号,后有朝阳县",600余座商铺遍布大江南北,资产高达1200万两白银,经营13个行业,分支机构开到朝鲜、日本、俄罗斯、旧金山,以及东南亚一些国家。曾借钱给慈禧太后,今天还留有一个纯金火车头和"金钟今尚笑西后,无有曹家怎西归"的笑谈。

那么,和声名显赫、实力雄厚的晋商比较起来,徽商又是如何崛起的呢?

和晋商一样,徽商同样受益于盐。前面说过,开中制实行成就了晋商。但是这样的好事自然不能被晋商一家独占。仅仅过了50年后,朝廷中一个安徽人户部尚书叶淇就提出了一个直中要害的建议:开中制实行后很多商人根本拿了盐引换不到盐,对于国家信用和商人信心都是打击,国家不如直接一点,直接用钱买盐引。他具体做法是,让商人组成总商。比如说,全国范围内允许8个总商,国家把盐引卖给8个总商,总商用巨额资金购买盐引后,再把盐引零售给分散的商人,这个叫折色制。这一制度当然立即就被采用了,于是徽商就这样异军突起了。

徽商,和晋商同因盐而兴,但又有根本上的不同:

一是亦商亦儒。和晋商以商为业、安身立命不一样,徽商虽然也从事商业经营,但是他们的心思和精神都不在商业上,而是在读书做官上。

第一个为徽商打上深刻精神烙印的人物,是朱熹。徽州,自宋室南渡以后,大量躲避战乱的人口,都逃避到这个与世隔绝的地方,北方浓厚的读书风气带到了这里,因此才会出现柴门陋室,而诵读不绝的情况;而朱熹的出现,更是用自己的思想和学术、教育活动为徽州深深地打上了"儒"的烙印。在徽州,朱熹被视为最得孔孟之道真传之人,而加以顶礼膜拜。人人读朱子之书,行朱子之礼,以邹鲁之风传家。朱熹亲订的《家礼》对徽州氏族影响深远,"各姓聚族而居""人们重宗义,讲世好,上下六亲之疏,无不井然有序",宗族制度在这里发展到了一个顶峰。不管是当官的还是经商的,只要发达以后,第一件事情就是大力捐资建祠堂、办学校、置族产等公益事业,一方面通过扩建祠堂,修宗谱、置族产和墓祭祖先等活动,以加强宗族的凝聚力,一方面通过建书院、办社学、兴学田,资助族内贫困子弟读书,培养擢高第的人才，以光楣门第，提高宗族的政治地位。徽州由于儒学教育普及，"十户之村，无废诵读"。读书人多，自然就出人才。明、清两代，徽州中举入仕者，"一邑当他省之半"。而且士子大多能恪守"朱子之道"。

在经商方面，"前世不修，生在徽州；十三四岁，往外一丢"的徽商，被称为"徽骆驼"。一是吃苦耐劳，勤奋俭朴；二是待人接物，诚实不欺。一旦经商有成，积累了一定资本，必然追求转向仕途，或者风雅好学，"贾而好儒"。徽商和晋商相比，有一个不同的爱好，晋商发达之后喜欢盖房子，例如乔家大院、工家大院等，而徽商喜欢藏书，程晋芳、鲍上恭、马裕、汪启淑皆兴建藏书楼。如旌阳程淇美"年十六而外贸……然雅好诗书，善笔丸，虽在客中，手不释卷"。又如休宁人江遂志行贾四方时，"虽舟车道路，恒一卷自随，以周览古今贤不肖治理乱兴亡之迹"。章策"虽不为帖括之学，然积书至万卷，暇辄手一编，尤喜先儒语录，取其有益身心以自励，故其识量有大过人者"。黄锜"虽商而博涉左传史家言""货鹾淮扬间。国家边计倚鹾政，而两淮尤擅利权。商与官为市，当任者非桑孔心计无恨，则龌龊琐碎朝令夕易，顾歹卑诸商，诸商亦罕能伸眉吐气，与论曲直损益"。又有程良锡"昼则与市人昂毕货殖，夜则焚膏翻书弗倦"。一边经商，一边读书，精神与物质都充实无比，徽商称得上名副其实的儒商了。

二是见利思义。徽商会做生意，擅长"算计"之术。中国算盘的发明者，就是一位徽州商人，叫程大位。程大位从很小的时候，就跟随父亲四处经商，尤其喜欢算术，口算能力超强。他帮助父亲管理财务，别人用一个个的筹码去加减，而他则可以瞬间报出结果。稍微长大，他开始对当时使用筹码计算感觉到很不方便。一次，他在读古代的算术书《盘珠集》和《走盘集》的时候，发现了珠算这种古老的算术，从此深感兴趣。一边潜心钻研，一边在经商过程中遍访各地的数学名家，珠算能手，经过不断切磋钻研，最终写成了《算法统宗》成就巨大，将算盘作为一种固定样式定了下来。

到了清代，著名的红顶商人胡雪岩，也是一个精于计算的高手，但他并不唯利是图。胡雪岩最为人称道的事情有两样：一是留下了著名的"庆余堂"，他一手创立的堪称与同仁堂齐名的这家药号，自创了无数的药方，救活了不知道多少人。二是他将自己的个人兴衰与国家命运紧密联系在一起，和左宗棠一起，为国家创办工厂，又为左宗棠西北用兵，提供了军饷和药方等。在给庆余堂写的匾额里，留下他手书的"戒欺"两个大字。他总结自己的一生，不过是四个字——"存心济世"。而他对于商业的本质一针见血："凡百贸易均着不得欺字。"不欺，首先是不欺自心，其次是不欺百姓，再就是不欺国家，最后是不欺天下。看似简单，实则要做到不欺，就必须做到见利忘义，以义制利。

三是家国情怀。因为读书的缘故，徽商整体文化水平要高人一筹，也是一个集中继承了中国传统士大夫精神的群体。家国情怀在他们身上表现得格外突出。

徽商中，有一个叫作阮弼的，是一个世代经商的大家族。阮弼时代，国家东南沿海一带，倭寇作乱，甚至成为国家的一大危害。面对汹涌而来的"倭寇"，官府焦头烂额，这时候，阮弼挺身而出，联合商业同道，招募青年壮丁，组建了一支数千人的"商人队伍"。他一针见血地指出，如果来的是猛虎，必须将其擒杀，不然，百姓就要遭殃；如果来的是强盗，那么千里来犯，也早已疲惫不堪，不足畏惧。结果，"倭寇"得到消息，主动撤退了。等"倭寇"退去，阮弼不但不接受朝廷封赏，反而指出，强盗是不会甘心的，必须防患于未然，尽早修筑城墙。在他出钱出力的带领下，经过周密的长期准备，倭寇再次来犯，只能又知难而退。周围无数个城市，都遭了殃，只有芜湖安然无恙。经此一举，阮弼声威大振，以芜湖为根据地，店号遍布江苏、浙江、湖北、河南、山东，不图厚利，一心为民，博得了很高的声名。

而正是像无数阮弼这样的"徽商"，齐心协力，共同奋斗，维护了国家利益，也为自己开辟了滚滚而来的、永不枯竭的"钱泉"。

徽商中有一个叫作舒遵刚的，对"钱泉"做过一段精辟的论述，他说："钱，也称为'泉'，好像流动的泉水一样，有源头，才有泉流。如今一些商人以狡诈来谋求发财致富，他们这样做无疑是自己堵塞了钱财的源头啊！还有一些商人只知吝惜他的钱财，拼命敛财而不肯适时地花钱，这种人与那些生活奢侈铺张浪费不知节俭的人是一样的，其结果都是自己断了自己的财源，世人只知生活奢侈的人不对，却没有想到吝啬同样是错误的，他们都没有真正理解生意上的源流之说啊！"

这就是"徽商"的理念，在他们看来，真正作为钱财源头的，并不是钱，而是人们的"仁爱"之心，只有在这颗"仁心"的调度下，才能够正确地使用钱财。应该节俭的时候，一定不能浪费铺张；应该大把花钱，比如为救济百姓，为家国危急解困时候，一定不能吝啬做守财奴。只有按照这个"生意经"去做，钱财才不会枯竭，反而会更加充裕！

闽商与潮商：开放进取，爱拼敢赢

和晋商、徽商因盐而起不同，接下来要介绍的闽商和潮商，则是因海而起。

闽商，从狭义来说，专指福建商人。福建地处我国东南沿海，面临碧波万顷的大海，自古以来，人们就善造舟船，漂洋过海去展开贸易。据历史考证，福州与东南亚地区的贸易往来肇始于东汉，宋元时期福州是海上丝绸之路贸易中丝绸的主要生产地，"百货随潮船入市，万家沽酒户垂帘"。时至明代，福建市舶司回迁福州，郑和怀揣"宣德化柔远人"和"经济大海"的抱负，七度从长乐太平港开洋远航下西洋，创造了当时世界上规模最大、航线最远的航海记录，将海上丝绸之路发展到巅峰。清朝，福州被辟为五口通商口岸，成为世界著名"茶港"。泉州，早在唐代，泉州刺桐港就是四大外贸港口之一，在宋元时期与埃及亚历山大港齐名被誉为东方第一大港。泉州不但是一个商贸重地，更是一个文化昌盛之地，素有"海滨邹鲁"之誉，人文荟萃。

作为历经千年沧桑而与大海搏击、共存的特殊群体，闽商锻造出了独特精神。

闽商中亦有一个自己的代表人物，就是大名鼎鼎的一代闽海王郑芝龙。

在郑芝龙之前，中国的航海事业已经领先世界，郑和七次下西洋，将中华的商品和文化带到了世界各地，但是郑和的目的并不在于从事贸易，因此浩大的战船一次次出海，无数的手工产品有去无回，国库很快空虚，大明帝国的战船消逝在了茫茫的大海上，空自泊在港口里锈迹斑斑。不久，依靠中国传过去的指南针，葡萄牙"无敌战船"隆隆地开来了。

这是一个官方在海上偃旗息鼓而草莽英雄崛起的时代，郑芝龙的演出开始了。

《清史列传·郑芝龙传》中记载："郑芝龙，福建南安人。明末，入海寇颜思齐党为盗；后受抚，累官总兵。"

这段主要讲述的是郑芝龙早年的人生经历。原来，他做过海盗，也当过明朝的总兵。做海盗，其实是亦盗亦商。不过这个人不简单，在澳门学习经商，又在日本闯荡出了一番事业，成家立业，被尊为"老一官"。在日本，他还有了一个儿子福松，就是后来的民族英雄郑成功。

离开日本之后，郑芝龙迎来自己第一个事业高峰，和一帮结义兄弟共创基业，在台湾创立了根据地，树旗招兵，下设参谋、总监军、督运监守、左右谋士等，建立了初具规模的郑氏基业。对内加大拓垦力度，不断扩充自己的实力；对外，利用天灾人祸的机会，率船队袭击福建漳浦，劫掠金门、中左所（今厦门）和广东靖海、甲子等地，纵横东南海上，声势所向披靡，官兵疲于奔命，莫可奈何。奔袭中，郑芝龙等还招抚了泉州饥民数万人赴台拓垦，沿海饥民及无业者竞往投靠。但对郑芝龙来说，真正的对手不是明政府，而是在海上横行霸道的荷兰人。为了"剪除夷寇、剿平诸盗"，他率部降明。此时，郑芝龙有部众三万余人，船只千余艘。

崇祯元年（1628年），闽南又遭大旱，饥民甚众。郑芝龙在熊文灿的支持下，招纳漳、泉灾民数万人，"人给银三两，三人给牛一头"，用海船运到台湾垦荒定居。在台湾历史上，郑芝龙是组织大规模移民的第一人。

之后，郑芝龙和荷兰人之间的战争开始了。一次次血战，他甚至专门发明了一种对付荷兰人的战法：用铁钩钩住敌人大船，再用民船满载燃火之物靠上去，纵火焚烧。东印度公司史料说："如果公司想存在下去，必须把一官这一根刺从公司脚下拔除。"郑芝龙势力之大由此可以想见。

郑芝龙剪除群雄，并把海上力量纳入地方官府体制，取得制海权，合法掌控东西洋贸易制度的运作。崇祯十二年（1639年），日本祅地锁国，退出东亚海洋竞争。荷兰殖民者也不得已与郑氏达成海上航行与贸易协议，规定荷兰的对日本贸易，需经郑芝龙将中国特产运至台湾，转手之后，方由荷兰方面运往日本出售。郑芝龙遂成为东方海洋世界的唯一强者。

郑芝龙集团在扫清海上障碍之后，"从此海氛颇息，通贩洋货，内客外商，皆用郑氏旗号，无徼无虞，商贾有二十倍之利。芝龙尽以海利交通朝贵，寝以大显"。"自就抚后，凡海舶不得郑氏令旗者，不能往来。每舶例入三千金，岁入千万计，芝龙以此富敌国。自筑城于安平（今晋江安海），海舶可直通卧内，可泊船径达海……八闽以郑氏为长城。"

后来，郑芝龙被清政府诱降，他的儿子郑成功树起大旗，一举收复台湾！

作为闽商的一个杰出代表，在郑芝龙身上，集中展现了闽商与众不同的精神：

一是爱拼敢赢。在福建，一首《爱拼才会赢》家喻户晓。"三分天注定，七分靠打拼。"天注定，注定的是"七水二山一分田"的恶劣自然环境；靠打拼，靠的是人自身发挥主观能动性，造船出海，去进入更大的世界。那种农耕文化所注重的安土重迁、父母在不远游等对他们根本不受约束。像郑芝龙一样，很多闽商都是少小离家，足迹踏遍世界，"有华人的地方就有闽商"。闽商可以说是中国最早开眼看世界的一个群体，闽商也是最早作为中国代表与外国人打交道最多的群体。

二是坚韧不拔。闽商从骨子里有一种打不倒摧不垮的坚韧之力，面对困境，他们只会激发出更大的斗志。郑芝龙起家的时候并不是最强者，只能在官府和荷兰人、葡萄牙人的夹击里求生存，最后却脱颖而出。到了他的儿子郑成功，与荷兰人争夺台湾，基本上没有任何优势，甚至被认为不可能，最后他也做到了，孤注一掷、向死而生的气概，和围困台湾动辄经年累月的忍耐与意志，最终迫使荷兰人低下了头颅。

三是桑梓情怀。虽然一个个很早就离开家乡，闽商却没有因此淡薄乡情，反而一个个充满了对家乡的热爱，一旦发达之后，立即会反哺家乡。

最著名的例子当数爱国商人陈嘉庚。陈嘉庚17岁离开家乡集美，加入"南洋客"行列中，一直到成亲年龄才第一次回家乡。之后再次出洋，全面接掌父亲事业，保住父亲商誉，却背负了一身的债务，但是他绝境求生，建立菠萝罐头厂、冰糖厂，一步步进入了种植业，最终在橡胶种植上大显身手，一举建立了自己的橡胶王国，成为侨商中最大橡胶垦殖者之一，被称为新加坡、马来西亚等东南亚国家的橡胶产业四大"开拓者"之一。

虽然在异国他乡创业成功，陈嘉庚却不忘家乡，他在辛亥革命后就返回祖国，专门从事教育事业，创办集美小学、师范学校和中学。又努力开办了集美学校的水产科和航海科。将各部独立成校，计有男小、女小、男师、男中、女中（由女师改成）、水产航海、商业、农林、国学专门等9个学校，合成集美学校。又将目光投向整个的闽南教育，组织成立了"同安教育会"，对各乡的30余所小学予以补助；又向华侨募集款项，每年在同安成立20所学校，计划在10年内在同安普及小学教育，先后创办40余所学校。不但在中国，在新加坡，陈嘉庚为了提高华侨教育水平，也创办了新加坡南洋华侨中学，首开华侨教育先河。

为了振兴教育，拯救祖国，他的举动令人震惊。他将不动产橡胶园7000英亩和房产地皮面积150万平方尺，捐作集美学校的永远基金。他在告辞新加坡时候聚集众人，发表了演说，声称："此后本人生意及产业逐年所得之利润，除去花红外，留一部分添入资本，其余所剩之额，虽至数百万元，亦全数寄归祖国，以充教育费用。是乃余之大愿也。"

回国之后，陈嘉庚经过一番努力，创办了厦门大学，设师范、商部，后来陆续增设工学、新闻、法学等部和国学研究院、预科等。一直到1937年，他又将厦门大学"无条件"交给了政府，从此改为"国立"。

由家及国，历经动荡和战乱岁月的陈嘉庚，心怀祖国，一生为了救国奔走，除了教育更积极投身救国运动和抗日战争，做出了巨大的贡献，被毛泽东亲自褒扬和肯定："华侨旗帜，民族光辉！"他自己用一句话概括："凡事只要以国家和人民利益为依归，个人成败应在所不计。"

同样，和令人惊叹又敬佩的闽商比较起来，潮商的表现一点都不逊色。

潮商，是潮汕商人的简称，亦称潮州商人。《清稗类钞》农商类潮人经商篇载："潮人善经商，窭空之子，只身出洋，皮枕毡衾以外无长物。受雇数年，稍稍谋独立之业，再越数年，几无不作海外巨商矣。尤不可及者，为商业之冒险进行之精神，其赢而入，一遇眼光所达之点，辄悉投其资于其中，万一失败，尤足自立；一旦胜利，倍蓰其赢，而商业之挥斥乃益。"

这段话很好地总结了潮商的特点：善于经商，敢于冒险，做事果断。这些都是他们在长期的海上生涯和海外求生的生存考验中历练出来的。

潮州府，海外交通在隋代已有一定基础。唐代潮州已发展成"岭南大郡"，是粤东最大城市。宋朝潮州对外交往更趋频繁，《宋史》已有关于潮州"岸海介闽，舶通瓯吴及诸番国"的记载。到了元时，据饶宗颐《潮州志·交通志》载："元时三佛齐（今印尼巨港）已有闽粤人足迹。"

有明一代，由于实行"海禁"，对外贸易主要分为官府直接控制的贡舶贸易和私商经营的市舶贸易两种方式。贡舶贸易是明朝官方直接控制海外贸易的一种制度，因禁止私人出海经商贸易，迫使海外各个国家不得不依仗朝贡贸易的唯一渠道。市舶贸易即是私商在广东港口或出海同外商进行的贸易，私商贸易在明初和中期被视为非法贸易，明中叶以后，随着贡舶贸易的日益衰落，"广东民多挟大舸入海，与夷市""有力则私通蕃船"，已成为普遍现象。豪门之家蹑足于此者亦不乏其人。张燮《饷税考》曰："成、弘之际，豪门巨室间有乘巨舰贸易海外者，如人阴开其窦，而人不得收其利权……至嘉靖而弊极矣。"

海禁的开放时间一直到清康熙二十三年，海上贸易主要通过一种高桅的大型木帆船来运送货物，因船头油饰朱红色，称红头船，也叫"大八桨"。一时间，红头船竞相出发，海上来去，将中国特有的陶瓷、丝绸运输出去，换回暹罗的大米和木材，以及其他各个地方琳琅满目的商品。

虽然同是海洋文化，但是潮商和闽商还是有不同的地方，有自己独特精神：

一是亦盗亦商。这是由严酷的生存条件决定的。潮汕一带从唐宋期间一直到明清，人口始终在不断增加，人口密度几乎呈几何级地增长，至嘉庆二十五年潮州府每平方公里就有151.45人。土地已经无法养活这么多人，只能去海上冒险求生，不得已走上了武装对抗政府的道路。曾经在明末清初被《乾隆潮州府志》称为"潮汕海寇商人集团"："北与闽南泉州海寇商人集团呼应，盘踞南澳，走私贸易，与明庭抗拒。"明代几股被朝廷称为"海寇"的海上大型武装势力，就有张链、吴平、林凤、林道乾这样的潮汕人。明代的谢杰曾说过："寇与商同是人，市通则寇转为商，市禁则商转为寇……由海商之事观之，若病于海禁之过严。"从海寇到海商，一字之差，却道尽了其中的酸甜苦辣。

二是开放融合。海洋文化有着开放的襟怀和善于融合的特点，潮商也是如此。

从宋元开始至明清，大量的潮商拥入东南亚各国，积极投身于当地的经济建设与开发。在越南，潮汕商人大量地开垦荒地，种植水稻、蔬菜、菠萝、椰子、龙眼和葡萄等多种作物，并且将种植技术传授给当地居民，促进当地生产技术的提高。他们还积极地经营机器碾米、纺织、化工、造纸、大米出口，以及进出口贸易等产业。在泰国，潮汕商人不但带去了雄厚的资本，而且带去了特色文化，潮剧就是其中代表。在新加坡，潮汕商人同样建立了众多的剧院，以方便时时聆听"乡坊之音"。至于创办华文报纸，更成为潮汕商人的一种日常文化生活。

三是超越精神。潮汕人虽然在传统上被视为"蛮人"，不像中原文化那么充满君子之风，但是很奇怪，在"蛮人"身上却存在着一种超越精神，不断地挑战自我，实现自我追求，同时永不满足，最终达到无我。

被誉为"超人"的李嘉诚就是这么一个杰出的代表。他所要超越的，不仅仅是自己的商业竞争对手，更是自己，他的一生都不在不断书写传奇。

李嘉诚的父亲是个读书人，以教书为生。他在儿子很小的时候，就给他讲一些儒家做人处世的道理、仁义道德及做人的风骨与气节。他最喜欢做的一件事情是带儿子去看海，告诉他那些海上的大船之所以能够纵横来去、搏击风浪，靠的就是每一艘船上，都有一个船长。父亲希望儿子将来可以成为一个船长式的人物。果然，李嘉诚没有辜负父亲。他在国难之际，跟随父母逃难到香港，父亲去世后，他为了养家糊口，放弃了学业，去一家钟表公司打工，之后又到一家塑胶厂当推销员。18 岁，成为部门经理。19 岁，成为销售公司总经理。积累了足够经验后，22 岁的李嘉诚尝试创业，将厂名定为"长江"。历经艰辛，多方转战，最终将名不见经传的小厂子打造成了商海上的大船！

之后，依靠严格的自我管理，更依靠灵敏的商业嗅觉和不断进取的雄心壮志，他又进入了房地产行业，成为香港最大的华资房地产实业。他也因此而获得了"超人"称号，超人，他第一个超越的就是人性的自私与贪婪！关于超越"贪婪"，他指出，超过三分之二以上的企业，不是被"饿"死的，而是被"撑"死的。贪婪的本义，据说是一只怪兽，一天到晚只知道拼命地吃，却不排泄，一直吃到把自己的肚子撑破为止。对此，李"超人"是用传统文化里的"欹器"来警惕自己的。什么叫作"欹器"？《荀子·宥坐》中有这样的记述："孔子观于鲁桓公之庙，有欹器焉。孔子问于守庙者曰：'此为何器？'守庙者曰：'此盖为宥坐之器。'孔子曰：'吾闻宥坐之器者，虚则欹、中则正、满则覆。'""欹器"表达的就是"谦受益满招损"，就是"物极必反""过犹不及"，就是节制和中庸，这也是李超人屡屡成功超人一筹的利器！

对于从商的境界和追求，李超人的名言是："追求自我，建立自我，达到无我。"他认为人生最难得的就是快乐，而要快乐就要帮助别人。

与李超人的话相验证的是，潮汕商人在世界各地都是最热衷于公益事业，最乐于慷慨解囊的，"潮汕善堂"是潮汕地区特有的带有民间信仰的慈善机构，它遍布潮汕平原的各个角落。这种"善"不是一时一地的行为，而是一生一世，代代相传，构成了潮汕商人的精神底色，正因为有了道德根基，潮汕商人才会在精神上不断超越，历久而弥新！

浙商与苏商：执着务实，文化追求

在传统十大商帮中，占据两席的龙游商帮和宁波商帮，都是浙商。

龙游商帮在明中叶嘉靖、万历年间就已经崛起，当时社会上流传着两句谚语："钻天洞庭遍地徽"和"遍地龙游商"。可见在当时，龙游商人的足迹已经遍布全国，实力雄厚足可以与徽商等分庭抗礼了。

龙游，历史上为姑篾文化发祥地，更是"入闽要道""金衢处徽之冲"，为古代重要盐道饷道，"通浙孔道，馈饷之所必系"之地，是浙、皖、闽、赣交通枢纽。明人徐复初说："邑（龙游）当孔道，舟车所至，商货所通，纷总填溢。"正是依靠便利的交通条件，以及当地山林竹木和茶漆粮油等丰富的产品，龙游商人迅速登上了商业历史的舞台。

据史料记载："（明万历年间）龙丘之民，往往糊口于四方，诵读之外，农贾相半。""（明天启年间）龙游之民，多向天涯海角，远行商贾，几空县之半。"龙游商人不像晋商和徽商，依靠具有垄断地位的盐业，积累雄厚资本后又进军金融业。龙游商人大部分做小生意起家，赚了第一桶金后，也是另辟蹊径，选择珠宝古董业和印书、刻书、贩书，从事于文化传播，这实际上反映了他们具有较高的文化素养。例如龙游商人特别重视产品质量，将自己创立的商业品牌信誉视为生命。龙游商人傅家来开设傅立宗纸号，非常注重产品的质量，精益求精，所造之纸，坚韧白净，均匀齐整，比其他家的纸在同一件纸号中重十多斤。为了表示对用户负责和维持良好的信誉，他的产品都统一加印"西山傅立宗"印记。姜益大棉布店，冠为金（华）、衢（州）、严（州）三府第一家。薄利多销，童叟无欺，决不二价。为了防止流通中有银圆掺假损害顾客利益，特聘请了三位有经验的验银工，严格检验，凡经过他店的银币加以"姜益大"印记。大丝绸商李汝衡，商品贩销到湖广十五郡，几乎垄断了楚湘的丝绸市场。他们都为龙游商人赢得了声誉。

龙游商人的精神，总结起来有以下特点：

一是财自道生。龙游商帮的崛起，得益于宋室南渡，一部分士大夫阶层转入商业经营，因此一手读书，一手行贾，坚信"君子爱财取之以道""利缘义取"。他们所以能够以诚信立足，靠的就是这种严格自律。当然，由于泥沙俱下，混合了众多外来商人的龙游商人，难免有行为不端者，掺杂其中，败坏了龙游商人信誉，但整体上是瑕不掩瑜的。

二是草根本色。龙游商人是没有资源依靠的，只能凭借顽强的生存精神、吃苦耐劳的品质和诚实不欺的商德立足。他们大多从事长途贩销活动，"龙游之民多向天涯海角，远行商贾"，不仅活跃在江南、北京、湖南、湖北和闽粤诸地，而且还一直深入到西北、西南等偏远省份。据有关文献记载，明成化年间，仅云南姚安府（即今云南楚雄彝族自治州西部）就聚集了浙江龙游商人和江西安福商人三五万人。这种草根本色的一大特点就是生命力特别顽强，后来龙游商帮衰落，又迅速崛起了一个温台商帮，仍然是这种草根特色，一有机会，遍地生机。

三是善于学习。龙游商人善于学习融合，一方面在本土，许多外籍商人纷纷奔赴龙游经商，有的还寓居于龙游，加入龙游商帮的行列，并把各自的经商经验带入到了龙游商帮中，推进了龙游商帮的发展。如徽商程廷柱在康熙年间曾率众在龙游经营有典业和田庄；汪文俊在龙游经营有盐业。又如赣商周学锦在康熙年间从江西抚州趋利业商于龙游，并定居于此。还如闽商三元戴冯氏、黄静斋、池明英等都先后经商于龙游。从四面八方来的商人带来不同的商业文化，形成了百川汇海之势。另一方面，龙游商人行走于五湖四海，见多识广，自然融会贯通了晋商、徽商、闽商等各个地域的商业文化，取其所长，为我所用。

继龙游商帮之后，另外一个崛起的宁波商帮，则进一步成就了浙商的辉煌。

宁波，自唐宋以来就出现了假舟楫之利的宁波商人，开始与日本、高丽、东南亚沿海国家有了贸易往来。而宁波商帮的崛起，一个先决条件竟然不是商业才能，也不是资本积累，而是深厚的文化积淀与教育热情。

这要从一个对宁波影响巨大的人物王安石说起。王安石 27 岁来到宁波，立即把离衙门不远的一处破旧庙宇改建为县学，并亲自从深山寻找到五位知书识字的老先生出山执教，史称"庆历五先生"。十多年后，王安石主持中国历史上最早的一次"商业革命"，在宁波也诞生了第一代进士、状元，从此确立耕读传家、商儒并生的传统。以至于宁波人家教育子弟，都是先读书、后经商，学而后商。如果对方没有上过学，宁波商人是不愿意与其做生意的，足见对文化重视和执着。"田家有子皆习书，士儒无人不织麻"，造就了宁波学人和商人。

宁波本身就是一个三江汇流、得风气之先的港口，但是宁波商人大展拳脚，却是在上海。当地人口语，向来把外出经商称为"跑码头"。

当地民歌唱道："大海泱泱，忘记爹娘。"带着对故土的不舍，宁波商人乘坐南方特有的沙船，一路摇啊摇摇到了上海。而在上海他们立足的仍然是家乡手艺——裁缝，也就是成衣匠。不过宁波人有一个特定的名字——"红帮裁缝"，就是专门给当时被叫作"红毛"的外国人做西装，祖师爷张尚义就是一个西装裁剪高手。据史料记载，中国第一套西服、第一套中山装，甚至第一部西服理论著作，都是出自宁波人之手。

从"红帮裁缝"起家，宁波商人很快进入各个领域，而且都表现出色。例如金融业，宁波商帮在上海经营钱庄，比较著名的有镇海李家（小港）、镇海方（柏墅方）、镇海的叶家（庄市），也就是叶澄衷，以及慈溪的董家（三七市），董棣林，再后来是秦家秦君安。上海十大钱庄资本家家族集团，宁波商人就占了五个。钱庄能够立足，发展壮大，资本当然重要，但最重要的还是信用。当时的庄票，被叫作"上海头寸"，在上海地区季节性的棉花、茶叶和蚕丝大收购中，举足轻重。

之后，从钱庄进入银行业，宁波商人又创造了诸多的第一，涌现出一批银行家。

最能够体现宁波商人那种勇立潮头、敢为天下气概的，大概要算包玉刚。

据当地传说，包氏家族的远祖包奎祉公，原来是一个读书人，后来功名不成，弃文经商，到温州一带做鞋帽生意。因一次和别人误拿错了挑担，一担鞋帽变成了绫罗绸缎，还有两百两纹银和一张五千两银票。他急忙赶回原来的客栈，在墙壁上留下一个"招识"。过了一年，丢失货物的福建木商路过客栈，看到"招识"，一路寻访到包家。"客感其诚，又高其义，因偕至闽，凡营业十年，遂获利起家焉。"（《镇海县志》）

这就是包家的祖上，一个经商世家。包玉刚也一直渴望经商冒险，为此自愿放弃了在金融业界发展，和父亲一起携着数十万元的积蓄到了香港。在竞争激烈的香港航运业中，他筹集了七十多万美元，硬是从这里起步，建立起了"世界船王"的海上大厦，正所谓"作始也简，将毕也巨"。最终，他成为世界船王，美国《财富》和《新闻周刊》两杂志，分别称包玉刚为"海上的统治者"和"海上之王",堪称名副其实。

但包玉刚的人生传奇不止于此,他在海上建立霸业、功成名就之后,选择了将数不清的财富回馈社会,他对自己要求严格,以"节俭为本"的他,精打细算到每一分钱,可是在慈善事业、公益事业上面,需要他出力、出钱的,却毫不含糊,接二连三地有"大手笔",如北京兆龙饭店、上海交通大学兆龙图书馆、杭州包玉刚游泳池。他为家乡宁波捐资兴建宁波大学,更是传为一段佳话。1984年12月20日,邓小平在北京人民大会堂会见包玉刚。包玉刚提出了在宁波办一所大学的设想,希望得到支持。"我赞成!"邓小平非常高兴,称赞包玉刚:"爱国爱乡,有见识,这件事办得好!"并欣然答应给宁波大学题写校名。而仅仅不到两年,由包玉刚总捐资2000万美元,占地1283亩的宁波大学正式开学,这效率在全世界都是极为罕见的。包玉刚还穿针引线,有近50位海外宁波帮商人捐赠逾2.5亿元人民币(按当年汇率计算)用于学校的各项建设,让世人看到了宁波商人对教育事业的热忱!

从宁波商人身上,我们不难看出突出的几个特点:

一是勇猛进取。可能是自然环境恶劣,长期与变幻莫测的大海做斗争的原因,宁波商人身上具有一种狠劲、倔劲。例如当地有一种"犴舞"。犴,传说是龙的第九子,不成龙,身上没有鳞。龙生水,犴生露,性情和面目都非常凶恶,能吃虎豹,以前都是出现在监狱大门上。可是,瘦弱的当地人,却将"犴舞"作为自己的一种民间舞蹈。这种公然斗犴,反映了宁波人的刚武勇猛,也是进取的不竭动力。

二是执着务实。前面说过,宁波人家的价值排序,第一是读书,第二才是经商。在宁波天一阁收藏的历代文献中,有五百多种宁波人家谱,常常可以见到某某家族、某某人从小喜欢念书,因为社会的动荡,或者家里的经济条件不行了,只能去从商,从商成功以后,他又拿出钱来办学,做善事,或者他的后代继续从事科举、读书,这几乎成为一个范式。虽然经商不是首选,但一旦开始经商,就要全力以赴,非出人头地不可。在创业和事业发展阶段,宁波人吃苦耐劳以及勤奋令人印象深刻,而在拥有了巨额财富之后更是与众不同。就像包玉刚,成为世界船王,却从来不允许自己和亲属的生活过分奢侈，每年只准许家属在夏威夷度假十天，他的女儿们一次只能买一双鞋，而且他从不让孩子参加香港"富翁环球游览团"。"脚踏实地地工作，平易近人地待人，身体力行地做事。"他是这么做的，也是这么教育子女的。

三是文化追求。宁波商人的文化追求与生俱来，已经融入了每个人血脉中。包玉刚向来以"抠门"而著称，他的名言就是："在经营中，每节约一分钱，就会使利润增加一分，节约与利润是成正比的。"一位在包玉刚身边服务多年的高级职员回忆道："在我为他服务的日子里，他给我的办事指示都用手写的条子传达。用来写这些条子的白纸，都是纸质粗劣的薄纸，而且如果写一张一行的窄条子，他会把写的字撕成一张长条子送出，这样的话，一张信纸大小白纸也可以写三四张最高指示。"宾馆服务员拿到包玉刚要换洗的衣服总是惊讶。那么普通的布衣，什么名牌也没有。他自己说，一生接受过的最贵重礼物，竟然是背井离乡四十年后，返乡时候一位妇女送给他的一只热乎的鸡蛋！

而只有当包玉刚和他的同乡们将成千上万的钱拿出来，大方地捐给家乡，办教育，培养人才，人们才懂得他们为何会珍惜这每一分、每一厘！

当然了，和浙商一样脚踏实地而又积极追求的，还有洞庭商帮，就是苏商。

洞庭商帮，又叫"洞庭帮"或者"洞庭山帮"，得名于明代苏州的小说家冯梦龙《醒世恒言》："两山之人，善于货殖，八方四路，去为商为贾，所以江湖上有个口号，叫作'钻天洞庭'。"冯梦龙是最早通过小说的形式来记录明代的商人的，他也是第一个把商人当作"人"来看的。

"洞庭"之所以被用来形容苏商，就在于这里曾经有过一个商人的鼻祖——范蠡。

当年，范蠡帮助越王勾践复国成功后，功成隐退，据说和西施泛舟五湖，最后在洞庭隐居下来。他开始从事养鱼，还流传他写了一部《养鱼经》，是中国最早关于水产养殖的记载。范蠡以此致富，获得第一桶金，后来到了齐国，在海滨从事盐业经营，不久即成为巨富。

范蠡对洞庭商帮的影响持久而深远。范蠡善于应对变化，对于时机的把握非常准确，有预见性。他通过对天道的了解而把握人道，能够积蓄钱财，更能够遵循天道功成不居的道理，散尽家财。他的散财思想一直影响后代洞庭一带商人。明代沈万三所以起家，一个重要因素就是得到了巨额的馈赠，而馈赠给他的正是当时江苏一带的首富陆道源。

因此，"钻天洞庭"就有了两层含义：一是善于投机钻营，聪明绝顶；二是刻苦研究天道，遵循天道而经商，能聚能散，这是苏商独一无二之处。

据考证，洞庭商人真正成为一个集团出现，是在明中叶以后，当时东山出了一个大商人王惟贞，其后人出了一个历明宪、孝、武三朝官至内阁大学士的山中宰相王鏊。王惟贞"自小历览江湖，深谙积著之术，故江湖豪侠尊为客师，至今言善理财者，必曰惟贞公。"可见其能。王氏家族以其在商业和文化上的双重声名，开启了洞庭商帮的辉煌。

明代的翁笾，年轻时即到山西清源经商，招徕四方商贾，南北转毂，四处贩运，生意兴隆。他的名声大到什么程度？以至于"非翁少山布勿衣勿被"，不是他的布，人们就不买来做衣做被，可见他的信誉之隆，质量至上的商业理念。与翁笾同时兴起的还有许志向，善治产，拥巨财。

之后，洞庭商帮又涌现出一个杰出代表——席氏。其先人席左源和席右源时期，北走齐燕，南贩闽广，按康熙年间地方志上的说法，他们是"不二十年资累巨万"，以致"布帛衣履天下，名闻京师、齐鲁、江淮"。到了清代康熙南巡路，过东山就住在席氏家族的席启寓家东花园里。

由于江苏和上海相邻，洞庭商帮在其他传统商帮衰落之后，反而又一次强势崛起，进军上海滩。他们摇身一变成为了外国洋行和银行的买办，例如席氏后人席正甫自 1874 年至 1904 年任英商汇丰银行买办共 30 年，后又将这一职位传于其子席立功。席立功从 1904 年至 1923 年任汇丰银行买办近 20 年，父子二人控制汇丰银行买办之职长达半个世纪。席立功后，又将买办的职位传给儿子席鹿笙，席鹿笙从 1923 年至 1929 年任汇丰银行买办。祖孙三代世袭汇丰银行买办长达 56 年。以席正甫和他的兄弟这一代人算起，席氏祖孙三代共有 11 人，加上几个女婿共 14 人，先后担任了上海 20 多家较有影响的外商银行买办，形成了名副其实的席氏买办集团和买办世家，几乎一家控制了上海金融界。

难怪近代上海滩上流传一句谚语："徽帮人最狠，见了山上帮，还得忍一忍。"可见洞庭商帮的"钻天"之能，还真不是白白叫出来的。

总结苏商，可以看出如下精神特点：

一是以商为魂。虽然中国商业文化和商人最早是在盐池发源的，但是，赋予商业经营以灵魂，真正将经商确立为事业的还是范蠡，因此，范蠡的商魂就在苏商的血脉中流传了下来。要说道商道、商术，各地的商人各有擅长，但是说到商魂，还是要数苏商。经商对他们来说是自然而然的事情，他们从来都不考虑商而优则仕还是学而优则商的问题。经商永远是他们的第一选择，正如他们后来转型为现代商人买办，再后来又在新中国民营经济的大潮中崛起，成为最有活力的一个群体。

二是灵活多变。洞庭，春秋时候即得名，古代号称八百里洞庭，水资源异常丰富。水给当地人提供了丰富的生产资源，也塑造了人们的精神。从洞庭山人不管经商还是读书都卓然有成，就可以看出他们的聪慧。

水与财，这个关系最早就是范蠡所注意到的。对于积著之道，范蠡有自己独特的理解。流水不腐，钱财一定要在社会上流通起来才能发挥作用；水能载舟，亦能覆舟，水积蓄多了就会溃坝，因此必须懂得散财。水貌似软弱，一旦汇集起来，无所不能，因此经商要形成群体性优势；水无孔不入，因此洞庭商人才能钻天，随遇而安，思维不受限制。

三是融合创新。水是最善于融合的，水无定形，可以为冰、为雾，可以形成江河湖海，甚至可以蒸发变成水汽，在空中重新凝结后变成雨水落下。

这就赋予了苏商一种财富如水、商无定法的理念。他们在每一个时代、每一个具体的商业环境里都能因时而变、随势而变，他们的融合能力是最强的，创新能力也是最强的。这一传统一直传承延续到今天。

鲁商与陕商：信义为本，品牌意识

在十大传统商帮中，要说到最特色鲜明的，当数山东商帮和陕西商帮了。山东商帮，即"鲁商"，也称"山东帮"。山东，包括齐鲁，在中华历史上是一个独特的存在。齐国的商业文化是最早兴起的，也是最鼎盛的；鲁国的儒家文化是最早成熟的，也是最正统的。齐国的商业文化和鲁国的儒家文化，融合在一起而形成了儒商，山东无疑是儒商发源地。

山东人给人的印象是质朴厚道，鲁商经商的特点也是这样，一目了然。

山东商帮兴起，一大缘起是"闯关东"。齐鲁大地自古繁华，人口众多，而在经商传统浓厚的齐国，却耕地稀少，于是人们将目光瞄向了东北地区。东北与内地贸易历史悠久，明代辽东曾有繁荣的马市。清兵入关后，清朝廷对商人到关外贸易一直实行开放政策，"鲁商"就是这个时候形成了。据《盛京通志》记载，乾隆十三年仅在宁古塔、船厂两地，山东、直隶等省贸易佣工即有三四万人。这时的商人远道经商，他们不携家眷，获利即归。就来到了嘉庆后，东北部分地区对关内人开禁，鲁商日渐增多并开始定居，在各城商业中均居主导地位。"各行商之占势力者则完全为山东帮。""其根基稳固握有实力者为山东帮。"

在闯关东的鲁商中，又以黄县（今山东烟台龙口市）商人最多。《山东通志》记载："黄县地狭人稀，故民多逐利四方。"《黄县故事》说："东三省更成了黄县人经商的战场了，大到都市，小到屯子和窝棚，全是黄县人。"康熙年间，黄县单家村单文利、单文兴兄弟在盛京开设天合利丝作坊，发展迅速，清朝末年达到鼎盛，规模之大、货物之全，超过了奉天城所有商家，故有"先有老天合，后有奉天城"之说。

当然了，受儒家文化影响，鲁商也并不都是闯关东，例如在"天下第一村"的山东省淄博市周村区，据传为清代乾隆皇帝所题，享有"旱码头""金周村""丝绸之乡"美誉，是中国四大"旱码头"之一。鲁商在这里坐而论道，诚信经商，造就了一批享誉百年的老字号。

其中一个家喻户晓的代表，就是瑞蚨祥。

瑞蚨祥的创始人是孟传珊和孟洛川父子。孟传珊在周村经商起家，进军济南。儿子从小不喜读书，却表现出令人惊叹的商业才能。11岁那年年关，孟家各地的账号来到孟家会账，却发现有三处账面怎么也合不上。众人正一筹莫展，小孟洛川从门缝挤了进来，把三本有问题的账本一字排开，左手对账，右手算盘，很快就找到了出错的地方。18岁，孟洛川科举中第，到了江苏做官，可是他不喜欢，装病回到了老家。正值一个军阀闹兵变，一把火烧了瑞蚨祥所在的商业一条街，孟传珊又气又急，一命而终，临终留下遗嘱，要儿子重新振兴瑞蚨祥！

之后，孟洛川正式踏上商业之路，他先是在瑞蚨祥旧址上重建了瑞蚨祥，又施展经营管理的独家绝活，创造性地提出了"股权分离制"，知人善任，最终在众人帮助下把瑞蚨祥经营成一个商业帝国。随即，进军北京，靠着店训"至诚至上、货真价实、言不二价、童叟无欺"站稳脚跟。店内正面墙上写着"践言"，墙背面写着"修身"，依靠忠恕之道，以及善于借势，终于，将瑞蚨祥打造成为声名显赫的金字招牌。当时有一句民谚说："山东袁紫兰，山西康百万，两个财神爷，比不上一个孟洛川。"又有一种说法："南有胡雪岩，北有孟洛川。"可见孟洛川不但善于经商，更有着别人所不能及的商德，被誉为"财神爷"。

可以说，孟洛川是鲁商的代表，通过其一生实践，将鲁商精神演绎到了极致！

总结鲁商精神，突出有这么几点：

一是信义为重。在天下所有的商人中，大概没有比鲁商更注重信义的了。

在所有山东人眼中，最值得骄傲和自豪的人无疑有两个：一个是孔子，一个是孟子。这两个人都是读书人，他们所提倡的仁爱、诚信、天下大义，成为所有中国人遵循的道德信条和精神规范。作为山东人，自然要起到身先垂范的作用，正如孟洛川所写的那四个大字"践言""修身"，对他们最重要的不是经商赚钱，而是追求精神境界。

诚信和义气高于一切，不但高于经商逐利，甚至高于生命。为了信义，山东人是可以献出自己生命的。这大概是其他地方商人想都不敢想的。

因此，和鲁商打交道，不能多谈生意，要谈信义，只要在信义上赢得了对方尊重，做生意也就是顺理成章的了，一经认可，就是一辈子的朋友。

二是品牌意识。正因为鲁商注重信义，对他们来说，信义就是最高品牌。可是信义毕竟不是可以一下子体现出来的，这就需要一个载体，就是商业品牌。

鲁商最敬佩的两个行业祖师：一个是范蠡，一个是子贡，都是最早的品牌拥有者。范蠡在齐国叫鸱夷子皮，在鲁国叫陶朱公，其实"鸱夷子皮""陶朱公"都是品牌，很有可能是他从事长途贩运的商队旗帜和店铺招牌。子贡也是如此，他复姓端木，而他出身经商世家，端木商号一直就是个古老的字号，在他手上发扬光大，在他身后也是历久不衰。

因此，鲁商是最相信"金字招牌生意经"的，为了打造一个声誉卓著的商业品牌，不惜付出一切努力。他们相信一个最基本的道理：一个人可以一代而亡，但是商业品牌可以传承几十年、上百年。因此鲁商很多人个人是隐形富翁，他们的商业品牌一定要响当当。至今，仅以青岛为例，一座小小的城市，却拥有数量众多的商业品牌，蔚为大观。

三是善于借势。很多人以为山东只有孔孟，却忘记了还有一个孙子。

兵家同样缘起于山东，孙子的兵家思想，其实是继承了姜太公的太公兵法，最后集兵家之大成。因此鲁商在经商谋略上，也是有所借鉴的。

借势，是兵家常用的高招。鲁商对于借势的运用，也近乎一种本能。

对商人来说，借势分为天、地、人。例如借天势，就是时代环境的变化。地势，就是借助地利，闯关东、坐周村、进军济南、北京等都是如此。人势，就是结交朝廷大员，通过官方的势力来实现自己的商业目的。

当然了，借势尤其是借人势，弄不好会变成官商勾结，这也是千百年商业史上一再上演的戏码。但是鲁商之所以能够将这件事情处理得最好，就是因为前面说过的信义为重以及商业道德、自律和追求，这是根基所在。

说完了鲁商，再让我们来看一看，同样文化积淀深厚而风格鲜明的陕商。

陕商，就是陕西商帮，历史上陕西是汉唐之地，商业鼎盛，但是后来经济中心逐渐南移，陕西失去了商贸中心地位。一直到明朝时候才再度崛起。

和晋商依靠开中制而崛起一样，陕西商帮也是在这个时候抓住了机会，在"茶马交易""棉布征实""布马交易"等一系列特殊经济政策的鼓舞下，陕西商人利用地域和物产上的优势，以泾阳、三原为中心，以西北、川、黔、蒙、藏为范围，输茶于陇青、贩盐于川黔、鬻布于苏湖、销烟于江浙，并以财雄势宏被尊为"西秦大贾"或"关陕商人"。

实际上，陕西商帮的崛起，还是得益于他们一个传统，长途贩运贸易。长途贩运是古老商业传统，然而也是最考验人的一种经商贸易方式。

陕西商帮在这个过程中，表现出鲜明的特点：

一是勇猛阳刚。陕西从历史上就是游牧文化和农耕文化的结合之地，秦穆公的时候，秦霸西戎，完成了第一次霸业的时候也带来了戎人的勇武豪迈。这股气概一直延伸到汉唐，汉代时候，出现了一批名将，"犯我强汉虽远必诛"。唐代的时候，更是进入一个游侠时代，朝野皆武。因此陕西商人即使是经商也是如顾炎武所说，"关中多豪杰之士，其起家商贾为权利者，大抵崇孝义，尚节概，有古君子之风"。因此，即使在远走陇、青、川、陕、蒙、藏这样偏远的西部地区，戈壁瀚海，民族杂居，风俗各异，常常强盗蜂起，土匪横行，部族格杀，一语不慎，即有杀身之祸。陕西商人却以自己忘死轻生的强悍性格，在其他地方的商人视为畏途的贸易环境中如鱼得水，纵横捭阖，"骏马快刀英雄胆，干肉水囊老羊皮"，这样的商人形象无疑充满了阳刚气息。在中国历史上传统"和气生财""以和为贵"的商人形象里并不多见。

二是乡土情怀。陕西商人被称为"一大二土"，一大就是指资本大。陕西商人到某一个地方经商，总是很快成为当地的垄断者。据专家考证，在明代两百年多年里，兰州、西宁等边茶、边布、边盐以及药材、皮货贸易基本上被陕商垄断。明代输茶入藏的四川南路边茶贸易也操纵在陕商之手，由于他们的活动使康定由一个小山村变为"番夷总汇"的商业重地，陕西商人聚居的"陕西街"是当时康定最热闹的商业街。清朝以后，陕商向四川腹地进军，在清初百余年间几乎掌握了四川的金融命脉，并进而垄断了四川井盐生产资本总量的八成以上，之后又随着经营川盐入黔把势利扩张到云贵各处。在北部汉蒙边地上陕西商人通过"布马交易"把贸易触角深入到伊克昭蒙各旗，并逐渐成为"旗地经济的实际掌握者"。在盐、茶、布、烟、木、药、皮、杂、金融等诸多行业，北到乌鲁木齐、伊犁，南到佛山、上海等地，陕西商人都以冲天的气概和雄厚的资本令各路竞争对手知难而退。

二土，一是指他们的衣着和谈吐土，二是指他们有着浓厚的乡土情怀。

毕竟陕西有着中国最早的农耕文化，对黄土地的情感是任何时候都不能被冲淡的。在外面经商发了财的陕西商人第一件事情就是将钱运回家。渭南孝义镇的赵家，"每年赚的银子都从外面运回，运的办法是人挑、马驮，成群结队，这些银子经常有保镖随行，所以叫出镖银。一次赵家出镖银时，先头部分已经进了赵家大院，后一部分还在渭河滩，担银子的担子足足排了八里路长"。当时在孝义镇与赵家并富的还有严、柳、詹三大财东，当时渭南流传的两句谚语就是："孝义的银子，赤水的蚊子。"还有渭南阳郭镇贺家洼村的贺家，在陕西及西北各地办有三十六家当铺，每一当铺同一街上设有两个钱铺，即有七十二座钱铺。贺家的典当铺在建筑上都是用自己的木料，工匠自建，从而保证贺家当铺在建筑外观上全国一致。致富以后的贺家，大量购置地产，在贺家洼设立两个"市"，一是四月初十的"古会"，会期唱大戏，招引各地客商，贺家声言凡带来在会上销售的农具、牲畜等，售不完决不让乡党带回去，一律由贺家收购。另一个是劳动力市场，贺家声言凡是来村西头"人市"揽活的乡党，没被雇佣者，一律由贺家包下。

此外，银子多得不知道怎么花的还有渭南板桥常家、大荔羌白温家、韩城王庄党家、大荔县八鱼乡八女井李家等，均书写了一部部财富传奇。

三是品牌意识。陕西商人在和晋商、徽商的商业劲旅竞争中，和复杂的时代环境以及多变的地域政治、经济环境中要想站稳脚跟，并非易事。但是他们知难而上，因此激发出旺盛的创造力。而这没有深厚的文化积淀是做不到的。这一点上陕西商人和山东商人独具优势。

例如泾阳茶砖、三原大布，甚至今天人们耳熟能详的茅台酒、兰州水烟，能够闻名全国，都与陕西商人紧密相关。还有秦腔，陕西商人一经发达之后立即投身文化事业的推动与传播，听戏、写戏、养戏。《江南竹枝词》描写当时的扬州文化活动，就有"舞罢乱敲梆子响，秦声惊落广陵潮"之句。正是行走天下的陕西商人将秦腔带到了全国各地。

赣商和粤商：因时而兴，因地而利

十大商帮中，与时代和地利结合最密切的，当数赣商和粤商。

赣商，史称"江右商帮"。明末清初魏禧所著《日录杂说》上记载："江东称江左，江西称江右。盖自江北视之，江东在左，江西在右。"遂得名。

江右地区的商业繁华，古已有之。最早在五代十国割据时期，危全讽入主抚州，保境安民，劝课农桑，招徕商旅，就呈现出"既完且富"的局部繁荣景象。宋朝时期，江西已经成为全国经济文化发展的先进地区，其人口之众，物产之富，居各路（路为宋时的行政区划）前茅。元明之际，江西成为明军军需的主要供给，江西商帮随之兴起，一方面尽力满足军队需要，另一方面跟随军队行销中原大地和华南、西南各省。之后又出现向外移民，江右商帮便在这个时期迅速向全国各地扩张。

明代的禁海政策使得江西迎来又一个机会，内陆的水上通道"运河——长江——赣江——珠江"。这条通道的三分之一是在江西境内，江西商人岂能错过这样的黄金机会，大力发展经营，社会上也有了"无江（西）不成市""（江西商人）一个包袱一把伞，跑到湖南当老板"的谚语。

江西商帮经营的主体是当地土特产，瓷器、茶叶、纸张、夏布、大米、药材、木竹、烟草、蓝靛、煤炭、钨砂等，但最闻名天下的还是景德镇瓷业。尤其在元末明初，青花瓷烧造的成功使江西在全国瓷业输出独占鳌头。但江右商帮也有一个遗憾，就是并没有产生如晋商、徽商那样领袖全国、名闻天下的大商人，没有全国性的商业领袖，呈现出草根特色。

这里面，有一个重要的因素，就是江西有自己独特的文化传统——道教。和主流文化信奉孔孟之道不同，江西人最崇拜的是自己的祖先许真君。

许真君，即晋代道士许逊，字敬之，南昌（今属江西）人。据《十二真君传》记载："许真君名逊，字敬之，本汝南人也。祖琰、父肃，世幕至道。"据说许逊少年时，有一次去田中射猎，射中了一只母鹿，母鹿逃跑的时候，腹中的鹿胎堕地，它不顾自己的箭伤，折回头来伤心地舔其子，不久就死去了。许逊见了，在旁边难过了很久，忽然有所感悟，遂折弓弃矢，锐意为学。

以后博通经史，明天文、地理、历律、五行谶纬之书，尤其喜好神仙修炼。他师事著名道士吴猛，号称大洞真君。得道之后他斩蛟斩蛇，为民除害，最后举家在豫章西山飞升成仙。

当时有民谣称："人无盗窃，吏无奸欺。我君（指许真君）活人，病无能为。"许真君死后，当地人民为了纪念他，便在他的故居建立了"许仙祠"，即南昌西山万寿宫的前身，受顶礼膜拜。后来不管走到哪里，江西商帮总是喜欢建造万寿寺，已经成为身份标识和精神归宿。

总结江西商帮，有这么几个特点：

一是重视天道。中国商业文化与道家一脉渊源甚深，陶朱公据说就是老子的再传弟子。天道思想中，"物聚必散，天道然也"，"散财"是一种自然而然的选择。很多江西商人虽然都是因为生活所迫而不得不经商，但是在其内心深处，他们所信奉的依然是天道，因此稍有积蓄，即散去钱财，或者修炼求仙，或者隐迹红尘，追求"和光同尘"的人生。

这也是为什么江西商帮几百年兴盛，却始终没有出现闻名天下的富商大贾原因。秉持"不敢为天下先"以及"淡泊""隐"的理念，追求一种逍遥、无为的人生，他们对财富的独特观念决定了他们的生存状态。

二是小本经营。江西商人大都出身贫寒，很多人经商都是从借贷开始的，起步的艰难，决定了他们在很长时间内，都只能是小生意人心态。

江西商人大多以从事贩卖本地土特产品为起点，除了出类拔萃的瓷业，大多数都是小商小贾。"一个包袱一把伞"是江西商人的真实写照。因此尽管江西商人涉猎众多，如沙子一样遍地聚散，无孔不入，可是他们都处于各个商业领域的最基层，很难获得行业的领军地位。

当然了，江西商帮中也存在着一个高端群体，就是身怀精湛技艺的人才。有两个行业他们堪称翘楚：一是以景德镇瓷器为代表的制瓷工艺，二是在建筑行业，建昌（今永修）工匠雷发达及其后人，擅长建筑设计制造。自康熙年间至北京任工部样式房掌案，获得了"样式雷"美誉，以后的两百余年间，清廷主要建筑，如故宫三大殿、圆明园、颐和园等皇家宫殿、苑囿和清东、西陵，均由雷氏家族设计建筑，无人能比。

三是勤奋俭朴。要说最能吃苦耐劳的商人群体，大概要数江西商人了。

因为大部分出身贫寒家庭，所以他们自幼养成了吃苦耐劳的品格。据历史资料记载，东乡商人"牵车者遍都大邑，远逾黔滇不惮"；丰城商人"无论秦蜀齐楚闽粤，视苦比邻"；临川商人"行旅达四裔，有弃妻子老不归者"。而正因为一分一厘来之不易，所以江西商人基本上在经商成功后，都能疏远声色，粗食布衣，洁身自好。例如玉山商人吴士发兄弟八人，商贾农艺各执一业，家道殷富，"不趋游荡，凡声色犬马樗蒲之戏，从不入其内"。清江商人杨福圆"良田、夏屋渠渠，而藏获之备，指使者甚众"，其妻张氏"裙布荆钗，操作犹昔"。

和那些生活豪华奢靡，动辄妻妾成群、一掷千金的各地富豪比起来，江西商帮中的这些佼佼者，真可以称得上"另类"了。当然，他们不这么做，不是没有能力，而是追求不在这里。老子的"俭"的理念对他们影响深远，而他们的生命内在自足，也不需要这些外在东西来装饰。

和江西商帮一样，因时而兴、因地而利的还有粤商，主要是指广府商人。

广府，即广州，自从秦汉以来就不断发展对外贸易，被誉为"海上丝绸之路"的起点。康熙二十三年开海贸易，设立了粤、闽、浙、江四海关，然而开关初期，因为大量的外国船只蜂拥而入，官方无力招架，洋船常被堵在港外迟迟不得贸易。于是，广州珠江岸边大量的商户牙行便应运而生，它们用正常的经济手段集散货物，深受外商欢迎。后来，广东官府招募了十三家较有实力的牙行经纪人，指定他们与洋船上的外商做生意并代海关征缴关税。由于他们须经政府批准，发给行贴，故具有官商性质。这被普遍认为是"十三行"外贸组织建立的标志。

事实证明，"十三行"是将对外贸易规范化管理的一个重要组织，正是因为有了一群善于和外商打交道的广州商人。广州的粤海关在清朝政府开海贸易之后，一直是中国对外贸易的前沿基地，贸易量居四个海关之首。最终，乾隆二十二年关闭了江、浙、闽三海关，广州自此成为中国对海外贸易的唯一合法口岸。"广州十三行"进入了全盛时期。《广州竹枝词》称："洋船争出是官商，十字门开向二洋。五丝八丝广缎好，银钱堆满十三行。"可以想见当时十三行独一无二的垄断性地位。

这个时期，十三行涌现出一位赫赫有名的大商人，就是世界首富伍秉鉴。

伍秉鉴，又名伍敦元，祖籍福建，先祖于康熙初年定居广东，开始经商。他的父亲曾在广州首富潘启家中做账房，后来自己开设怡和洋行而成为行商，并为自己起了一个商名叫"浩官"。该商名一直为其子孙所沿用，而且走出了国门，成为19世纪前期国际商界一个响亮的名字。伍秉鉴大约在三十多岁时候开始接手怡和行业务，迅速成为广州行商的领头人——总商。他不但在国内拥有地产、房产、茶园、店铺等，而且他还大胆地在大洋彼岸的美国进行铁路投资、证券交易并涉足保险业务等领域。同时他还是英国东印度公司最大的债权人，东印度公司有时资金周转不灵，常向伍家借贷。因为伍秉鉴在当时西方商界享有极高的知名度，因此曾被一些西方学者称之为"天下第一大富翁"。

但伍秉鉴最令人印象深刻的还是为鸦片战争捐献巨额财富，因为他知道鸦片战争的目的之一就是要摧毁十三行的垄断贸易地位。后来战争失败，中国被迫签订《广州和约》，按协议，清军退出广州城外六十里，并于一个星期内交出六百万元赔款；英军则退至虎门炮台以外。这六百万元巨款，伍秉鉴一个人就出了一百一十万元，超过了六分之一。

最终，伍秉鉴恨恨而死，曾经富甲天下的十三行随着五口通商而没落了。

总结广州商人，有这样几个特色：

一是亦商亦官。广州商人深知自己所以崛起得益于朝廷的政策扶持，因此，从一开始他们就将自己的命运和朝廷绑在了一起。十三行在鼎盛时期，几乎吸纳了所有亚洲、欧洲、美洲主要国家和地区的洋商前来进行贸易。对于清朝宫廷来说，这里堪称一个极其富有的"天子南库"。

对十三行商人来说，他们是最关心国家大事的一群，为了保持稳定的垄断特权，他们必须将大量的利润拿出来，向中央政府捐输报效。1787年，他们集体为台湾林爽文之役捐输军需银三十万两，随后自1788年到1820年，又以皇帝万寿、廓尔喀军需、川陕剿匪、河南剿匪、黄河河工等名目，共捐银三百五十余万两。这期间，广东行商以各种公益事业为名向政府捐献，平均每年超过十万两白银。当时，朝廷为了增加国库收入，还推出了官吏品级商品化的捐纳制度，说白了就是用钱买官。这简直就是为十三行商人量身定做，他们纷纷慷慨解囊，换来一个个官衔和职务。洋行巨头潘氏、伍氏两大家族都曾经捐得三品顶戴。尽管这些职务都是虚名，但是因此而获得了一张通达朝廷的通行证！

二是亦中亦西。作为久经磨炼的广州商人，对于中国官府情况知之甚深。而更难得的是，因为得风气之先，他们对于洋商的了解也知之甚详。

以前，中国的商业文化只是建立在农耕文化基础上，对于海洋商业文化，虽然出现过几次，但并没有引起人们太多注意。似乎通番获利一直被看不起，这主要是中国的丝绸、瓷器等一直对外贸易占据压倒性优势，而国外的商品生产并没有能与中国竞争的。这一局面一直到西方工业革命后才出现了改变，西方的科学和技术开始冲击中国的国门。

当西方成熟的商业文化输入中国，广州商人成为第一个开眼看世界的群体。他们本身所具有的海洋文化特质，与西方商业文化一拍即合。

后来，随着十三行衰落，五口通商，上海开埠崛起，广州商人中的佼佼者，又转战上海，并且在上海继续发挥特长，迅速又成为新一代商人。

三是勇于冒险。广州商人受地域文化影响，有着鲜明的"南蛮"精神。

蛮，是一个复杂的词语，有着勇猛、狡黠等多个含义，但是最基本的含义还是胆子大，敢于冒险，具有顽强的适应生存和迅速发展的能力。广州商人是公认的胆子大，敢于行动而又善于捕捉机会的一个群体。

广州商人勇于做"第一"，有着浓厚的状元情结。做官要做大官，练习武术要当武状元，就是当乞丐也要当乞丐的头儿。广州商人对于第一个吃螃蟹情有独钟，只要一出现机会，他们一定第一个冲上去。

的确，和传统基于农耕文化的保守相比，广州商人所扎根的海洋商业文化，更加开放，更加富有进取精神，也更因此赋予了商人旺盛的精气神。

天高皇帝远，大概正因为远离中央政府，广州商人才能更显露商人本色吧！

所以，以广州商人做一个总结，再追溯到开头的晋商、徽商，我们在对十大商帮做了一个历史性、全景式的扫描之后，不难做出一个整体上的概括：

第一，中国的传统商业文化，是一个内陆型的、早熟的商业文化体系。

因为中国从很早就进入了大一统时代，中国广袤的国土上得以从事以长途贩运为主要形式的商业贸易，各个地方丰富的地方特色产品，促进了贸易的不断发展。虽然不断有游牧文化对农耕文化发起冲击，但是一旦以游牧文化为主体的少数民族入主以后，反而会带来一个更大的商业繁荣。究其原因，就是他们带来了更为广袤的国土，扩大了中华的版图。商人们进行长途贸易所需要的地理空间不是缩小而是扩大了。

第二，在两千多年的商业文化发展过程中，始终没有中断"义利之辨"的传统。

"义利之辨"在孔子的时候就已经出现，是子贡和孔子探讨的主要课题。子贡的一生都在实践以义制利、见利思义，并最终树立起了儒商形象。

义利之辨后来经过孟子进一步阐发，最终"义利并举"成为所有中国商人的一个基本理念。如果要成为一个受人尊敬的大商人，就必须为了天下共利、为了国家和社会做出利国利民的事情，这也是由商人而入圣贤的一条道路。以商而行德，除此之外，商人的价值就无从真正体现。

第三，因为长期以来重农抑商，商人一直没有能够建立起独立自由的精神品格。

自从秦朝一统，中国商人继承自陶朱公、子贡的那种纯粹商人精神就没有再出现过。商人只能作为官家的依附品而存在，纵然创造再多的财富也不能自主。而与官家建立的这种特殊关系，由于政治的极大不确定性，其兴也勃，其亡也忽。导致很多名震一时的大商人都是一代而终。

因此，尽管中国的商人很早就呈现出家族企业的特点，却始终不能摆脱一个魔咒"富不过三代"，一个最大的原因，就是与官家关系的不确定性。

当然了，不管怎么说，十大商帮毕竟代表了传统商业文化达到自己的巅峰。盛极而衰，十大商帮的走向没落和最终退出历史舞台也是必然的。

接下来，随着西方现代商业文化涌入，传统商业文化在与其碰撞、冲突、融合之后，最终实现了自我超越，完成了艰难的转型并获得了新生。

一个新的时代开始了，一种崭新的商业形式出现，一类新型商人诞生了。

第三章

洋务运动时期——商魂的觉醒（上）

公元 1840 年，鸦片战争一声炮响，惊醒了沉睡两千多年的老大中国。

外国人发动鸦片战争的目的很明确，利用坚船利炮打开中国的大门，他们需要中国的市场，要求进行自由贸易。而对中国来说，这是不能接受的。于是战争爆发了，在英国工业革命的成果面前，中国人的表现如同儿戏。第一场战斗英国人只用了九分钟炮击就占领了舟山；第二场大规模战斗，中国政府在发动进攻的前十天，就已经准备好了一大批捷报。而在前线，则买了十九只猴子，准备在其背后拴上鞭炮，然后将猴子扔到英国船只的甲板上。火焰将会随着受惊的猴子迅速向各个方向逃散开去，此时如果能够碰巧跑到弹药库，那么整艘船都将化为粉末。

当然了，世界上没有"如果"，只有冷酷无情的现实。中国军队一再溃败，最后只能以屈辱的《南京条约》签订而告终，赔款、开放通商口岸、废除"十三行"垄断……可以看出每一条都是为了更方便外国进入中国市场。

当无数的国人为这份痛入心肺的条约而愤怒不已，咒骂外国鬼子，对清政府的腐败无能认识得更加清楚也更加失望时，却有一部分有识之士意识到，中国真正的失败不是在政治上、文化上，而是在经济实力上！经济实力不是指单纯有多少钱，事实上中国政府当时的财政收入世界第一，拥有最雄厚的财力，但是仍然一败涂地。经济实力是一个综合概念，首先就是指要按照商业竞争的规则去构建一套新型社会关系，其次要按照这套新型国际通用的商业规则来处理中国和各个国家的关系，中国要适应世界，而不是世界适应中国。中国不再是天下之中，中国建立在农耕文化基础上的一整套伦理道德和政治、文化制度，也不再是世界领先的，相反已经到了盛极而衰、非改变不可的时候了。

这种情形用一句话来说，就是中国必须改变两千多年来一以贯之的重农抑商，而代之以重商主义。

重商主义并不新鲜。中国春秋战国时代，管仲在临海的齐国，就提出了"重商主义"。齐国之所以能够以一个海滨小国而迅速崛起，成为春秋五霸的首席霸主，而且在春秋战国长达五百多年的漫长岁月和残酷竞争中一直屹立不倒，靠的就是重商主义，富国强兵，振兴经济。

重商主义当然也有它的弊端，就是人与人之间更多表现为赤裸裸的金钱关系，而少了儒家文化人文关怀那层温情脉脉的面纱。人的趋利避害的动物性本能更容易被激发出来，物欲一旦被唤醒，就很难自我控制。于是人们就容易沦为物质和金钱的奴隶，为了争夺利润而不择手段。各个国家如果都奉行重商主义，互相之间就很容易发生战争。当然这种战争不是传统的军事战争，而是一种经济战争——商战。但是商战离不开两个基本的条件：一是国家行为，二是强大军事力量作为后盾。

鸦片战争实际上就是商战现代版，英国兴起"工业革命"，依靠机器化生产，迅速超过了传统生产方式，生产出大批的商品。如此数量众多的商品仅仅英国本土甚至欧洲市场都已经消费不了，必须打开更大的市场，于是英国人看上了印度、中国等东方市场。印度不在话下，但是中国就是一个难以对付的老大对手了。为了对付中国，英国人不得不煞费苦心，冒着极大的风险与中国放手一搏，几乎赌上整个国家的命运，才赢得了鸦片战争。因此，看似突然爆发的战争，其实有着深刻的时代背景。英国人最终取胜了，中国被迫打开国门，睁眼看世界。

而这"睁眼看世界"，看到商战本质的第一个启蒙者，就是郑观应。

启蒙者：一个人与一个时代

郑观应出生的时间不详，大致在第一次鸦片战争爆发期间，出生于广东香山，其家族从祖父那里就"不屑以寻章摘句为能"。父亲也无意功名。和传统走仕途比起来，这里的人们显然更喜欢经商，郑观应的叔父郑廷江、亲戚曾寄圃、姻亲唐廷枢、世交徐润等，都纷纷去了洋人的洋行，成为一个新兴职业的第一批探路者——买办商人。

郑观应十七岁参加科举，不第，立即转身投入了商海，加入了"买办商人"行列。依靠家族姻亲的提携，更依靠自己的天赋才华，他很快从宝顺洋行、公正轮船公司，登上令人称羡的买办生涯顶峰——太古轮船总理。

虽然是商人，郑观应却又和其他商人不一样，他关心国事，从骨子里以一个"中国人"而不是"洋奴"的身份自居。和外国人打交道，令他痛感两点：一是外国人的确掌握有中国所不具备的先进科学技术；二是外国人所以看不起中国人，主要还是因为中国人自己瞧不起自己。

因此，当第二次鸦片战争爆发，中国又一次失败，甚至发生了英法联军火烧圆明园的耻辱惨剧，令他痛心疾首。他将自己多年观察所得，写成一本叫作《揭时救要》的书，后来改名《易言》，再后来经过增改，成为著名的《盛世危言》。该书是他一生心血的凝聚，也是当时举国上下最轰动的一本书，连光绪皇帝都亲自下旨，令总理衙门印刷了两千部，给各部官员学习。张之洞、彭玉麟等都对此书给予了非常高的评价。为什么一本书会引起如此轰动？就因为里面提出了一个新鲜观点：中国和英国、法国等进行的"兵战"，其实质是背后隐藏的"商战"！

说到底，中国所以在和外国列强的战斗中屡屡败北，不在于中国人船不坚、炮不利，最主要的原因，在于中国人忘记了孙子兵法中的教诲"知己知彼，百战百胜"。中国不知道外面的世界，已经发生了天翻地覆的变化，这一变化，就是"工业革命"。当西方人用工业革命的最新成果来和我们交战，我们却还在用几千年前农业革命的"老眼光""老本"来对待入侵之敌，焉有不败之理？以传统的"农战"思维方式来应对现代"商战"，中国人是没有取胜可能的。唯有以从外国人那里学来的"商战"来对"商战"，才可能立于不败，然后战而胜之。

郑观应的这一主张，引发了一系列效应，公元1897年，著名的保守派御史褚成博，出人意料地上了一道奏折，内容居然是谴责传统上对商人的歧视，认为现代工商业的振兴，才是解救中国免于西方列强侵略的一帖再好不过的"方子"。另外一位保守派人士王先谦，则干脆指出，如果官员们能以理性的目光去看，那么在具体的社会实践中，从秦汉以来，商人和手工业主，事实上早已成为中国社会的上层人物。他得出的结论是——商人阶级必须领导全国的工业生产。至于梁启超，这位维新派的"斗士"，曾经对商人那么不屑一顾，嘲笑商人只会推波助澜和操纵把持，现在也开始恭维，称赞他们是如何足智多谋，富于合作精神，极力敦促他们在大规模贸易和工业方面与政府合作。

于是，1903年4月22日，"商部"成立——在中国的封建农耕统治时代里，这是唯一的一次专为商业设立的专属政府机构。在官方地位上，它甚至高于传统的六部，仅次于外交部。这就不能不令人对其寄予厚望。来自最高统治者的一道上谕，更是破天荒地承认了以前对商人的错误政策："自积习相沿，视工商为末务。国计民生，日益贫弱……总期扫除官习，联络一气，不得有丝毫隔阂。"（《光绪朝东华录》）

给予商人这么高的社会地位，将其认真地视为国家的一个组成部分，这大概是从来没有过的事情。虽然这很有可能是在外国入侵、国家忧患的情况下，统治者被迫做出的无奈选择，但也不排除一部分官员已经将自己的命运和"商"紧紧地联系在一起。很快，在这种"官督商办"的新的指导思想下，一系列的新型工业出现了，局面为之一新。

实践者：企业与企业家精神出现

当时新工业的主要推动者，或者说实践者，有两个代表人物：李鸿章和张之洞。

　　李鸿章在历史上的评价一直不高，主要因为他在外交上采取了令国人不满的柔弱，签订了一系列丧权辱国的条约。但其实想一想，他只不过是一个朝廷政策的执行者，自己本身又能有什么决定权呢？弱国无外交，当时中国政府已经腐朽到了不可挽回，他对这个"纸糊的破屋子"又能有什么办法呢？难怪他一直自称"糊纸匠"，不过是四处粘补而已。

　　但李鸿章绝非无所作为，他的作为主要表现在洋务运动的早期实业革命上。

　　李鸿章是一个有着开放思想的人，善于和洋人打交道，也是对外国情况了解比较透彻的一个，深知要改变中国的情形，必须建立起中国的工业基础，也就是进行中国的工业革命。他又是一个实践者，说干就干。当然不是亲自动手去干，而是物色了一个自己的代言人——盛宣怀。

　　盛宣怀，被誉为"手里有十六颗夜明珠"。夜明珠，喻指当时的新兴工业企业，例如轮船、铁路、电报、电话、矿山等。盛宣怀创造了中国十一个第一：第一个商本商办企业轮船招商局；第一家电讯企业天津电报局；在山东创办了第一个内河小火轮航运公司；第一家银行中国通商银行；第一条南北干线铁路芦汉铁路；第一个钢铁联合企业汉冶萍煤铁厂矿公司；第一所工业大学北洋大学；第一所正规师范学堂南洋公学（上海交大前身）；第一个全国勘探总公司；上海第一个私人图书馆；中国红十字会第一任会长。而这一切背后，都离不开李鸿章的大力支持。

　　从轮船招商局，到电报局，再到矿山、铁路，盛宣怀差不多将当时的新产业都垄断了。而他却并没有就此止步。他又将目光盯上了当时的另外一项更加先进的技术——电话。自1899年11月19日，督办铁路大臣盛宣怀向光绪皇帝上了一道奏折，请求开办电话业务。对此，《大清德宗景皇帝实录》将这一历史事件记录为："督办铁路大臣大理寺少卿盛宣怀奏：电报公司拟添设德律风，杜外人觊觎之谋，保电局已就之利。允之。"从此之后，中国人开始了自己创办电话的历史。

　　但不论盛宣怀如何经营谋划，他始终没能摆脱一个困境，就是"官督商办"。西方企业是召开股东会议以选出董事会，再由董事会任命高层管理人员，以此下推。可是，李鸿章式"官督商办"企业，就只有一个传统"掌柜"的经理人盛宣怀，差不多有全部管理权力，而官方更像一个"东家"，只保护这些公司不过分受到政府的压榨，而且需要的时候多次从政府抽调"贷款"，至于这些钱被用到什么地方，就不得而知了。以至于郑观应在《盛世危言后编》中一针见血指出，如果像轮船招商局、天津电报局、开平煤矿，由商人完全自主展开经营，则"其所收效果宁有涯矣"。不过，这只是一种美好期望，不可能实现。

和李鸿章的善于投机比起来，张之洞的"经世致用"又是一种不同气象。

张之洞，据《清史稿·张之洞列传》记载："张之洞，字香涛，直隶南皮人。少有大略，务博览为辞章，记诵绝人。年十六，举乡试第一。同治二年，成进士，廷对策不循常式，用一甲三名授编修。"张之洞聪慧绝伦，十五岁中解元，二十六岁中进士，时人说："今日科名之早，盛推张南皮。"他中进士，因为文章比较尖锐，对于时政有所批评，考官不高兴，就把他的卷子列入三甲末名，但最终慈禧太后亲自读了他的文章，特别把他拔到了一甲第三，就是我们所俗称的"探花"。

从1889年张之洞调任湖广总督开始，他就清楚地给自己订下了一个目标：以湖北尤其武汉为基地，在这里建立起一个跟李鸿章的"北洋"相抗衡的根据地。果然，经过二十的苦心经营，他在这里完全开创了新局面，"人才不是归于津门，就是归于武汉"，一南一北，遥相呼应。

张之洞在湖北展开"实业革命"，一上来就高屋建瓴，走了一条和李鸿章完全不同的新路线。这在当时，气魄之大，动作之巨，没有人敢想象。连李鸿章都被他的气概和雄心所震慑，《清史稿》对此的记载是："务宏大，不问费多寡。"而这么一个喜欢处处宏大，以大手笔著称的封疆大臣，在最后给自己又留下了什么呢？《清史稿》对此给予了客观的记载："任疆寄数十年，及卒，家不增一亩云。"这就不能不令人惊叹了。李鸿章给自己弄了多少身家、有多"肥"且不去说，单是盛宣怀，身后就留下了两千万两白银，和左宗棠一道合作的胡雪岩，身后也留下了一千多万白银。只有和张之洞合作的郑观应，身后留下了一部煌煌大作《盛世危言》，历史足可以给出公道结论了。

　　张之洞能够有这么大的魄力和眼光，与他曾经担任两广总督有关，和郑观应的"商战"思想如出一辙，他的目的不在于赚多少钱，而是奠定中国的工业基础，和西方列强进行一场根本上的商业战争，以挽回败局。

　　简单说来，张之洞走的是一条"军工企业产业化"的道路，以期迅速提高中国的国力，改变被动的局面。例如看到洋铁"入超"，一年达到两百三十万两白银，他立即写出《筹设炼铁厂折》，并委托清政府驻英大臣刘瑞芬与英国谐赛德公司签订合约，制造炼铁大炉两座，日产生铁一百吨，并随附炼铁、炼钢、压板、抽条，及制作钢轨的机器。机器运回之前，张之洞调为湖广总督，继任的李鸿章以广东"产铁不多"为由，不予办理。来到湖北后，张之洞又将炼铁厂计划移至湖北，这就有了以后的"汉阳铁厂"。1890年，铁厂在湖北大别山下动工兴建，1893年9月建成投产。全厂包括生铁厂、贝色麻钢厂、西门士钢厂、钢轨厂、铁货厂、熟铁厂六个大厂和机器厂、铸铁厂、打铁厂、造鱼片钩钉厂四个小厂。创办经费最初定为两百四十六万余两，1892年清政府增拨四十二万两，到建成时，实际支出五百万两左右。接下来，是建立枪炮厂，枪炮厂筹建于汉阳大别山（今龟山）北麓。光绪十八年四月开始施工，二十年五月枪厂竣工。所产步枪为改良后的德国1888年式5响毛瑟枪，此枪便是湖北枪炮厂生产数十年的汉阳式79步枪，即"汉阳造"。此后建炮架、炮弹、枪弹三厂，熔铜厂亦相继成立。光绪二十三年，张之洞由两江总督还任两湖总督，致力兴办采铁采煤、铸铁炼钢、制造枪炮弹药的军事工业体系。后任湖广总督陈夔龙称："其制度宏阔，成效昭然，叹为各行省所未有。"

　　湖北兵工厂造端宏大。从开办至光绪三十二年（1906年），购买机器用银172.17万两，建筑厂房用银45.88万两，购买材料用银523万两，经费43.55万两，共计耗银784.6万两。其财政来源除来自江汉关、宜昌关洋税银外，还来自汉口淮盐厘金、宜昌川盐厘金、湖北米谷厘金、宜昌土药正税、土药过境税、北路土药税等地方财政收入。

　　张之洞虽然有如此宏伟的想法，而且果断地付诸实施，但是毕竟以一省之力，无法担负一个国家的"大局急需"，甚至不得不向民众劝捐和举借外债。最终他的计划还是在格格不入的大环境中萎缩了。

李鸿章和张之洞，虽然都是勇敢的先行者和实践者，但是毕竟是官员而不是商人。实践证明，真正要发动一场中国的商业革命，需要的是具有儒魂商才式的人物。幸运的是，这样的人物很快就出现了——张謇。

儒魂商才：中国式商人精神

张謇，从小就与众不同。四岁启蒙，学识《千字文》，五岁已能从头到尾背得一字不错。十一岁先生试出上联"月沉水底"，他即对下联"日悬天上"。不但对得工整，而且初露气象。十二岁的一天，张謇的父亲在其书房和先生闲谈，忽见一个武官骑了一匹白马从大门外走过，先生随口出了个上联："人骑白马门前去。"张謇的三哥对了句："儿牵青牛堤上行。"而张謇对的却是："我踏金鳌海上来。"气象之大，令人吃惊。

但即使才华出众，他还是在"科考"的传统道路上屡屡碰壁。从十六岁开始，参加州试，排在一百名外。回书塾后，先生大为呵责："假如有一千人去考，要取九百九十九人，只有一个人不取，那就是你！"张謇是个自视甚高的人，听了后非常难过。于是在塾中窗格上、卧室帐顶上，无处不写"九百九十九"五个字。此后，他读书更加勤奋，一直到三四十岁，才得中一甲一名状元，循例授六品翰林院修撰。

但此时国家已经千疮百孔，中状元后不久，甲午一战，中国一败涂地。张謇认识到，要从政治、教育、实业等出发做些事情，其中实业尤为关键。没有实业则"国贫"，"国贫"则没有钱办教育，因此而导致人才匮乏。实业与教育，一为"父亲"，一为"母亲"。"实业、教育二事，有至密至亲之关系。""实业救国"成为他的一纸济世良策。

而张謇又绝非只是一个纸上谈兵之人，他确立了实业救国的人生志向后，立即选择了自己的家乡南通，作为创业"基地"。南通，位于长江三角洲东北部，东濒黄海，南临长江，踞江海交汇之处。自古以来，就有"江海明珠""江海门户"和"扬子第一窗口"等美誉。不但有优越的交通，更是传统的著名产棉区。张謇一回到南通，立即筹办纱厂。

经过筹备，终于，以张謇为首，成立了最初的董事会。"大生纱厂"成立了。

1899年4月14日，大生纱厂正式开工，纺出了第一缕棉纱。捧着这一份比自己当年中状元的"答卷"还重的棉纱，身为总经理的张謇，不由得泪水滂沱。

进入生产经营后，从总董事、分职董事、车间执事的职责，到各车间、各账房、各栈所的管理，以及考核标准，奖罚等级，张謇都做得井井有条。为了提倡新风气，打破陈规陋习，张謇还规定："工厂中凡执事人概称'先生'，不得沿袭'老爷'旧称。"在19世纪末的中国，张謇就能制定出这样一套比较完整新颖的管理制度，应该说是很有见识的。这些措施的实行，对于改善企业管理，形成企业新风，以及增强企业竞争力，都产生了较好的作用。

但光有管理还不行，为了筹措资金，他不得不奔波到上海去借款，一连奔走了两个月，却连一分钱也没借到。没有办法，只得在四马路卖字，凭状元之尊和一笔好字筹集回家路费。后来，多亏了他妻子变卖金银首饰，再加上接下来的几个月里，棉纱的行情看好，售价连涨了几次，纱厂的资金不断扩展，才终于度过了这一次"经济危机"。这一年，由于纱价大涨，大生纱厂获利达到二十多万两白银。

为了解决原料问题，张謇之后又开垦土地，种植棉花。成立通海垦牧公司。只用了几年，就把荒滩变成了良田，年产棉花多达四五万担。

农工并重，这是张謇在实业道路上走出的第一步。而他显然又不仅仅只为了办实业而办实业。

"一个人办一个县的事，要有一省的眼光；办一省的事，要有一国的眼光；而办一国的事，就要有世界的眼光。"

从农工积累资本，他开始大规模进军各个领域，本着"道路交通为文明发达之母"的思想，辟道路、兴河运。1901年创立大生轮船公司，到1918年，公司有小轮二十艘，行驶于以南通为中心所辟的十条行道上，沟通南北水网。1904年建设天生港及其码头仓库，开通通申线接轨上海，加强唐闸与港区之间的联系，修建港闸公路。为了解决南通一带屡有水患的问题，以私人身份聘请荷兰索格、比利时贝龙德、瑞典海德里、美国葛雷夫各国水利专家，商讨南通治水策略，运用科技治水。

"欲雪国耻而不求学问则无资，欲求学问而不求普及国民之教育则无与，欲教育普及国民而不求师则无导，故立学校，须从小学始，尤须从师范始。"他先后兴办了大生纱厂职工专科学校、纺织专科学校，又相继建立起了铁路学校、吴淞商船学校等。而他在 1902 年创办的通州师范，更开创了我国教育史上师范教育的先河，此后，他还先后创办了女子师范学校、城厢初等小学、幼稚园、盲哑学校等。1920 年，他又将纺织、医学、农学三个专科学校合并为综合性的南通大学。

他已经不仅仅是在办一个企业了，而是企业办社会。在去日本参观之后，张謇决定仿效国外，将南通建设成为一座可以和外国媲美的"城市"。

他将工业区选在城西唐闸、港口区定在长江边的天生港、狼山作为花园私宅及风景区，三者与老城相距各约六公里，并建有道路相通，构成了以老城为中心的"一城三镇"的空间格局。城镇相对独立，分工明确，减少污染，各自可以合理发展。这种一城多镇、分片布局的模式极有创意。不但有从西方借鉴来的新思想、新设计，他还保留了东方农耕文化田园式的诗意。接下来建公园、建博物馆，改革戏剧方面，张謇也做了大量工作。他建立了中国第一所戏剧学校"南通伶工学社"，建"更俗剧场"，邀请梅兰芳等著名京剧艺术家来南通演出，文化气魄铺天盖地。

1922 年，张謇 70 岁生日时，大生集团 4 个纺织厂，资本达 900 万两白银，有纱锭 15.5 万枚，占全国民族资本纱锭总数的 7%。同时，在盐、垦、牧方面，他先后开办了 20 个盐垦公司，成为东南实业界的"擎天柱"！

可以说，从陶朱公、子贡之后，以商人的一己之力，而改变一个地区，影响社会，乃至声誉流传于全国，为社稷、民生，做出巨大的贡献，张謇是第一个；同时，他又创新了传统商业文化，与西方的商业文化结合起来，使得商业在中国从"生意""货殖"的商品经济，真正转变成为近现代的"企业""资本"的货币经济，并且实现了从单一经营转变成为产业经营，为中国民族商业的发展，探索出了一条新路。

从"学而优则仕"到"学而优则商"，张謇以自己的亲身实践，宣告了中国传统农耕文化的没落，和现代商业文化的崛起。他虽然放弃了状元之尊，却在工商界迅速崛起，成为一个新时代的标志、象征。正如陶朱公、子贡为无数后世的中国商人树立了榜样一样，张謇也引导了无数的青年人走出书斋，投身商海，勇敢地投身社会实践。张謇的儒魂商才，无疑是一个真正中国式的商人书写的最光荣、辉煌的一生。

而张謇更重要的意义，还在于他开辟了一条新路——民族资本与民族商人！

第四章

民国时期——商魂的觉醒（下）

从鸦片战争之后，中国社会迅速从近代向现代转变，这是一个不可逆转的趋势。

什么叫作现代？这是一个众说纷纭的词语，但是应该有这么几个共同的特点：一是人对自身精神的确认，自由、平等成为新的追求。这是文艺复兴所取得的辉煌成果。二是空间距离被打破，全球性市场成为可能。三是生产力大为提高，科学技术的迅速发展使得人们可以追求更高效率。四是民族性，因为新的沟通方式反而带来了民族身份的强化。

民族资本和民族商人，就是中国向现代化转型过程中涌现出的一大新鲜事物。

民族资本与民族商人的崛起

这一代表是荣氏家族。

根据荣家族谱上记载，荣氏一脉已经在无锡居住了将近三个世纪。明朝正统初年，被荣氏家族尊称为"始迁祖"的荣清，带领全族人从当时的南京迁居到无锡，并向政府领取无锡西部惠山南麓的一块荒地，建设家园，这一带遂成为荣氏的一个新的安身地，称为"荣巷"。荣家的二十五世祖荣庭芳，是一个遗腹子，父亲荣晋玉死后，还怀着他的母亲就不得不抱着大儿子荣子芳，靠纺纱织布维持生活，家境维艰。康熙年间清政府开放海禁，荣子芳、荣庭芳两兄弟，立即做起了"撑沙船"的生意。沙船是一种平底船，不容易在沙洲上搁浅，然而撑沙船实在是一件很艰苦的工作，无锡俗语说："世上三件苦差事，撑船打铁磨豆腐。"不过，尽管艰苦，从这里面两兄弟毕竟一年能赚二三十两银子，再加上偶尔带一些"私货"，这个家底，慢慢地就厚起来了。

自称乐农的荣德生在他的回忆录《乐农自订行年纪事》中说："在余家旧宅后，由二十五世祖庭芳公改建楼屋，武初公即分得，宏山公至锡畴公，传至先父熙泰公，乃时只分得中造旧屋二间，与祖母袁氏务农经商。"

荣宗敬、荣德生的父亲，叫作荣熙泰，早年家境困窘，幸而有一个好友，也是亲戚，江苏太仓的大富之家的朱仲甫，家居苏州，在广东三水的厘金局做一个总办。厘金局总办不仅是个肥差，用人行政也可自由支配，因此，荣熙泰很自然地就来到广州，到朱仲甫手下帮理账务。

荣宗敬和弟弟荣德生颇有不同，一个是天生聪明伶俐，辩才过人，一个是天生木讷口笨，人称"二木头"。因为家境关系，老大很早就到铁匠铺学徒，老二则得以进私塾读书。后来，兄弟二人都不约而同地选择了"学商"。

荣德生在上海几年间，在"成通顺"钱庄系统地学习了有关钱庄的主要业务。由于父亲中年得子，又迷信"四十五岁有子入泮池"之说，希望他回去继续读书。但荣德生觉得，"回去读不成，被人窃笑，不如学商，当留心，亦可上进"。这时候，可以看出，他已经立志在商业经营上有一番作为了。表面上似乎有点笨，事实上，他办事勤奋、谨慎，记账结算办法又好，深得钱庄老板赞许，认为他是一个经营"天才"。本来他可以继续留在上海，可是因为大哥已经留在上海一家银行工作，他就选择了随父到广东三水河口厘金局帮理账房。

1896年，荣熙泰任期届满，未得连任通知，只好带着儿子从三水回到无锡。由于两个儿子都在钱庄经营方面颇有长才，父子三人一合计，干脆自己开一家钱庄，将身边的关系发动起来。荣熙泰将自己的薪金凑出一千五百元，其他亲戚朋友凑出一千五百元，共三千元本金，成立了一个钱庄——"广生钱庄"。由荣宗敬任经理，荣德生管正账。只可惜，刚开业不久，荣熙泰就去世了。由于本小利微，其他投资者也纷纷将手中的股票卖给了荣家兄弟。没有办法，荣德生只好到广州三水，在厘金局接过了父亲职位，剩下荣宗敬一个人苦撑危局，居然也顶了过来。

这是荣德生第二次到广州。在三水河口厘金局，由于熟悉业务，忠厚稳重，工作得心应手，再加上有朱世丈这么一位稳固靠山，上下人事也甚融和。可是，正当他站稳脚跟，图谋发展时，1900年，发生了震惊中外的"庚子事变"。八国联军攻占天津、北京，清皇室弃城而逃，全国上下，形势一片紧张。家中老母不放心儿子在外面，多次催归。荣德生是个大孝子，立即决定辞职还乡。他去向朱仲甫告辞，朱世丈一番话也打动了他："你现在年轻，离开官场，正是时候。不但你，就连我现在也想通了，不愿意再恋栈官场了。朝廷将行新政，经商办实业，是今后的正途，你这番回乡，正可一试。"

一回到家中，荣家兄弟立即商量起来，将钱庄全部家当投入到经商办实业，他们选择的是当时新兴的机器工业——面粉业。当时，面粉被视为专给外国人消费的进口货，是免税的。而全国一共才只有四家面粉工厂，天津、芜湖各有一家，另外两家都在上海。一家是美国人经营，一家是官僚企业。当时，这样新型的机器工业都是外国人把持，或者是官僚企业家在搞，没有任何背景的小私有业主是不敢冒这个险的。可是，荣家兄弟"初生牛犊不怕虎"，认准了这个行业，就非要进去大干一番不可。正好，这时候朱世丈也辞职，路过上海，荣家兄弟将自己的想法一说，立即得到了朱仲甫的支持。荣德生所著的日记体《乐农纪事》中详细记载了此事：当时，他们一共议定了股本3万元。朱仲甫出1.5万元，荣氏兄弟各出3000元，其余在无锡熟人中招股。利用这笔钱，他们买不起八万多的美国机器，就买了一些英国造发动机，带动法国链石磨子研磨机4部，在无锡西门外太保墩购地17亩，办起了"保兴"面粉厂，工人有30多人。这就是至今仍然流传的"四部石磨起家"的故事。

万事开头难，面粉厂的利润不如想象中巨大，1902年，朱仲甫又重新产生了去广东官场"活动"的想法，决定退出"保兴"。这对保兴来说，简直是灭顶之灾。好在荣氏兄弟已经在商场上经历了一些风雨，重新组合了股东，资本不但没有减少，反而增至 5 万元。荣氏兄弟的股本，更是增至 2.4 万元，成为最大的股东，厂名也由"保兴"改为"茂新"。

自从有了"茂新"这块根据地，荣家兄弟也似乎风生水起，好运迭来。首先是日俄战争的爆发，面粉的需求量一下子大增，价格也一路攀升，"茂新"面粉厂终于开始赚钱了。有了钱，第一件事情自然是改进机器设备，提高生产效率。而这时候正好英国出口商有一批钢制研磨机，要在中国试验性能，打开市场，于是，"茂新"以极其低廉的价格，一下子收进六台。这一年，其盈利就达到创纪录的 6.6 万两。

资本在不断地增加，雄心也在一点点膨胀。因为面粉不断增加，需要大量的棉口袋，他们又把目光盯向了棉织行业。这同样是一个充满风险的行业，他们一方面谨慎地试验投资，一方面继续扩大面粉厂经营，并且陆续开设了分厂。第一次世界大战爆发，给了他们一个最好机会，面粉停止进口，完全依靠国产。于是，荣家兄弟的面粉厂以每天生产 8000 袋的速度迅速发展。据统计，至 1931 年，荣家企业已在上海、无锡、汉口、济南等地创办面粉工厂和棉纺织工厂 21 个，即茂新一至四厂、福新一至八厂和申新一至九厂。1932 年，荣家企业的日产面粉能力达 10 万包，这一数字约占当时除东北地区之外全国民族面粉工业总生产能力的 1/3；同时拥有 52 万余枚纱锭和 5300 多台布机，分别占全国民族资本棉纺织工业设备总数的 1/5 和 1/4 以上。因此，他们被戴上了当之无愧的荣誉桂冠——"面粉大王""棉纺大王"。

荣氏家族第一代创业者，可以说是中国转营近代工业，适应商业革命而成功的第一批传统商人。作为纯粹的民营商人，他们没有依靠官方照顾，也没有去依靠政府资金支持，完全凭自己手中的积累，利用"资本"进行增值，不断投资，实现了工业产业化。

这也是中国传统商人，在进入商业革命的新时代以后，第一批完全脱离了官僚统治集团控制，而在自生自灭、自负盈亏的状况下，完全地依靠自立、自强，依靠顽强的拼搏精神而取得成功的新型商人。

从荣氏兄弟身上，我们可以看出新型商人精神，已经成形并且走向成熟：

一是独立自主。这是中国商人从陶朱公、子贡就开始的一大特质，只可惜很快随着大一统时代到来而宣告了结束。自从鸦片战争以来的纷繁乱局，为商人精神重新走向独立自主提供了土壤，其时代环境一如当年春秋战国。因此商人在"三千年未有之大变局"里成为嗅觉最灵敏、也最富有实践精神的一个群体。这个群体的新型精神到荣氏兄弟终于成形。

而巧合的是，无锡正是当年范蠡离开勾践而归隐时最先选择的地方，泛舟五湖，逍遥自在，这种品格和精神深刻影响了当地人们，到今天终于重现。

二是商才卓著。荣氏兄弟虽然是受张謇的影响才正式决定下海经商的，但是，他们最终取得成功的原因只有一个，就是他们自身的商业才能。

和做任何事情要取得成功一样，经商也需要才能。如果只是成为小商小贩，养家糊口，只要勤奋努力，人人可为。但是要成为有影响力的大商人，就不是普通人所能为了。需要天时地利人和，人和首先就要自身具有过人的商业才能。要懂得经营和管理，这是商业成功的根本。

荣氏兄弟和张謇的不同，在于他们完全脱离了与政府的联系，不再依靠官家的力量，他们开始相信并拥有一种全新的力量——资本的力量。他们是真正意义上的第一代资本家，并且在获利之后，也没有如同张謇那样，企业办社会，他们只是不断地追逐利润，最终成为商界翘楚。

三是忠心爱国。在历代荣氏家族的子孙中，都流传着一句话："天道变，商道不变。"

商道是什么？商道就是人道。人道就是如何做人的道理。对做人来说第一重要的是什么？就是不能忘本。说白了，你是在中国这片土地上，不管到什么时候，都不能忘记自己是一个中国人，更不能在中国强大的时候，以自己是中国人自豪，在国家弱小的时候，以自己是个中国人为耻辱。所谓"子不嫌母丑，狗不嫌家贫"，忠于自己的国家和人民，是做人的第一条原则。如果做不到这些，就算不上一个中国人。

因此，即使抗日战争全面爆发，日本进袭上海，南京国民政府组织大批企业撤离，荣家兄弟却坚持留了下来，一个坐镇上海，一个坐守无锡，以不变应万变。其间有损失，也有依靠政府和乡绅而得到的意外发展。总之，他们的这种选择，更多的是体现了一种精神上与民族、国家同命运、共呼吸的支持，一种道义上的坚守。这么赫赫有名的"面粉大王""棉纺大王"，这么大的一个企业留下来坚持生产和发展，给人们以无限的希望和坚定的信心。

抗战以后，荣氏家族传到了荣毅仁手上，他接掌家族在无锡的面粉厂，又先后任上海合丰企业董事长、上海三新银行董事长。1949年对无数中国的民族资本家都是决定命运的一年。许多企业，包括荣氏家族的其他成员，都纷纷选择了离开中国，有的去了台湾，有的去了香港，有的去了欧美等国发展，只有荣毅仁决定留下来。不但留了下来，而且他还全力支持中国共产党的经济政策。公私合营，他第一个响应号召，将自己的荣氏企业交出来。1957年，荣毅仁首次出任政府要职。当时国务院副总理陈毅以老市长身份为荣毅仁助选上海副市长。他说的一句话，令很多人感动不已："因为他既爱国又有本领，应当选为国家领导人。"经历了"文革"的浩劫，十一届三中全会之后，荣毅仁又接掌中信，肩负起作为中国改革开放对外的一个"窗口"重任，发行海外债券，发展租赁业务，在海外广泛建立分支机构，先后投资兴建140多个企业，涉及银行、房地产等各个行业。1993年，第八届全国人大召开，在这次会议上，荣毅仁被选为国家副主席。以一个商人出身，从"荣老板"成为"荣副主席"，他所获得的荣誉，理所应当，实至名归。而荣家的传奇在他身后，非但没有结束，反而仍在延续……

商之大者，为国为民

随着民族资本和民族商人的出现，商人精神奏出了自己的时代最强音：商之大者，为国为民！

将中国商人的精神从个体精神上升到群体精神再上升到民族精神的，范旭东是一个。

范旭东出生于湖南省湘阴县的一个书香之家，父亲早逝。母亲谢氏尽管生活拮据，却始终没有放弃供给一对儿子读书，带着儿子离开家乡，来到了人文鼎盛、群英荟萃的省会长沙。时值湖南巡抚陈宝箴为首带头搞起了"维新运动"，范旭东和哥哥连夜去投考，一同考中。维新失败，范氏兄弟被迫跟随众人一道东渡日本，寒窗苦读。起初范旭东的志向是"习造兵"，即学习军事技术。一天下午，第六高等学校校长酒井佐保对全校师生发表了演讲。演讲完毕，范旭东第一个站起来，诚恳地当面求教这位校长，不料却遭到酒井佐保的嘲讽："俟君学成，中国早亡矣。"就是这一句话深深刺痛了范旭东，一夜未眠之后得出结论：中国要军事强大，必须要有工业发达作为基础！不久，他便在一张照片背后写下了自己的人生誓言："我愿今后寡言力行，摄像作立誓之证。"又在旁边加写："时方中原不靖，安危一发有感而记此，男儿男儿，切勿忘之。"也正是在立志之后，他给自己改名范锐，字旭东，意为锐意进取，奋发图强，誓将中华建设成东方初升之太阳！

辛亥革命以后，孙中山于1912年1月在南京成立中华民国临时政府，范旭东回国，一度出仕，在临时政府财政部任秘书。可惜革命果实旋即被袁世凯窃取，范旭东奉命整顿币制，却屡次失败，深深认识了一众政客的丑恶嘴脸，从此断了仕途之念，坚定了实业救国的选择。

1913年，范旭东到了欧洲，并考察了各国的矿盐产地及沿海盐场，又跑到爪哇参观那里用海盐压制方砖的机器。他这次游历考察不仅是看欧洲诸国的实业发展，更是在内心暗藏了一个宏大的计划，这个计划在《范旭东回忆录》中记载："我去欧洲考察以后，越发感到一个国家如果没有制碱工业，便谈不上化学工业的发展。我之所以先创办久大精盐厂，正是为下一步变盐为碱，孕育强大的中国化学之母。"

带着开创中国化学工业的梦想，范旭东来到了天津，几次深入塘沽的盐田视察。"那一带，白的是盐，黑的是煤。"他发誓说："一个化学家看到这样丰富的资源而不起雄心者，非丈夫也。我死后也愿意埋在这个地方。"

1915年，范旭东创办的"久大"精盐厂正式投产，其所产"海王星"精盐中，$NaCl$含量超过了90%，一举摘掉中国人"食土"民族的帽子，而且物美价廉，深受百姓欢迎。白花花的精盐宣告了中国产盐业新时代的到来。

创办久大精盐厂，只是范旭东宏大计划中的第一步，接下来变盐为碱的一步，才是真正的关键。

纯碱，是一种基本的化工原料，许多工业如玻璃、纸张、炼矿、染料、陶瓷等，均离不开纯碱。碱为工业之本，其基础和重要地位不容代替。

1917 年，范旭东着手筹建永利碱厂。虽有雄心壮志，过程却一波三折，极尽坎坷。先是邀请上海的实业家吴次伯，数学家王小徐，化学家陈调甫合作。然而双方一开始就意见不合，股东重在急速出货获利，占领市场，因此主张先取蒙古天然土碱，加工应市，或用罗卜朗法制造纯碱，早些出货。范旭东却从国家的基本大业出发，认为必须采用先进技术，坚持选择苏尔维制碱法从事生产，吴、王二人首先萌生退意，知难而去。陈调甫因为要去美国读书深造，也不得不暂时离开。

范旭东没有气馁，认识到先进的事业需要先进的机器和人才，利用关系在美国寻觅以上二者。不但引进机器，而且得到了一个大贤才——化工专家侯德榜。侯德榜是福建闽侯县一个普通农家子弟，以学习刻苦著称，1911 年考入清华学堂，以 10 门功课 1000 分的特优成绩被保送美国麻省理工学院进修。正在美国留学的侯德榜被聘请为筹建永利碱厂在美国进行考察和设计工作。1920 年，侯德榜学成回国，身无长物，所带的除了几身衣服和几大箱子的书籍，最宝贵的就是关于永利碱厂的设计图纸了，这对范旭东的事业举足轻重，二人从此成为事业伙伴和生死之交。

1921 年，永利正式建厂，开始以"久大"的资金作为支持，后来入不敷出，无法支撑。幸而得到金城银行经理周作民的慧眼识才，注入重金，永利得以在上海大效机器厂定制了一批零件，在塘沽盖起高 10 层的制碱用南北楼——蒸吸厂房和碳化厂房。其中，蒸吸厂房高 47 米、11 层，碳化厂房高 32 米、8 层，是当之无愧的东亚第一高楼。以当时的建筑水平，这样高的厂房堪称创举，标志着永利人的宏伟追求。

资金的问题解决了，技术上的拦路虎却更加凶猛。当时的苏尔维法，由欧美各国成立了苏尔维工会国际组织，只向会员国公开技术资料和设计图样。为了充实技术力量，遵循"科研先行于生产"的原则，范旭东成立了中国第一个民营科研机构——黄海化学工业研究社。除了吸收华裔顶尖人才，还吸引了美、德等国专家来华合作，这是中国企业史上第一个真正意义上的科学家团队。以侯德榜为领军人物，苦战六年，从 1917 年在范旭东的院子里建造第一座 4 米高的石灰窑，制出了 9 千克合格纯碱开始，到 1924 年 8 月 13 日永利碱厂正式开工出碱，这漫长的两千多个日夜，是怎样激动人心又是怎样充满煎熬磨砺！终于出碱了，可是传送带上出现的却是红色的碱，远不是期待中如雪的洁白！

失败！失败！失败！六年光阴，几百万投入，换来的是无情的打击。关键时刻，范旭东顶住压力，坚持信任侯德榜，和侯德榜等人一起找原因，发现导致产出红碱的原因是输送碱液的钢管被腐蚀生成铁锈混入碱中所致，处理的办法只能是撤下价值 10 余万元的钢管，换上耐腐蚀的铸铁管，并加少量 Na2S 使之与铁作用形成一层保护膜。可是 7 个月后，红碱问题还没来得及解决，生产的主要设备皿口干燥锅也被烧坏，连红碱也不能生产了，工厂被迫停产。这时的永利碱厂基本到了山穷水尽的地步，几乎只有范旭东一人相信碱厂还有希望办下去。

几乎绝望之际，一直虎视眈眈的英国卜内门公司的总裁尼可逊亲自找上门来了。卜门内公司是范旭东最大的竞争对手，尼克逊来意直接明了，愿以永利碱厂投资成本的两倍价格入股永利，而且可以在技术上提供帮助。但是范旭东拒绝了："我记得，英国有句谚语叫作：'脚镣即使是金子做的，也没有人喜欢戴。'按我国政府批准的永利制碱公司注册之章程规定，永利的股东以享有中国国籍者为限。我想尼可逊先生和您的卜内门公司是不具有这条件的吧！"后来在《范旭东回忆录》中这样记载道："要想让化学工业形成我们民族的长城，就要咬紧牙关，一代人两代人地干下去，才有可能成功。我们没有退路，摆脱绝境的唯一办法，就是破釜沉舟，背水一战。任何事情只要努力去做，多少会有成就！"

拒绝了卜内门公司后，范旭东和众人咬着牙坚持，花了一年多时间，终于在一系列革新之后，1926 年 6 月 29 日，永利制碱车间的传送带上，源源不断地送出了纯净洁白的碱。范旭东和他的科学家团队取得了成功！

恼羞成怒的卜内门公司撕破了脸皮，先是通过外交手段，打击永利不遂，一计不成，又生一计，采用了降价竞争的最原始手段打击永利。每两三个月就跌价一次，最低点降到了 40%，永利面临退无可退的绝境。范旭东经过反复考虑，在永利最大的市场日本找到了其"死穴"，找到日本"三井"公司天津办事处，请他们代永利在日本试销纯碱。双方达成协议后，永利碱利用"三井"公司在日本的销售网，以极少的量、极低的价在日本销售，同样几乎垄断日本市场的卜内门不得不随永利压价。不到一年，卜内门公司支撑不住，只好向永利承诺投降！

1926年8月，为纪念美国建国150周年，万国博览会在费城隆重举办。会上参展的中国展品寥寥，然而来自中国天津永利公司的红三角牌纯碱，却最终被大会授予金质奖章，获奖的理由是永利公司所做的努力象征了"中国工业的进步"。范旭东、侯德榜终于让中国赢得了世界尊敬！

1934年初，范旭东将永利制碱公司更名为永利化学工业公司。创建合成氨厂需资金八九百万，制碱公司1933年共赢利两百万，资金缺口高达六百万。范旭东为此事愁眉不展，宋子文却落井下石，提出只要由他出任永利董事长，他可以全部承担投资费用。范旭东识破了宋子文的狼子野心，一口回绝。然而，资本从何而来呢？

不得已，范旭东只好抱着试一试的想法，从天津来到上海，寻求银行业支持。项目自然没有问题，范旭东的永利可以自己拿出300万元，然后再发行债券550万。问题是这550万以发债方式来筹集股本，在当时没有先例。即使用永利的全部固定资产担保，加上政府批准，也还是一桩风险巨大的事情。多家银行都对其表示兴趣，但出于慎重还是组成了联合考察团，对永利进行深入考察。而最后得以顺利通过的关键原因，竟然是范旭东先生的个人性格。这份考察报告中说："欲观察永利之前途，不可不知旭东先生个人之性格"。范旭东的性格在他们看来是这样的，能认清时代，绝不随人追赶，永利以往的伟绩绝非偶然！

正是范旭东的个人魅力征服了上海的银行家，在支持永利的事业上投入了巨资。据统计，到1937年"七七"事变前夕，包括中南、金城、浙江兴业、交通、中国、上海储蓄等南北各大银行，给永利的透支达到970多万元（永利从1943年到1948年才陆续还清）。得到资本支持的范旭东，如虎添翼。既然下决心自办，哪怕前途荆棘。1933年11月22日，范旭东在南京给同人发电报说："切盼吾同人本以前创办三公司之刻苦精神，为中国再奋斗一番。虎口余生，值得努力，谅具同感。"

经过商量，厂址最后定在江苏六合县的卸甲甸。据说这里是项羽的卸甲休息处，紧靠长江，水深可自建停靠万吨轮船的码头，水源充足。对岸就是下关电厂，不缺电力，与津浦铁路的起点浦口也近在咫尺。

1936 年 12 月，铁工厂、翻砂厂、焦气厂、锅炉房、硝酸厂、硫酸铵厂、冷水塔、2 座贮气柜、7 座液氨罐、2 座硫酸贮罐等，陆续在卸甲甸沿着长江一字排开，绵延数千米。一个日产硫酸 200 吨、硝酸 20 吨、年产硫酸铵 5 万吨的大型化工企业，前后只用了 26 个月就已建成。

1937 年 1 月 26 日、31 日，硫酸、液氨先后投产。2 月 5 日，硫酸铵（也就是肥田粉）也在这里产出，标志着从此中国有了自己的化肥工业。

"我国先有纯碱、烧碱，这只能说有了一只脚。现在又有硫酸、硝酸，才算有了另一只脚。有了两只脚，我国化学工业就可以阔步前进了。"范旭东站在江水滔滔的长江岸边，内心升腾起不可抑制的自豪！

"亚洲第一大厂"的建设，是范旭东一生事业的巅峰，正在憧憬中国化工业的未来，不幸国运倾颓，1937 年，七七事变爆发，日本全面侵华！日本人深知永利对于中国工业的中流砥柱作用，从 9 月到 11 月，连续多次飞抵南京上空，对准永利工厂的进口机器设备狂轰滥炸，爆炸声轰响不绝，火光熊熊……同年底，天津的永利碱厂、久大精盐厂，相继沦入日寇手中。日本三菱公司抢占了工厂后，将永利改名"永礼"，还妄图劝诱范旭东加入"大东亚共荣圈"，范旭东对此的回答斩钉截铁："宁举丧，不受奠仪！"

天津、南京失守，范旭东和侯德榜率领两地的科学技术人员撤入四川。四川是抗战的大后方，发展后方的化学工业对抗战工作至关重要。范旭东一进入四川就提出"我们不是来做客"的口号，亲自跋涉于巴山蜀水之间，勘察地形、选择厂址、筹措资金，为再建一个永利而努力！

这期间，一个最大的奇迹，就是侯德榜利用四川犍为县一带盛产盐卤，配合新碱制法将原来盐的利用率从 75% 提高到 90% 以上。这便是后来被永利命名的"侯氏制碱法"。为了这一新技术，范旭东与侯德榜先是出国视察，范旭东又自己在上海、香港、纽约之间的实验室里反反复复试验了不知道多少次，坚持了几年，花了无数的人力物力，才告成功。"侯氏制碱法"后来经侯德榜以英文公之于世，震惊世界！

在四川，五年中，范旭东共计办成了自流井久大盐厂、恢复了黄海化工研究社，完成了侯氏制碱法的试验，打出了当时国内最深的油气井，用芒硝造碱，用桐油提炼汽油，还自办煤矿，自办车队……一系列作为，无不倾注着对国家和民族保全、复兴、崛起的坚定信念和无限热爱！

1942年的7月7日，范旭东已经在筹备战后重新复兴永利的大计了。"一旦停战，各国势必倾全力于复兴，彼时器材之迫切需要，或更甚于现金。"他认为："战后工业建设，经纬万端，为争取时机，必当极早准备。"范旭东准备恢复战前南北三厂，再新建侯氏碱法厂、塑料厂、炼焦厂、玻璃厂、水泥厂、威斯康新法硝酸厂、株洲硫酸铵厂等等……这就是著名的"十厂计划"。他只要干，只要中国化工光复成长，个人绝无所求。他在给朋友的信中表示："男子唯有其所信，自慰慰人，成败非所计也。"他又说："吾等所企图与个人得失可谓绝无关系，悲天悯人只为民族之前途……"为了宏大的复兴计划，他和卢作孚等实业界代表，在美国大西洋费城国际工商会议上进行了游说。会后，美国进出口银行钦敬范旭东的事业精神，愿意向永利公司借贷巨款，协助永利各厂复兴建设之用，而且取息极低，无须抵押，仅须中国政府保证而已。然而借款合同虽然签订，国民党政府却人人皆贪图私利，唯独无人肯为国家命运担当，最终此事流产，范旭东痛苦不堪！

1945年10月2日，范旭东身染微恙，本来只当小病，却迅速转为黄疸病，4日即不幸辞世。有人将此归咎医生，实则范旭东早已透支健康，为国为民，鞠躬尽瘁，胸怀大志而不得舒展，劳累、积郁，最终不治！

范旭东的一生，用他自己的话说："我的大半生几乎都在动乱中度过，从清朝到辛亥革命，从北伐战争到抗日战争，战乱连年不断，国家破碎，民不聊生，我真诚祈盼中国和平安定，百姓温饱……"而正是他的书生忧患、拳拳报国之志和伟岸的人格、无尽的魅力，才使得他能够在艰难危困之中，吸引那么多的仁人志士追随，才能够做出那样名垂青史的一流伟业，他的成就举国瞩目、举世公认。不但国人对他给予了充分的肯定和崇高的敬意，在他去世后，毛泽东亲书"工业先导，功在中华"，蒋介石也送了挽联"力行致用"。重庆二十二个社会团体举行联合追悼会，侯德榜在追悼会上追忆范旭东生平，讲到久大、永利两团体在八年抗战中，未解雇一个人，赢得热烈掌声；讲到先生艰苦创业的精神赢得国际上一致的敬仰；讲到先生做了三十一年的总经理，但是自己没有盖过一所房子，私人没有一辆汽车，死后两袖清风，甚至目前范夫人的生活都成问题……台上台下人人涕泣失声。会后，永利公司召开股东大会，公推侯德榜接任总经理，并决定将永利公司资产平均分成十一份，其中一份再平均分为五份，五分之四奖励经历抗日战争的永利公司员工，五分之一赠给范的遗孀及女儿。

纵观范旭东的一生，称得上是一个书生救国与一个商人实业报国的完美结合！在他之前，中国已经出现了荣氏兄弟那样的资本家，但是对范旭东而言，他更超越了资本家的范畴，而再一次将商人精神上升为民族精神。他继承了张謇的另外一面，开辟出实业家这条道路并且实践一生，以实业报国，达到了一个商人所能取得的最高成就和最高境界！

范旭东一生，总结并实践四条原则，成为后人反复咀嚼、继承的宝贵精神遗产：

一是在原则上绝对相信科学。范旭东自己就是一个科学技术的受益者。他深深知道科学技术的发展对于生产力意味着什么，而科学是来不得半点虚假的，科学有自己的原则和规律，必须尊重科学，否则一事无成。

尊重科学，也就是尊重规则，尊重理性，这对于一向以感性为基础，习惯了在人际关系中生存和发展的中国人，尤其中国商人来说，是一个巨大的转折和启示。实际上不管荣氏家族还是范旭东，都已经意识到人际关系的熟人社会不是商业竞争的最佳土壤。现代商业必须诞生在现代社会环境里，而现代社会是一个陌生人社会，是建立在规则而不是人际关系的基础上。如果只是一味讲人情世故，则永远无法真正进入现代，也就无法融入世界。这是中国商人成为世界商人的第一步。

二是在事业上积极发展实业。范旭东和张謇一样，选择了实业救国。

在这里，首先值得注意的是"事业"二字。范旭东是将经商当作事业的，从一开始就是有着明确的追求的。"陶朱事业"至此算是深入人心。

实业救国，是建立在两个基础上：一是中国人的习惯，说的人多，做的人少。很多人做生意也是唯利是图，一味地投机钻营，推崇不劳而获，真正肯老老实实下功夫做事业的不多。二是实业救国必须要与国家的经济命脉结合在一起，例如范旭东是为了改变国家工业基础薄弱的现实，选择了在工业上帮助国家提高实力，这是真正的实业救国。

三是在行动上宁愿牺牲个人顾全团体。这一点也是值得深入探讨的。

中国人自古以来，就有为了国家和天下牺牲自己的精神，这样的人叫作"士"。

但是在商人中，因为趋利避害的思想，很少有人选择牺牲自己去成全别人。杀身成仁似乎只是士大夫阶层的事情，怎么也轮不到商人来做。

和中国主流社会的集体主义思想不一样，商人不可避免是最早产生自我意识、追求建立自我并且实现自我的一个群体。自我意识的强化固然是好事，因为可以焕发出追求和创造财富的原生动力，但是也因为过于强调自我，而被个人欲望——物欲深深锁住，失去了精神超越的动力。

在古代传统商人那里，强调自我还不算大问题；进入现代社会，人与人的合作加强，企业就是一个商业合作组织，必须依靠团队的作用才能成就一番事业。这时候，团队精神和团队利益就置于个人精神和利益之上了。

然而，中国人的团队精神恰恰受到了考验，因为中国人此前的集体主义精神，主要建立在血缘关系上，一旦进入陌生人群体，就是一盘散沙。相反，西方企业是建立在陌生人关系上，团队就是一个利益共同体。

中国人一时无法适应这个转变，因此最初的企业成功，主要是家族企业。荣氏家族就是最著名的家族企业。但是家族企业有自己的局限性，除了家族人才的局限、资本的局限，最大的局限还是来自于传承难题。

四是在精神上以能服务社会为最大光荣。"服务社会"是一个崭新的提法，其实仍然是张謇的"企业办社会"理念的一个延续和升华。以前中国人的头脑中只有两个概念：一个是家，一个是国，或者叫天下。在这中间，没有一个过渡概念。但是进入现代，"社会"一词出现了。它介于家和国之间，家的范围毕竟太小，而国的概念又太大，人们真正置身其中、每时每刻都离不开、打交道最多的还是社会，而社会就引申出一个新的词语——公民。公民就是一个人在社会上的公共身份，每一个人都离不开社会生活，每一个人都必须为同一社会群体里的其他人做出贡献，在利己的同时必须利他，甚至为了利他而减少利己。

正是"社会""公民"等词语的出现，真正使得现代商业文化有了诞生的土壤。以前传统商业文化解不开的死结——官商文化，因之有了一个过渡地带和一片崭新的生长空间。一个人的事业选择，一个人的价值实现，都可以在社会这片崭新的土壤里展开，在社会这个广阔的空间里施展拳脚。社会是由每一个人组成的，但又属于大家所共有、共享，离不开每个人的参与共建。"公民"使得个人的自我得到确立，并且提出了在此基础上的超越要求。因为每个人只有先对自己负责，才能对他人负责；而一个人只有对更多人负责，才能实现自我超越。

总之，范旭东的一生称得上完美，他留给我们的遗产仍然值得深度挖掘！

追求自我，实现自我，达到无我

人，所以为人，就在于人具有一种永不满足、自我超越的积极进取精神。

士农工商，商人虽然自古为四民之末，但是商人亦有着自己的追求与超越。

当商人的自我在现代化进程中觉醒，很快就自发自觉地与国家民族命运紧密相连了。

卢思，字作孚，原名魁先，重庆合川人。因为家贫，从小挑桃片（一种家乡特产）叫卖，卖了钱当学费、生活费。这么坚持到小学六年级毕业，开始进入社会。而他居然凭着自己的刻苦自学，先后做了教师、报纸记者、主编、四川泸州永宁公署教育科长、成都通俗教育馆长……

1924 年前后，卢作孚深感在军阀混战的时势仕途无望，而自己要想参与到救国济世中来，就只能创办实业。只有实业才能救中国。因此，他选择了交通运输业。

1925年10月，他在家乡筹办民生公司，这一年他32岁。他个人没有资本，支持他的人也没有或只有很少的资本。当时，人们都劝说他，没有必要开轮船公司。因为当时扬子江上游一段，航业十分消沉，无利可图，任何公司都无法撑持下去。但是卢作孚却认为，既然自己选择了航运业，就不考虑是在有利还是不利的时候进入，一切先干起来再说。

民生公司最初筹款很不顺利，在上海定制第一艘70吨的小轮船，造价3.5万元，而他们募集到的股款才2万元，实际到位的仅8000元。最后东拼西凑，好不容易才筹足5万元资本。

1926年6月，民生的第一条船开进川江，取名"民生号"。最初民生职员只有7人，加上船上人员也不过45人。卢作孚出任总经理，月薪定为30元，协理15元，其他人员10元，工资高一点的是船长和领航人员。第一届董事监事的车马费每月定在4元。

公司的办公地点是在药王庙，前殿是电灯厂，后殿是办公室，房屋极为简陋狭窄。因年久失修，破烂不堪，只能勉强遮蔽风雨，但公司同仁对此毫不介意，始终精神饱满。

1926年夏天，卢作孚接"民生号"轮船路过万县，杨森请他担任市政佐办代行督办的要职，月薪500元，这是他在民生公司薪水的十几倍。但他断然谢绝，匆忙之中草拟一份"万县市政建设规划"作为答谢。当时，四川各路军阀以高薪和职位罗致人才，其他多位民生同仁也在延揽之列。面对诱惑，大家抱定"不在利益，而在事业"的宗旨，始终没有一个人离开，因为他们都希望凭借这一桩事业，做长期的试验。这一重事业、轻私利的风气，也成为民生的一个传统。

第一年下来，股东分红就有25%，到1927年，股本增加到10万元。

1928年春末，民生的第二艘轮船从上海开回重庆，取名"新民号"。从此，合川到重庆这条航线在丰水期和枯水期都有了定期轮船航行。1929年，他们从一个叫谭谦禄的商人手里买下一艘较大的轮船，改名"民望"，此后成为民生的"发家船"。

"三条轮船，两条航线。"看起来不起眼的小生意，卢作孚却雄心万丈，要以小搏大、化零为整，统一整个长江上游的航运业。他很快谱写了一部"发展兼并三部曲"。

第一步，兼并商轮。将重庆上游至宜宾一线、下游到宜昌一线的华商轮船公司逐步吃掉。民生的原则是，只要愿意出售的轮船，不论好坏，民生一律照价买下。愿意与民生合并的，不论负债多少，民生一律帮他们还清债务，需要现金多少即交付多少，其余的作为股本加入民生。卖船给民生或并入民生，所有船员一律转入民生工作，不让一个人失业。接收一条船，那条船就按民生的制度运转。因为在所有的合作过程中，民生公司都是本着"自愿吃亏"的原则，所以一直都很顺利。

民生公司诞生第 7 个年头、首航的第 6 年，已拥有 19 艘轮船，总吨位 7000 吨，正好是创立时的 100 倍，职工上千人，是最初的 80 倍，成为长江上游最大的航运公司。

第二步，兼并军轮。军轮并入民生，主要是军阀自身经营不善，年年亏本，想把包袱甩掉，看到民生公司年年赢利想入股，拿船折价，乃是更重要的因素。

第三步，兼并外国轮船公司。1933 年 1 月，英商太古公司价值 60 万两白银的千吨巨轮在长江触礁沉没，上海打捞公司束手无策，以 5000 元标价拍卖，无人敢要。结果卢作孚迎难而上，将其买下，在洪水来临的两个月中，凭土专家张干霆和工人们的智慧和苦战，奇迹般地打捞成功，由民生机器厂改造成著名的"民权轮"。

当时，有人预言 1935 年有两家轮船公司必倒，一是美国的捷江公司，一是民生公司。结果，捷江倒了，而民生不但活了下来，还从捷江买下 5 艘轮船。川江昔日曾经是外国的天下，触目可见英、美、日、德、意、瑞典、挪威、芬兰等国国旗，卢作孚感叹："这真是外国人的天下！"后来，他做出一系列改革，不仅把提货单、航程簿改用中文，而且大胆废除航运界长期以来歧视中国海员的不合理规定，轮船上的甲级船员原来规定只能由外国人担任，民生却规定，甲级船员不任用外国人，均由中国人担任，民生章程第二章第七条明确"本公司股东以中国人为限"。

就这样，不到 10 年，小小的民生就在极为恶劣的环境中崛起，由 8000 资本发展到百万资本，从一艘小船发展到 30 多艘轮船，从 200 里航线延伸到 5000 多里航线，与实力雄厚的外国轮船公司形成对峙局面，令长期称雄长江的老外大吃一惊。

1937 年全面抗战爆发以后，卢作孚正在南京，准备赴欧美考察，被国民党政府留下来帮助制订"大撤退"计划。他致电民生公司说："国家对外的战争开始了，民生公司的任务也就开始了！"

上海的众多工厂、学校和科研机构率先撤出。最早撤走的是中国科学社理化研究所，1937 年 7 月即由民生公司的船直接从上海撤出，9 月迁到北碚，恢复工作。从上海最早迁出的大学是复旦大学，包括师生和教学仪器，次年在北碚夏坝复课。8 月，随着战局恶化，民生公司集中了中下游全部船只，以镇江为起点，撤退上海、苏州、无锡、常州地区的工厂、学校和机关，日夜不停地运往长江中游和上游。11 月 12 日，上海沦陷，国民政府决定撤离南京，西迁武汉。民生公司又集中中下游全部船只从南京接运政府机关以及南京各学校的师生、仪器和图书，其中包括中央大学、金陵大学和江苏医学院。此外芜湖的金陵兵工厂也赶在南京沦陷之前全部转移，未落入敌手。

1937 年 11 月 16 日，国民政府主席林森及随从一行十余人，登上了民生公司派的专轮"民风"。林森离开南京四天后，国民政府于 11 月 20 日通告全国，宣布迁都重庆。卢作孚临危受命，接受了交通部常务次长的职务，同时兼任军事委员会下属的水陆运输委员会主任——包括民生公司、招商局等在内的所有大小轮船公司的船只均归这个委员会指挥。卢作孚的次子卢国纪在《我的父亲卢作孚》中说："（卢作孚）一反过去不愿担任政治上的职务的决定，接受了这一任命，他的目的绝不是做官，而是在祖国处于生死存亡的紧急关头，担负起救国的重担……国难当头的这一年，民生公司放弃了当年最后 5 个月里绝大部分的商业运输机会，将上万吨重的重要机器和军械物资从长江下游的上海、南京运到武汉，再运往宜昌，而运费，只有平时的一半。"

1938 年 10 月 25 日，武汉沦陷，邻近的宜昌危在旦夕。卢作孚接到国民政府军政部的命令，要求他将民生公司所有船只一律开到武汉长江下游田家镇凿沉，用以封锁江面，延缓日军军舰沿长江进犯武汉。卢作孚抵抗了这个在他看来无异于自杀的命令。因为在当时，从上海、南京、武汉撤退到宜昌的重要工业物资约9万吨，均堆积在宜昌两岸，还有近10万多人员等待入川。卢作孚后来在回忆这段艰难岁月时曾写道："那些器材是当时整个中华民族工业的精华，是国家仅存的一点元气。全中国的兵工工业、航空工业、重工业、轻工业的生命，完全交付在这里了。"

一个更为严峻的现实是，时值深秋，再过不到40天，长江三峡将进入冬季枯水期，到时大的船只都不能通行。

关键时刻，卢作孚亲抵宜昌，到江边查看物资和轮船的实际情况，再召集各轮船公司负责人和轮船的驾引人员、宜昌港内的技术人员，彻夜开会，商讨紧急运输方案。

民生公司可用的轮船22艘，另有两艘挂法国旗的中国船。按它们全部运输能力，要将9万吨物资在40天内全部运往重庆，几乎没有可能，民生公司平时的运输能力40天大约只有1.4万吨。就是在这次通宵会议上，他们参考1937年枯水期分段航行的经验，决定采取分三段运输的办法。按照40天时间，设计出一个严密的运输计划，宜昌到三斗坪为第一段，三斗坪到万县为第二段，万县到重庆为第三段。只有重要而不易装卸的笨重设备才直接运往重庆，其他物资或在三斗坪或在万县卸下。对船只航行时间、物资装卸也做出最合理、最紧凑的安排，白天航行，夜间装卸，将运输能力发挥到极限。各单位则清理自己的设备、器材，配套装箱，按轻重缓急，依次分配吨位。24小时后，24艘船开始穿梭往返，决心赶在40天内完成。

一场大抢运开始了，每天早晨，总有五六只轮船从宜昌开出，下午总有几艘回来，灯光彻夜照耀，映亮了江面。岸上，每数人或数十人一队，抬着沉重的机器，不断歌唱，拖头往来的汽笛，不断地鸣叫，轮船上起重机的牙齿不断地呼号，配合成了一支极其悲壮的交响曲……

此次宜昌抢运的物资、人员，相当于民生公司1936年的总运量。在预定的40天内，他们奇迹般地运完了全部人员，运走了2/3的机器物资。又过了20天，当长江水位降到没法组织大规模运输时，沿江剩下的只是一些零零星星的废铁。而就在这四十天中，卢作孚不眠不休，在他的指挥中心，收发报机 24 小时不停地响着，上游各港口、各轮船发来的电讯日夜不断，工作人员日夜坚守岗位，处理各种电文，所有电文都经他亲手审阅、批示。他对全部运输情况、每个环节都了如指掌，知道每一小时运走多少吨物资和哪些船在运，知道每艘轮船在什么位置，知道哪些物资在哪个港口卸载，知道哪些单位的物资正在装船……

1939 年，民生公司航业部分的损失高达 400 万元，但是卢作孚不后悔，他对公司职工说："我们要以事业报效国家，我们要以身尽瘁事业。我们虽然不能到前方去执干戈以卫社稷，拿起武器打敌人，当就本身职责，努力去做一员战士，以增强抗战力量。"

这次史无前例的战时运输，被称为"中国实业上的敦刻尔克"。抢运入川的物资，成为在后方重建工业所依赖的基础，尤其是军工业的命脉所系。而民生公司为此付出的代价很沉重。宜昌沦陷后，日军报复性地轰炸民生公司的船舶和码头，损失船只约 70 艘、牺牲员工百余人，另有厂房、五金器材等价值 40 多亿法币的财产。

1939 年元旦，卢作孚获得了国民政府颁发的一等一级奖章。

"实业上的敦刻尔克"让人们真正认识了民生公司，也认识了一个一心无私、矢志救国的卢作孚。他的一生，就是追逐自己梦想的一生。创建民生公司、搞西南乡村建设、搞教育，他所梦想的，就是建设一个现代化的中国。令人难以想象的是，他虽然是著名的实业家，实际上却只靠一份工资维持家庭生活，其他兼职收入都捐给了北碚的公益事业，家中的经济状况一直是相当紧张的。如果说，卢作孚给子女留下了什么，那就只有"民生精神"。"我所见着的还在这些事业的背后，在撑持这些事业的险阻艰难者，为了事业忘却了自己，为了增加事业的成功，忍受个人的困苦。如果整个公司的人有这一种精神，就可以建设一桩强固的事业；如果整个民族有这一种精神，就可建设一个强固的国家。"

"忘我"，这两个字就是对卢作孚一生最真实的写照也是最高评价！

至此，中国商人历经三千年之久，终于完成了从传统商人向现代商人的蜕变！

第二部分

当代篇（上）　国企精神

第五章

国企精神的形成阶段

1949 年 10 月 1 日，中华人民共和国成立，中国人民从此站起来了！

新中国成立之后，百废待兴，内忧外患。但是对一个国家来说，经济建设是一定要搞的。当朝鲜战争一结束，国家注意力就转到经济上来了。

当时，对民族资本主义工商业进行社会主义改造，成为一个关键问题。

所谓社会主义改造，就是要将"私"改为"公"，将个人所有制改为全民所有制。在当时，称为是"国家资本主义"，由个人控制资本转变为国家控制资本。但是对于资本的拥有者，却是极大的不公和伤害。

一场被称为"公私合营"的运动在全国轰轰烈烈地展开了：

第一阶段，是个别企业的公私合营，即在私营企业中增加公股，由国家派驻干部（公方代表）负责企业的经营管理。由此引起企业生产关系在多方面发生深刻变化：一是企业由资本家所有变为公私共有，并且公方代表居于领导地位。二是资本家开始丧失企业经营管理权。三是企业盈利按"四马分肥"原则分配，即将利润分为国家所得税、企业公积金、工人福利费、资方红利四个方面进行分配，资方红利大体只占四分之一，企业利润的大部分归国家和工人，这就规定了企业的根本性质是为国计民生服务的。

第二阶段，1956 年初，实行全行业公私合营，资方的股息红利被定息，即年息五厘所代替。生产资料由国家统一调配使用，资本家除定息外，不再以资本家身份行使职权，并在劳动中逐步改造为自食其力的劳动者。

第三阶段，1966 年 9 月，定息年限期满，公私合营企业最后转变为社会主义全民所有制。意味着在中国这片土地上，再没有了资本和资本家。

实事求是地讲，公私合营是在新中国成立后，根据当时情势做出的一个必要决断。但是这件事情本身也带来了不可避免的后遗症：

一是在法律上形成了悖论。因为私人企业是资本家的私有财产，1954 年宪法中明明白白写着"国家依法保护资本家生产资料所有权和其他资本所有权"的条款。但是公私合营基本违背了这一条款，虽然继续付给资本家利息，但是 5% 的利息远远低于此前企业普遍的 10% 利润。

二是在经营管理上，外行取代内行，造成了生产效率下降和生产资料浪费。公私合营后的私方人员，管理经验根本不被重视，逐步被边缘化。

三是打击和损害了企业家的信心。经历了公私合营浪潮之后，中国宣告彻底消灭了资本家，实际上也宣告了一批具有经营管理企业人才的精神死亡。曾经将经商视作事业、选择以实业来报国、救国的昂扬企业家精神，至此完全被阉割、萎缩，最后消亡殆尽，呈现出万马齐喑的局面。

但是社会主义制度毕竟与资本主义不同，很快一个新的事物出现了——国营企业。一种新的企业精神也随之诞生，并成为民族精神新的组成部分。

新中国成立以后，当时称国有经济为"国营经济"，称国有企业为"国营企业"。

国营企业的构成，通常认为有三个主要来源：一是通过没收或接管国民党统治时期的官僚资本，直接转化为大批国营企业；二是外资在华企业的转让、管制与征用，也直接转化为国营企业；三是延安十三年局部执政期间在解放区、根据地创办的一批公营工商企业，是正牌的国营企业。据资料统计，从 1949 年到 1952 年，国营企业发展得非常迅速。

伴随着公私合营的结束，"公私合营企业应当改为国营企业""大型合作商店有条件有步骤地转为国营商店"，几乎实现了国有体制"全覆盖"。

国营企业虽然还挂着企业的名称，但是很大程度上，已经成为国家机器的一部分，成为国家意识形态的企业化表达。企业计划由国家统一下达，职工由国家统一分配，物资由国家统一配置，产品由国家统一收购，利润上交由国家统一支配。"统一"成为国营企业的最大特色。

在这样僵硬的束缚下，从过去的追求效率变成了讲求统一。可想而知，国营企业的企业功能迅速削弱，很多企业开始出现了长期亏损。

但是，国营企业也有自己的必然性：一是社会主义的性质使然。二是当时国内外环境，需要中国必须走一条自己的工业化、现代化道路，而这就要求必须尽最大可能地集中和调度资源，实现高度的组织化。所以，国有企业其实是承担了一个异常艰难的任务，承担着国家的希望和重托。

关于新中国的经济政策，尽管消灭了资本和资本家，但是显然并不是要消灭工商业。早在全国解放前夕，毛泽东在香山双清别墅接见太行区党委书记陶鲁笳等人时，就有一个著名的"四面八方"论。他说："我们的经济政策可以概括为一句话，叫作'四面八方'。什么叫'四面八方'？'四面'即公私、劳资、城乡、内外。其中每一面都包括两方，所以合起来就是'四面八方'。"（《文史天地》2002 年 10 期，作者：李约翰、谭德山、王春明）四面八方，是一个具体所指，也是一个比喻，意思是要融合各种资源，形成一个整体上的合力。

所以，国营企业的出现，也可以看作一个"四面八方"思想的具体实践。

在当时，国营企业的成功实践，有三个显著的代表：鞍钢宪法、吉化经验和大庆精神。

鞍钢宪法的基本内容是"两参一改三结合"，即干部参加劳动，工人参加管理；改革不合理的规章制度；工人群众、干部、技术人员三结合。其核心就是"民主管理"，这也是中国共产党的优良作风和成功经验，当时得到了毛泽东主席的高度评价，认为其比苏联的马钢宪法更加进步，可以称之为"鞍钢宪法"。毛泽东在批示中，将鞍钢的报告总结概括为五个方面的内容，即"坚持政治挂帅，加强党的领导，大搞群众运动，实行两参一改三结合，大搞技术革新和技术革命运动"（《国企》2011 年 7 期，"鞍钢宪法"始末，作者：刘青山）。

其实，鞍钢宪法之所以能够在当时涌现，最根本的还是"人"。1948 年 2 月 19 日，鞍山解放。同年 12 月 26 日，重新回到人民手中的新鞍山钢铁公司成立。鞍钢，这一始建于 1916 年的钢铁企业，在屡经战乱之后，设备一件件消失，产能一天天退化。鞍山解放前夕，鞍钢高炉炉体及动力机械设备几乎被洗劫一空，只剩下一副已不能运转的骨架。日本人撤退时断言："在这块土地上，以后只能种高粱……"但随着新中国成立，鞍钢人在强烈的主人翁意识驱动下，挺身而出。鞍钢的老工人孟泰积极组织工人在厂区挖掘、搜寻器材，并加以整理、分类、修复，建立了"孟泰仓库"。1949 年 6 月 7 日，鞍钢为成立在即的中华人民共和国奉献了第一炉铁水。之后，又有工人张明山创造了精轧机"反围盘"，炼钢工人李绍奎发明了"快速炼钢法"，创造了 6 小时零 9 分炼一炉钢的新纪录。青年工人王崇伦创造"万能工具胎"，工作效率提高 7 倍，用一年时间完成四年的工作任务，被誉为"走在时间前面的人"。在实行"马钢宪法"水土不服后，鞍钢第一初轧厂基层干部调任二初轧厂负责筹建工作的宋必达，当时年仅 34 岁，在攻克初轧机超压下作业难关时，他率先提出以"两参一改三结合"的形式开展技术革新活动，把"人"的因素与技术工作和管理工作结合起来，立足技术革新为突破口，通盘考虑"以人为本"的原则。还有从苏联留学归来的马宾，每天待在生产一线，与工人一起操作、攻关，思索着管理创新、技术创新的课题，最终完成了《鞍钢宪法》。

《鞍钢宪法》不但在中国名噪一时，一些欧美、日本的管理学家也在研究，称之为"后福特主义""团队合作""全面质量""经济民主"。甚至有人认为"丰田生产方式"，实际就是工人、技术人员和管理者的"团队合作"，秉承的正是"鞍钢宪法"的核心理念。

但与其从技术和管理的角度入手，更不如从"人"的角度分析。正是"人"的自觉担当、砥砺奋进和自主创新的昂扬精神和为国建功立业、拼搏奉献的意识作为驱动，才最终产生了"鞍钢宪法"的成果，这才是根本所在。

同样，以"人"的精神为驱动，与鞍钢宪法齐名的，还有"吉化经验"。

吉化经验，包括吉化精神和吉化作风。吉化精神共有四种精神，分别是源于化肥厂厂长王芝牛勇担 30 万吨合成氨生产任务，"头拱地也要背起来"的背山精神；50 年代老工人于德泉坚持修旧利废，回收麻袋毛做建筑麻刀的"麻袋毛精神"；源于李国才、侯德武为代表的老一辈技术革新能手，以破解实际生产问题为乐的"矛盾乐精神";以及源于重水专家桂纯等一代代科研人员,为国家研制两弹一星、火箭推进剂等航空航天产品的"登天精神"。吉化作风则是"严细实快",也就是精细管理。严就是严字当头,从严管理。细就是见微知著,从点滴抓起。实就是尽职尽责,求真务实。快就是令行禁止,雷厉风行。

需要说明的是,以上的精神和作风不只是停留在文字上,而是吉化人几十年如一日的坚持和践行,一点一滴做出来的,由汗水和智慧凝聚而成。

1953年,当新中国实行第一个五年计划,在苏联援建的"156项"工业项目中,布局到吉林的有三大化:吉林氮肥厂(1954~1957)、吉林电石厂(1955~1957)、吉林染料厂(1955~1958)。据史料记载,当时一共有3万多名职工参加了化工会战,在一片荒芜的原野上,没有道路,交通不便,一到雨季,运输车辆经常抛锚。而且还有松花江这样一条天然的"封锁线"。可是在缺钱、缺建设工厂经验的情况下,3万多名职工愣是没有依靠苏联专家,而是群策群力,挖了300多万土石方,砌了2.3亿块砖,盖起了40多万平方米的厂房和民用建筑,安装了3万多台设备和1万多吨高中压管道和管件,铺设了150公里上下水管线,安装了电石炉和一系列后加工设备。整个化工大会战历时三年,1957年10月25日,三个企业当年开工,当年见效,当年为国家提供了7900吨燃料和中间体、4.3万吨化肥和2.83万吨电石。"为国分忧"成为每个人自觉担当的责任也成为吉化精神的核心。

以上不管是鞍钢还是吉化,都显著地突出了国有企业的一个特色或者说优势,那就是政治优势。这一优势也在后来被一再证明,国有企业是完全在党的领导下开展生产经营管理的,可以说国有企业的文化底蕴或者说核心精神,就是中国共产党的文化和精神。在党的坚强领导和核心支撑下,在广大群众心怀国家,自觉担当的主人翁意识下,才会迸发出那么旺盛的精神,才会有坚定不移的"根"和积极活泼的"魂"。

这一优势,最终在大庆油田得到了最大化的发挥,形成了标志和象征。

时代魂：大庆精神铁人精神

大庆，一个响亮的名字，一个寄予了人们无比的希冀与期许、热情与信念的名字！

这是一片神奇的土地，一片共和国的沃土。大庆是一座城，是一个企业，但大庆更是一个品牌，是一种精神。每个人听到这个名字都会肃然起敬，每个人来到这里都会油然在心里生出一种崇高，点燃一种激情。

大庆的诞生，源于一个独特的时代背景，新中国工业刚起步，石油短缺成为制约中国经济发展的重大问题。一个鲜为人知的数据是，1949 年当毛泽东主席在天安门城楼宣布新中国成立时，全国原油年产量仅 12 万吨，总共才 8 台浅钻井机和 40 余名石油技术人员。第一个五年计划，唯一没有完成任务的就是石油产量！后来在苏联老大哥的帮助下，中国的石油问题得到一定解决，但随着中苏关系恶化，进口石油的道路中断了。1958 年初，石油短缺已经影响到了国计民生，不少汽车被迫停止运行，军队甚至不得不撤销了一些急需的军事演习项目，全国各地乃至首都街头都出现了背负沉重煤气包的公交车辆。

石油，石油，一时间，从中央领导到普通百姓，人人都念叨着"缺油""找油"……

在万众一心的坚定意志下，中国石油工业开始了艰难的起步，为了甩掉"贫油"的帽子，举国打一场石油战争。战场勘探选址定在了东部，继而重点聚集在了松辽盆地，成立了"东北石油勘探处"，进而成立了"松辽石油勘探局"。1959 年 9 月 26 日，松辽盆地的中央地带——黑龙江省肇州县大同镇的松基三井，终于喷出了黑黝黝的工业性油流！

喜讯像长了翅膀一样，迅速传遍了松辽盆地，传到了哈尔滨、长春、北京……

因为正值新中国的 10 年大庆，经过多方考虑，最后将大同镇改为大庆区。新发现的油田最终被命名为"大庆油田"，迅速传遍了千家万户。

伴随着大庆油田一系列鼓舞人心的发现，一场排山倒海的大会战开始了！

党中央、毛泽东热情支持社会主义建设中这一新的创举。2月20日，中共中央下发文件，指出这次大会战"对于迅速改变我国石油工业的落后状况，有着重要作用"，并要求全国各地区的有关部门给予大力支持和配合。与此同时，中央军委还做出决定，从中国人民解放军退伍军人中，动员3万人参加大庆油田工作。很快，石油工业部集中了全国37个石油厂矿、院校的4万名职工，调集了7万吨器材设备，抽调了全国最优秀的几十个钻井队，从五湖四海向着大庆油田汇合。

在这支浩浩荡荡的会战大军中，有一个很快响彻世界的名字——王进喜！

这个从玉门来的铮铮汉子，披着一件破棉袄，唱着慷慨激昂的秦腔，从玉门到大庆，一下火车劈头就问了三句话："钻机到了没有？"

"井位在哪里？"

"这里的最高纪录是多少？"

可别小看这三句话，第一句话展示了他如火的激情，他和所有的石油工人一样，是来参加会战的，一分一秒都不能浪费。

第二句话则更加表明了他的决心，石油工人的岗位就是在井上，到井上去，马上开始站第一班岗，以一个战士的忠诚和敬业请祖国人民放心！

第三句话则更加透露出一种冲天的豪情，最高纪录是多少？从玉门来到这里，不但要干，而且要干好；不但要干好，而且要干到最好！因为他不是一个人来的，而是带着一支队伍来的，这支队伍有一个响亮的名字：

1205队！

之前在玉门油田，这个穷苦人家出身的孩子就凭着一股子拼命精神和钻研干劲儿成为技术能手。他没有什么文化，只能在本子上画符号，写一些简单歪歪斜斜的汉字，但他就是从这里一步步成长为钻井队队长，一听钻井的声音就知道会不会出问题、顺不顺利、打到多深。不但自己钻研，而且强将手下无弱兵，对每一个人都严格要求，对每一口井都"严、细"当头，一丝不苟，不久之后就把钻井队带成了钢铁钻井队，他也被誉为"钻井闯将"。因此，他是带着一股子如火的激情和冲天的豪气，带着他的37位队员赶赴松辽，来了就是要夺取头名的。

结果，现实情况比他预想的还要艰苦，因为路上运输的不便，王进喜他们的钻井设备比工人晚到十多天。而这段时间里，王进喜和他的队员在干什么呢？据和他一起参加当时会战的工友回忆，王进喜组织了大伙儿给老百姓刨粪、拉粪、送粪，这件事情很多人不理解，王进喜也不解释。但是这却和古代的将士打仗一样，是在为扎根前线做准备。

十天后，王进喜和他的队伍的设备运到了萨尔图车站，但是离他们住的地方马家窑还有十几里远。设备重达几十吨，却没有卸货的装备，没有吊车，没有平板车，连拖拉机也很少，钻机一套设备五六十吨重，怎么办呢？显然不能再等了，王进喜一声令下："用土办法，人拉肩扛！"

结果就出现了震撼人心的一幕，王进喜身先士卒，拴上绳子，垫上滚钢，带头喊起了口号："同志们啊嗨呦，加油拉啊，嗨呦，同志们啊，嗨呦，加油拉啊，嗨呦……"整整用了三天三夜的时间，王进喜和他的钻井队员们硬是把钻机搬到了井场，并把所有设备都组装起来。

钻机立起来了，战斗开始了，王进喜就住在了井上，不再回屯子里去睡觉了。王进喜的房东赵大娘还以为出了什么情况，做好饭菜，提着柳条筐子来到井上，结果就看到王队长在井上挖着地窝子，炕上铺一点草，披着老羊皮，连枕头都没有，头就枕着个钻头。赵大娘当时就心疼得哭了："王队长，你就躺这样的地方睡觉，你真是个铁人呀！"从此，王进喜就有了一个新的名字——王铁人，很快叫开了。

后来发生的一系列事情证明，"铁人"这个称号还真不是白叫的：

在人拉肩扛解决了装备问题后，接下来就是要开钻了。可是开钻得有水，当时水罐车很少，几十个钻井队都在等，排号、排队。王进喜怎么能等？他想了一个办法，到附近去端水，开了钻以后再说！这又是一个匪夷所思的举动，在世界各国都没有出现过的奇观。王进喜带着他的人，到附近水泡子里头破冰取水，用脸盆端水，来保开钻，硬是用四五天时间把泥浆池灌满，采集了总共约55吨水,保证了钻井的需要,钻机轰鸣起来了。1960年4月19日,1205队在王进喜的带领下终于胜利打完了第一口井,这也是整个大庆石油会战打出来的第一口油井,这口井从开工到打完只用了五天零四个小时的时间,而且质量达到全优,在我国石油工业发展史上创造了一个前所未有的新纪录。

第一口井打完后,王进喜因为腿伤住进了医院,但是他哪里待得住,又偷偷跑出来到了第二口井现场。结果第二口井还真出现了事故,钻至700米浅气层的时候,突然发生了井喷。强大的高压液柱把方补心冲出井口,足有十几米高,情况万分危急。要制服井喷,必须用重晶石粉压井,但此时井场上并没有重晶石粉。王进喜果断决定用水泥压井。大家立即行动,把水泥倒进泥浆池里,可是现场没有搅拌机,没有泥浆枪,大量的水泥沉入池底,难以在短时间内融合。泥浆融合不好,就起不到压井作用。关键时刻,王进喜不顾自己的腿伤还没有好,将拐杖一丢,"扑通"一声跳进了泥浆池,在没到胸口的泥浆池里用自己的身体当起了搅拌机。眼看队长这么做,其他人也纷纷跳下去……经过三个多小时的苦战,井喷终于被压服了,而王进喜被拉上来的时候,腿上的绷带早已不知去向。最终这口井只用了4天时间就打完了,创造了日进尺535米的成绩,又是当时全战区的最高纪录!

当然了,"铁人"再铁,也毕竟是人,是人都会犯错误。1961年4月19日,这是全油田"难忘的四·一九"。当天油田召开千人大会,当时的会战总指挥康世恩提出了批评,原因是标杆队的一口井打斜了。担任大队长的王进喜带头背水泥,把超过规定斜度的井填掉了。有人说:"填了这口井,就给标杆队的队史写下了耻辱的一页。"铁人却说:"没有这一页,队史就是假的。这一页不仅要记在队史上,还要记在我们每个人的心里。我们要让后人知道,我们填掉的不光是一口井,还填掉了低水平、老毛病和坏作风!"他说:"干工作要为油田负责一辈子,要经得起子孙万代的考验。"开会时领导批评了,有人叫他闷头趴下,他说:"披红戴花的时候,你让我抢着往头里走;批评了,就叫我悄悄趴下当狗熊?我不当这个狗熊!"

这才是一个活生生的"铁人",一个率直、赤诚、热情、上进的"铁人"!

"铁人"的事迹迅速传遍整个油田,石油部长余秋里召开会战指挥部紧急会议，正式发出了"学习'铁人'王进喜，人人做'铁人'"的号召。在萨尔图万人广场举行学铁人誓师大会，王进喜披带红花骑在马上绕场一周。余秋里亲自拿起话筒，带着会战大军一遍又一遍地高呼："向铁人学习！"

1963年12月26日，全国所有报纸的头版头条转发了新华社题为《从国外进口"洋油"的时代即将一去不复返》的报道，宣告了中国人民世代使用洋油的历史基本结束！

一时间，西方舆论哗然，世人纷纷跷起大拇指，称赞："中国人了不起！"

1964年1月25日，毛泽东等中央领导人在听了余秋里汇报的关于大庆石油会战情况后，毛泽东说："好嘛！我看这个工业，就要这个搞法，向你们学习嘛！要学大庆！"10天后，中共中央便下发了《关于传达石油工业部关于大庆石油会战情况的报告》，同时《人民日报》以一版头条，通栏刊出了毛泽东的号召：工业学大庆！由此，毛泽东亲手树立了大庆这面红旗。4月20日，人民日报刊发长篇通讯《大庆精神大庆人》，首次提出"大庆精神"概念，并且将大庆精神介绍向全世界。

毛泽东主席还多次接见铁人王进喜，把大庆精神铁人精神推向全国。

此后，经历了不断地发展，大庆精神、铁人精神在不同时期都得到了中央领导重视与肯定：

1981年中央47号文件肯定了大庆精神并将其基本内涵概括为"爱国、创业、求实、献身"。

1990年2月，时任中共中央总书记的江泽民视察大庆油田时，将"献身"改为"奉献"，并将大庆精神诠释为"为国争光、为民族争气的爱国主义精神，独立自主、自力更生的艰苦创业精神，讲求科学、三老四严的求实精神，胸怀全局、为国分忧的奉献精神"。

1996年，胡锦涛同志在接见大庆油田负责人时提出"珍惜大庆光荣史，再创大庆新辉煌"。

2009年，习近平同志在大庆油田发现50周年庆祝大会上指出，"大庆精神铁人精神已经成为中华民族伟大精神的重要组成部分，永远是激励中国人民不畏艰难、勇往直前的宝贵精神财富"。

大庆精神、铁人精神，由大庆而生发，是一种企业精神、工业精神，更是一种时代精神，已经上升成为国家和民族精神。

今天，我们再来回顾这段历史，再来看大庆精神、铁人精神，会发现其来源于两个根脉：

一个是传统的中华民族精神，天道行健，自强不息。新中国成立了，中国人站起来了，不但站起来了，还要挺直钢铁一样的坚强脊梁，走向富强。

另一个是中国共产党精神，包括井冈山精神、长征精神、延安精神、雷锋精神和改革开放精神。中国共产党从1921年成立，正是靠着为天下人民谋福利的献身精神，建设一个富强、文明的新中国的伟大梦想，不怕牺牲，克服困难，前赴后继，通过一代又一代人的持续奋斗，才带领全国人民一道迎来了中华民族伟大复兴的中国梦！大庆精神、铁人精神和这个伟大的传统一脉相承，是传承和发扬艰苦奋斗、自力更生的传家宝。"石油工人硬骨头，哪里困难哪里走！"心甘情愿吃大苦，耐大劳，知难而上，临危不惧，永远把国家和人民的利益看得高于一切！

大庆精神、铁人精神的丰富内涵诞生于时代，又超越时代，历久而弥新：

一是爱国。大庆精神、铁人精神的核心就是爱国主义精神。

在中国开始寻找石油的时候，外国专家说中国贫油，不可能找到石油！大庆找到油田后，一些外国人又换了一种说法，"大庆油田原油又黏又稠，只有搬到赤道才能开采"，并吹嘘离开他们"中国人就不能开发这样大的油田"。但是对余秋里、康世恩来说，中国人不相信这个，因为中国人历来就是一个敢于迎难而上、不服输的民族。"对一个国家来讲，要有民气；对一个队伍来讲，要有士气；对一个人来讲，要有志气。这三股气结合起来，就会形成强大的力量，就没有战胜不了的困难。"也正如王进喜所说的那样："要将中国贫油的帽子甩到太平洋里去。""宁可少活二十年，也要拿下大油田。"正是这种上下一心、众志成城的志气、气概，中国人完全依靠自己的力量，成功开发建设了大庆油田这个世界级特大油田，挺起中国石油工业的脊梁，让世界石油领域从此有了中国的位置。与国外同类油田相比，美国拿下东德克萨斯油田用了九年，苏联拿下罗马什金油田用了三年，而大庆油田从第一口井喷油到探明长垣面积只用了一年零三个月，到实现石油基本自给，才仅仅用了三年时间，真正为国争了光，为民族争了气！

崇高的爱国主义精神，亦是我们中华民族的精神底色，是最宝贵的财富！

二是创业。创业是什么？是在一穷二白的基础上创造一番事业，开辟新天地。

周恩来总理曾说："毛主席从井冈山时期起就讲自力更生，1962 年我去大庆，那真称得起'艰苦奋斗，自力更生'。"这八个字就是大庆创业的写照。

大庆的创业故事，大概是中国工业史上最波澜壮阔、最感天动地的篇章之一。

关于创业故事，可讲的很多，其中一个感人至深的就是"五把铁锹闹革命"。

大庆石油会战中，本来条件就很艰苦，而三年自然灾害迫使许多灾区和贫困地区的职工家属，扶老携幼来大庆，投奔亲人，这就更增加了粮食和住房的困难。面对这一现实情形，会战工委通过研究之后，决定号召家属组织起来，发扬"南泥湾精神"，自己动手，丰衣足食。

1962 年的春天，职工家属薛桂芳等五人扛上铁锹、背上行李，带着孩子，到三十里外的地方开荒种地。在钻井队留下的一幢空空的房架子基础上，他们借来帆布，搭起了房顶，挡住了四周。又抱来干草，铺在地上。晚上睡觉为了防止野狼来袭击，年纪最大的薛桂芳便将四把铁锹插在门口，一把铁锹枕在头下，给她们放哨。白天就扛着铁锹，领着孩子下地。当时因为天气寒冷，土地还没有完全化冻，草根又深，挖起来很费劲，手很快磨起了血泡。但是她们对这样的劳动并没有叫一声苦喊一声累。三天时间，就开了五亩地。在她们的带动下，家属开荒的队伍逐渐扩大，并赶在春播前开出了十六亩地，到秋天，收了 1750 公斤粮食。后来，这里被命名"创业庄"，她们的壮举也被誉为"五把铁锹闹革命"。

当然，家属艰苦创业只是一个缩影，真正的艰难体现在油田的开发建设难关上。大庆油田的主要开采方式是注水开发。但是会战一开始，采用"温和注水，均衡开采"的办法，结果开采三年、水淹一半，采出程度只有百分之五。按照一位权威专家的说法就是，这个难题不解决，这个举世瞩目的大油田就会被水淹死，就像地下埋了一个定时炸弹。怎么办呢？最终经过研究攻关，大庆油田确立了"分层注水、分层开采"的方针，并且自主研发了"糖葫芦"封隔器，实现了想注哪一层就注哪一层，解决了世界油田开发上的一个重大技术难题。到 1965 年上半年，油田注水井全都实现了分层注水。这一套采油工艺技术，不仅保证了大庆油田的长期稳产，还为我国注水开发油田提供了理论和实践依据。

三是求实。求实就是实事求是，要遵循科学规律办事，尊重客观规律。

在大庆油田会战，人们常说的就是两个字：第一个是狠，没有一股子狠劲不行，要像老虎一样凶猛；第二个是细，要有一股子沉下心来的细劲，像大姑娘绣花一样，扎扎实实。正是在这两个字的基础上，大庆油田通过不断实践，最终形成了自己独特的讲求科学、三老四严的求实精神

当时，通过发扬民主，集思广益，明确提出每口探井从打井到开发的整个过程中，一定要取全、取准二十项资料、七十二种数据，一个不能少，一点不准错。实践中还开辟了三十平方公里生产试验区，"全党办地质、人人办地质"，广泛开展群众性的办"地宫"、游"地宫"活动，一定要把地下情况搞得清清楚楚。"狠抓第一手资料""一切经过试验"这种尊重规律、严细认真的作风，在会战队伍中蔚然成风。

说到求实，在全国最广为流传的大庆油田"三老四严"已经成为代名词。

1977 年 7 月 21 日，邓小平在谈及学习毛泽东的建党思想时说："在延安中央党校，毛泽东同志亲笔题的四个大字，叫'实事求是'，我看大庆讲'三老'，做老实人，说老实话，干老实事，就是实事求是。"

"三老四严"源于会战时期采油指挥部的三矿四队。会战初期，这个队组建不久，新来的徒工小孙因操作失误挤扁了刮蜡片，还让材料员为他保密。队长辛玉和认为"小洞不补，大洞尺五"，必须小题大做。他严肃地批评了小孙，小孙也检讨了自己的错误。同时在那口井上召开了"事故分析现场会"。不久，在队党支部的带领下，全队开展了"当老实人，说老实话、办老实事，严格要求、严明纪律"的"三老两严"活动。1964 年 5 月，石油部把他们在

实践中摸索并创造的一些经验，概括为"对待革命事业，要当老实人、说老实话、办老实事；干革命工作，要有严格的要求、严密的组织、严肃的态度、严明的纪律"的"三老四严"的革命作风，并授予这个队为"高度觉悟，严细成风"的石油部标杆单位。很快三老四严传遍了全国，人们争相学习。

四是奉献。奉献就是自觉将小我融入大我，胸怀全局、为国分忧的精神。

奉献，是一种深沉的、真挚的、博大的爱，这种爱是无声却惊天动地的。

事过多年，人们回忆起当年岁月，还是会得出这么一个结论："大庆石油会战，是在困难的时间、困难的地点、困难的条件下打上去的。"

困难的时间，是内忧外患，国内三年自然灾害加上国际复杂的环境。

困难的地点，松辽地区的雨季来得特别早，大地刚解冻，就开始下雨。1960年正赶上了四十年不遇的连绵降雨。虽然有帐篷、活动板房、牛棚马圈可以住，但四处漏雨，一天到晚，屋外大下，屋里小下，屋外不下，屋里还滴滴答答。很多人只能坐着睡觉，就连总指挥住的牛棚，也曾经有过一天晚上为了避雨把床挪了七次的经历。许多工地和井场都被泡在水塘中，工人们都是站在没膝深的水中干活，还要保证安全和质量。有一个小分队，在荒原深处施工，被暴风雨隔绝，失去联系，困在野外。他们吃野菜充饥，喝雨水解渴，坚持施工，度过了七天七夜！除了暴风雨、泥泞，最大的考验还是无情的严冬，刚进10月，天就一下子冷了下来，最冷时可达零下四十度，冻土厚达两米。可是石油工人们还要在野外作业，"任凭零下四十度，石油工人无冬天"。就是在这种情形下，他们跟当地居民学习"干打垒"的土房子建造方法，当年实现了"人进屋、机进房、菜进窖、车进库"的目标。一时间，"干打垒"被誉为当年的延安窑洞，大庆成了战争年代的延安。

困难的条件，连最基本的吃饭问题都无法解决，最严重的时候"五两保三餐"，就是一天只吃五两粮食，而每天干的都是重体力活！当时有的职工饿得难受，就跑到冰天雪地里捡秋收后的白菜帮子、甜菜叶子、冻土豆来吃。还有的喝点盐水，喝口酱油汤，还有的干脆野菜加青草。由于长期缺乏营养，到1961年初已有四千多人得浮肿病，占会战职工人数的十分之一。但就是在这样没有吃、没有住、青天一顶、荒原一片的极端条件下，参加会战的人们没有停下脚步，硬是把会战打了上去！

奉献，就是无数的人像王进喜一样，心甘情愿做"老黄牛"，将自己的一生都奉献给了国家和人民。

1964年底，铁人王进喜当选为第三届全国人大代表；1966年2月，他被中组部任命为大庆会战指挥部副指挥；1969年4月，他出席党的"九大"，并当选为中央委员。但他常说："我从小放过牛，知道牛的脾气，牛出力最大，享受最少，我要老老实实地为党和人民当一辈子老黄牛。"

在一次意外的事故中，1205队的青年钻工张启刚不幸牺牲，铁人得知消息后立刻赶到井场，他含着泪对工人们说："启刚连婚都没有结就走了，他的父母就是我们的父母。"安排完张启刚的后事，他掏出三十元钱和二十斤粮票，让人每月，按时给张启刚的父母寄钱。直至他去世前还叮嘱1205队的干部一定要把张启刚的父母照顾好，奉养百年。

看到会战职工的孩子在荒原上乱跑，他说："我自己尝够了没文化的苦，决不能再耽误了孩子们"。于是他带人在大队机关附近支起一顶帐篷，垒起土台子，搭上木板当课桌，建起了油田的第一所小学——帐篷小学。他亲自任校长，并为学生们上了第一课。后来，为了纪念铁人，这所小学被命名为"铁人小学"。

铁人一家十口人，全靠他一人供养。像他家这样的特困户，每月可以得到三十元钱的长期补助，可是铁人把这些钱全都补助给了其他困难职工。

铁人同母亲商量后给家里定下了一条规矩：公家的东西一分也不能沾。由于劳累过度，铁人患了严重的胃病和关节炎，上级为照顾他的身体，给他配了一台威力斯吉普车。可他却把这台车当成了大队的生产、生活用车，全大队谁都能用，唯独自己家里人不能用。老母亲病了，大队领导瞒着铁人把车派去准备送老人看病。可老人家说："进喜定下的规矩，我当妈的不能破！"最后还是铁人的大儿子用自行车推着奶奶去看的病。

铁人曾在笔记本上写道："我是个普通工人，没啥本事，就是为国家打了几口井，一切成绩和荣誉都是党和人民的。我自己的小本本上只能记差距。"

铁人生病住院，将各级组织给他的五百元钱补助费，一笔笔记得清清楚楚。这些钱，铁人一分也没有动。他说："请组织把它花到最需要的地方去，我不困难。"临终时，他还嘱咐家人不要向组织提任何要求。

可以说大庆精神、铁人精神，是那个时代的特殊产物，但是又是中华民族特有的自强不息、拼搏进取精神传承的必然结果。大庆油田所交出的，不仅仅是一份漂亮的答卷：从1959年9月26日，以松基三井喜喷工业油流为标志，宣告正式诞生，仅用三年时间就拿下大油田。1963年底，结束试验性开发，进行全面开发建设，先后开发了萨尔图、杏树岗和喇嘛甸三大主力油田，1976到2002年连续保持年产5000万，从2003年后又在4000万吨以上持续稳产11年。累计生产原油21.9亿吨，上缴各种税费2万多亿元。大庆油田和全国的石油工业人，他们所交给国家和人民的更是一种精神，他们是创业者，是拼搏者，也是继承者，是守候者。大庆精神铁人精神不仅仅在大庆，之后又在胜利油田、长庆油田等遍地开花，得到了新的传承和升华！

今天，再提起大庆精神、铁人精神，很多人会觉得是不是已经过时了？会不会已经不被年轻人所理解和接受了呢？大庆精神、铁人精神宣讲团用他们的实际行动和切身经历给了我们一个清晰的答案。

在《中国石油报》报社，听完宣讲后一位老人走过来深深地为首席宣讲员苏爱华鞠了一躬。这是中国石油报社老社长对大庆精神、铁人精神的敬意。长庆油田宣讲，地处鄂尔多斯地域的"好汉坡"上，采油工们顶着火辣辣的太阳列队鼓掌欢迎宣讲队。辽河油田，1400多人集体起立鼓掌。最多时，一个主会场，下设35个分会场，有8000人通过视频同时收听收看。在北京、江苏、湖北、甘肃、新疆，所到之处赞誉不断、反响热烈。在湖北长江大学宣讲，2500多名师生的热烈掌声响彻整个礼堂。"震撼人心，涤荡灵魂"，师生们争着握住宣讲员的手，表达自己的激动之情。从老一代人对石油工业文化和精神的深刻感悟，到青年一代认识到大庆精神、铁人精神后的欣喜与激动，从中国企业包括国企和民企，对老传统的心存敬畏与奋力继承，到外国企业对中国石油文化深厚底蕴和昂扬精神的由衷叹服和钦佩……种种反响，汇集成一个声音，这就是时代的声音！这个声音有力地证实了一点，那就是石油工业的优良传统，在这个新时代里并没有过时，不但没有过时，而且还成为新的时代精神的一个重要组成部分。当新一代的人们享受着丰盛的物质生活的同时，更需要能帮助他们创新价值实现自我超越的精神！而大庆精神铁人精神就是这样弥足珍贵的"精神之钙"！

正如习近平总书记 2009 年在大庆油田发现 50 周年庆祝大会上的讲话："大庆的成长和辉煌，见证了中华人民共和国的成长和辉煌；大庆的探索和成功，体现了党领导人民进行社会主义建设、进行改革开放的探索和成功；大庆的成绩和贡献，已经镌刻在伟大祖国的历史丰碑上，党和人民永远不会忘记。"可以肯定地说，党的领导作用是大庆油田崛起、是形成大庆精神、铁人精神的最重要因素。

其次，大庆精神和铁人精神在本质上与社会主义核心价值观高度契合。大庆精神、铁人精神"爱国、创业、求实、奉献"在三个层面上与社会主义核心价值观完全一致。国家层面上，中国石油工业的精神就是为国家奉献石油，为了建设一个新中国而拼搏奋斗；社会层面上，百万石油工人艰苦创业，拼搏奉献，形成一种全社会人人争当先进、学习先进的向上风气；在个人层面上，"敬业""诚信""友善"，大庆油田同样做出了表率和样板，成为社会主义核心价值观的一个源泉和实践。

第三，大庆精神和铁人精神是一种正能量，而这种正能量正是我们现在这个时代、我们实现中华民族伟大复兴的中国梦所急需的驱动力量。当今时代，信息爆炸，年轻一代的思想被多元化的信息充斥着，这就迫切需要一种主流的、积极向上的正能量来引导他们，充实他们的头脑。和零散的、碎片化的信息不同，大庆精神、铁人精神是一股系统的、完整的思想洪流，具有冲击一切的力量，可以直接抵达灵魂深处。用这样正能量的东西来做政治思想工作，就会取得意想不到的效果。年轻人虽然价值多元，但是毕竟追求向上的本性不变，如果抓住这个结合点，加以引导，就会事半功倍，和他们一同构建起正反馈系统。

第四，大庆精神、铁人精神对处于创业阶段的企业或者个人尤其具有激励作用。大庆精神、铁人精神诞生的时代背景，就是一个创业时代。这种从我们的祖辈、父辈身上传承下来的创业精神，在今天这个"大众创业万众创新"

的新创业时代，获得新生并且获得全新意义上的认可与接纳，是顺理成章的。这种精神不但不会过时，反而会日益凸显其价值！

岁月流转，沧桑巨变！大庆精神、铁人精神从历史的时空里一路传承下来，不是一成不变，而是顺时而变、顺势而变。在新的时代里要发掘出新的内涵，大庆精神铁人精神属于过去、现在，更是属于未来的。（《企业文化》2014 年 10 期，石油文化的传承与创新，作者：刘若凝、林锋；《企业文化》2015 年 10 期，大庆精神铁人精神的时代回响，作者：刘若凝、林锋）

挺起民族的脊梁：三线精神

提起"三线"，对今天的人们来说已经相当陌生，似乎那只是一个时代产物。

"三线"，其实是一个战略和地理意义上的双重称谓。地理上，是指中国腹地以及西部崇山峻岭的广大地区。大致包括四川、贵州、云南、陕西、青海、甘肃的全部，加上京广线以西，长城以南的粤北、桂西北、湘西、鄂西、山西、豫西和冀西等广大地区。

战略上，需要追溯到 20 世纪 60 年代初。当时，中国在国际上面临着复杂而严峻的局面，毛泽东主席经过仔细研判，提出了"要准备打仗！要准备早打、大打"，向全国人民发出了"打一场恶仗"的号召，于是"备战备荒为人民，好人好马上三线"的口号一时间响彻大江南北。1965 年，"集中力量，建设大三线"工程正式启动，其建设规模之大、时间之长、投入之多、行动之快，在我国建设史上是空前的。据统计，从 1965 年到 80 年代初期，长达 16 年，跨越三个五年计划的"三线"建设，国家累计投入资金 2052.68 亿元。几百万工人、干部、知识分子、解放军和民工建设者，在祖国西部的深山峡谷、大漠荒野，按照"靠山、分散、隐蔽"的方针，用青春、心血和艰辛建立起了 1100 余个星罗棋布的大中型工矿企业、科研单位和大专院校。至 20 世纪 70 年代中期，在"三线"地区，我国先后建起了常规兵器、战略核武器、电子、航空航天和船舶等 30 多个工业及科研基地，形成了一个个完整的工业系统。

同时还包括大规模的基础设施建设，以及逐步形成了重庆、成都、贵阳、汉中、西宁等新兴的机械工业基地。

进入 20 世纪 80 年代，党和国家的工作重心转到以经济建设为中心的轨道上来。为了解决三线建设的遗留问题，党中央、国务院做出对三线建设进行调整改造、发挥作用的重大决策，确定了三线企业调整改造的战略方针，一大批三线企业走出大山，开始了二次创业的征途。

"三线精神"的内核，简单地说，就是为了国家和民族的尊严而艰苦奋斗，为了国家和民族的明天而无私奉献。

大巴山，中国西部的崇山峻岭，自古以来，"巴山蜀水凄凉地"，就是一个人迹罕至的地方，然而却正是航天三线建设的理想之地。航天科技集团七院的前身 062 基地就是在这山高洞深的大山深处，拉开了航天三线精神轰轰烈烈的序幕。062 基地最初定点在甘肃省天水，不久河北邢台发生了大地震，天水震感明显，最终，062 基地迁到了川东北地区。一个水壶、一顶草帽、一根木棍和一个黄军包，选址人员在大巴山的深山里，啃干馒头，喝山泉水。经过了 11 个县市，跑了近 400 多条山沟后，最终给 062 基地各个厂选好了地点。1966 年 8 月至 9 月，从全国各地抽调的勘察、设计及施工等专业骨干人员和数万名三线建设者浩浩荡荡开进大巴山。那时候没有铁路，一切的建设物资、生活用品，都只能靠汽车运输。据粗略统计，利用汽车运输的物资达到了 500 万吨，行程 2 亿多公里，还包括各个厂的大型、重型设备。由于公路狭窄，拖运设备的拖车长而宽大，运输队驾驶着重达 40 吨的大拖车，忍受着七八月份的炎热天气，翻越路窄、坡陡、弯多、山高的秦岭和大巴山，不到 3 个月时间，终于将所有的设备安全、及时地运到了建设现场。刚进山，住的地方非常紧张。有的人住牛棚，下面是老乡养的大水牛，上面搭几块木板，就睡在木板上，还有人住油毛毡席棚子、干打垒。

来参加三线建设的，很多人都来自北京、上海等大城市，这些年轻人满怀豪情，来到了大山深处，一个"五二九"商店开业，就被戏称为"王府井"。衣帽鞋袜、针头线脑、饼干糖果，甚至豆腐、蜂窝煤，在物资供应极度匮乏的年代，航天人从这里品尝着艰苦生活的乐趣。

当年，为了让沟里人看上电视，062基地在海拔2300多米的山顶上建了一个电视差转站。建站时，山上还是未被开发的原始森林，在差转站坚守的两名同志长年与世隔绝，等下山后，语言能力甚至出现了障碍。

7111厂石头大会战，航天单位、施工单位还有民兵，共计3000多人，组成运石人海，进行三次运石会战。从山上搬运到工号边、公路边的石头达6610立方米，折合成砖340万块，节约汽车运输2500台次。至今，一座座用石头建成的仓库、厂房依然保留着，成为那段艰苦岁月的见证。

这就是令人无法想象而又如火如荼的三线生活，就是在这样的条件下，航天人硬是一点点干出了令中国扬眉吐气，令世界为之瞩目的辉煌事业。画图设计，当时晚上没有灯，大家只能白天在院子里画图设计。1979年上半年，型号产品正式出厂并于当年进行了飞行试验，试验结果令人满意，并受到上级领导的表扬与用户的好评。1984年，新中国成立35周年阅兵式上，062基地生产的航天产品接受了党和国家领导人的检阅，引起了世界轰动，狠狠地为中国人扬眉吐气了一回。

1983年底，三线建设调整改革。062基地亦开始了二次创业。1993年，国家重点型号产品试验获得圆满成功。经过近10年的努力，除7102厂第一事业部以外，其余三线企业都搬了出来，开启了新的发展征程。

留守在巴山腹地的7102厂第一事业部，也在旧址上建立起航天精神展厅，正式被国防科工局军工文化建设协调小组命名为"国防科技工业军工文化教育基地"。这个"中国航天最后的村庄"，不但继续承受着繁重的型号任务，创下了型号生产一个又一个奇迹，一举摘取中华全国总工会授予"全国五一劳动奖状"称号，更薪火相传，传承和发扬航天精神。迄今为止，该教育基地共接待全国各地的领导、专家及社会各界人士2400余人次，向参观者展示着航天厚重的历史和文化底蕴。

在秦岭，同样的故事也在上演着。"云横秦岭家何在"，秦岭被尊为中华民族的龙脉，是横贯中国中部的东西走向山脉。莽莽苍苍，浩浩荡荡，正是在这人迹罕至的大山深处，不毛之地，却诞生了中国航天液体火箭发动机。从荒凉闭塞的穷山沟，成为水平先进、功能完善的067基地。1965年，七机部确定了"型号为纲，地区配套"的建设原则，决定在三线地区新建研究、设计、生产基地。"发展航天，动力先行。"为了给067基地选择一个符合"山、散、隐、洞"原则的"新家"，选点队伍直奔秦岭深山的沟壑峡谷，道路不通，就背着干粮徒步登山找寻。最终建设地址定在了如今的红光沟。当初这个地方籍籍无名，三线创业者来到后，当地政府特别成立了"红光公社"，这条沟也跟着沾了光，有了"红光沟"的名称。虽然名字响亮，然而毕竟是大山深处的一条沟壑，从城市里来的青年人，首先要适应的是晚上一到天黑，到处传来的狼叫声，睡觉时必须要握住一根棍子用以防身。住宿条件简陋还能凑合，更困难的是出行不便，食物匮乏。全沟职工加上家属数千人，只有一个小粮店。"冬天吃土豆，夏天吃葱头，中间夹着个窝窝头。"建厂之初，大家同住一个火炕。之后逐渐盖起干打垒、油毡房。这种艰难的生活条件一直到了80年代后期才稍有好转。然而就是在这里，当时水平先进、亚洲最大的大型液体火箭发动机试车台一号台和二号台分别在1969年、1970年进行考台试车，成功研制出我国长征系列运载火箭和第一代洲际战略导弹的系列发动机，以航天金牌动力托举起了中国人的飞天梦想。

1980年、1981年和1990年，红光沟遭遇了三次特大洪水、泥石流侵袭，许多道路、桥梁、房屋被冲毁，交通、水电、通信中断，基地科研生产全面瘫痪，上万名职工家属被围困，4名职工在抗洪救灾中牺牲。大灾大难之后，067职工却表现得更加顽强。一边抗洪救灾，一边恢复生产，为了携带产品、赴发射场参加远程火箭遥测弹飞行试验，甚至组建了敢死队一路护送10余名参试队员和产品，冒着生命危险强渡四层楼高、30米长的"铁索桥"。队员们两人一组，抬着产品箱，向前一点点挪动，最终全部安全到达对岸。1981年灾后30天，使用067基地研制交付的火箭发动机发射"一箭三星"获得圆满成功；灾后40天，远程火箭遥测弹飞行试验获得成功；1990年灾后10天，长二捆火箭首飞成功；灾后一个多月，长征四号火箭发射成功；两个月后，长征二号火箭发射成功！艰难困苦反而化作了奋发催进的力量！

蓝田，一个富有诗意的名字，"蓝田玉暖日升烟"，063基地就是在这里悄悄干出了伟大的事业。如今，已经85岁的邢球痕院士和79岁的阮崇智回忆起当年的"去三线"的决定时，都会提到同一个细节。"1961年2月26日，我们提出的唯一要求就是参观新建成的人民大会堂。我就这样离开生我养我的北京了，根本没想到日后自己会有儿子、孙子的事情。"四院前副院长阮崇智当年家境良好，以各科全优成绩毕业于莫斯科门捷列夫化工学院。一声"去三线"的号召，他就走了，一辈子待在大山深处，毫无怨言。063基地的建设之路并不顺利，这队人马首先来到西安，在当时的西安三所短暂停留后，于1962年5月迁至四川泸州地区。很快考虑到四川潮湿的气候不适合进行装药工作，不久后再次整体搬迁至内蒙古。由于中苏关系紧张，除部分人员设备留守内蒙古地区外，063基地1974年最终回到西安，进驻蓝田。

今年已经84岁的冯骥退休前是7414厂的厂长。1972年，作为063基地的筹建处领导成员之一，他从北京211厂来到蓝田。他亲身参与并见证了那一段过往岁月。7414厂当时负责发动机的壳体加工制造，面临当时"型号等发动机、发动机等壳体"的压力，冯骥和同事们很着急。他们日夜兼程，一边建设一边生产，仅用了四年时间就顺利交付产品，看着仓库里堆得满满的壳体，他们终于长舒了一口气，没有拖累研制进度。那时候，厂区的路都是自己修的、水也是自己挑的。在建造厂房的时候，截河开山，不提防一场山洪突然来临，一位叫沈恒福的同事被洪水冲走了。全厂职工用了三天三夜的时间也没能找到他的遗体，只能用他生前的衣物做了一个简单的衣冠冢，以寄哀思。

大山里的生活是常人难以想象的清贫、寂寞、艰苦，但是也有简单的快乐，一周一次的电影放映是他们的狂欢日。家家户户搬着小马扎、摇着蒲扇一边看电影，一边拉家常的场景，至今让很多人津津乐道。多年以后，当一些三线老人回到沟里，看到风雨中摇曳的影幕时，莫不感到伤感。伴随着三线建设已成历史，自己最美好的青春年华也就这样一去不返了。

最终，063基地也走出了大山，搬迁到了城市。有人选择了离开，但也有人选择了留守。尽管主体已经搬出山外，但仍有一部分航天人无法放下自己的感情，坚守的人选择坚守，已经离开的也经常回来。随着近年来型号任务的饱和，沉寂已久的部分厂房里的机器又开始工作了。像四十年前一样，很多年轻人回到沟里工作。当年为某型号研制立过赫赫战功的功勋车床和功勋电炉仍然还在运转。这些"大家伙"从 20 世纪 70 年代开始工作，至今仍在服役。只不过这些机器的操纵者，已经从第一代航天人，变成了第二代，甚至是第三代。他们接力赛一样在这里工作，为了国家和人民默默奉献自己的青春、人生，无怨无悔。

迁徙！迁徙！迁徙！对于很多三线人来说，留在他们记忆中的就是迁徙！

42 所的历史，就是一部搬迁史。从最初的泸州川南化校，到千里之外的内蒙古呼和浩特南地村。再从内蒙古到襄阳武当山脉深处，扎根"航天部三线建设最艰苦的地方"，开始了固体推进剂的研制。42 所在襄阳山沟里的日子，被称为"进山最深，日照最短，离城最远，洪水最多，困难最大"。山沟里每天九点多才能见到太阳，下午四点多太阳就已下山。由于非常闭塞，查资料很不方便，开始出现人才流失，年轻大学生也招不进来。同时，下一代的教育也出现了问题。1989 年，42 所再一次选择了搬迁，从郭峪村搬迁到襄阳城区。对于自己的付出，42 所的创业者们"无怨无悔"。"如果需要我们现在还在沟里，那也认了。"是的，国家需要，人民需要，个人的困难算什么呢？

504 所，同样经历了频繁的搬迁。从北京东黄城根到成都南郊的华西坝，再"拖家带口"，从华西坝北迁，来到秦岭北麓，在 112 大院里一待就是十几年。吃的是"粗细参半"，住的是"又挤又冷"。住房拥挤不堪，老职工两家合住一个小套间，新婚职工挤在单身宿舍楼里，把单身职工"赶"进了办公室。住户们为了度过"三九"，把火炉子放在床边驱寒；为了战胜"三伏"，种一窝丝瓜，让藤蔓爬上瓦房顶，与烈日交锋。1977 年，2043 工程最终确定建设地址。1983 年前后，2043 工程竣工并投入使用，504 所才有了真正属于自己的家。2008 年，航天科技集团在 504 所的基础上组建五院西安分院。但职工们还是称之为 504 所，或许因为那个名字里，有着从成都到西安、从沟里到市区的一次次转换，更有着每一次搬迁对他们精神的考验和升华……

上海 7013 厂，名字里虽然带有令人向往的"上海"二字，办公地点却位于浙江省湖州金鸡山下。工厂按军队编制，液体试车台的职工被编为一连，称为"八路军"，固体台的职工被编为四连，被称为"新四军"。每天早上六点，起床号准时响起，晨练结束后，他们从零开始学习新的技术。从1971年到1990年，7013厂大型液体火箭发动机试车台为各类运载火箭发动机试车113次，装有这些发动机的火箭参与发射卫星15颗。此后，液体火箭发动机试车台像一个钢铁巨人般沉默伫立，它喷薄而出的火焰、震彻山谷的怒吼，成为7013厂永远的记忆。2007年，八院810所和806所经过整合重组，成立了上海航天动力技术研究所。这个诞生于湖州但被冠名"上海"的单位，终于在上海有了自己的核心办公区。原806所成为动力所湖州基地，承担着多型号固体发动机的装药和试验工作，迎来了最好的发展时期。

关于三线精神，还需要多说什么吗？每一个故事都那么感人至深；每一个三线建设的战场都昂扬着一种蓬勃向上的精神，那是中华民族赖以生存和发展壮大的最珍贵的爱国主义精神，是中华民族自强不息、自力更生的民族精神！三线建设是属于那个特定时代的，但是又有所超越，它的精神之根深深地扎在我们民族的过去，它的精神之魂如鲜艳的旗帜一样，永远激励着一代又一代的后来者。三线建设和三线精神并没有远去，正如航天精神在新的世纪、在中华民族走向伟大复兴的中国梦征程中，又一次成为昂扬向上的精神，成为振奋人心的精神。时代在变，中华民族的精神不变，捍卫国防，维护世界和平，中国人民的决心不变，让我们接过三线建设者的旗帜，奋勇向前！（《企业文化》2015年9期，传承三线精神，挺起大国脊梁，作者：刘若凝、林锋）

第六章

国企精神的变革与发展阶段

　　1978 年 12 月 18 日至 22 日召开的十一届三中全会，是一个伟大的历史转折。

　　在十一届三中全会召开之前，举行了至关重要的中共中央工作会议。会上，邓小平做了题为《解放思想，实事求是，团结一致向前看》的重要讲话，这个讲话是极为重要的历史性文献。邓小平在这个讲话中强调："解放思想是当前的一个重大的政治问题。""不打破思想僵化，不大大解放干部和群众的思想，四个现代化就没有希望。"邓小平讲话，是中央工作会议成果的高度概括和集中体现。正如江泽民同志 1997 年 9 月 12 日在十五大报告中所说的："1978 年邓小平《解放思想，实事求是，团结一致向前看》这篇讲话（邓小平《解放思想，实事求是，团结一致向前看》，《邓小平文选》第二卷，人民出版社，1994 年；江泽民十五大报告讲话，《人民日报》，1997 年 9 月 22 日），是在'文化大革命'结束以后，中国面临向何处去的重大历史关头，冲破'两个凡是'的禁忌，开辟新时期新道路、开创建设有中国特色社会主义新理论的宣言书。"邓小平的这篇讲话，实际上成为几天之后召开的十一届三中全会的主题报告。"解放思想，开动脑筋，实事求是，团结一致向前看"成为十一届三中全会乃至以后党的各项工作的根本指导方针。

　　十一届三中全会从 1978 年 12 月 18 日至 22 日，只开了五天，却确立了一个重要的方向，就是搞社会主义现代化建设。邓小平说："搞现代化建设，是最大的政治。"在三中全会上确立下来的这个指导思想，经过发展，后来形成了"一个中心，两个基本点"的基本路线。

十一届三中全会提出了改革、开放、搞活的重大战略方针，实现了从封闭到开放，从固守成规到进行各方面改革的转变。全会对如何改革开放进行了探讨。全会还印发了《苏联在二三十年代是怎样利用外国资金和技术发展经济的》，以及南斯拉夫、罗马尼亚实行开放、引进的专题材料，作为参考。在这个基础上，全会明确提出了改革开放的方针。全会提出："对经济管理体制和经营管理方法着手认真的改革，在自力更生的基础上积极发展同世界各国平等互利的经济合作，努力采用世界先进技术和先进设备，并大力加强实现现代化所必需的科学和教育工作。"全会要求："多方面地改变同生产力发展不相适应的生产关系和上层建筑，改变一切不适应的管理方式，活动方式和思想。"全会指出："我国经济管理体制的一个严重缺点是权力过于集中，应当有领导地大胆下放；应该着手大力精简各级经济行政机构；应该坚决按照经济规律办事，重视价值规律的作用；应该在党的一元化领导之下，认真解决党政企不分、以党代政、以政代企的现象。全会认为，只有采取措施，才能充分发挥中央部门、地方、企业和劳动者个人四个方面的主动性、积极性、创造性。"

今天，我们再来看这份文件，还是可以看到几个关键的核心因素在发挥作用：

一是改变封闭意识，确立改革开放意识。中国正在进行的现代化建设不是孤立的，而是世界现代化进程的一个组成部分。现代化进程不是从新中国建立后才开始，而是从鸦片战争以后就开始了。只不过当时中国是被迫的，后来又经历了主客观条件的制约。但是最终中国赢得了独立自主，可以掌控自己的命运，向着富强文明民主的道路昂首前进！

二是重视经济规律。经济建设必须在科学的方法指导下进行，必须实事求是。事实上当时一个大背景，就是自从实行公私合营以来，消灭了资本家，全面改造成为国有企业和国营经济。带来的好处显而易见，可以集中力量办大事，但是更大层面上，一个现实就是带来了效率的低下，重复建设和浪费的惊人。最终，到1978年，全国国有企业大部分亏损，对于经济规律的不尊重，对专业人才的不重视带来了苦果。

　　三是要搞活。搞活是什么？就是重新激发企业和个人的创造积极性。事实上这是对个人为创造主体的肯定和确认。毕竟，只有资本、技术、机器是不行的，最重要的是人。中国要进行改革开放的伟大事业，所能依靠的最重要因素是人。只有人才能将这一事业进行下去，推上高峰。

　　十一届三中全会提出的上述思想和措施，标志着改革开放的正式确立。

"资本回来了"：中信

　　改革开放的号角已经吹响了，但是谁来第一个冲锋陷阵呢？邓小平亲自点将：荣毅仁。

　　这一年，荣毅仁已经 62 岁。从 1949 年选择跟随中国共产党，他的信念一直没有动摇。甚至在"文革"中，被卷入到浩劫中的荣毅仁，右手食指被铁柱打断，妻子杨鉴清更是昏死过多次。在几乎支撑不下去的情况下，幸而得到周总理帮助。洗刷厕所，在锅炉房运煤，甚至落得左眼失明，但他从来没有后悔过自己的选择。最困难的时候，妻子杨鉴清不免表示了不理解，抱怨说："都是你，解放时要是不留下，也不至于吃这么多苦。"话语一出，一向温和的荣毅仁，第一次对妻子大光其火，厉声呵斥道："我跟你的根本分歧就在这里！"他告诫妻子："我第一是国家，第二是工作，第三才是家庭，你要记牢。"不但对妻子，他对儿子也这么说："这只是生活中的一点曲折，要坚强，要看实质，挺过去总会有出头之日的。"他自己艰难度日，而曾经给予承诺的中央领导也没有忘记他。1966 年 11 月 12 日，在孙中山 100 周年诞辰纪念会上，荣毅仁巧遇邓颖超大姐，在听到总理口信"你还是有前途的"时，激动得眼泪满眶。试想，若非对历史大势有着高瞻远瞩的判断力，对历史潮流有着超乎寻常的感受力，荣毅仁怎么能对自己的选择持有如此坚定的信念？

　　1957 年 1 月 9 日下午，上海市二届一次人代会上，在陈毅的举荐下，荣毅仁当选为上海市副市长，41 岁。当日他身着深蓝色西服，神采奕奕。1959 年，荣毅仁调任京城纺织工业部副部长，这是邓小平对他的最早一次点将。

1979 年 1 月，重新复出并且为中国描绘出改革开放宏伟蓝图的邓小平，又一次发出了公开的倡议："工商界的人要用起来，工商界的钱也要用起来。"这是一个明确的信号，同邓小平配合默契的荣毅仁，立即领会了其意图，并且开始思考一个宏大的计划。因为他知道，中国要进行经济建设，探索社会主义市场经济，就必须有人闯出一条路来。而他，无疑是来担任这个先锋角色的最好人选。邓小平专门找他谈过话，要他减少些社会活动，集中力量为国家经济建设做点事，闯出一条新路子。他立即做出了决定，成立"中国国际信托投资公司"，为引进国外资金和先进技术服务。至于公司的"老板"，则由他一力担当。

这可是在国门刚刚打开，人们的思想都还被禁锢在过去年代的关口啊！敢在此时此刻，公然以"资本家"的身份，从事"浓厚资本主义色彩"的产业，风险可想而知。这里面的风高浪急，荣毅仁自然比任何人都心里清楚。他也对人戏言："我是拣了个酸果子。"

尽管这是一枚"酸果子"，但毕竟是第一口吃到嘴里的。得到邓小平允诺由他"全权负责"的尚方宝剑，荣毅仁立即展开了全方位的运作。这么大一个项目，国家一时也没有能力启动，他干脆自掏腰包 1000 万，先期启动。而当年在北京、上海的工商界故友，大多被荣毅仁招至麾下。一个精兵强将的班子，很快就组建了起来。后来蜚声海内外的"中信模式"，初具规模。

1979 年 6 月 27 日，国务院正式批准"中国国际信托投资公司"成立，为国务院直属的部级国营企业。7 月 8 日，中信公司在北京金鱼胡同正式公告天下，主营业务包括：接受各地方各部门委托，根据中外合资经营企业法和其他法令，引进外国资本和先进技术设备，共同举办合资企业。在中信公司章程《总则》里，清清楚楚地写着："公司坚持社会主义原则，按照经济规律办事，实行现代化的科学经营管理。"

这是新中国成立以后，第一个完全以市场经济为宗旨，实行科学化管理的现代企业。而就在这一天，筹备多时的中国《中外合资经营企业法》于同天正式向社会颁布，不知道这只是一个偶然的巧合，还是有意为之。

根据《中国国际信托投资公司章程》及有关补充规定，该公司经营的业务范围主要是：吸收国外和港澳地区的信托存款、信托投资和商业信贷；在国外发行债券、股票；利用外资在同内组办中外合资企业、合作企业；接受国内用户委托，引进先进技术、设备；在国外投资或与外商合作办企业，开拓海外资源；发展租赁业务，引进技术设备，促进我国现有企业的技术改造；经营房地产业务；提供经济、法律、技术等咨询服务。

不愧是荣氏家族掌门人，骨子里遗传了"商"的血脉和精髓。一出手就是大手笔，气象之大，谋略之远，令人只有称叹的份儿。仅仅公司成立头两年中，荣毅仁就接待了来自四十个国家和地区的客人达六千多人次，国内前来洽谈业务的也有三千多人次，他甚至还请来了前美国国务卿基辛格博士作为自己公司的顾问。只是，毕竟自有资金不足，公司如同一个营养不良的小孩子，畸形发育，难成大器。在这种情况下，有一次，荣毅仁与同是出身商业世家的中信董事王兼士——原上海闸北水电厂经理——在一起探讨，寻找问题的症结所在，以及解决方案。王兼士提出，以公司的项目名义，在外面发行债券筹集资金，再来与地方开展合作，怎么样？这个点子一出，荣毅仁马上意识到了它的可行性。王兼士说："关键是找个有潜力的项目，才好去发行债券。""这个不难！"曾经当过十多年纺织部副部长的荣毅仁，立即想起来一个项目："江苏有一个仪征化纤工程，原来是国家二十二项重点工程的大项目，设计能力为年产化纤原料五十万吨，总投资十亿人民币，因资金不足准备下马，我们正好可以接手过来。"

因这个大胆的想法而激动，他当即向国务院做了汇报，而非议也接踵而来。"新中国向来有一个引以为豪的纪录，那就是既无内债，又无外债。荣老要借外国人的钱，首先在意识形态上过不去。""社会主义向资本主义借钱，这搞的是哪门子的经济？中信到底要干什么？"一度承受了巨大压力的中信，甚至连走长安街的资格都被限制了，例如有一位中央领导曾经这么讲过："长安街不让中信走，煤渣胡同总得让中信走吧。"从这段话里，我们不难看出，当时中信公司的窘况。

但荣毅仁一经认准了这条道路，就决定走下去。尽管在政治层面上走不通，他还是可以凭借自己的丰富人脉，谋求支持。很快，国务院同意了中信的计划：在日本发行 100 亿元的私募债券。

当时外国人根本没有听说过"中信"，但是"荣氏家族"这块响当当的牌子，无疑起了关键的作用。1982 年 1 月，中信债券发行成功，日本 30 家金融机构认购，期限 12 年，年利率为 8.7%。三年后，仪征化纤第一期工程建成投产。

随着"仪征模式"的成功，在海外发行债券之举，陆续为各企业所效仿。中信公司本身，在此后数年间先后在日本、德国、新加坡等国家和中国香港等地发行了多次不同币种的债券。仅 1984 年一年就在海外成功地发行四次债券，第一次是 1 月份在日本发行 300 亿日元公募债券；第二次是 8 月份在香港发行 3 亿港币公募债券；第三次是 9 月份在联邦德国发行 1 亿 5000 万西德马克的公募债券；第三次是 12 月份在日本发行了 1 亿美元债券。发行时机和发行条件都很好。

"资本回来了！"后来在接受美国记者采访的时候，荣毅仁简单的一句话，意味深长。

至于作为"资本"的真正意义，在阳光下的舞台上，亮相社会主义中国，则要到 1990 年 12 月。当上海黄浦江畔，敲响了中国第一个证券交易所开张的铜锣时候，素有"资本主义特产"之称的股票，以堂而皇之的姿态，被引进了中国，作为现代社会"朝阳无烟囱业"的证券业在中国蓬勃展开。

从现在看，当时中信发行海外债券，是改革开放中第一次"吃螃蟹"的举动。

在对外发行债券的同时，中信公司大胆地开拓租赁业务。1981 年，中信与北京机电公司、日本一家公司共同筹建租赁公司，为北京市的"北京"和"首都"两家出租汽车公司从日本租赁汽车各二百辆。中信公司帮助出租车公司解决外汇问题，汽车公司则付人民币。尽管这一计划初提出时被一些人指责为变相进口，但在不到两年时间，两家出租汽车所租赁来的汽车就赚回了所付的全部资金。自此以后，租赁业务在中信大张其帜，甚至发展成为一大系统。该系统包括：中国租赁有限公司，与外资合作经营的中国东方租赁有限公司，中信实业银行的租赁部等。

由于荣毅仁主持的中信公司勇于创新，与海外建立广泛的联系，业务发展十分迅速，至 1986 年底，在中国香港、日本、美国、西欧等地设立了分支机构，同 60 多个国家和地区有了业务往来，与国内 29 个省、市、自治区进行了多种形式的经济合作。公司还先后投资兴建了 140 多个企业，其中 40 个是中外合资企业。此外，在经营外汇银行、国内外租赁、房地产业、咨询服务等方面，也都取得了较大的进展。

1992 年 12 月 9 日，《人民日报》海外版报道了这么一则引人注目的消息，全国人民代表大会常委会副委员长、中国国际信托投资公司董事长荣毅仁在中信迎新招待会上说："中信'八五'期间总资产要达 600 亿元，'九五'期间达 1200 亿元。作为中国对外开放的一个重要窗口，今年以来，中信公司的业务有了新的发展，不久前，中信与浙江、宁波签订协议，共同开发宁波大榭岛，准备将这个 30 平方公里的岛屿建成一个现代化的深水港和出口加工区。中信香港集团大举投资上海的电力、运输、市政建设和房地产开发。中信的外贸、金融、咨询服务等也取得稳步发展。"

对于中信的未来，荣毅仁充满着希望。但是，在 1993 年第八届全国人大上，当他被选为国家副主席以后，荣毅仁马上将自己与中信作了清晰的划分。他说："无论是国家制度上，还是国家惯例上，我都不适宜在中信工作了。"于是他把"中信"的指挥棒交给了他的助手魏鸣一和王军。

从 1979 年公司成立，到 1993 年被任命为中华人民共和国副主席，在整整 14 年的时间里，尽管政治地位从政协副主席到人大副委员长，但在崇文门饭店的中信办公室里，荣毅仁的角色始终是兢兢业业的中信公司的"荣老板"。每天早晨 8 点左右来到公司，一般要工作到晚上 8 点左右才离开办公室，还要经常出席许多应酬宴会，每天工作时间往往在 12 小时以上。很难想象，这么一个老人，在已经过了花甲之年以后，还能迸发出这么强烈的斗志。如果不是对祖国和人民的高度忠诚，不是意识到自己在探索社会主义市场经济的道路上，所肩负的党和人民交给他的使命，恐怕也就不会有这么一个欣欣向荣、始终蓬勃的充满进取精神的"中信"。

多年如一日的艰苦卓绝的努力没有白费。到出任国家副主席时，他手下的中信已经由最初的十几个人，发展到 3 万多人，共创办了中信实业银行等 13 个直属公司、7 个直属地区子公司、6 个下属公司、7 个直属海外子公司，公司总资产已超过 800 多亿元人民币，发展成为国际上著名的跨国集团。而今天的中信，已成为拥有总资产 7000 亿元、净资产 483 亿元的大型企业集团。

复旦大学中国经济研究中心主任张军，曾经这么评价"中信模式"，改革开放初期的"中信模式"，只是"特殊的政策环境和制度背景下的产物"；中信公司成立时具有浓厚的政府背景，同时又以独立的公司面目出现在外国人面前，在此之前，是不敢想象的；在此以后，恐怕也很难复制。中信就是中信，荣毅仁就是荣毅仁。"在当时情景下，荣毅仁来主持中信公司是最合适的人选，国际上的人脉、家族产业和与政府的密切关系。"

荣毅仁当选国家副主席——昔日的"红色资本家"，成为今日的国家副主席，这无疑是一个具有爆炸性的新闻。不但让国内很多人惊讶，同时外电也在纷纷发出感叹，对他的新职务赋予很多联想和阐释。要知道，以一个商人身份，被正式任命为国家的副主席，这在任何一个国家的历史上，都不多见。而对于中国，这么一个以农耕文化为主体，向来轻视商业文化的环境下，对于商人更是一直视为"小人"，列在"四民之末"，今日有如此举动，的确引人瞩目。而对于 400 位荣氏家族成员而言，这更是想都不敢想的至高无上的荣誉。

"首次提升一位商人和富翁担任国家副主席，不仅仅具有象征意义，它还向国内外，特别是数百万华侨表明了中国领导人认真对待改革和向市场经济过渡的决心，亦具有较大政治意义。"这是德国《柏林日报》的评价。

"破天荒地起用一个非共产党员，被称为红色资本家的荣毅仁担任国家副主席，这就向西方国家发出了希望改善关系的强烈信号"。这是日本《东京新闻》的特别评述。

中国共产党人将荣毅仁放在这么一个位置上，一方面，是对他对中国改革开放做出的巨大贡献的肯定；另外一方面，也是中国向世界发出的一个讯息，正如美国《财富》评选本世纪"世界五十知名企业家"时对荣毅仁的评价——"他是振兴工业强有力的人物""他代表了重要的趋势"。

当时的中国，正面临改革开放进一步深入的微妙阶段。19世纪90年代初，出于种种原因，许多外国投资者开始驻足观望。日本法制学会会长泽野裕治，就曾这么对中信公司青年职员说："只要荣毅仁先生还在工作，中国的对外开放工作就不会改变。"而世界第二大银行，日本富士银行行长95岁的岩佐老先生，更是专门嘱咐来华访问的日本记者，务必看看荣先生，看他有没有变动。诚然，某种意义上，荣毅仁已经不是一个个体的人，而俨然成了中国对外开放的象征和晴雨表。

这个象征和这张晴雨表，一直持续到1998年3月，九届人大完成换届选举，卸下国家副主席的重担，终于又从高高的台阶上，回到了普通百姓的行列。这个经历了差不多整个20世纪，一切辉煌与灾难、欢乐与悲伤的老人，欣喜地看到中国在中国共产党人的领导下，在改革开放的道路上，已经走得越来越稳，步子越来越坚实，迈得越来越大以后，终于可以长出一口气。他把太多的时间给了国家和人民。终于，他要将剩下的时光，留给自己和家人了。

闭门谢客，晚年的生活恰如一潭深水，幽静而深邃。就连美国前国务卿基辛格，也被婉拒在大门外。一生经历了那么多风雨的荣毅仁，实在太累了，或许已经悟到我们普通人所不能领悟的玄妙之境。据说，除了偶尔有老同志或旧友、下属来看望，共话旧事，聊以抒怀，更多的时候，荣毅仁只会接过老伴杨鉴清亲手沏的龙井茶，轻呷慢品，沉浸在意味悠长的境界里。他经常是在主厅外的藤椅上，阅读书报，和家人恬静交谈，按时收看电视新闻节目，难得也听听音乐，而一旦遇到国际或国内足球劲旅交锋，荣毅仁准会兴致勃勃地观看电视。仿佛足球场上的风云变幻，又勾起了他在商海的沉浮，在人生道路上的波折坎坷，又激发了老骥伏枥之志。

那时，荣毅仁每天仍然看许多文件，每周至少三次到人民大会堂的办公室处理公事，偶尔也会见国内外老友。

2005年10月26日，一个悄无声息的夜晚，这位老人安详地走了，离开了这个他深深热爱、眷恋着的，为之无怨无悔地奋斗了一生的世界。

可是，关于他的一生奋斗、他的卓越才华和高尚品格、他的家族，人们永远无法忘记。2000年，荣毅仁及其家族被美国《福布斯》杂志评选为中国

50 富豪第一位。其个人及其家族财产被估计为 19 亿美元。

在他的身后，更留下了比有形的财富更加宝贵的中信精神和中信文化。

1986 年，荣毅仁曾经亲自提出并倡导了三十二字的"中信风格"，即遵纪守法、作风正派、实事求是、开拓创新、谦虚谨慎、团结互助、勤勉奋发、雷厉风行。这风格依然被一代代的中信人所铭记、传承和践行。

今天，我们再来看中信精神和中信文化，可以做出这样的概括：

一是家国情怀。中信的"中"字，代表的就是中国。"信"，就是中国最传统的文化——诚信。可以说中信从一开始，就是在中国这片土地、在中国文化这片土壤里所成长起来的，不管到什么时候，它所代表的都是中国。在它身上所体现出来的，都是中国气质和中国精神，这是不会改变的。

二是忠诚担当。中信的颜色是红色，红色是中国的颜色，也是中国共产党的颜色。荣毅仁对于中国共产党的忠诚从未动摇，对于中国共产党人引领全国人民所开创的社会主义建设事业的激情和信念始终如一。中信因此而烙上了深刻的红色烙印，成为中国改革开放和经济现代化建设的先锋。

三是勇于创新。中信的创新和进取有目共睹。从一开始，改革开放的总设计师邓小平就亲自点将荣毅仁，后来也一直关注中信的发展。1984 年 8 月，中信公司成立 5 周年的时候，邓小平亲自题词"勇于创新，多做贡献"。这是对中信的肯定，更是对中信未来发展的期许。

四是拼搏奉献。中信从一开始就将自己定位为中国改革开放的对外窗户，荣毅仁为中信亲手设计的徽标，就是两扇徐徐打开的大门，两边又有两扇窗户。中国人要走向世界，要完成向现代社会的艰难转型，需要付出的努力和辛苦可想而知。而这里是没有捷径的，只能是天道酬勤，只能用全部的汗水和智慧去拼搏，用一代代人的青春接力棒一样地传递下去。计利当计天下利，中国是中国人的中国，更是世界的中国，中国的改革开放不但是我们自己的事情，也是世界向着美好未来发展的一环。只有抱着这样的认识，有这样的襟怀，才会有更大担当和永续动力！（《中华商业文化史论》第四卷《中国商业实践的本质跨越》，2011，中国经济出版社，房秀文，林锋著）

改革开放的"窗口"：蛇口

蛇口，对今天的人们来说，也许只是一个再普通不过的名字。

然而在当年，深圳蛇口，是令无数人热血沸腾的名字，被视作改革开放的"窗口"。

让这片只有 2.14 平方公里的土地神奇地焕发出生机的，是一个叫袁庚的人。

袁庚，作为人民军队中的一员，他在东江纵队负责情报工作，卓越而出色，所搜集到的关于日军的情报，以准确和及时而著称。例如，当所有的人们，都找不到日军的"波雷"——一支与"关东军"齐名，番号"一二九"军团的部队。袁庚和他的东江纵队，却只略施小计，就将其牢牢掌握在了手中。这不但是自"波雷"突然消失后，首次被发现行踪，更难得的是，袁庚发现"波雷"部队正于福建东山到广东阳江的沿海一带部署兵力。由此判断，这支部队，已经作为日军和美国军队决战的一张最后王牌了。正当日本人自以为高明，袁庚却早已经将他们的"工事图则"交给了党中央和盟军。这就直接导致了两个作战计划的战略性调整：一个是登陆作战的地点。美国海军上尉甘兹获得该情报后大惊，并立即将消息告知美军总部。后来美军决定避开"波雷"部队，选择于连云港登陆，避免双方主力部队决战。二是美军发现日军工事的厉害之处，放弃了"逐岛作战"战略，改用"跃岛作战"战略，既保留了美军战力，又加速了战争的结束。这一切连袁庚自己也没有想到。

除了为盟军提供"波雷"部队的情报外，袁庚领导的东江纵队联系处，还在继续不断地扮演"幕后英雄"角色。例如，为美国空军"飞虎队"提供日军于启德机场及鲤鱼门一带的部署图，遂令"飞虎队"名满天下。日军占领香港之后，把英军战俘分别囚禁于七姊妹、深水埗、亚皆老街和启德机场等地。有一次，袁庚领导队员化装成小商贩，侦察好地形，潜入启德机场，从下水道营救出四名英国军人，其中两名就是日后英军服务团的骨干——赖特上校及祁德尊少校。

1978 年 9 月，六十一岁的袁庚，已经在交通部外事局负责人岗位上干了四年多。人过花甲，正思谋着退休以后，如何安享天伦，逍遥山水，度过自己的晚年，突然临老受命，受交通部部长叶飞委派赴港调研，以"钦差大臣"身份检查交通部直属企业香港招商局的工作。

香港，对于袁庚来说不但不陌生，相反还是一片故土。重新踏上这片土地，面对一百多年风雨，早已千疮百孔的招商局——自强运动所留下来的唯一可以看得见、摸得着的硕果，他的心情异常复杂。

当时，中国大陆地区刚刚经历了令人窒息的十年浩劫，人们思想上如同被套上了铁箍。而香港却是一片自由的天地。在这里，即使不通过街头巷尾，各种各样花花绿绿的报纸、杂志，只通过自己的眼睛，就可以看到十年来，外面的世界发生了怎样的变化。而中国大陆地区，已经落后了多少。很快，袁庚就意识到招商局存在的问题，固然有其内部的、工作上的、人事上的、制度上的，但不可否认，也有外部上的。这个外部，不是指的香港，而是其所属的中国大陆，"不是东风压倒西风，就是西风压倒东风""不是社会主义就是资本主义""不是革命就是反动"等，一系列带有浓厚意识形态色彩的言论和思想，将中国与世界割裂开，完全地自我封闭了起来。

不开放是没有出路的，不吸收外面的有益东西，内在的活力就会逐步丧失乃至僵化。这是袁庚在香港最深的感受。在香港走着走着，他常常勉励自己，放出眼光，拿出好东西来为我所用！

"招商局一定要独立自主，一定要扩大，一定要发挥作用。"这是在和招商局老员工的谈话中，他听到的最多，也是最得到袁庚认同的一句话。

以一个情报工作者的高度政治敏感，对所有能搜集到的信息进行了汇总、分析，最后，袁庚得出一个结论：一个长期向世界封闭的中国，很快将要向世界打开自己深锁重掩的大门！

于是，他做出了一个大胆的决定——以招商局的名义在香港举办一次盛大招待会。"让我这张老脸到前台去亮相。"

11 月的第一日，招待会在香港富丽华酒店举行。

这是一个令全香港都瞩目的日子。全套崭新黑色西服，身高一米七六的袁庚，与一袭白色西裙，秀丽端庄的夫人汪宗谦，旁边站着招商局总经理金石、副总经理郭玉俊以及两三位部门经理。

霍英东来了。

包玉刚来了。

董浩云也来了。

商界名流、社交名媛、政府官员，济济一堂，真可谓星光灿烂。当富丽华酒店可容纳四五百人的大堂几乎全被挤满后，袁庚发表了激情洋溢的讲演："女士们，先生们，朋友们，同志们，久违了！我是袁庚。在座的人，有些是我的熟人或朋友。我曾经是大陆华南抗日游击队中的一员，在1945年时，我代表华南游击队与英军代表夏将军在这里谈判过，帮助夏将军一同维持过香港的治安。现在，交通部派我来到招商局，出任常务副董事长，希望大家多多关照，多多支持我！"

袁庚的亮相轰动香港。翌日，香港各大报刊对袁庚莅港迅速做出积极反应。有媒体称袁庚的亮相标志着招商局"开放改革提上议程"。有的媒体称穿西装带夫人的袁庚在公众场合露面，是中国正在酝酿重大变革的一个信号，传递着让香港人欢欣鼓舞的中国从此打开大门的信息。香港文汇报在《袁庚副董事长到港招商局作酒会欢迎》的新闻中指出："为了配合中国加速实现四个现代化，香港招商局正拟大力拓展业务。除继续经营已有的船舶代理、远洋货运和本地仓库码头业务外；并将直接经营船舶买卖，以及大力开展同交通运输有关的各项工业、商业和服务业。这些业务主要为中国服务，也乐意为国外服务。"

漂亮的亮相，宛如一篇文章写了个精彩的开头。接下来要完成交通部给他的任务，重新振兴招商局，还必须有足够清晰的思路和一连串的大手笔、大动作。一栋旧楼，一个破码头，两个小造船厂，加起来资产不过四千万。如何实现描绘中的宏图伟业？只有一个出路——借！

一向小心谨慎的袁庚，自然不忘记给自己的思想找一个凭证。这个凭证，就是三个月前，国务院召开的经济建设务虚会上，充分讨论了发展对外经济合作的问题。而不到一个月前，邓小平已在一次会议上，明确而坚定地提到：

"我们能够吸收国际先进技术和经营管理经验，吸收他们的资金。"在这样的背景下，招商局呈送上来一份袁庚精心起草的报告《关于充分利用香港招商局问题的请示》，提出："立足港澳、背靠内地、面向海外……应当冲破束缚，放手大干，争取时间，加快速度……走出门去搞调查做买卖……多方设法吸引港澳及海外游资。"不用说，一交上去，立即引起了重视，不到三天，就获得了肯定的答复。

1979年1月31日，袁庚接到通知，早有准备的他立即飞赴北京，向李先念、谷牧当面汇报招商局拟在蛇口设立工业区的想法。袁庚首先回答了李先念关于轮船招商局的情况，并且清晰而明确地指出，如今的招商局，只有不过1.3亿元区区资金，不改革，没有任何的出路。而现在，将香港的技术、资金和国内的土地、劳动力结合起来，正是一个两全其美的办法。听了他的汇报与阐述，李先念连连点头，肯定地说："不错，我们现在就是把香港外汇和国内结合起来用，不仅要结合广东，而且要和福建、上海等连起来考虑。"国家领导人在全局上给予了描绘，机灵的袁庚，则不失时机地从灰色的文件夹中，拿出一张早已准备好的从香港带回来的地图，展开来细心地指着自己早已选择好的宝安蛇口公社地区，请李先念看，说："我们想请中央大力支持，在宝安县的蛇口划出一块地段，作为招商局工业区用地。"李先念的目光追随着他的手指，仔细地在上面看着，他的想法，显然比袁庚更大，也更有气魄："给你一块地也可以。"一边说，他一边用铅笔在地图上一划："就给你这个半岛吧！"这可大大出乎了袁庚的意料，出于长期的职业习惯，谨慎小心的他连忙道："我怎么敢要这么多？"经过强烈的思想冲突，"由于自己思想不够解放"，袁庚日后回忆起，最后还是只敢要了其中2.14平方公里的"弹丸之地"。

当然了，对于给他这么一块"特别"地方，中央领导人也是有自己的考虑的。李先念继续补充说道："你要赚外汇，要向国家交税，要和海关、财政、银行研究一下，不然你这一块地区搞特殊，他们是要管的。'普天之下，莫非王土'嘛！"在与谷牧交换过对交通部与广东省的《报告》的意见后，李先念在报告上做出批示："拟同意，请谷牧同志召集有关同志议一下，就照此办理。先念，1979 年 1 月 31 日。"接近中午，从这里离开的时候，李先念又特别叮嘱说道："交通部就是要同香港结合起来，搞好国内外的结合，可以创造外汇。我想不给你们钱买船、建港，你们自己去解决，生死存亡你们自己管，你们自己去奋斗。"这样一席话，从国家领导人口中讲出来，对于蛇口工业区所抱的殷切希望和通过其试验一种崭新"模式"的战略意图，已经再显而易见不过。至于在多年以后，国务院发展研究中心的一位青年学者，居然认为袁庚当年没有开发整个南头半岛"犯了一个不可饶恕的错误"，便是纯属"站着说话不腰疼"的"风凉话"了。要知道，在那么一个计划经济铁板一块的年代，在那么一个思想意识形态牢不可破的时期，袁庚敢于做第一个"吃螃蟹"的人，已经足够令人钦佩他的胆识和勇气。

当然了，真正令袁庚感到后悔的事情，也不是没有。在工业区起步以后，有着从中央领导那里请来的"尚方宝剑"，本来可以雷厉风行、大刀阔斧，可是，在这一点上，袁庚却自认有一点"傻乎乎"了。当时，在香港已经表示过要大力支持他的那些超级富豪，李嘉诚、霍英东等香港几个大财团，果然都不食言，第一时间表示了要参与其中股份的想法："老袁，你这个地方我们一起参股，共同开发，好不好？"

这是一个多么千载难逢的好机会。可是，一想到国家领导人那句"普天之下，莫非王土"，袁庚心里又在打鼓了。借，他是有这个权力的；可是，如果是"卖"，就不知道后果如何了。一个个上百上千亿的大财团进来，自己招商局庙小堂低，如何容得下这些大菩萨？他想了想，拒绝了："多谢诸公！不敢连累各位，我投入的资金还不一定收得回来呢！"可是，这么明摆着的商机，精明的香港富豪们，如何会不懂得把握，也知道袁庚是在耍滑头，更有人以开玩笑的方式表示了不满："袁庚这家伙真坏，不让我们进去。"

拒绝"股份制"伸来的第一枚橄榄枝，说明袁庚当时对"市场经济"的认识的确有限。蛇口工业区对他来说，也多体现在政治意义上，而非纯粹的经济意义上的。从这一点上看，他是一个成功的官员，而不是一个优秀的企业家。但最终蛇口工业区，给中国真正留下的，却不是政治意义上的典型，作为改革开放的先锋标志，更多是象征意义上的。真正影响深远、结成正果的，却恰恰是"股份制"的试验与改革，其催生的四个公司：招商银行、平安保险、中集集团、南山开发公司，都已经不仅仅属于蛇口，而成为中国改革开放三十年收获的累累硕果的一部分。其中，招商银行成立于1987年4月8日，是国内第一家股份化银行。2004年上半年公司资产总额折合人民币5388亿。现在世界前100名银行中，平均资产利润率排名13。美国金融杂志认为，这是中国本土最佳银行。事实上，在国内5家上市商业银行中，招商银行资产始终排第一。1988年3月平安保险诞生。现在，平安集团旗下，人寿在国内居第二，产险居三，资产总值2035亿。中集集团，中国国际海运集装箱（集团）股份有限公司，1980年1月脱胎于蛇口一家生产铁栅栏的小作坊。1996年以来，中集集团的集装箱产量一直保持全球第一。目前国际市场份额的50%以上，由中集集团包揽。满世界的远洋轮上，印着中集集团缩写的CIMI集装箱，书写着世界远洋货运史上无可替代的一页。2003年，中集集团在中国上市公司百强中，位列38；中国企业出口额百强中，列11位。1982年开始建设的赤湾港，位于珠江入海口。赤湾港和赤湾石油基地两大公司，统属南山开发公司。现在，南山总资产近43亿。除此之外，金蝶软件是从蛇口工业区孕育起来的；中国电信市场"五霸"之一的中国联通，起步之初招商局（实为蛇口工业区）为其发起人之一；TCL、华为、中兴、科健等，现活跃于中国经济界企业当年的发展都或多或少与蛇口工业区有关。

"没有股份制，就没有这么高速的发展。"这是袁庚许多年后，做出的最精辟总结。直到这个时候，他才总算看清了自己当初拒绝香港各大财团的"错误"举动。

"错误"又不仅仅体现在当时袁庚一个人身上，那时候，几乎所有人们都相信，只要充分放权和锐意进取，坚定不移地推动改革开放，凭借自己的力量本身，一样可以完成"突围"。

几乎是单枪匹马，袁庚如同著名作家塞万提斯在《堂吉诃德》中所描绘的那个战风车的斗士一样，向整个中国计划经济发起了冲击。虽然老一辈的经济学家宦乡，曾经这么评价说："袁庚之所以搞出个蛇口，就是因为他对中国的计划经济一窍不通，一无所知。"可是，就这么个"一窍不通""一无所知"的袁庚，却"旁观者清"，连出重拳，每一下都击中了计划经济的"命门"。

第一个"命门"是效率。这是计划经济的致命伤，也是逼迫中国不得不走改革开放道路的一个主要因素。关于什么叫作"效率"，袁庚根据自己在香港的亲身经历，提出了一个响亮的口号："时间就是金钱，效率就是生命！"这句口号，在当时提出，不亚于扔了一颗精神"原子弹"。而在这个"拦路虎"的背后，又是什么问题？就是所有权的问题。不打破平均主义，就谈不上效率，因此，他又在当时，大胆地提出了用物质奖励的办法，来刺激人们的欲望，提高效率。这一招立竿见影，虽然因此受到了批评，不过整体上还是起了示范作用。

第二个"命门"是政府权力。将计划经济的"管"转化为市场经济的"放"，采取民主选举和舆论监督，将政府的职能从原来的管理转化成为服务。尤其蛇口这么一个又是政府、又是企业的，不彻底性质的"新事物"，不将其充分暴露在阳光下，涤荡去原来传统封建社会的"官商"杂质与阴影，势必因为种种复杂因素，不等长出地面就"夭折"。可以说，在这一点上，袁庚是有着明确的认识和果断的勇气的，而不是一时血热。将政府完全交给百姓，真心诚意为百姓做事情的，就上；不全心全意为人民服务的，只有一个字——下！连袁庚自己也被推到了投票台前，接受信任和不信任投票。那一刻，他的心里一定十分清楚，自己绝非如某些人所言，是政治作秀，若是如此，则蛇口从一开始就是畸形的，后面的路，山高水险，根本无从走下去！作为蛇口的"掌门人"，他第一个站到了众目睽睽之下。高高站在讲台上，陈述施政纲领，接收选举。他三次收到点名批评他的报纸发排送审件，三次退回，并且特别在上面做出了批示："以后不再送审""凡批评工业区领导人的文章，都可以不审稿。"当然了，对于某些别有用心的媒体，他也毫不客气，甚至言辞激烈："在蛇口，决不允许因言获罪发生！我反对你的意见，但是我誓死保卫你发表不同意见的权利。"这句话，今天仍然铿锵有力，如在耳畔。

第三个"命门"是人事制度。计划经济制度的"老死不相往来"的小农思想，在这里被彻底打破。他在全国首创工程招标制度。1980年，袁庚开内地人才公开招聘先河，第一次拆掉了人才合理流动藩篱。"我是个冒险家，为了蛇口的改革，我从全国各地罗致了一批小冒险家。"正是这一批"小冒险家"，支撑起了蛇口，也给全国带来了活力。

当然了，尽管一系列"改革"，上上下下，都离不开政府的影子，但是作为蛇口工业区，其成立的初衷，还是作为一个企业存在，还是要做生意，要创造利润，这才是存在的全部价值。所谓的"政治制度"的改革，民主也好，新闻自由也好，一切都是在为着经济鸣锣开道，失去这个前提，一切都没有意义，袁庚的所作所为，也就不可理解了。下面，请看他在生意场上的一系列表演：

1982 年在南洋商业银行蛇口分行开幕式上，袁庚宣布装卸费减半，博得一阵热烈的掌声。当时有的同志还不理解，后来事实证明了袁庚的战略眼光，这一措施对于吸引外资起了很好的作用。

在日本三洋（蛇口）公司的开业典礼上，袁庚风趣地对来宾说："先生们，我们希望你们赚钱，你们赚钱就是我们的胜利。"

对西方石油公司的老板们，他说："先生们，我要从你们的口袋里掏出钱来，是否掏得出来，那就看我的本事了。"

美国浮法玻璃厂，技术先进，财大气粗，中国和美国合资，投资一亿美元。谈判的焦点，集中在每年所付专利费占销售总额的百分比上。美方要 6%，中方还价 4%。美国降到 5%，中方还到 4.5%。袁庚在关键时刻发言了："先生们，我们的祖先 4000 年前发明了指南针，2000 年前发明了火药，全人类都在享受这些伟大的成果，可是他们从来没有要过什么专利，我们作为后代从来没有因此骂过自己的祖先是混蛋，而是觉得光荣。请问各位，那时候你们的祖先在哪里？恐怕还在树上哩。请各位看看自己的胸前，是不是特别多毛……"这番话是很厉害的，幽默中蕴藏着犀利的反击武器："不过各位不要害怕，我的意思不是不付专利，而是要求公平合理！"

结果可想而知，在一片笑声中，双方终于达成协议：4.75%，为期 10 年。袁庚最后充满激情地说："美国集中了世界上最好的东西和最坏的东西。我们要学它的长处，但决不能走美国的路！"和国门初开，很多人一味崇洋媚外相比，袁庚的头脑多么清醒，目光又是多么锐利！

关于蛇口，改革过程中遭遇的挫折、取得的成绩，不一而足，作为当家人的袁庚，也许只有他的头脑里，才能看到一个最真实的蛇口的过去、现在和未来。1988 年 11 月 12 日，出席中国经济改革回顾与展望国际研讨会的中外经济学家、企业家参观了蛇口，袁庚在南海酒店欢迎酒会上作了洋洋洒洒的即席演讲，被来宾盛赞为"最精彩的论文"。其中特别提到了几个观点：一、要引进外国的资金、技术、设备等，并不是十分困难的事，而要创造一个适应经济发展的社会环境，则要困难得多。所以蛇口尽管是一个香港的中资机构，招商局全资开发经营的，一上来却依然从人的观念转变和社会变革开始。只有体制进步，才能激发出隐藏在人民中的创造力。这个观点，和邓小平对于整个中国改革开放的总体设计，可谓一脉相承。二、开发蛇口，首先是经济问题。因为这是企业行为，而企业离开了效益是不可能存在下去的。然而这又必须有一个哲学思想作为指导，这个指导就是，不仅要继承和发扬中国的一切优秀传统文化，而且要学习借鉴西方的优秀文化，包括科学、技术、工艺、管理。要创造繁衍现代文明的土壤，但决不能提供色情、暴力、同性恋、艾滋病滋生的土壤。一定要避免和防止西方的道德危机。应该说，这在当时看来，似乎超越了企业的范畴，可是今天看来，这正是企业社会责任心的一个体现。三、蛇口的希望或者未来，不能够也不应该寄托在某个人身上，而应该建立一套制度。以招商局历史上的大名人郑观应为例，写了一部《盛世危言》，不要说拯救国家，连一个招商局都救不了。而一心想建立崭新制度的谭嗣同，却不幸殉难。因此，如果蛇口能够在光明中揭露黑暗，在前进中看到落后，就必须依赖规范和科学的制度，而不是某个大人物。只可惜，这是一个近乎寓言式的故事。最终，随着袁庚隐退，淡出蛇口，蛇口迅速衰退，"人未亡"，而"政已息"。2004 年成月，随着广东省政府一纸公文，蛇口开发区被正式撤销。从建立到撤销，只有短短的 27 年。然而这 27 年，却是波澜壮阔的 27 年，如同流星划过天际一样，尽管只有一瞬，光亮却洒满了夜空，令人久久难忘。

1992 年，75 岁的袁庚终于退了下来。这个经历了从小学校长到军校学员，再到游击战士、上校情报官、炮兵团长、外交武官、部委外事局长、集团企业董事长等各种身份的老人，终于可以悠然地坐下来，一杯清茶，闲品人生了。

2003 年，香港特区政府特地授予了袁庚"金紫荆"勋章，表扬他为国家所做的贡献，他也是中国内地唯一获此殊荣者。10 月，他又被上海授予"中国改革之星"。而早已宠辱不惊的袁庚，已经将这些身外之物看得很淡。不过，翻阅自己在 1984 年，所写《念奴娇》一首，老人心中，一定忍不住翻腾起汹涌澎湃的潮水吧？

"题记：时维甲子，序属清明，雨后登蛇口微波楼，有清新感，兴之所至，填念奴娇。格律工否，非所计也，取其义耳。

"微波楼上，雨初晴，水浸苍穹澄碧。极目纵横宇宙小，探手银河可摘。鹰掠浮云，鸥翻怒浪，何惧风雷激。掀天揭地，方显男儿胆识。梧桐山挹群峰，若游龙，直卷屯门西北。滚滚珠江南入海，洒满伶仃春色。厂舍鳞排，帆樯队列，似神蛇添翼。中华崛起，英雄豪杰辈出。"

从这首词中，我们不难窥到袁庚的内心，也不难感觉到，改革开放给了多少中国的俊杰之士，以鹰击长空、龙舞九天的一展才华抱负的机会！（《中华商业文化史论》第四卷《中国商业实践的本质跨越》，2011，中国经济出版社，房秀文，林锋著）

第七章
国企精神的融合与超越阶段

从党的十四大明确提出"我国经济体制改革的目标是建立社会主义市场经济体制",十四届三中全会通过《中共中央关于建立社会主义市场经济体制若干问题的决定》,明确"以公有制为主体的现代企业制度是社会主义市场经济体制的基础",中国的传统国有企业向着建立现代企业制度开始了艰难的探索和漫长的转型,一直到今天尚未完全完成。

但这无疑是一条必须要走的路,也是一条希望之路。

在传统国有企业制度的框架中,一个最大的问题在于缺乏"自主权",从改革初期党和政府提出了计划经济与市场调节相结合,以计划调节为主的经济体制模式,再到随着改革的深入和发展,党的十二届三中全会和党的十三大明确了社会主义经济应该是有计划的商品经济,提出了"国家调节市场,市场引导企业"的经济运行模式,提出了把所有权和经营权分开,使企业自主经营、自负盈亏的目标;再到十四大,明确了我国经济体制改革的目标是要建立社会主义市场经济体制,提出建立现代企业制度的改革方向,这实际上等于将"自主权"彻底放权给了企业,为企业活力解放和效率提升插上了翅膀!

但建立现代企业制度的意义,又不仅仅止于此!

现代企业制度,自主经营,自我发展、自我约束、自负盈亏,其实都在强调一个字"人"!

是的,中国从 1840 年鸦片战争以后,开始近代化、现代化的艰难进程,在经历了器物、制度、文化的现代化追赶之后，最后发现，最重要的或者说最核心的要素还是"人"。只有实现"人"的现代化，中国才可能最终完成现代化的转型，成为一个重返世界舞台中央的世界大国、强国。

如何完成"人"的现代化？这其实从一开始就伴随着现代企业制度的建立，因为企业要完成现代化转型，离不开现代化的"人"，而现代化"人"，不是一下子就可以凭空冒出来的，需要和企业一道经历现代化熔炉的铸造、历练，百炼成钢，最后真正成为脱胎换骨的现代化"人"。

现代化企业或者说现代化"人"，有着与旧时代截然不同的鲜明特征：

一是强烈的国家和民族意识，现代化本身就提倡和强调民族国家，现代化的企业和人不可避免。越是在参加全球竞争、在打开国门走出去的时候，越注重自己的身份和文化认同，正如鲁迅先生所说："越是民族的，越是世界的。"那种认为现代企业"无国界"的说法只能是一种理想，在现实中并不存在这样的企业。因为说到底，企业是人的集合，而只要是人一定会有自己的情感或者价值选择，一定会在现实中生存，从而受到所生存和发展的外在环境影响，必然有文化认同问题。

二是全球化视野和开放意识。建立在市场经济基础上的现代化竞争，就是全球化竞争。即使在中国的土地上，在企业自己家门口，也是全球化的一部分。中国企业必然要经历一个从请进来到走出去的发展过程。中国企业从管理层到普通工人也必然经历一个文化吸收和输出的过程。从这个意义上说，中国的国有企业建立现代企业制度，其实是将自己改造成为一个世界市场竞争舞台上的运动员，获得了正式入场券。

三是强烈的创造和创新意识。现代化市场竞争有一个规律，要想在竞争中胜出，就必须不停地做大、做强，而要做大、做强就必须不断创造和创新。中国的企业在改革开放之初是模仿性创造，是中国制造，但最终要走向中国创造、中国创新，这是一个必然的发展趋势，也是取胜之道。

四是卓越的人类意识。企业在现代化市场竞争中最终会成为"地球公民"，因为企业本身并非冷冰冰的机器，而是一个有血有肉的生命，是企业所有员工的精神集合、精神家园。只要有人存在的地方就有追求，人的灵性赋予了企业以灵性，企业的使命最终会被定格在为全人类谋取长远的利益上，只有这样的企业才会受人尊敬，成为最后赢家。

当然了，中国的改革目标是建立"以公有制为基础的现代企业制度"，"公有制"决定了我们的企业必须肩负国家使命，国家的利益高于一切。在为人类服务之前，必须先服务好我们自己国家的人民，尤其是必须坚持在中国共产党的领导下，为社会主义市场经济建设贡献力量，为中华民族伟大复兴中国梦的实现贡献力量，这是要首先做到的。

事实上，也正是最后这一点的特色或者叫特质，决定了中国的国有企业在世界范围内，实现了另类的崛起，成为不一样的风景线。一方面，我们依靠自身的技术和资本、人才等实力，取得了市场竞争的胜利，实现了快速发展；另一方面，我们依靠国家和民族的强大整体力量，不断创造出中国特色的"中国奇迹"，一次次令世界瞩目，成为党和人民可以信赖、依靠的力量，成为在国际上受人尊敬的"中国力量"！

也正是这奇迹、这力量，推动和最终实现了中国的"和平崛起"，在国家战略的坚定支撑和中国在世界上的现代性大国地位塑造方面，中国的国有企业功不可没，甚至可以说发挥了举足轻重的作用。这已经不仅仅是建立现代企业制度所追求的活力、效率和国有资产增值保值，它更诞生了一种精神，一种新的属于中国国有企业的精神，一种在崭新的时代里不断融合和发展，不停地实现超越，最终立于时代之巅的精神！

下面，就让我们带着钦佩和敬仰的心情，来看看这些令我们骄傲和自豪的精神！其中，第一个耀亮时代、振奋国人的就是载人航天精神！

九天揽月：永远的航天精神

"在太空的黑幕上，地球就像站在宇宙舞台中央那位最美的大明星，浑身散发出夺人心魄的彩色的、明亮的光芒，她披着浅蓝色的纱裙和白色的飘带，如同天上的仙女缓缓飞行。"这是多年以后，杨利伟在《天地九重》一书中写下当年他作为中华千年飞天梦实现第一人，进入宇宙之后代表整个中华民族和无数海内外炎黄儿女回眸地球的第一印象！

2003 年 10 月 15 日上午 9 时，神舟五号载人飞船在酒泉卫星发射中心腾空而起，带着无数中华儿女的期盼，飞向屈原在《天问》中发出苍茫和浩瀚之叹的太空，飞向中国人仰望千年、寄予了无数梦幻的太空。

而不到十分钟后，杨利伟已经在太空中，回眸地球，替我们近距离触摸宇宙了。

"为了人类的和平与进步，中国人来到太空了。"这是杨利伟在宇宙中，在飞船里的工作日志上写下的第一句话，并通过摄像机镜头迅速传到了无数国人眼前，也让全世界感受到了作为中国人的骄傲和自豪！

是的，没有谁在这一刻比中国人更自豪和骄傲，因为只有我们自己知道付出了什么。其实，中国早从 20 世纪 60 年代初期就已经在开始生物探空火箭计划和实验，在此基础上制定了"曙光"号载人航天飞船规划，并且成立宇航筹备组，选拔了第一批宇航员。之后因为特殊的历史原因而耽搁，但是"飞天梦"从未终止，载人航天从 1992 年开始重新立项，确定七个系统的研发方案，到 1995 年火箭、飞船和相关产品的设计和试制，再到 1998 年开始的产品生产和无人飞船飞行试验。之后进入第四阶段，选拔宇航员进行载人飞行，杨利伟从总人数 1500 多人中经过层层选拔，最后被确定为首飞，成为飞天第一人……

他只是一个人，然而在他背后是庞大的载人航天工程的支持系统，更是伟大的祖国，是从领导人到他的家人，甚至是每一个普通百姓的关切和鼓舞。没有这么强大的技术、财力、人力保障和精神支持，一切无从谈起！

从这一刻起，载人航天精神，已经不仅仅属于全体航天人，更成为中华民族精神的一个重要组成部分，成为民族和国家精神，成为中国共产党精神的新的发展和升华，成为不断进取的人类精神的一部分！

中国，从这一刻起正式向世界宣布：中国和平崛起，东方沉睡的狮子醒来了！

而这只狮子，正如后来习近平总书记所说，"这是一只和平的、可亲的、文明的狮子"。实际上，这已经在告诉世界，中国将向世界输出带着中国独特烙印的文化，中国文明将重新站上世界文明舞台的中央！

从神舟五号开始，如今系列载人飞船已经发展到神舟十一号，登上太空的宇航员也从杨利伟一人增加到了费俊龙、聂海胜、景海鹏、翟志刚、刘伯明、刘洋、刘旺、张晓光、王亚平等。漫步太空，九天揽月，中国人千年梦圆，中国在二十一世纪的今天让世界不能不刮目相看！

而当国人争相传扬、学习载人航天精神时候，我们更要回眸历史，对一代代的航天人表达我们的敬意，因为这是数代人、一个国家和民族的集体记忆！

六十年，在中国古老的历法里，被称为"一甲子"，是一个轮回，一个新的开始。而中国航天事业已经在不知不觉中走过了六十年，历经从无到有、从小到大、从弱到强的发展历程，在不同的发展阶段和不同的时代背景下，先后孕育和发展出了"航天传统精神""两弹一星精神"和"载人航天精神"。让我们一起轻拂岁月的尘埃，去看清其由来吧！

航天传统精神，源于1956年10月8日，我国第一个导弹火箭研究机构——国防部第五研究院成立时。聂荣臻元帅在讲话中勉励航天工作者发扬自力更生、奋发图强的精神，毕生效力于我国的导弹事业。1958年，针对特殊的困难局面，聂荣臻元帅提出"集中力量，形成拳头，组织全国大协作"。1960年，国防部五院提出了"自力更生、艰苦奋斗，克服一切困难，为国争光"和"自力更生，发奋图强，争一口气，突破从仿制到独立设计这一关"的口号。1960年1月5日，中国航天史上具有里程碑意义的第一枚仿制导弹飞行试验取得圆满成功。1966年10月，周恩来总理针对"两弹结合"提出了"严肃认真、周到细致、稳妥可靠、万无一失"的十六字方针。1984年10月，航天工业部召开劳动模范表彰大会，总结出了航天工作者在航天事业的发展中体现出的六种精神"自力更生、艰苦奋斗、大力协同、严肃认真、勇于攀登、献身事业"。1986年，航天工业部党组根据聂荣臻元帅的倡导，正式将航天精神表述为"自力更生、艰苦奋斗、大力协同、无私奉献、严谨务实、勇于攀登"二十四个字，成为航天科技战线永远铭记、遵循的航天传统精神。

"两弹一星"精神，源于1955年、1956年中央先后做出研制原子弹和导弹的战略决策，1958 年提出研制人造卫星的问题后，漂泊海外的一批优秀科学家听从祖国的召唤，纷纷回国，与新中国培养的一批科技专家、科技人员和技术工人一起，以满腔热忱和奉献精神投入到强国兴邦的"两弹一星"事业中来。他们心怀对祖国的一片赤诚，隐姓埋名，默默奉献，甚至很多人为此献出了宝贵的生命。1964 年 6 月，我国第一枚自行研制的东风二号地地导弹发射成功。1964 年 10 月，我国第一颗原子弹爆炸成功。1966 年 10 月，我国第一颗装有核弹头的东风二号甲地地导弹飞行实验成功。1967 年 6 月，我国第一颗氢弹空爆实验成功。1970 年 4 月，我国第一颗人造卫星发射成功。参与"两弹一星"的广大航天工作者在十分艰苦的条件下，取得了举世瞩目的成就。1999 年 9 月 18 日，在建国 50 周年前夕，党中央、国务院和中央军委在北京召开大会，隆重表彰为"两弹一星"做出突出贡献的 23 名科技专家。江泽民同志发表重要讲话，提出并精辟阐述了"两弹一星"精神，即"热爱祖国、无私奉献、自力更生、艰苦奋斗、大力协同、勇于登攀"，成为各族人民在社会主义现代化建设道路上奋勇开拓的巨大推动力量。

载人航天精神，从 1992 年 9 月 21 日，中央做出实施载人航天工程的战略决策后，一直到 2003 年 10 月 15 日，神舟五号载人航天飞船发射成功。2003 年 10 月 16 日，中共中央、国务院、中央军委对我国首次载人航天飞行成功贺电中，明确提出要"大力弘扬特别能吃苦、特别能战斗、特别能攻关、特别能奉献的载人航天精神"。至此，载人航天精神确立，成为"两弹一星"以爱国主义为核心的民族精神和以改革创新为核心的时代精神生动体现。

在中国航天事业迎来 60 周年之际，我国将每年的 4 月 24 日确定为"中国航天日"。习近平总书记为首个中国航天日做出了重要批示，强调指出"探索浩瀚宇宙，发展航天事业，建设航天强国，是我们不懈追求的航天梦"！

航天精神，虽然经过了不同时期和不同发展阶段，但其本质从未变化，是党的优良传统在航天科技战线的具体体现，是中国先进文化与航天科技工业实践相结合的产物，是民族精神在航天领域的表现形式！

总结航天精神，有着鲜明的几个特点：

一是热爱祖国，为国争光。航天事业从来都与国家和民族的命运联系在一起，与国家的安全和人民的幸福联系在一起。祖国的需要高于一切，祖国的荣誉高于一切，这是所有航天人心中永远飘扬的红色旗帜。可以说一部中国航天史，就是一部航天工作者可歌可泣、光耀千秋的热爱祖国、为国争光的历史。

二是勇于攀登，敢于超越。我国航天事业取得举世公认的巨大成就，其根本就在于航天人勇于登攀、敢于超越的进取意识。以科技进步为先导，努力实现技术发展的跨越，赶超世界先进水平。航天事业每前进一步，航天技术水平每提高一点，都是航天人克服困难，锲而不舍的努力所取得的成果。

三是科学求实，严肃认真。航天是当今世界最复杂、最庞大、最具风险的工程，是技术密集度高、尖端科技聚集的高科技系统工程。航天飞行的每一次成功，都是科学求实的结果，是严肃认真的结果。航天工作人员科学求实、严肃认真的工作作风，不但是航天精神的一种体现，也是广大航天科技工作者贡献给全社会的宝贵精神财富，具有普遍意义。

四是同舟共济，团结协作。航天工程是一项规模宏大、高度集成的系统工程，同舟共济、团结协作对航天工程尤为重要。无论是"两弹一星"工程，还是载人航天工程，以及其他的一些航天工程，都有全国的数千个单位、十几万科技大军的参与。"集中力量办大事"的社会主义优越性在这里得到了最直观和明确的展示，具有不可比拟的政治优势。

五是淡泊名利，默默奉献。艰苦奋斗、埋头苦干、淡泊名利，默默奉献是中国航天事业六十年征程中表现出来的最宝贵的品质之一。"一切为了祖国，一切为了成功"，一代代航天人，在偏僻深沟和戈壁荒漠，为自己的青春、汗水和智慧，书写了一部为祖国、为人民鞠躬尽瘁、死而后已的壮丽史诗。

六是自力更生、自主创新。航天科技水平事关一个国家的综合国力和国际竞争力，不可能依赖别人。事实证明，真正的高科技是花多少钱都买不来的。只能自力更生，通过原始创新，集成创新和学习借鉴国外的先进技术，消化、吸收、再创新，不断攻坚克难，取得新成果。也正是以这样的理念为内生动力，形成了航天人"以我为主、自主开发、独立研制，立足自身能力、实现科技进步"的独一无二"天然"特质。

纵观整个六十年，从一代代航天人身上，从一个个奇迹的创造上，我们可以得出这样的结论：

一是以国为重。正是强烈的爱国主义和民族自尊自强的坚定信念，赋予了航天人以源源不断、永不枯竭的进取动力，忠于职守、甘于奉献、勇于进取。

二是齐心协力。航天工程是一个庞大的系统工程，所涉及的人、财、物超乎想象，只有在"集中力量办大事"的社会主义制度体系下，中国的航天工程才能在那么艰苦的条件下，在近乎不可能的情形下创造"中国奇迹"。

三是创新图强。只有创新才能发展，只有通过自主创新才能立足于世界之林。

四是严慎细实。航天人一代代相传的工作作风就是严慎细实。"质量是政治，质量是生命，质量是效益。"优良的作风是航天人成功的根本保障。

当然了，说到底，航天事业最大的推动力或者说最坚定的支撑力还是"人"。从新中国成立后我国自主培养的科技专家，到海外归来报效祖国的海外专家，再到新一批的航天科技人才，据统计，我国的神舟团队、嫦娥团队、北斗团队，平均年龄都只有三十岁出头，这是多么令人骄傲的、充满青春活力和旺盛进取精神的团队！而这样年轻的团队，又和他们的前辈一样有着强烈的爱国精神和默默奉献的拼搏精神！

人，天地间大写的"人"，才是最可依靠的力量，才是永远值得信赖的力量！

"可上九天揽月，可下五洋捉鳖，谈笑凯歌还。世上无难事，只要肯登攀。"当年，毛泽东主席写这首《水调歌头·重上井冈山》的时候，也许只是一种豪情壮志，可是已经淋漓尽致地写出了"人"的精神。正是这种精神，激励着无数的中华儿女，一代代前赴后继，谱写新篇！（《企业文化》2016年11、12期，永远的航天精神，作者：贾可，闫宁）

飞龙在天：走向世界的核工业精神

2017年夏天，流火的7月一拉开大幕，在上海就召开了第25届国际核工程大会。"核能——清洁、绿色、可靠的能源"的主题一目了然，让人们对于核能这一神秘而充满无穷力量的新能源充满了更多期待。

据悉，中国核能已进入规模化发展新时期。到 2020 年，我国核电运行和在建装机将达到 8800 万千瓦，包括第三代核电技术在内的科技创新成果已领先国际先进水平，正逐步成为世界核电的产业中心。而这也正是为什么素有核工程领域"奥林匹克"之称的国际核工程大会，第四次在中国举办的原因，这是对中国核工业事业的充分肯定和尊重。

六十多年来，中国核工业的发展，和平利用核能的能力从无到有、从小到大、从弱到强，经历了令人难以想象的沧桑磨难，走过了筚路蓝缕的坎坷岁月，如今已经取得了令世界瞩目的成就。在核电方面，早在 2006 年，中国国务院将大型压水堆核电站和高温气冷堆核电站列入国家科技专项，数百家企业的科研人员共同参与，攻克了一大批核电的关键设备和材料领域的世界难题，全面掌握了世界先进核电技术，培育了大批核电研发、设计、建设、运行和装备制造领域的优秀人才，完成了中国核电由二代向三代甚至更先进技术的历史跨越。在核能规模化发展方面，中国大陆在运核电机组 36 台、在建机组 20 台，总装机容量约 5693.5 万千瓦。"十三五"期间，中国核工业将实施以示范快堆为代表的先进核能系统工程、乏燃料后处理科研专项、空间核动力科技示范工程等一批重大项目，成为核电发展的中心，也将为全球核能发展注入强劲的动力。

如今，中国在运核电机组位列世界第四位，在建核电机组位列世界第一位。

似乎为了给核工程大会涂抹上一抹更靓丽的"中国色彩"，7 月 5 日，一个令人震撼的消息传来："华龙一号全球首堆主管道和波动管成功完成设备出厂验收。"华龙一号全球首堆——中核集团福清 5 号机组主管道和波动管通过由核动力院和福清核电联合进行的检查，成功完成设备出厂验收。这意味着我国自主设计制造的首台三代核电主管道和波动管即将发运至福清现场安装，为华龙一号全球首堆顺利建设打下坚实基础，标志着我国完全具备自主设计制造三代核电装备能力。

"完全自主设计"是中国制造向中国创造、中国智造转型成功的标志。据悉，福清5号机组主管道和波动管由中国核动力研究设计院自主设计和采购管理、烟台台海玛努尔核电设备有限公司生产制造。从2014年5月23日华龙一号全球首堆主管道首个锻件投料以来，中国核动力院和台海玛努尔主管道设备团队先后完成了15个主管道锻件和5个波动管锻件的锻造、套料、机加工及弯制，以及组件与管嘴焊接和组件水压试验等。

而此前，5月25日，"华龙一号"全球首堆示范工程——中核集团福清核电5号机组提前15天精准完成吊装。要知道，"华龙一号"全球首堆的穹顶，可是一个直径46.8米、重约340吨的庞然大物的半球体啊。在沿海地区的大风中，要将这样一个大家伙精确地吊装到45米高的反应堆厂房上，难度可想而知。而这个半球形穹顶，自由容积达到8.7万立方米，对于突发事故有更强的抵抗力和更高的安全性。这是"华龙一号"的设计团队经过无数次计算分析和论证后的选择。

5万多台（套）设备、165公里管道、2200公里电缆，上千人的研发设计团队、5300多家设备供货厂家、近20万人先后参与了"华龙一号"项目的建设。如果没有我国核电行业在设计、设备、施工各方面长达30年的经验积累和技术进步，"华龙一号"很难这么快走向世界。

在"华龙一号"项目中，有两点特别值得注意：一是"华龙一号"成为我国核电自主创新和集成创新的代表，其装备国产化率可达85%以上。反应堆压力容器、蒸汽发生器、堆内构件等核心装备都已实现国产。设备国产化后，更有利于设备采购管理、利于沟通和风险控制。

二是"华龙一号"技术正走向世界，我国已经与二十余个国家建立合作意向。其中，英国的布拉德维尔B项目将采用"华龙一号"技术，这是中国自主核电技术首次进入发达国家。"华龙一号"成功走出去，成为中国新的国家名片，中国核工业精神也将随之传遍世界各地！

而在这个时候，回眸历史，也许我们会对核工业人生出更为崇高的敬意！

提到中国核工业，人们耳熟能详的是"两弹一艇"，即原子弹、氢弹、核潜艇。

　　1955 年 1 月 15 日下午，毛泽东主席在中南海主持召开中共中央书记处扩大会议，并做出了建立和发展中国原子能事业的战略决策。从此，中国开始了核工业建设和核武器研制的秘密历程。

　　而令人难以想象的是，最初的原子弹知识，竟然是 1958 年，九局副局长吴际霖悄悄违反了苏联核武器专家的"规定"，在笔记本上暗中记录的一些重点，开会后和二机部领导以及少数科技人员聚集在一起，根据回忆整理出来中国原子弹第一份珍贵的资料。之后 1960 年 7 月 16 日，苏联单方面撕毁协议，撤回全部专家。周总理只说了一句话："他不给，我们自己动手。"随即一场以周恩来总理为主任、由 7 位副总理和 7 位部长组成的"中央专委会"，率领全国 26 个部委、20 个省（区、市），包括 900 多家工厂、科研机构、高等院校以及解放军各军兵种，拉开了浩浩荡荡的攻关会战大序幕……

　　1964 年 10 月，第一颗原子弹爆炸成功；

　　1967 年 6 月 17 日，中国先于法国成功地进行了第一颗氢弹爆炸试验；

　　1971 年 9 月，中国自己研制建造的第一艘核潜艇安全下水。

　　1978 年 12 月以后，中国对核工业的发展方针进行了重大调整，从过去主要为国防建设服务，调整为军民结合，保军转民，重点为国民经济和人民生活服务。

　　1981 年，国务院批准《关于请示批准建设 30 万千瓦核电站的报告》。1985 年 3 月 20 日，秦山核电站浇灌第一罐混凝土。1991 年 12 月 15 日，秦山核电站首次并网发电成功。这使中国成为世界上第 7 个能自行设计建造核电站的国家。之后，广东大亚湾、秦山二期、秦山三期、广东岭澳、江苏田湾、浙江三门……中国核电装机稳步增长。

　　60 年岁月流转，然而岁月之流却也冲刷不掉核工业人金色的精神光芒！

　　如果我们要用几个关键词，来对核工业精神进行概括，应该是这样的：

　　第一个是"以身许国"。伟大的事业孕育伟大的精神，伟大的精神成就伟大的"人"。今天的人们也许难以想象，当初的核事业奠基者，竟然是一群平均年龄 30 岁左右的年轻人，邓稼先、朱光亚、周光召、欧阳宇……这些后来成为中国核工业栋梁的功臣，加入核工业时都不过 30 岁出头。据统计，中国在 1960 年从事核工业的 10 万人中，25 岁以下的年轻人占 68%，26~35 岁者占 25.5%，两项之和超过九成。正是这群年轻人，不管是国内自己培养的科技人才，还是响应祖国号召归来的留学生，凭借对祖国母亲的一腔赤诚，对党和国家、人民的忠诚，为了建设中国核工业，建设一个强大的新中国，义无反顾，无怨无悔，投入到了从零起步的核工业事业建设中去。邓稼先和战友们仅凭两架手摇计算机和古老的算盘进行浩繁的理论运算，最终解决了原子弹结构和轰爆物理方面的全部理论计算，光演算的稿纸就装了几十麻袋，堆满了一间仓库。当时生产核部件的"404 厂"，有一个"三人小组"，祝麟芳、张同星、王清辉，都是大学毕业不久的年轻人，负责铀的冶金工作。祝麟芳在现场连续工作了几十个小时，以至于晕倒在工作现场。最后，"三人小组"终于解决了技术难题。

北京之外，千里之遥的青海金银滩，名字听起来令人向往，实际却是一片不毛之地。寒风蚀骨，飞沙走石，一年中有八个月要穿棉衣。然而正是在这里，需要像骆驼草一样顽强生长的地方，中国核工业人发出了自己的铮铮誓言。原二机部部长刘杰说："一定要造出自己的'争气弹'。"核物理大师王淦昌说："我愿以身许国！"从此，国际物理学界少了一位被寄予厚望的专家，中国核工业却从此挺起了坚强的脊梁。

"如果 60 年代以来中国没有原子弹、氢弹……中国就不能叫有重要影响的大国，就没有现在这样的国际地位。"邓小平曾这样评价。

让我们记住这一个个闪亮的名字：于敏、王淦昌、邓稼先、朱光亚、吴自良、陈能宽、周光召、钱三强、郭永怀、程开甲、彭桓武……这是铭记在共和国史册上的英雄，还有无数和他们一样默默付出的核工业人。

新中国的命运，党和人民的重托，无数中华儿女的殷切期盼，还有什么比这更能激励核工业人的呢？他们要造的是"争气弹"，他们要做的事情是为中国重新回到世界舞台，为中国的富强，为中国巨龙再次腾飞，提供最重要的支撑力量。国之重器，只能用生命和精神铸就！

以身许国，奉献青春、汗水、智慧乃至生命，最终换来了"两弹一艇"的成功！

第二个关键词是"敢教日月换新天"。从 20 世纪 70 年代开始，中国核工业顺应历史和时代的潮流，开始了从"以军为主"转向"军民结合"，在强军的同时，重点为国民经济建设服务。核能和平利用成为新主题。

但是，和平利用核能，也就是核电，说起来容易，要真正做到却很难。这同样是一条漫长而坎坷的道路。从国民经济的发展来说，中国从 1978 年做出改革开放的决定，以经济建设为中心，新的历史时期提出了新的要求，核电成为助推国民经济发展的一个强有力推进器。从环境保护来说，核电没有二氧化碳的排放，可以让我们的天更蓝、山更绿、水更清，是造福子孙后代的好事情。但是核电本身却有一个要求，那就是"安全"。从一开始，人们对核电就是期许与疑虑并存。如何确保安全利用核能，使用核电？唯一的方法就是完全按照科学规律办事。

因此，从 1974 年开始，中国核工业就组建了专门团队，历时 11 年，开展了 380 个科研试验项目，为首座核电站奠定了安全、科学的基础。

有了这个基础，1983 年 6 月，在杭州湾海滨的一个叫秦山的地方，移山填海，机器轰鸣，秦山核电站从设计图纸上的蓝图正式变成现实！

1991 年 12 月，我国自行设计建造的秦山 30 万千瓦核电站并网成功，因为是中国内地核电零的突破，因此又被誉为"国之光荣"。

之后，中国核电的"三级跳"就开始了，从 30 万千瓦，到 60 万千瓦，再到百万千瓦。中国从零开始，到装机容量一举占到世界在建规模 4 成。

按照"十三五"规划，到 2020 年，我国整个核电的发电量要达到 5800 万千瓦，占 6% ~ 8%，到了 2030 年，达到 12% ~ 15%。这也彰显了我国对核电利用的决心。

第三个关键词叫"自主创新"。2011 年日本福岛核事故，为全球敲响了核安全的警钟。之后我国采取了一系列举措，持续提升核安全及核应急水平，新建核电项目按照全球最高安全标准推进。2013 年，修订版《国家核应急预案》发布。2014 年 3 月，习近平主席在海牙安全峰会上全面阐述了发展与安全并重、权利与义务并重、自主与协作并重、治标与治本并重的核安全观，成为中国向世界发出的核安全宣言。

在新的核安全观指导下，中国核工业人通过自主创新，最终推出了具有完全自主知识产权的、中国的三代百万千瓦级核电技术"华龙一号"。听名字就知道，"华龙一号"代表的是中国，彰显的是中国人的实力和自信。"华龙一号"不但标志着我国自主创新的核电能力，还肩负着走出去的战略任务，成为中国从核大国到核强国的一张国家名片。

值得一提的是，华龙一号团队同样是一支年轻的团队，从两弹一艇传承下来的核工业精神——"四个一切"：事业高于一切、责任重于一切、严细融入一切、进取成就一切，在他们身上又得到了进一步发扬和创新。

华龙一号总设计师邢继，实际上在 2011 年的时候，二代改进型百万千瓦级核电 CP1000 技术 CP1000 研发已经完成，具备开工条件。但因为发生了福岛核事故，原定开工工程必须暂停。面对严峻的核电发展形势，邢继鼓励他的团队不气馁、不放弃。在 CP1000 的基础上，继续瞄准三代核电最先进的技术目标，开始了新的研发历程，并在几年之内完成所有的方案论证与实验验证以及总体设计、初步设计工作和示范工程的施工设计。2014 年 5 月，邢继带队参加 IAEA 针对 ACP1000 的通用反应堆通用安全评审会。当时有来自多个国家的 12 名专家参与评审。邢继膝盖不好，下了飞机，腿已经走不了路了，两个人架着才走出了机场。但他坚持和大家在一起，澄清会取得了成功，为后续 ACP1000 通过国家原子能机构反应堆通用设计审查奠定了坚实的基础。

核电站设计是极其复杂的超大工程，牵一发而动全身。在不断优化与加固已有安全设计的基础上，邢继和他的团队提出了革命性的创新思路——能动和非能动相结合。但非能动系统需要在反应堆厂房里布置将近 3000 立方米的水，如何布置进去，成为问题的关键。而事实上，核电厂房里的每个部件都经过了严密的计算，要想把超大体积的水放进去，几乎成了不可能实现的难题。为此很长一段时间里，邢继几乎"连轴转"。计算、推演，布局图一次次改动，方案一遍遍地调整。在经历了无数次的推算试验后，2010 年 10 月中旬终于确定了非能动系统在安全壳内部的布置方案。这一先进的核电站安全理念的成功应用，为中国自主三代核电走向国际市场增添了不可替代的砝码。

"要做就做最好的！"2009 年 1 月 17 日，当华龙一号专题会在中核集团会议室举行，就采用单层安全壳还是采用双层安全壳争执不下，邢继一锤定音："安全壳是核电站安全系统第三道屏障，承担了很多安全功能。对内，一旦核电站发生泄漏，可以把放射性物质包容在安全壳里面，确保环境不受污染，保证周边人员安全；对外，要经受住飞机撞击、龙卷风狂袭。所以，我建议采用双层安全壳。这虽然有挑战，但是一个更高的目标。华龙要做就做最好的！"话音刚落，会场响起了持久的掌声。是啊，要做就做最好，"华龙一号"之所以能够走出去，能够得到各国的认可，除了技术本身，靠的就是这种底气和自信！

2016 年 4 月 12 日，在"铸央企之魂·圆强国之梦"国企精神研讨会上，"四个一切"核工业精神作为国企精神代表进行了发布。中核集团快堆首席专家、中国工程院院士徐銤一生坚守只做一件事，为中国快堆事业呕心沥血；核工业总医院妇产科医生史明，不顾自己身体不适，抢救高危孕产妇，因公殉职；中核建中公司安装部维修班班长曹子昆，先后完成了一千多次关键设备的维修工作，守护核动力心血管；中核集团"华龙一号"总设计师邢继，领衔研发设计的"华龙一号"，为我国核电"走出去"交出了靓丽名片……从两弹一艇到华龙一号，核工业人的精神随着时代进步而不断发展完善，然而根和魂从未改变，那就是"一切为了祖国"，在新时期又表现为四个"更加"：更加突出国家利益与社会责任、更加突出历史担当与争创一流、更加突出安全第一与质量第一、更加突出创新驱动与合作共赢。这就是核工业人，在六十多年发展历程中，向党和人民交出的一份满分答卷！

如今，华龙一号已经走向世界，从三十年前英国和法国人联合帮助中国建设大亚湾核电站，到如今中国核电技术进入老牌核电强国英国，中国和法国人联合为英国建新核电站，中国人从"学生"成为"老师"。这是一幕真实的写照，也是中国改革开放近四十年，中国企业从请进来到走出去的一个缩影。这是全体中国人和中国企业的骄傲！

从两弹一艇的巨龙崛起，到华龙一号的飞龙在天，六十年弹指一挥间，

"四个一切"核工业精神是核工业人的精神，也成为中国共产党的精神和新的国家、民族精神。从强军梦到核能梦再到中核梦，因为有了五彩斑斓的梦想，才组成了中华民族伟大复兴的中国梦。圆梦，就在前方！（《思想政治工作研究》，2016年8期，始终做核工业精神的自觉践行者，作者：中国核工业集团公司）

为中国梦提速：中国高铁工人精神

提起中国的四大发明，中国人和外国人都不陌生。自从1942年李约瑟来到中国实地研究中国古代科技史，不久就提出了"四大发明"的说法：火药、指南针、造纸术、印刷术，并且很快被西方世界所广泛认知。

然而如今，人们好奇的是，什么是代表现代中国的"新四大发明"呢？

最近，北京外国语大学丝路学院做了一个很有意思的调查。请来自二十个丝路沿线国家的青年，在中国学习生活多年的外国人给出他们心目中的"中国新四大发明"，结果很快出来了：高铁、支付宝、共享单车和网购。这一"新四大发明"序列中，排名第一的"高铁"可谓实至名归。

近年来，伴随着中国高铁事业的飞速发展，"中国速度"已经越来越受到世界瞩目。加上中国国家领导人在对外交往中不遗余力地"推销"，中国高铁技术正在不断加速"走出去"。高铁，已经成为中国改革开放，成为现代化国家之后一张靓丽的"国家名片"，令国人自豪不已！

请看这样一个统计数字：据统计，仅仅2016年，中国高铁累计运送旅客就达到了14.43亿人次。这个数字是什么概念？相当于非洲和南美洲的人口总和。而在数字背后，是中国高铁硬件和软件的创新、发展，更是中国铁路人在近百年的历史长河中不断砥砺奋进、努力拼搏的结果。

回顾中国铁路的发展，令人感慨。从蒸汽机车，到内燃机，再到电力机车，以及现在的高铁动车组，每一次更新换代，无不凝聚着中国铁路人的心血、汗水和智慧。而中国铁路人这种筚路蓝缕、奋勇开拓的精神，还要追溯到一百多年前，中国第一条自行主持、自行勘察、自行设计、自行施工和自行管理的铁路——京张铁路。京张铁路和一个伟大的名字分不开——詹天佑。正是我国这位第一个铁路工程师，面对外国人的藐视，以及国内技术落后的不利局面，展示出了中国人的自信、勇气和智慧。他从中国传统文化中的"人"字里面吸取了滋养，认为中国人就是要做大写的"人"，屹立于世界强国之林。外国人能做的事情，中国人一定也能做，而且一点都不会比外国人差！这个日思夜想的"人"字，最终奇迹般地呈现在京张铁路上，成为一大奇迹！

"人"字形铁路，是京张铁路的标志，更是中国铁路人的标志。人，一撇一捺，一撇是通向我们自己的内心，那里写满了对祖国的赤诚和热爱，对中华民族的忠诚与奉献；一捺，是我们在现实奋斗过程中的坚定不移，充满自信，奋力拼搏，克服重重困难，写就辉煌的诗篇！

詹天佑和京张铁路，一起被誉为"中国人的光荣"，而詹天佑和京张铁路所表现出来的赤诚爱国、坚定自信、勇于图强和拼搏创新的精神，也成为中国铁路人的精神。中国铁路事业跨越百年的沧桑岁月，在漫长的征途中奋勇进取，为国争光，最终又酝酿出了以"产业报国、勇于创新、为中国梦提速"为实质内涵的中国高铁工人精神。中国高铁工人精神和载人航天、探月工程等一起成为现代中国的国家和民族精神！

中国高铁的发展，不是一帆风顺，也不是一蹴而就的。同样，中国高铁精神，更不是一天两天产生的，而是于长时期的发展和不断历练中酝酿而成；这种精神也不是无源之水，无根之木，而是根植于中华民族优秀传统精神、中国共产党精神，是改革开放精神的一个具体体现，是社会主义核心价值观的具体培育和践行的结果。

"中国高铁工人精神"这个概念，最早是由中央领导人提出的。中国高铁装备制造业的发展得到了中央领导的高度关注，中共中央总书记、国家主席习近平，国务院总理李克强等中央领导同志多次到中国中车所属企业视察指导工作。2010 年 7 月 17 日，习近平在视察中国中车唐山公司时，赞誉高铁工人"你们在高速动车组批量生产中保持着精细的品质，为中国工人阶级和中华民族争了光"，勉励员工"不断掌握高新技术，勇于攀登，在研制新产品中实现再创新"。时隔整整五年，2015 年 7 月 17 日，习近平又视察了中国中车长客股份公司，指出："现在，中国高铁、动车组是中国的一张亮丽名片，体现了我们中国的装备制造业水平，是一个标志性的产品、产业，也是我们'走出去''一带一路'建设的抢手货。有人讲现在是高铁时代，用高铁来代表我们国家的水平。但总体而言，我们的装备制造业还有不少短板，核心技术、创新能力有的还没有掌握在手里，希望通过创新驱动，继续勇攀高峰，希望你们再接再厉，继续领先领跑。"2009 年 6 月 1 日，时任政治局常委、国务院副总理李克强，在唐山公司调研时指出："高速列车市场潜力巨大，在我国有很大发展前景，随着一大批客运专线陆续建成，将需要大量的与之相匹配的高速动车组列车。""你们是中国的第一代高铁工人，不光要自己学习好，还要给后人留下宝贵经验，你们是很了不起的，是很光荣和自豪的。"

中国高铁工人精神，主要组成有五大部分内容：

一是"为国家争光，为民族争气，一定要打造出中国品牌"的爱国精神。爱国，永远是中国铁路人的精神底色，是中国铁路人在百年沧桑的征程上，从未动摇过的坚定信念，是前进途上永远闪耀金色光芒的灯塔！

为民族争气，打造中国品牌，从詹天佑和京张铁路时就已经形成了这一卓越的意识，已经深入每一个中国铁路人的血脉深处，是永远的动力！

二是"永远在起点，永远在路上，在持续超越中前行"的创新精神。创新，是竞争取胜的基础，但是创新必须建立在自信的基础上。对自己本民族的文化自信，对自己和团队的能力与智慧的自信。唯有自信，才敢于冲破既定的观念桎梏、敢于冲破西方人的理论束缚，进行自主创新。

创新，还有一个来源，就是谦逊。谦逊不是自卑，而是对自然的敬畏和对"人"的主观能动作用的敬重。谦逊、自省，都是中国文化的特点。正因为谦逊，不断清空自己的内心，才会在"空""无"中孕育新生。

三是"融合全球，超越期待，中国高铁最可靠"的民族自信精神。融合，就是以我为主、主动开放、主动求变，主动去适应环境、吸收新知识新技术。融合，又有不变，不变的是我们的内在精神，是创造民族品牌的决心。

中国传统文化中，儒家的"中庸"，讲的就是一个融合的道理。不断地保持变化，但是变化的规则始终遵循着一个"中"的原则，也就是平衡。不过度，不极端，更不能为了追求某种利益而将自己本身丢失了。

四是"把标准刻进骨子里，把规则融进血液中"的精益精神。精益求精，包含两方面的意思：首先是做事情本身，追求一种永远坚持进步、进取，永远追求改进和做到最好的精神，这是一种可贵的工匠精神。其次是做事情背后的奉献、服务意识。要永远记得为什么做这件事情，是要为广大的客户、为国家和民族，为所有中华女儿争一口气。只有心中怀有远大的追求，有着清晰的目标，才会有精益求精的驱动力。

标准、规则，看起来是冷冰冰的，但实际上还是具体的"人"在执行。将标准、规则看成自己的生命，融入自己的生命，还在于"人"的自我意识，只有自觉意识到做事情的价值和意义，带着一颗无限忠诚和无比热爱的心，去做每一件事情，才能够全情投入、全神贯注，全力以赴！

五是"用户第一，把客户需求当作前进动力"的服务精神。服务首先是一种要求。当今全球经济正在从生产型经济向服务型经济转变，以服务为中心，是否能够以服务来吸引和打动客户已经成为企业的生命线。其次，服务是一种事业。将服务当作一项事业，而不是一项工作，就会发现服务本身蕴含着丰富的内容甚至充满了哲学。对于铁路人来说，服务用户，用户的体验和需求永远是第一位的。尤其在今天，乘坐高铁出行，所享受的已经不仅仅是一种便利，更是代表了一种新的生活方式，简洁、时尚、轻松、休闲，是新的工业文明的一部分。再次，服务是一种信仰。服务的本质说到底是奉献。而只有将奉献作为一种信仰，才会发自内心地为客户着想，才会将服务做到极致。

中国高铁工人精神，来源于中国中车以振兴中国高铁装备事业为己任的坚定信念，根植于中车人为实现中华民族伟大复兴中国梦而长期努力奋斗的深厚土壤，成长于对世界先进技术引进、消化、吸收、再创新，最终引领世界高铁装备制造业发展的实践过程，传承于我们党几十年来精心培育的诸多具有代表性的伟大精神。这种精神是刘友梅、丁荣军、张雪松、谢元立、李万君、周勇、孙国斌、易冉等，一大批中车先进人物的理想、信念、情感和意志，在广大员工中扩展而形成的群体意识，是具有社会主义市场经济特征的独特精神成果。已经和两弹一星精神、载人航天精神、大庆精神铁人精神等一样，从企业精神上升为民族精神，是改革开放的时代精神和社会主义核心价值观的重要实践成果。

中国高铁工人精神诞生于中国铁路装备事业发展壮大的过程。中国铁路装备制造业萌芽于晚清，1881 年中国第一家铁路装备制造厂——中国中车唐山公司的前身胥各庄修车厂正式成立。新中国成立后铁路建设事业如火如荼，又在国务院制定的"引进先进技术，联合设计生产，打造中国品牌"的方针指引下发生了脱胎换骨的变化。目前，中国中车已经成长为产品遍及六大洲、101 个国家和地区的世界轨道交通装备龙头企业，并在中国高铁工人精神的激励下，正向着"融合全球、超越期待"的伟大梦想继续前进。

据悉，中国中车合并成立以后，2015 年实现营业收入 2437 亿元，同比增长 8.31%；实现利润总额 163 亿元，同比增长 17.44%，圆满实现了投入上 $1+1 < 2$，产出上 $1+1 > 2$，融合上 $1+1=1$ 的整合目标。

合并南车北车，曾经是轰动一时的大事件。对合并企业来说，最难的是文化融合，然而在中车，在"同一个中车"，很快形成了自己的"中车之道"。

"中车之道"，包括三个方面。第一是中车的核心价值观：正心正道，善为善成。这实际上也是中华民族优秀传统文化的核心价值观。儒家思想的理想是"修齐治平"，修身先修心，中国文化是一个向内自求、反躬自省的文化。只要自己的内心端正了，自然就会形之于外，走正道，干正事。善，同样是一个从内向外的过程。善产生于内心的爱，先有爱而后有善，内心被爱充满，一团光明，形之于外，自然就是善。善，要善为，更要善成。善成，还包含了勇于行动，敢于成功的意思。

第二是中车的组织氛围：阳光和谐，简单坦诚，开放包容。企业的主体是人，企业是员工的精神家园。企业有什么样的文化氛围，将决定对员工产生什么样的吸引力和影响力、凝聚力，决定员工的认同和归宿。"和谐"是中国人从古到今不变的理想追求。和谐是和平，也是和合，人与人之间要和合，最重要的是"诚"，"不诚无物"，以诚相待，才能以心换心，心心相印。

开放包容就是每个人都放开自己的襟怀，主动去关怀别人，爱吾爱以及人之爱。不是以自我为中心，而是构建自己和企业的命运共同体，以集体为核心，先利他，后利己。

第三是中车的工作作风：由我来办，马上就办，办就办好。这实际上体现了三个方面的意识：第一句话"由我来办"是主动担当的责任意识。敢于担当，敢于负责，力量来自于责任，当每个人都意识到自己的责任，愿意主动承担起责任，每个人都是大写的"人"，企业也就立起来了。所谓"有人则立，无人则止"。第二句话"马上就办"是雷厉风行的执行力。强而有力的执行力是建立在信仰的基础上的，这就是对企业的核心价值观的坚定认同，对企业文化的高度认同。只有认同才能产生情感，这种情感当上升成为信仰的时候，没有力量能阻止。第三句话"办就办好"是追求卓越的意识。一个企业要做到优秀并不难，但是要做到卓越就不容易了。"办好"不仅仅是自己努力，还需要得到认可，这认可是来自第三方的，就需要你更加付出，同时更加了解你的工作、你的客户，需要专业、敬业、乐业，赢得信任，赢得尊敬。

"中车之道"不但在中车内部，在凝聚下属各企业过程中发挥了作用，而且在国际上，中车走出去，面对员工国际化时候，发挥了重要作用。

中车成立以后，认真落实"走出去"战略，推动产品、资本、技术和服务组合出口，产品迈向中高端，欧美等发达国家市场取得重大突破（占比超过 26%），实现从产品"走出去"到产能"走进去"、品牌"走上去"的转变。出口白俄罗斯的高寒机车，成为中白两国经济领域深度合作的重要成果，得到习近平总书记的高度肯定。为巴西提供的地铁车辆，深深融入当地人日常生活，受到李克强总理的表扬。整合后，中车先后获得美国芝加哥地铁846辆、伊朗地铁1008辆等出口大单，相继与英国、爱尔兰、西班牙等国签署订单。投资收购以英国丹尼克斯和德国博戈为代表的5家具有行业影响力的国外企业，在美国、马来西亚、土耳其、南非等国家建立本土化生产基地，在美国、德国、英国、捷克、瑞士等国家联合组建研发中心。2015年，中车完成海外签约58亿美元，实现收入42亿美元。截至2015年底，中车共拥有境外资产 226 亿元、外籍员工 4625 人，国际化经营指数 6.82%。

面对中车的国际化员工，如何让这些来自不同国家的员工融入中车、认同中车文化是一个非常重要的课题。认同的前提是尊重，尊重对方的文化，尊重对方的习俗，在尊重的基础共同发展，赢得所属企业员工对中车认同，对中车文化的认同。其次是融合，包括文化、理念、价值观等各方面，并通过交叉工作，加强交流，相互了解，相互认同。

为了让"中车文化"更进一步在国际上传播，中车现在一直在举办一个叫"中车文化之旅"的活动，就是邀请选拔中车全球各公司生产基地的员工来中车访问交流，参加中车的文化活动，参观中车国内的工厂。这些人经过这样一次活动后，往往都会加深对中车文化的理解，他们回去后又会成为传播的种子，让中车文化在全球各地生根发芽。

2008 年，国际铁路联盟高速铁路部总监伊格纳西奥·巴伦曾感慨地说过一句话："中国正成为全球领跑者，世界铁路的未来在中国。"不到十年，这句话已经变成了现实，世界上高速铁路发展最快、系统技术最全、集成能力最强、运营里程最长、运营速度最高、产品性价比最优……中国高铁，已经在坚定崛起的同时领军世界，并且轨迹延伸到全世界。中国高铁工人精神，为"中国梦"提速，同时也缔造了新的时代精神！（《思想政治工作研究》2016 年 11 期，高铁工人精神是中车人实践中国梦的最新成果，作者：李惠男，徐厚广）

决胜蓝天：预警机精神

时光倒流，回到 2009 年 10 月 1 日，这天是共和国母亲的 60 岁生日。在天安门广场上，举行了盛大的阅兵仪式。当空中响起轰鸣声，顿时，人们的目光被吸引了：只见蓝天白云下，整齐的飞机编队呼啸而来，这其中，空警 -2000、空警 -200 预警机为代表的 7 型装备首次亮相。它们分别组成空中方阵、雷达方阵、通信方阵三个独立方阵。以矫健的雄姿米秒不差地飞过天安门，向世界庄严宣告：继"两弹一星""载人航天"工程之后，我国在新时期国防科技领域又完成了一项里程碑式的重大工程——自主研制世界先进预警机。

仅仅过了 6 年之后，2015 年 9 月 3 日，中国人民抗日战争暨世界反法西斯战争胜利 70 周年阅兵场，新一代预警机空警 -500 又完成了漂亮的首秀，宣告中国预警机事业又上了一个新台阶。世界因此而瞩目！

而就在一次次成功亮相的背后，是无数默默付出的中国预警机人，他们用了十几年的时间，走完了西方几十年的历程。更重要的是，他们是在远远落后于世界的情形下，通过自主创新，一下子走到了世界前列！

中国预警机事业的成功，或者说预警机工程这么一个牵扯复杂、千头万绪的现代工程，能够在如此短的时间内取得巨大的成果，除了中国预警机人的顽强拼搏、默默付出以及自主创新，更得益于中国集中力量办大事的举国体制。这是在党中央、国务院、中央军委部署下，举全国之力建设的国防科技工程，是继"两弹一星""载人航天"之后的又一大国家工程。

系列预警机装备的研制成功，直接成果是中国预警机装备实现了"从无到有、从有到强"的转变，实现了中国国防从国土防空型向攻防兼备型的转变。而其更深远的成果，则是培养了中国军工电子事业发展的人才梯队，孕育了"自力更生、创新图强、协同作战、顽强拼搏"的预警机精神。

用十几年砥砺奋斗培育出"预警机精神"的中国电科人自己的话说，预警机精神就好比一座思想殿堂，自力更生是它的"屋脊"，指引着自强前行的方向；创新图强是它的"梁柱"，支撑起强军强国的梦想；协同作战是它的"黏合剂"，凝聚了砥砺制胜的决心；顽强拼搏是它的"基石"，积蓄着奋勇向前的力量。"自力更生、创新图强、协同作战、顽强拼搏"四个精神组成相互依托、相互支撑、不可分割，共同支撑起科技强国的伟大梦想！

自力更生是"预警机精神"的"屋脊"。坚持自力更生，因不愿再遇技术"卡脖子"的困境；坚持自力更生，要在更多领域实现突破造出"争气机"！

创新图强是"预警机精神"的"梁柱"。坚持创新图强，要贯彻习近平总书记科技强军的重要指示；坚持创新图强，要激发全体员工"敢创新、勇创新"的精神动力！

协同作战是"预警机精神"的"黏合剂"。坚持协同作战，实现跨技术、跨行业、跨军兵种在时域和空域上形成合力，攻坚克难；坚持协同作战，使数以万计的参研人员团结一心、通力合作、共同奋战！

顽强拼搏是"预警机精神"的"基石"。坚持顽强拼搏，应不畏历程艰难曲折，面对困难仍然坚韧不拔；坚持顽强拼搏，要不骄不躁，面对成功依旧孜孜不倦！

预警机工程，是一场真正意义上的全国大会战。从"中国人一定能造出自己的'争气机'"的军令状，到七十多家参研单位，数以万计的参研人员团结一心、协同共进。这个涉及众多技术领域、多个分系统的复杂系统工程，研制工作浩瀚复杂、环环相扣，任何一个微小环节的失误都可能迟滞研制进度，甚至导致整个研制任务的失败，技术攻关的历程充满艰难。中国预警机研制团队庞大，集中全国百余个研究院所和工厂，覆盖到很多行业和很多专业。管理上采取双总师体制，中国电子科技集团公司负责电子系统总承，中航工业集团负责载机平台改装工作。其中，电子系统设计的单位就有几十家研究院所、数万人参与其中。但是和技术攻关难度相比，更加令人望而生畏的也许还有坚持研制预警机所耗费的巨资，不仅仅是研制费用，研制出来后还要进行各种试验和数千架次的试飞，费用更高。因此，预警机的研制只能是国家行为，预警机的成功，也必然是国家综合实力的体现。

但不管工程如何浩大，攻关的困难有多少，投入的经费需要多少，中国预警机人从来没有动摇过，第一个真正属于自己的预警机终于产生了！

"自信"可以说是预警机精神的一个鲜明特色，也是从未动摇的信念！

"站立在960万平方公里的广袤土地上，吸吮着中华民族漫长奋斗积累的文化养分，拥有13亿中国人民聚合的磅礴之力，我们走自己的路，具有无比广阔的舞台，具有无比深厚的历史底蕴，具有无比强大的前进定力。中国人民应该有这个信心，每一个中国人都应该有这个信心。"

这是习近平总书记声情并茂阐述的"中国自信"，而预警机工程为"中国自信"做了一个坚实的注脚，预警机精神也成为民族精神的一部分。

自信，亦是被誉为"中国预警机之父"的王小谟一生从事军工电子事业的写照。

我国从20世纪50年代就开始自主研制雷达。60年代开始研制预警机"空警一号"，但是受阻于"两高一低"技术而被迫中止。从70年代一直到80年代末期，随着计算机发展，"两高一低"总算解决了。

90年代初，伴随着海湾战争爆发，预警机在局部战争中的表现，引起了全世界的高度重视。预警机集情报探测、指挥控制、通信导航、电子对抗、信息传输于一体，成为现代空中作战体系的核心，获得了"空中帅府""空中司令部"的美誉。鉴于此，国家决策重新开始研制工作。

为了尽快装备预警机，我国开始寻求与世界军事强国的合作机会。作为该项目的中方技术总负责人，刚刚调到北京的王小谟坚决要求中方主导研制方案，并在国内同步研制。在合作过程中，中方团队坚持参与所有环节。有一些本来是合作方承担的任务，中方团队也主动要求做，对方认为占了便宜，还很高兴。也有人对王小谟的这种主张和做法不理解，但是王小谟有自己的见解："我们现在是跟着别人做，一定要多做，做过了，以后自己就会做了。"正是这样的坚持，为后来中国的自主研发打下了坚实基础。也因为有了这一合作阶段的努力学习，当后来外方单方面撕毁合同，取消合作，中国预警机事业面临又一次半途而废的险峻局面时，王小谟联合十几位老专家上书国家，请求自主研制预警机。这一请缨之举，当时在很多人看来纯属痴人说梦。要知道，当时具备研制预警机的国家只有四个，而且当时国内的各方面基础还十分薄弱，要想完成预警机工程，几乎是不可能的。但就是面对如此局面，王小谟毅然立下了军令状："外国人能做的，我们中国人一定能做到！我们不但要研制出预警机，而且还要研制出世界领先的预警机！"

"世界领先！"这是一份惊天动地的誓言，一个令人热血沸腾的目标！

正是王小谟在关键时刻的坚定与坚持，也来源于此前我国十多年的预先研究基础，最终给了国家立项研制的信心，最终决策——自主研制预警机！

这时候，王小谟在和外方团队中学习的东西就派上了大用场。比如，跟随外方团队学习到的对"规范"的尊重、技术上抛弃雷达界的常规思维、直接使用网络技术、完全网络化等，大大地缩短了研制周期。

更重要的是，在和外方合作期间，中方团队也没有只是当小学生，而是坚持以我为主，在购买技术的同时，也进行自主研制，在合同终止时候，已经拥有了一套自主设计的电子设备样机。本来按照科研程序，从科研样机到正样机，再到形成装备，至少需要三年，但是中国第二年就做好了科研地面样机，又过了一年，样机就飞上了天。后面的道路一下宽阔了。

但是说起来容易做起来难，当决定自主研制的那一刻，王小谟和他的团队就知道，这已经是华山一条路，只能向前，不能后退了。党和国家的重托，十三亿人民的期待，无数海内外炎黄子孙的关切目光，中国作为一个正在崛起的大国，预警机工程是一块名副其实的"试金石"！

世界瞩目中国，中国人则再一次展示了中华民族要自立自强的决心，迎难而上，"明知山有虎，偏向虎山行"。作为负责预警机研制的中国电科，从集团公司到各个研究所，都将预警机项目作为"天字号"工程，组织精兵强将进行技术攻关，以签订军令状的方式，将任务层层分解。集团设立了行政指挥系统和技术指挥系统，在行政指挥系统的指挥下，总师系统根据多个型号高度平行交叉的特点，搭建起适用于多型号同时研制的技术管理平台，提出了众多分系统参与的大型系统的联试措施。为了给预警机事业创造一个可靠的环境，后勤保障的同志们顶严寒、冒酷暑，风餐露宿；坐闷罐车、吃方便面，忍受蚊虫叮咬，在长达几年的长途物资押运中，竟无一例事故发生！在每个科研基地，几乎在每个外场，来得最早、走得最晚的都是后勤保障人员！

从立项研制开始，王小谟带领预警机研制全体人员，就奔赴戈壁大漠，从此进入了一个高速运转的状态。六、七年间，他们几乎没有休息过一个节假日，夜以继日刻苦攻关，技术人员戏称为"白加黑，5+2"。巨大的工作压力，超负荷的工作强度，换来的是研制进程的突飞猛进！

大漠戈壁上的气候复杂多变，在夏日的时候，骄阳似火，连空气中都弥漫着一股焦味，风似乎都被烤熠了，封闭的机舱内温度甚至达到了七十摄氏度，在里面工作就像是在蒸"桑拿"。而一到冬天，酷寒无比，滴水成冰，零下三四十度是常态，即使裹着羊皮大衣也瑟瑟发抖，干上二十分钟，手脚都冻得失去了知觉。和让人谈之色变的气候相比，最难以忍受的还是机舱内的噪音，面对面的交谈都要紧贴在耳边才能听见，每次下机后耳朵都不停轰鸣，两三个小时听不清声音，许多人相继患上了航空性中耳炎、习惯性耳鸣、偏头痛、脊椎痛病症……

精神上的压力，身体上的不适、疼痛、疾病，困难无处不在，预警机工程有多么艰难，没经历过其中环节的人难以想象。它需要的不仅仅是全力以赴，还需要超常的付出，需要用汗水、心血、智慧乃至生命作为献祭。

工程立项时，某分系统负责人还不到三十六岁，他带领项目组人员废寝忘食、不分昼夜地工作，解决了一个又一个技术难题。几年百折不挠地刻苦钻研，几千个日日夜夜的心无旁骛，他满头的黑发竟然过早地花白了。当预警机的研制取得成功后，他说："人的一生能有幸参加这项国家重点工程，是我最大的荣耀，即使头发全都白了，我也心甘情愿！"

还有一位某分系统负责人在工程进行到最关键的时刻，被查出身患癌症。突发的恶疾，让她不得不住进了医院。在化疗进行到第六次的时候，身体已经极度虚弱，头发全部掉光，但她心里始终放不下自己的工作，一次又一次请求回到工作岗位。在一次出差的途中，从车站广场到上火车短短的两百米路程，她走走停停，喘息着歇了五次，硬是凭着一股坚强的意志，完成了出差任务。2005 年 6 月 12 日，在经历了无数次的昏迷后，再也没有醒来，永远离开了她无限眷念的预警机事业。

为了预警机事业，在一场始料未及的事故中，失去了十位年轻的生命。烈士李正权，牺牲时只有三十一岁。他是个地道的农民孩子。在通知烈士家属时，由于不知道详细地址，辗转通过当地派出所才到达他偏僻的家中慰问。当被问及有何要求时，大字不识的母亲因为看见了随行警车，含着泪说："孩子是为国家走的，我们没啥要求，能不能让政府给乡里、村里打个证明，别让乡亲们误会，以为是孩子犯了什么事……"这便是烈士的亲人提出的唯一要求。望着强忍着泪水、满是皱纹的脸庞，望着低矮窄小、简陋破败的土屋，在场的每个人无不潸然泪下。

"玩了命地干""一天当两天用"，一连五年春节都在试验场和部队度过，正是所有研制参加人员这种共同的精神，最终"干"出了预警机。

王小谟，中国预警机事业的领军人物，这位预警机之父，他的付出更加超乎想象。高温、噪音，对他来说早已习以为常；年近七旬的王小谟，一次上机往往就要持续四个多小时，晚上经常加班到凌晨，这样一干就是整整两个多月！2006年，预警机研制最为关键的时刻，王小谟在外场遭遇车祸、腿骨严重骨折。就在大家忧心忡忡时，又一无情打击接踵而至，王小谟被诊断出身患淋巴癌！这一消息无异于晴天霹雳，令每一个人焦急万分！而面对这一切，王小谟是平静的，是面带微笑的，因为他所看到的是预警机事业的迅速发展，躺在病床上，他一边输液，一边和设计师面对面探讨交流，对自己的病情他没有提到一个字。等病情稍有好转，他又拖着虚弱的身体赶到了热火朝天的试验现场……

不但自己在困难和挫折面前永不退却，愈挫愈奋，王小谟还用自己的精神，用自己的言传身教，带出来了一支中国预警机事业的中流砥柱队伍。这个坚定而朴实的老人，永远着眼的是中国预警机事业的未来。

陆军，在王小谟推荐下，年仅三十八岁就成为空警-2000总设计师。从在雷达领域已有不凡业绩的总师"转型"成为我国首型预警机的总设计师，陆军"统筹全局、事无巨细、亲力亲为"，带领研发团队制定了整个工程的顶层文件，系统论证了预警机任务电子系统的组成、功能、指标，规划了系统研制的各个程序，并分析了可能存在的风险，提出了规避风险的措施。不仅如此，他还是参与试飞最多的人员之一。一次试飞中，飞机的氧气管道在九千米高空突然发生破裂，三分钟，飞机从九千米猛降到三千米，失重般地扑向地面，压缩饼干瞬间膨胀成了一个包。在惊心动魄的时刻，陆军没有惊慌，想到的却是保护试验数据，耳膜穿孔还坚持调试试验平台，甚至冒着生命危险，跑去给设备关电。

2007年，空警-2000最终完成设计定型并交付部队。空警-2000加入装备序列，也标志着我军预警机装备建设实现了从无到有的突破。

连一向骄傲的美国人也不得发出感叹，美国政府的智囊团"詹姆斯敦基金会"评论说："中国采用相控阵雷达的空警-2000，比美国的E-3C整整领先一代！"

中国预警机成功了，创造了世界预警机发展史上的九个第一，突破了百余项关键技术。一项项独特的设计思路和集成创新，使国产预警机成为世界上看得最远、功能最多、系统集成最复杂的机载信息化武器装备之一。

国产预警机的成功，是举国之力的结果，是预警机人的付出和牺牲，也是中华民族精神在新时期向世界的一个全新展示，在这个过程中，"预警机精神"和预警机一起，成为中国人国崛起的一个重要精神支撑！

2016 年 4 月 12 日，由国务院国资委宣传局指导，中央企业党建思想政治工作研究会、国务院国资委新闻中心、人民网共同举办了国企精神研讨会，在大会上隆重发布了"预警机精神"：自力更生、创新图强、协同作战、顽强拼搏。虽然只有十六个字，却蕴含着丰富的内涵。

首先是自力更生。这也是中华民族精神的核心，是民族魂。自力更生是中华民族的光荣传统，是中国共产党一贯的优良作风，也是国防科技工作者始终如一的传承。在国防尖端领域，一个伟大而自尊的民族决不能幻想别人的恩赐！唯有掌握核心技术，拥有自主知识产权，才能将祖国发展与国家安全的命运牢牢掌握在自己的手中。预警机这样重大的信息化武器装备，只能靠中国人自己！在预警机研制工程中，自力更生这个中华民族的优秀特质彰显得淋漓尽致，成为最坚定支撑！

其次是创新图强。创新是一个民族进步的灵魂，科技创新尤其成为 21 世纪大国之间进行竞争的最激烈也是最能体现国家综合实力的竞技场。预警机事业的成功，向全世界展示了中华民族在科技创新领域的能力和决心。预警机技术从无到有，从有到优，一步跨越了国外三代的发展历程！不仅技术达到了领先水平，而且形成了一套符合工程要求的科学管理方法。

作为科技创新型企业集团，中国电科始终将创新作为保持自身优质高速发展的根本和动力源泉，坚持不懈地推进科技创新，15 年来共获得国家科技进步特等奖 13 项，一等奖 18 项，二等奖 49 项，专利授权 9877 项；中国电科牵头的"空警 -2000"获得 2010 年度国家科技进步特等奖，王小谟院士获得国家最高科学技术奖；承担的"核高基""二代导航""高分"和天地一体化信息网络等国家重大科技专项，关键技术比肩国际先进水平，基础前沿领域取得一批重要成果，创新型国家建设核心骨干作用初步显现；构建"三三制"科技创新体系、出台科技创新"二十条"意见，从人才、平台、机制等制约创新的关键问题突破，释放科研人员创新活力，形成中国电科特色的创新机制……此外，中国电科"技术创新体系重构工程"的实施直接促进了我军航母、预警机、战斗机、军用卫星等一大批重大武器装备的升级换代；直接推动了平安城市、智慧城市、信息安全等重要信息工程建设，有力地带动了国民经济信息化的发展；形成了中国电科特色的信息安全、软件与信息服务、基础元器件等支柱产业，获得了良好的经济效益；支撑了多项重大电子系统和装备的出口，提升了国际竞争能力。

再次是协同作战。预警机事业的成功，离不开协同作战。在缺少经验和技术的情况下，国家调集了最优质的资源来保障工程的进行，中国电科、中航工业这两个在我国军工电子领域和航空领域最具实力的集团公司全力投入到工程之中。空军部队成建制全面参与预警机的科研试验试飞和设计定型试飞，积极组织试用，也使预警机在不同地形地貌、气候环境、海域和电磁条件下，用比国外同类装备短得多的时间通过试验考核。微波功率管是使雷达成为"千里眼"的最重要器件之一。为解决它的国产化问题，元器件分系统打破参研单位分工和领域限制，组织跨地区、跨研究所的任务攻关，十几个研究所紧紧地融合在一起。在单项技术有差距的情况下，通过各环节协作和科学的资源整合，中国人只用六年时间就追上了国外二十多年才能达到的技术水平。

第四是顽强拼搏。"自助者，天助之。"预警机事业是干出来的，靠的就是一股拼搏精神。在工程最紧张的那几年里，预警机研发团队甚至习惯了一周七天、一天十一小时的"711"工作制。"动力源于责任感、使命感。搞出中国自己的预警机，是我们这批人的追求。"王小谟感慨地说。"我们也想休息，但差距太大，只有拼命才能赶上人家。"陆军说。

正是依靠着"预警机精神"，中国人拥有了自主研制、世界领先的预警机。也正是依靠这种精神，中国电科不但立足国内，而且勇敢地走出去，搏击国际市场，国际化经营年收入从最初不到两亿美元增长到目前三十亿美元，成功将预警机、机载雷达、电子对抗系统等一批装备打入巴基斯坦、埃及、阿尔及利亚等发展中国家，成功将公共安全、新能源、元器件等重点项目打入欧洲、北美等发达地区。国际合作也取得很多新进展：与微软公司合资合作开展安全可控 Windows 操作系统研发，提升国际技术合作水平；瞄准高端芯片推进与 IBM 战略合作；积极参与中俄总理定期会晤框架下的相关工作；圆满完成 SKA 项目澳大利亚先导单元建设任务，开创中国产业界在国际大科学工程中承担核心制造任务的先河；与美国柯林斯公司、法国泰雷兹公司分别成立了合资公司，为国家大型商用飞机提供通信导航系统和客舱娱乐系统……

当前，以信息技术为核心的第四次工业革命已经拉开大幕，有了"预警机精神"作为永远澎湃的动力，中国电科还将承担引领电子科技、构建国家经络、铸就安全基石、创造智慧时代的重要使命。决胜蓝天，我们研制出了预警机；决胜未来，中国电科人还将继续奋进在路上。（《思想政治工作研究》2017 年 4 期，"预警机精神"挺起民族脊梁，作者：李惠男、苏鸿雁、尚索娟）

中国标准：大唐电信精神

2017 年 4 月初的一天，北京，怀柔。北国春迟，这里刚刚换上一抹柔嫩的绿色，不时漫天飞舞的沙土中，还带着挥之不去的冬天的寒意。而在大唐电信集团 5G 外场测试现场，早已聚集了一批令人瞩目的合作伙伴：中国科学院、高通、英特尔、是德科技、中国汽车工程研究院等，几乎包括了产业链各个环节上的重量级合作伙伴，足以显示大唐电信的雄心壮志。其所构建的一个包括终端、芯片、网络、业务应用、测试仪表等在内的完整而系统的 5G 产业生态圈，打造一个具有全球领先性质的 5G 产业国际联盟，推进 5G 产业的快速成熟和快速部署，抢占 5G 产业发展的战略制高点。此外，大唐还联手中国科学院计算机网络信息中心，成立了 5G 无线网络与应用联合创新实验室，依托双方技术、人才及资源优势，积极开展 5G 融合的网络与云计算技术、移动互联网与大数据技术、VR/AR 技术、科研信息化等各类关键技术试验及应用示范。

"有别于前四代移动通信技术，5G 是一个万物互联的时代。智能手机不再是唯一的载体，终端形态将呈现多样性，例如汽车就是一个大号的 5G 终端。移动互联网、工业互联网，很难想象变革之剧烈。"大唐电信集团副总裁、新闻发言人陈山枝介绍说，大唐在 5G 之初就是两条线布局，一条是技术研发、从技术开发到外场测试到小规模到大规模商用；另一条是产业布局，面向车联网等为典型代表的垂直应用，构建万物互联的网络生态。"全产业"携手，秉持生态圈理念，一个"信息随心至　万物触手及"的崭新时代正在到来，而大唐无疑是引领者。

"5G 看中国"，所有人都在憧憬着，一个全新的万物互联的世界早日到来。而按照国际标准组织 3GPP 公布的时间表，5G 标准的第一个版本（3GPP Release 15）将在 2018 年 9 月完成。距离时间表已经只有 1 年多的时间了，作为 5G 标准化和产业化发展冲刺阶段最受关注的大唐电信，其实早已经悄悄上路。"莫道君行早，更有早行者。"早在 2011 年，大唐电信就已经开始了启动 5G 关键技术的研究与储备。大唐电信是国内 5G 技术标准推进组织 IMT-2020 的核心成员，牵头多个 5G 关键技术方向的研究与标准化推进工作。2016 年大唐率先展示了全球领先的 Massive MIMO 超大规模天线技术、PDMA 新型多址接入技术和车联网技术，并发布了业内首款基于 LTE-V 技术的车联网芯片级预商用产品，获业内高度评价。在我国 5G 技术试验第一阶段测试工作中，大唐完成了大规模天线、新型多址、超密集组网、移动边缘计算等 7 个测试项目。大唐的无线特色技术测试结果处于业内领先水平，而随着第二阶段测试的成功，大唐电信正在稳步向第三阶段挺进！

引领时代，引领世界，作为中国的一张崭新国家名片，作为中国企业在第四次工业革命的大潮潮头上"手把红旗旗不湿"的弄潮儿，大唐电信人的骄傲和自豪可想而知。毕竟，正是通过他们的努力拼搏，通过他们的智慧和汗水，通过他们的创新和科技成果，让中国标准成为世界标准！

标准，一个看似简单实则充满了含金量、凝聚着无数人心血，科技智慧和通用实践规范的集合。什么是标准？标准是工业界认可的，可重复使用的一种规范，并且是相关制造行业所必须共同遵守的一种规矩。

标准，是一家企业在世界范围内掌握的"制高点"，是主导产业发展的"话语权"。正如习总书记指出，企业不能当旁观者、跟随者，而是要做参与者、引领者，善于在国际规则制定中发出更多的中国声音，注入更多的中国元素。

而在通信标准行业，中国过去在世界上扮演的是一个什么角色呢？对此有外国专家戏称，参加国际标准会议的中国专家是"3S专家"，什么意思？就是Silence（沉默）、Smile（微笑）、Sleep（瞌睡）。这简直是对中国的莫大讽刺和蔑视，但也反映了中国在通信标准行业的尴尬地位。这一地位在2016年的时候，发生了翻天覆地的变化。2月，大唐电信的专家彭莹女士经中国政府推选，当选为国际电信联盟5G评估组主席。这个主席的位置重要性不言而喻，因为负责评估各个国家提交到国际电联的5G的技术是否达到5G要求，作用举足轻重。彭莹最终当选为5G评估组的主席，无可置疑地表明，中国在第五代移动通信标准领域具有了很强的话语权。中国用实力赢得了尊敬。

从第一代空白，第二代落后，中国人不仅眼睁睁看着跨国公司在我们面前赚走了大把的钞票，更重要的是国家信息安全得不到保障。在信息时代一个国家如果基本的信息安全都没有保障，何谈大国崛起？因此，大唐电信选择了"自主创新"，这也是一条唯一可以走得通的道路。

经过长期的技术积累和艰苦卓绝的努力，2000年5月，大唐电信代表中国政府提出了TD-SCDMA，被国际电联确认为三大第三代移动通信的标准之一。中国企业联手打造了以本土企业为主的移动通信的产业链，实现了中国百年通信史上零的突破。3G追赶，大唐电信迈出了坚实的第一步。

4G同行，2012年1月，大唐电信等我国企业主导的第四代移动通信标准TD-LTE被国际电联接纳，2013年年底，4GTD-LTE在我国正式商用。

从3G到4G，绝非一个数字上的递进变化那么简单，而是一个时代的嬗变，是从一个层次向着另外一个更高层次的突破和迈进，艰难困苦超乎想象。第三代移动通信时代，中国的产业在全球范围内已经崛起。如果将4G标准比喻成一个大厦的话，"帧结构"就是大厦的地基，这是一个核心的核心。大唐电信人为了将 TD-LTE 帧结构写入到国际标准，除了自身努力，更离不开中国政府和企业的支持，离不开和外国方方面面的沟通。最终，TD-LTE 帧结构这个核心技术写入到国际标准。

而这一切，靠的是大唐电信人，也是中国人的坚定的科技自信。在 2007 年的时候，当时美国主导的 WiMAX 和大唐电信等代表中国企业提出的 TD-LTE 发生正面竞争的时候，那时候，在跨国公司眼中，对 TD-LTE 根本就不屑一顾，在国内，也一度充斥着西方的月亮比中国的圆的糊涂想法，甚至有专家建议中国政府颁发 WiMAX 牌照，但是大唐电信人就不信这个邪。在中国政府的支持下，包括中国移动等，中国企业的共同努力下，最终大唐电信人胜出了。而当年睥睨全球不可一世的 WiMAX，现在已经不行了，在全球范围内，WiMAX 都将升级到 TD-LTE，当年豪赌 WiMAX 的跨国公司，有的破产了，有的被兼并了。现在全球 TD-LTE 网络在 43 个国家已经得到商用，TD-LTE 4G 总用户数达到 4.78 亿用户，占全球用户数的 40%。在第四代移动通信领域，中国已经在全球范围内建立起了自己的核心竞争力，为 5G 时代继续引领国际标准打下了坚实的基础，也为 5G "引领者"积累了底气。

从"追赶者"到"同行者"再到"引领者"，正是在这个奋勇拼搏不断超越的过程中，大唐电信人经过历练完成了升华，形成了"大唐电信精神"。

2016 年 4 月，在国务院国资委国企精神研讨会上，正式发布了"大唐电信精神"："自主创新是大唐的基因，勇于担当是大唐的灵魂，知行合一是大唐的不懈追求，科技自信是大唐的力量源泉。"

自主创新是大唐的基因，自主创新也是信息时代国家之间较量的"胜负手"。在无线移动通信产业领域中，流行着一句话："产业未动，标准先行。"一个产业在尚未形成的时候，标准的先行竞争就已经烽火四起、硝烟弥漫了。而当趋向明朗、产业崛起的时候，早就江山已定。

中国具有自主知识产权的 TD 技术是我国为数不多的经历了标准研究、提交、商用产品开发和产业化测试等各个环节的技术标准，并带动民族无线移动通信整体突破。如此来之不易的成就，没有任何的捷径可走，只能硬打硬碰。例如，大唐电信集团首席科学家吴江，为了解决高性能虚拟专用网安全设备的技术难题，迎难而上。国外同类产品解决这一问题主要依靠专用芯片提供的集成功能和运算能力。而限于当时国产芯片条件制约，吴江只能另辟蹊径，启用普通的通用芯片。"这简直有点像用小钢炮达到导弹的射程和精度，几乎是不可能完成的任务。"当时很多合作伙伴提出放弃，但大唐电信没有放弃。吴江和他的团队更是夜以继日地挑战这项"不可能完成的任务"，加班加点，与时间赛跑，和国际竞争者比拼毅力，最终在6个月后创新了解决办法并投入应用于国内多个重要部门，中国技术傲然登上了世界舞台！

勇于担当是大唐的灵魂。在前三次工业革命中，中国都因为种种原因而无缘参与，始终只能作为一个被动的旁观者。但第四次工业革命，中国面临着难得的机遇，可以和全球各路诸强同场竞技，这是中华复兴的伟大机遇，也是中华儿女一百多年来一直梦寐以求的最好的机会。与此同时，作为中央企业，大唐电信又承载着落实国家创新战略的重任，责无旁贷，也是当仁不让。因此在做3G TD-SCDMA的时候，尽管我国产业基础弱，尽管通信技术创新存在大投入、高风险的特点，尽管国内通信企业几乎都不敢涉足3G技术标准的研发，但大唐电信还是义无反顾地投身其中，并且独自扛起了中国追赶世界的大旗！

在大唐电信攻坚克难的团队中，有一支年轻的队伍，被誉为和电视剧《士兵突击》中的钢七连一样的战斗队伍。在三个月的研发日子里，他们实行准军事化管理，封闭办公。他们所在的办公室，和其他公司同在一个楼层，其他公司还没有上班，他们已经开始工作了；其他公司下班了，他们还在工作。晚上隔壁公司灯光暗淡，他们这里却灯火通明。甚至有一个笑话，因为他们每天都加班到很晚，连看门的大爷都熬不过他们，只好乖乖地将钥匙交给他们，让他们自行离开时锁门！

正是凭着这股子为国担当、自觉奉献的精神，大唐人最终一举实现了反超！

知行合一是大唐的不懈追求。知行合一是中国古老的哲学思想，并且成为今天中国企业建立企业文化时候所普遍遵循的一个核心文化理念。

知是行的主意。早在 2001 年的时候，当听说大唐电信的技术专家研究出了第一套中国自己的 3G 国际标准 TD-SCDMA，一个叫秦飞的刚毕业的大学生就毫不犹豫地选择来到了大唐，成为一名新大唐人。

行是知的功夫。秦飞的工作是移动通信系统级仿真，这是无线移动通信研究的基础支撑工作，经常需要加班加点写代码。在仿真工作岗位上秦飞一干就是十多年，如今他亲手编写的仿真代码上百万行，正是这一条条精准的仿真曲线，使我国向国际电信联盟提交的 3G、4G 国际标准提案有了强有力的论据支撑，为中国主导的 TD-SCDMA、TD－LTE－A 最终入选 3G、4G 国际标准做出了巨大的贡献。其中秦飞团队打破西方通信巨头的质疑，成功证明了在绝大多数条件下 FDD 系统和 TDD 系统并不存在邻频干扰问题，更是为中国支持的 TDD 系统的顺利商用扫清了障碍，为中国工程师赢得了世界声誉。

科技自信是大唐的力量源泉。在一个新的时代里，科技一词的含义发生了新的变化，不仅仅是埋头钻研的能力，还必须有科技成果产业化的能力。过去，在科技界有一个不成文的"样机文化"，也就是有科技成果却无法转化为市场，形成产业。这和以硅谷为代表的高科技产业形成了鲜明对比。对于大唐电信，从一纸标准到引领一个产业，在某种意义上说，比单纯攻克技术难关更难，但也更加激发了大唐人的精神。

3G TD-SCDMA，仅有中国移动一家运营商商用，但是到了 4G TD-LTE，已走出国门，在多个国家商用。截至 2014 年底，全球新增 TD-LTE 用户 1.158 亿，TD-LTE 用户总数超过 1.23 亿。全球每 4 个 4G 用户中就有 1 个 TD-LTE 用户。TD-LTE 已成为 4G 用户发展的重要推动力。

与此同时，大唐也在下一盘大棋，开始自己的全球产业链布局。在 3G、4G 标准的研发和商用过程中，以大唐为首的中国通信企业申请了多项专利，并形成了从芯片、仪器仪表到系统设备、终端设计的完整产业链。目前，大唐电信累计申请全球专利超过两万件，授权专利超过 9000 件，续 7 年荣获"中国专利奖"，3 次问鼎中国专利金奖；确立了"技术专利化、专利标准化、标准产业化、产业市场化、市场国际化"的"五化"发展道路，形成了覆盖整个创新体系的知识产权格局。

　　至于 5G 时代，回到本文的开头，大唐早在 2011 年率先启动研究，谋篇布局，现在已经进入最后的冲刺阶段。在关键领域的一系列突破，进行了专利布局的"先手"，加上在国际标准竞争方面积累的丰厚经验，背后以一个国家的期许和众多中国企业的联合力挺，大唐"引领者"地位不可撼动。在一个尚未开启的时代中，中国已经做好了全面准备。

　　是的，正如其名字所蕴涵的意义一样，大唐是中国历史上的盛世，大唐所代表的是一种阳刚、强健的精神，是一种蓬勃、进取的意志，更是一种包容、多元的价值追求。当今时代，中华民族要伟大复兴，大唐是一个重要的参照，大唐电信人和中国电信人，乃至无数的中国企业一起，担当起自己的历史重任，在世界舞台上重塑中国形象、打响中国品牌，以科技为中国腾飞插上翅膀，更以精神为中国人铸魂！

　　未来，并不遥远；未来的道路，就在现在每一个奋斗者的脚下……（《企业文化》，2016 年 4 期，国企精神：砥砺奋进的支撑力量，作者：刘若凝）

第三部分

当代篇（下）　民营企业家精神

第八章

改革开放第一阶段（1978 ~ 1992）: 萌芽

从 1978 年底拉开大幕的改革开放，几乎是在农村和城市同时进行的。

就在十一届三中全会召开的同时，在安徽省凤阳县梨园公社，一个叫作小岗的地方，二十个面孔粗糙而黝黑的农民，写下了一张纸条，"分田到户"是上面最触目惊心的四个大字。这一纸具有历史意义的契约，如今摆在了中国国家博物馆（藏品号 GB54563），走进了中国当代史的历史册页中去。他们成了农村承包责任制的破冰者。

承包责任制，关键在于完成了从"公"到"私"的转变，种田变成了为自己，农民的积极性得到了空前的释放。数据说明了这一选择的正确性：1980 年全年统计农业产量，以生产队为核算单位的不增不减，实行包产到组的增产 10% ~ 20%，实行包产到户的增产 30% ~ 40%。

这个数据表明，越是将个人的"利益"突出的，越容易刺激和调动生产积极性。

"利"之一字，的确是人性不可避免、不能不承认的一个本能存在。

据说，当时流传这么一个小故事，河北平原上，一个承包了土地的老人，发现有一亩红薯少了六棵秧苗。老人一计算，这就意味着秋天少产五公斤红薯。老人居然为此走了十几公里路，最后把它给补上了。

这就是亚当·斯密说的人性的"自利"取向，人们之所以能够吃上好的饭食，并不是依靠屠夫、酿酒师和面包师的道德或慈善。如果人们向这些手艺人表明，他所做的事情对他自己是有好处的，那么人们就能如愿以偿的吃上好的饭食。所以，正是这种"私人的打算"，而不是恩惠，使人们得到了好的饭食。引起劳动分工的原因，不是出于道德或者其他，只有一种原因，就是"自利"。也正是这种"自利"本能的驱动，所产生的"利己主义"，才构成了市场经济最根本的"基石"。

就这样，市场经济的细胞，在高度计划统一的经济体制内，首先在农村的土地上孕育了出来。从农村广阔的试验田上，很快产生了第一批的乡镇企业与私营工商业者。民营经济从这里开始，迈出了艰难却具有历史意义的第一步。民营企业家，最初不是出现在城市，而是出现在农村，这一点，显然和西方国家有着根本上的区别。

与此同时，市场经济的萌芽也在城市中开始破土而出。正如农民为了填饱自己的肚子，不得不冒死去实验"包产到户"这么一种崭新的生产组织形式，在城市里，也有着大批的人口，由于被过去的经济体制束缚，而挣扎、困惑、思索，悄悄地探索着新的出路。这一股强烈要求变革的思潮，最终被"知识青年"返城这么一个特殊历史时期的特殊事件，激发了出来，并且立即在全国形成了席卷之势。

知识青年，是"文革"中一个被逼迫上山下乡的庞大群体，其中所蕴含的超级能量，已经在参加祖国各个地方的生产建设中，得到了切实证明。随着十一届三中全会召开，中央调整政策，允许中学生毕业留在城市升学和就业，同时放松了上山下乡知识青年因病、因家庭困难返回城市的限制，于是，立刻在短时间内，掀起了一个全国"返城"高潮。

作家梁晓声《今夜有暴风雪》中，写了北大荒知识青年返城时惊心动魄的一幕："知识青年大返城的飓风，短短几周内，遍扫黑龙江生产建设兵团。某些师团的知识青年，已经十走八九。四十余万知识青年的返城大军，犹如钱塘江潮，势不可挡。"

这么一支浩浩荡荡的"返城大军"，这么一个庞大的群体，城市如何有能力接纳？一个新词反映了这个时候的社会情况——"待业青年"。说是"待业"，其实就是名副其实的"失业"。没有谁可以忽略这么大一个群体的生存情况，不但影响到了城市秩序，更影响到了整个社会的稳定。如何在最短的时间内，最大限度地提高生产效率？如何用最简单最有效的办法，解放并且促进生产力？答案是明摆着的，农村经济改革已经趟出了一条明确的道路，从"大"和"公"的集体经济，向"小"和"私"的个体经济，进行"突围"。除此而外，别无良方。

很快，在北京的大街小巷里，出现了一个崭新的群体，有了自己的称谓——"个体劳动者"：修车的、修鞋的、补锅的、裱画的、裁剪衣服的、开小饭馆的……和农村的"包产到户"一样，这些人也是被"逼"出来的。不管怎样，民以食为天，总得填饱肚子吧，反正是自食其力，堂堂正正干活，靠自己卖力气、耍手艺，挣一口饭吃，又没有剥削别人。既然政府没有能力解决问题，个人自己来解决自己的问题总可以吧？

这种简单的"自救"思路，是求生的本能，也是被环境实在逼迫到走投无路时的一种无奈选择。很快在祖国各地各个城市角落里悄然兴起了一批"个体户"。

从 1979 年 9 月 29 日，叶剑英在庆祝中华人民共和国成立 30 周年的大会上讲到："目前在有限范围内继续存在的城乡劳动者的个体经济，是社会主义公有制经济的附属和补充。"这是第一次给"个体经济"定义。到 1980 年中共中央召开全国劳动就业会议，提出了"在国家统筹规划和指导下，实行劳动部门介绍就业，自愿组织起来就业和自谋职业相结合"的方针。首次将"自谋职业"，也就是"个体劳动者""个体户"写进了国家政策。1981 年 6 月，党的十一届六中全会通过《关于建国以来党的若干历史问题的决议》指出："国营经济和集体经济是我国基本的经济形式，一定范围内的劳动者个体经济，是公有制经济的必要补充。"

从"附属和补充"成为"必要补充"，只换了几个字，却产生了完全不同的意义和分量。

10 月 17 日，《中共中央、国务院关于广开门路，搞活经济，解决城镇就业问题的若干决定》中，对于"个体经济"进一步做了阐述："在所有制方面，限制集体，打击、取缔个体，城镇企业急于向单一的全民所有制过渡，既阻碍了经济建设的发展，又堵塞了劳动就业的多种渠道……今后在调整产业结构的同时，必须着重开辟在集体经济和个体经济中的就业渠道……进一步调整政策，广泛深入地宣传党的方针，说明城镇劳动者个体经济对于发展生产、搞活经济、满足需要、扩大就业的重要作用，消除干部、群众和待业青年的思想顾虑，使城镇劳动者个体经济得到健康的发展……党中央、国务院的各个有关部门，要采取积极态度，坚决地迅速地改变那些歧视、限制、打击、并吞集体经济和个体经济的政策措施，代之以引导、鼓励、促进、扶持的政策措施。"

"引导、鼓励、促进、扶持"，"个体户"迎来了自己的春天。古老的春风吹拂着中国广大的农村和城市，"个体经济"艰难地起步了。

当时，在中国最著名的"个体户"，是一个谁都没有想到的"傻子"。

精明的"傻子"

这个傻子，就是中国改革开放史上大名鼎鼎的年广久。说起来，这其实是一个再普通不过的平凡人。作为文盲的他，连自己的名字都不认识，从七岁就开始在街头巷尾流浪，靠着捡烟头挣钱。九岁开始学徒经商，从十几岁开始，从父亲的手里接过水果摊，开始了谋生持家。但因为当时正是国家全面推行计划经济，对个人经济交易行为严加限制，所以，他很快稀里糊涂地以"投机倒把"罪被判了一年有期徒刑。出狱以后，没有任何生活来源的他，只好又炒起了瓜子。而他有着天生的商业头脑，居然很快掌握了一门令人叫绝的技术——炒出来的瓜子易吃、好吃，吃完以后，唇齿留香。这一下，他可出了名，在给自己的商品起名字时，他想到父亲被称为"傻子"，自己被称为"小傻子"，干脆就叫"傻子瓜子"得了。结果，因为自我嘲笑，将位置摆得不能再低，反而收到了意想不到的效果，人们争着来买他的瓜子，名气大了，一天要卖两三千斤瓜子。他一个人忙不过来，就请了人来帮忙。结果，不知不觉，居然用人达到了两位数——12人，这可惹了"大麻烦"。

原来，被中国人奉为圭臬的马克思《资本论》，有一个著名的论断："雇工到了八个就不是普通的个体经济，而是资本主义经济，是剥削。"大字不识一个的年广久，自然不可能读过《资本论》，所以一不小心，就逾越了"八个"的红线。怎么办？说"傻子"是资本家，尽管在理论上字字确凿，可是无论如何不能令人信服。如果这一新出现的现象被彻底扼杀，那么，其他人刚刚从这里面看到的一条劳动致富之路，又该如何向前走？难道"八个"就要成为制约中国个体经济的一道"生死线"不成？那么，刚刚解禁的农村工商业、家庭副业的十万从业大军，何去何从？尤其在广州等地，基本上个体户的雇工都在十几个、二十个，怎么办？

这是一个令人头痛，也没有办法可以解决的问题。一方面，这需要理论界加紧研究，给出答案；另一方面，也要允许这种情况的出现，以符合实践需要的情形，继续自由地发展下去。这是没有办法的"办法"。几年后，当年广久的工厂雇工已经超过百人，日产瓜子接近一万公斤时候，"个体户到底雇几个人算是剥削"的争论，也随之达到了最高潮。最后，还是作为总设计师的邓小平，以他特有的智慧，给出了一个"方案"："我的意思是放两年再看，让'傻子瓜子'经营一段，怕什么？伤害了社会主义了吗？"

有了邓小平的尚方宝剑，年广久的傻子瓜子卖得更来劲了。本来就懂得销售技巧的他，动作更加大胆。在 1986 年春节前，"傻子瓜子"在全国率先搞起有奖销售，并以一辆上海牌轿车作为头等奖，三个月实现利润一百万元。这一招营销方式简直引起了轰动，并迅速为全国所效仿。但好景不长，中央很快下文停止一切有奖销售活动，让年广久的销售计划大乱，公司血本无归。1987 年底，芜湖市对年广久经济问题立案侦查，1991 年 5 月，芜湖市中院判决年广久犯有流氓罪，判处有期徒刑三年，缓期三年。令年广久没有想到的是，当他以为自己将从此一蹶不振的时候，邓小平又一次说话了："农村改革初期，安徽出了个'傻子瓜子'问题，当时许多人不舒服，说他赚了百万元，主张动他，我说不能动，一动人们就说政策变了，得不偿失。"邓小平在著名的南方讲话又一次提到了"傻子瓜子"，年广久等于得到了大赦令，绝处逢生。1992 年，年广久因经济问题不成立而获释。2000 年 8 月，年广久将"傻子瓜子"的商标等全卖给了长子和次子，退出了江湖。

也许今天还有很多人认为，"傻子"就是运气好，赶上了那么一个热火朝天的时代，又得到了邓小平的两次点名，等于间接保护了他。但真是这样吗？

实际上，"傻子"一点都不傻，反而是一个天生精明、精于计算的商人。

一是薄利多销。"傻子"从小跟随父亲经商，而他们身上所流淌的是徽商的血液，虽然没有文化，却是精于计算的，薄利多销就是一个通用的经商手段。他在卖水果的时候，就从父亲那里懂得"利轻业重，事在人和"的道理。他的水果摊，允许顾客先尝后买，顾客满意的，就称几斤，不满意的，尝了不要钱。遇到一些难缠的顾客，买走了水果又跑来算"回头帐"，说少给了秤，或少找了钱，他都不计较，爽快地补水果、找钱，让顾客满意而去。有时候，明明水果分量十足，够秤了，他还要再拿一个给顾客，邻近摆摊同行的都说他"傻"，但是他的摊位回头客是最多的。后来改卖瓜子，也是这样。顾客买一袋瓜子后，总会问："这够秤吗？"傻子就二话不说，抓起一大把递到顾客手上。本来就不多的利润，赚得更少了。但是他却因此积累了人气和良好的口碑，人们都争着来买他的瓜子，"一个队伍排五十米以上，店门口两排队伍百米以上"，靠着薄利多销，他成为百万富翁。

二是精于计算。当时傻子从农民手里收瓜子，生瓜子价格由五六毛一斤涨到了一块五六，炒好的瓜子卖出去，却由每斤两块四降到一块七毛六。没有人理解他这"一涨一降"之间的玄机，只有傻子自己知道。因为他早扳着手指算过无数次了，扣除工人工资及炒瓜子的成本之外，每斤能赚九分到一毛。那时候可是一天卖十几板车，利润惊人。

三是严格管理。别看傻子没文化，却天生懂得管理。他的小小的瓜子厂，据说有三十六条厂规。他对待工人很好，开的工资高达五十块钱，而且管吃管喝，但他有一个硬性规定，就是工人必须遵守厂规，例如休息期间品尝瓜子，答对问题就有奖。"什么火头炒的瓜子？什么好处？好处在什么地方？回答出来就是五十块钱奖金。"这是重奖。而与此同时，一旦工人把瓜子炒苦了，就要罚款一百；如果偷抓一把瓜子出去，就要警告；要是把瓜子放在口袋里的话罚款一百；要是偷一袋子瓜子出去，罚款三千，开除。这是重罚。奖罚分明，绝不手软。

也许傻子是一个历史与机遇造就的成功者，但是他个人的勤奋、才能是不容抹杀的，他积极张开双臂，拥抱时代，也推动了时代的进步。

这就是中国的民营企业家崛起的第一步，是一小步，也是一大步！（《中华商业文化史论》第四卷《中国商业实践的本质跨越》，2011，中国经济出版社，房秀文，林锋著）

天下第一村：华西村

从改革开放一开始，"百万富翁"就成为一个令无数人向往的成功者形象！

但是你能想象吗？一个村子的人全部都是百万富翁，甚至千万富翁！

这个村子就是江苏省江阴市华西村，被誉为"天下第一村"。2006年，华西村产值突破四百个亿，全村村民人均纳税四十五万元！这是一组多么令人震撼的数字。而且，老支部书记吴仁宝口出"豪"言："任何一个人，在世界上任何一个地方，只要能找出一个比华西村更富裕（共同富裕，不是个人富裕）的村子，马上给你一百万！而且负责报销你出去寻找过程中的路费（找不到不算数）！"六年过后，无人认领这一百万，吴仁宝干脆又涨到一千万，不过，这一次是"美金"了！足见其对华西村之信心！

而就是在今天听来有点"神"，甚至有点"疯"的这一番话，当1955年的时候——那时候还不叫华西村，叫23大队，后来闻名天下的华西村要到1961年才正式建村——吴仁宝走马上任，他接手的是一个一穷二白、600多人、负债1.5万元的烂摊子。在农业学大寨的全国性浪潮中，全村人拼死拼活，十五年发展规划的蓝图，依然只是一张皱巴巴的烂纸。七年光阴，一掷而过。没白没黑，甚至通宵达旦，烂脚烂手不算病，头昏头疼不缺勤，换来的只是一个"样板大队"的虚名。

不过，日后回顾这一段艰苦岁月，吴仁宝也指出，收获不是完全没有。起码在这个过程中，初步凝聚起了"华西精神"，那种一不怕苦、二不怕累的奋斗精神，和不甘人后、迎难而上的赶超意识。七年的时间，磨炼的是华西人的肉体，更锤炼了华西人的意志品质。不肯定这一点，就无法解释，华西人后来一系列的"神话"与"奇迹"是如何创造出来的。而没有从这个"炼狱"过程中脱颖而出的吴仁宝，也就没有后来几十年始终带领大家走共同致富道路的"老支书"。和那个年代无数对毛泽东思想顶礼膜拜的中国人一样，经过最初的狂热以后，冷静下来的吴仁宝，最终从书里面抠出来四个字："实事求是"，并从此一生执行这一科学思想。也正是这四个字，为几十年来行驶在风云莫测的大海上的"华西村号"这条大船，提供了最明亮的指引和最坚固的保护。

思路决定出路。有了实事求是的思想和理性态度，吴仁宝才能在"文化大革命"那样的特殊年代里，白天接待来访者，介绍"样本经验"，晚上一转身就偷偷摸摸进了"小五金加工厂"，实行了白天社会主义，晚上资本主义的"双重路线"。这也是实在"穷怕了"的中国农民，面对不温不饱、不死不活的"现实"，而被迫进行的"创造"之一。人家要割"资本主义尾巴"，他们却悄悄地打起了"尾巴"的主意。"尾巴"这个形象的比喻，带着苦涩，带着辛酸，带着一丝农民式的自嘲。不过，"尾巴"毕竟也有一点肉，也能给清贫的油锅里添上一点荤腥。为了这可怜的"尾巴"，吴仁宝和他带领的二十个农民，每天晚上在熊熊的炉火旁，挥锤洒汗。"尾巴"虽小，创造的价值却远远超过预期——全村人一年在田地里才能创造二十四万元产值，这条小"尾巴"不出三年，就达到了这个数目。

抱着"一定要让大家都过上好日子"的朴素信念，也是农民式的狡猾——吴仁宝后来自己也承认，他那个时候"两面派"是演得非常好的。领导来了，就将所有厂子里的工人往外面一赶，拔草捉虫；领导一走，大家又立即进了工厂，继续干自己的活儿。多年以后，面对一块块纷至沓来的奖章，国务院颁发的十大功勋奖章，两个"全国劳动模范"奖章等，吴仁宝随随便便就放进了一个普通的塑料袋里。类似这样的个人荣誉，从一开始，他就没有放在心上，倒是如何实现让华西人"共同富裕"，始终成为压在他肩头上最为沉重，也最为幸福的一副担子。

1978 年，华西村已经有了固定资产一百万元，银行存款一百万元，另外还存放了足够全村人整整吃三年的口粮，明里农业，暗里工业的做法，终于结出了硕果。但是吴仁宝并不满足，他带着村子里的骨干去了一趟南京的雨花台。站在这片安息着无数英雄先烈灵魂的神圣地方，吴仁宝带领大家庄严地宣誓，一定要让华西村的家家户户，都过上好日子；一定要沿着共同富裕的道路，坚定不移地走下去。中国农民祖祖辈辈，穷了几千年，今天，他们终于发出"富起来"的吼声了。也许他们感动了英灵，天上很快降下来一场大雨，每个人都被淋湿了，可是，浇不灭的却是心中那团跳动的火焰。

誓言没有被辜负，1983 年，华西村人创造的工业产值首次超过一千万元。

就在这时，中央发出文件，要大力推动乡镇企业的发展速度。改革的春风吹绿了大江南北，向来敢引风气之先的华西人，更是铆足了劲，从地下转为地上。三十万吨的线材厂、轧钢厂等，大、中型企业拔地而起。

1993 年，华西村的工农业总产值超过十一个亿。

1994 年，华西集团正式挂牌成立，而且创造性地实现了"一村两制"——一套班子，两块牌子。名义上仍然是传统行政区划中的村级单位，内在的组织结构却已经完全企业化了。新成立的华西集团，下面有八个大公司，五十八家企业，既有集体企业，又有合资、合作、联营、个体企业和上市企业。一、二、三产业来了个"齐步走"，较之当年的"双重路线"，已经发展成为了"多元路线"。不过，条条大路通罗马，一成不变的始终还是"共同富裕"。吴仁宝本人，既是华西村的党委书记，又是华西集团的总经理，仍然是这个最不像中国农村的"农村"的老支部书记和带头人。

对于华西村的成功，很多人将其归功于吴仁宝个人，对于这一点，吴仁宝自己也是有着清醒认识的。在刚刚起步的时候，他的个性和人格魅力、决策能力等，的确在华西村道路的选择上，方向的明确上，起了关键性的作用。在村子的管理上，尤其是在富了起来以后，他也的确在提高村民素质，促进华西村的可持续发展的战略制定上，起到了关键作用。例如提高村民素质，他就做出了一个"吴仁宝式"的举动：在当地的报纸上登出广告，有人发现华西村的人有参与赌博行为，奖励一千元。后来这个数目，又涨到了一万元，一百万元。也有人说他是作变相广告，不过，此举的确刹住了村民的恶习。

又例如，村子里的花草树木，为了不被破坏，他提出攀折花木，罚款二十元，可是没有用，后来干脆提高到罚款一万元，这一下，没有一个人敢以身试法了。在村子里，吴仁宝也以自己的身体力行，一举一动影响大家。在村子口就写有他的名言："家有黄金数吨，一天也只能吃三顿；房子豪华独占鳌头，一人也只占一个床位。""个人富了不算富，集体富了才算富；一村富了不算富，全国富了才算富。"对于华西村的可持续发展，他从1989年开始，就推出了"大华西"战略，着力对周边村给予项目、技术、资金上的帮带，现在已经有八个周边村加入了华西集团。与此同时，还对苏南、苏北三十多家单位进行了帮扶，为全国二十多个省市自治区培训基层干部一百多期一万余人。与黑龙江肇东和宁夏银川合作建立的两个省外华西村。在牵扯到所有人利益的分配政策方面，他也有独到的创新，率先在全国范围内实行真正意义上的按劳分配、多劳多得的现代企业规则。集团总公司与各下属公司、企业实行承包经营，经济效益超额部分，实行"二八开、一三三三"制办法兑现，即企业的超额利润，20% 上缴集团公司，80% 留给企业；留给企业的部分，其中10% 奖给承包者，30% 奖给其他管理技术人员，30% 奖给职工，还有30% 留给本企业作为公共积累。华西村另外还有个规定，叫作"少分配、多积累、少分现金、多记账"，这些都为集团的长远发展，奠定了基础……林林总总，吴仁宝对于华西人来说，真是个名副其实的"宝"。难怪美国出版的《重新发现中国》一书中，会对他那么推崇备至："华西村是中国的新加坡，吴仁宝是华西的李光耀。"

当全村人都富裕起来的时候，吴仁宝仍然住在自己的老房子里……

上级政府批准给他的奖金五千万元，他一分不要，全部给了集体……

他一直在带头刷新纪录：第一个"彩电村"，第一个"空调村"，第一个……

他生前最后几年，还在提出"村帮村，户帮户，核心建好党支部，最终实现全国富"的新目标……

2013年，这位85岁的老人，华西村的"老支书"，走完了自己的一生；他一生都没有离开华西村，没有离开过他挚爱的农村和父老乡亲……

华西村和吴仁宝是分不开的，他和华西村人一起，缔造了丰富的华西村精神：

一是艰苦奋斗的精神。这种精神是传统中国人几千年传下来的，什么时候都不能丢。

二是实事求是的精神。这其实也是中国共产党的精神，是新中国的精神。实事求是意味着尊重客观事实，但是也要强调个人的主观能动性。

三是崇高追求的精神。华西村所以能在无数个江南农村中脱颖而出，就在于他们确立了追求"共同富裕"这么一条金光大道，他们的精神追求，有着时代的烙印，但更是超越了时代的。他们将自己的思考转变为行动，这行动在未来还将被赋予更多意义，他们的探索不会停止，中国的改革开放也最终将回到"共同富裕"这条道路上来，殊途同归。

登上《新闻周刊》封面的"中国农民"

农民，还是农民，在中国改革开放的第一波创业大潮里铸造起一座座丰碑！

不过，这个农民可不寻常，他甚至登上了美国《新闻周刊》封面，在全世界露了脸！美国新闻界将他称为"中国农民的希望"、"国家式的英雄人物"，他是地道农民出身，却创造了一个扩张到美国本土的企业。

他的名字叫鲁冠球。

鲁冠球出生的地方，是在中国传统文化荟萃之地，吴文化和越文化交错的一个地方：萧山。出生在"鱼米之乡"富饶之地的他，却没有过上安逸的生活，从初中校园走出来以后，经人帮忙，他被介绍到萧山县铁业社，当了个打铁的小学徒。从熊熊的炉火里，夹出来一块块灼人的铁块，在师傅的大锤之下，乖乖地变成一副副农机配件，那种变化委实令幼小的他觉得不可思议。不经过锤打，就不能成为材料；而不经过大火的锻炼，就不能成为有用的钢铁。这深深地印进了他头脑中。

当时，宁围乡的农民要走上七八里地到集镇上磨米面，很不方便，他有一天突发奇想："如果在本村办一个米面加工厂，一定很受大家欢迎，而且可赚些钱。"当他把自己这一想法一说，很快从亲戚朋友那里筹集到了三千元，买了一台磨面机、一台碾米机，连牌子都没有的"米面加工厂"悄然拉开了帷幕。结果经营还没有展开，就因被有关人士指斥为"地下黑工厂"而遭关闭，机器被廉价拍卖，甚至他不得不变卖了祖父遗留的三间旧房子以还清欠款。不过，年轻是不害怕失败的。不久，善于发现机会的鲁冠球，又找到了一个"空子"，那就是在铁锹、镰刀都买不到，自行车也没有地方修的年月，他居然收了五个合伙的徒弟，挂了一块大队农机修配组的牌子，在童家塘小镇上开了个铁匠铺，为附近的村民打铁锹、镰刀，修自行车。技术上的过硬，服务的热忱，再加上没有竞争对手，很快使得这一伙年轻人在当地出了名。

1969 年，一个机会从天而降。有一天，宁围公社的领导忽然找到了正在全心全意经营自己铁匠铺的鲁冠球，希望他带着他的伙伴们去接管"宁围公社农机修配厂"。说起来是响当当的"工厂"，其实不过是只有八十四平方米破厂房的"烂摊子"。公社领导找到鲁冠球的意图也很明显：一无资金，二无技术，三无人才，只能靠这个铁匠铺的"小能人"来帮助厂子起死回生了。一见有这么个机会，鲁冠球立即变卖了自己的全部家当，连准备盖房的材料也卖了，说是"初生牛犊不怕虎"也好，把这叫作"背水一战"也好，总之，鲁冠球就这么"上路"了。

这是踏向成功的开始，也是走向坎坷的开始。不行路，不知道路有多难走。更何况，这是在一个什么样的年代，即使挂起了"集体所有制"的招牌，依然在一场场运动的潮流的裹挟之下。而更要命的，还是工厂的"一贫如洗"，连最基本的原材料都没有。怎么发展？如此窘困的处境，甚至逼得鲁冠球不得不一天到晚，骑着一辆自行车去一江之隔的杭州城里收废旧钢材，有时候更是整天眼巴巴地，蹲在国营大工厂外面，一等就是一天，等有什么废钢管、旧铁线什么的扔出来，真是如获至宝。工夫不负有心人，1973 年春天，萧山县物资局召开春耕物资调度会，鲁冠球从会上得知一个重要信息：杭州织带厂有三百吨废钢零料，一时派不上用场，堆放在镇江码头，急于卖掉。这可真有点"天上掉馅饼"的味道了，喜出望外的鲁冠球，连夜就坐上了前往镇江的火车。几经努力，终于如愿以偿地买到了这批材料，并用这些材料产出了第一批产品：一千把犁刀！

可是，产品出来了，兴冲冲地跑去向农机公司推销，却被人家拒之门外，理由非常简单：你没有"经销指标"！也就是说，你的生产不是"计划内"的，而是"计划外"的。这一来，真如一盆冷水浇下来，鲁冠球第一次意识到了脚下道路遍布的荆棘与陷阱！

不过他不是一个轻易服输的人，很快他又找到了一条"生路"：为周边公社的农具提供配套生产，例如饲料机上的榔头，打板，拖拉机上的尾轮叉，柴油机上的油嘴。东西虽然都不大，不过都是用得着的，数量累积起来，虽然吃不饱，却也饿不死。凭着这种"多角经营"的本领，不知不觉，工厂门口已经挂上了几块牌子："宁围农机厂""宁围轴承厂""宁围链条厂""宁围失蜡铸钢厂""宁围万向节厂"……

四百多工人，年产值三百余万元，鲁冠球可以说已经基本踩实了脚下的道路。而除了业务经营，他在管理上，也显出了务实和理性：开始还尝试过基本工资制度，很快就改为了计件（时）工资制。按劳分配，多劳多得，看起来平淡无奇，可是企业的生产效率和效益却出来了。

对于市场的认识，和很多人一样，鲁冠球也有一个逐步加深的过程。市场的竞争残酷无情，他很早就感受到了这一点。例如，有一次，全国汽车零部件订货会在山东胶南县召开。得到消息后，鲁冠球租了两辆汽车，带了销售科长，满载"钱潮牌"万向节产品直奔胶南。因为是乡镇企业，他们又一次被挡在了门外，根本进不了场，更不用说洽谈业务了。已经不止一次遭遇这种情况的鲁冠球，只说了一句话："那我们就在场外摆地摊。"于是，他与供销科长就把带去的万向节用塑料布摊开，摆满一地。一连三天，无一人前来问津。精明的鲁冠球不甘心，想了一个小办法，派出"探子"到里面订货会上一探究竟，原来是买方与卖方正在价格上僵持着，谁也不肯让步。搞清了原委，鲁冠球立刻大刀阔斧地出招了：降价20%，这一招果然厉害，一贴出降价广告。顾客立刻蜂拥而至了！晚上，他们回旅社一统计，订出210万元。

通过这一次面对面地"交锋"，鲁冠球总算明白了：市场，什么叫作市场？市场就是无情的竞争，就是价格、质量、成本。价格一定要低，质量一定要好，成本一定要千方百计降下来。而这就要在管理上下功夫。

越是对市场认识深刻，就越能看清楚自己的定位。鲁冠球最终将自己的核心业务，定在了"万向节"的生产上面。"做工厂不能有什么做什么，到了一定的时候就要小而专，小而精！"

1983 年 3 月，为了获得自主创业、自主经营的权力，鲁冠球以自家自留地里价值 2 万多元的苗木作抵押，承包了厂子。这一次，他不再是初出茅庐的小伙子，而是身经百战的将军了。承包的第一年，他就超额完成 154 万元，以后的 1984 年、1985 年，年年都超额完成。他吃过许多没有自主权的苦，因而坚决主张在承包责任制中，只要经营自主权，不拿奖金。

市场的竞争，初级是资源竞争，继而是技术竞争，管理竞争，而最高级的还是人才竞争。求贤若渴的鲁冠球公开宣布：以优厚的待遇，从全国各地商调工程师和技术员，愿付出一定的"培养费"，向各大专院校争取分配大学生。同时他又在本厂、本乡、本市（县）甚至越出市（县）界招收具有一定文化水平的青年进厂，送厂内职工进高等院校代培。他用这种"请进来""走出去"的办法，多方招收、培养了一大批大专生。同时，他又向专家、教授发出聘书，组织一个厂外的专家顾问团，定期请到厂里向他们咨询请教。不但"求贤若渴"，而且对于吸引而来的"金凤凰"，也敢于筑"金窝""银窝"，对大学生、工程技术人员，"引得进，留得住，用得好"，物质待遇保证"一流"，其工资都在原基础上向上加两级，奖金少的几百元，高的上千元以上，而且一律由厂里负责，把这些人的户口都落在县城。在使用上更是一尊重、二放手，让他们在技术方面自主负责。知而能用，用而能信，信而能任，任而能尽。

不仅仅使用人才，更为了帮助这些人才"致富"，鲁冠球又想出了"企业内部创业"办法，在厂内分小核算单位，对各车间、分厂实行独立核算，建立厂内银行，把市场机制引入到厂内，把厂内原来工人向仓库、向上道工序的领用制，一律改为买卖制，使人人讲究经济核算，同时，对各分厂实行承包经济责任制。在承包合同签字会上，他宣布："凡有利于企业发展，有利于职工生活提高，对国家有贡献的事，你们都有权去干，自主地去闯。凡是企业有的自主权，你们都拥有，凡是企业在发展中遇到的困难，都可来集团总公司找我。"这样的灵活机制，没有理由不三军向前，人人拼命，企业的活力自然也就最大地得到了激发。

鲁冠球在推行"人才战略"同时，更意识到：质量是企业的"命根子"。一次，一封从安徽芜湖寄来的客户要求退货的信，引起了鲁冠球的注意。客户在信中抱怨说，发到那里的万向节出现了裂缝。这是怎么回事？鲁冠球拿着信纸，立即找来了供销科长："你马上把合格产品连夜送去，换回不合格次品。"事情虽然不大，但是鲁冠球却越想越夜不能寐："到底有多少不合格产品，在外面像一枚枚定时炸弹隐藏着呢？万一都爆炸起来，自己厂子辛辛苦苦建立起来的信誉，岂非一下子就完了？"真是越想越怕，于是，他立即行动起来，组织三十多人，跑遍全国各地，走访用户，凡有不合格的产品，不管是本身质量问题，还是用户保管不善生锈、运输途中碰撞造成损坏或有微疵的，统统背回来，免费调换新的合格产品。结果，一背回来，数目吓人：三万多套。当即，鲁冠球召开了全厂职工大会，要大家对照次品找原因。原因找好以后，他带头把这些次品用麻袋一装，统统送进了废品公司。这一次就是损失四十三万元！"鲁厂长，这些产品再维修一下总可以用吧。""这几十万元钱，我们几百年也赚不了那么多呀！你太大方了。"

面对这些议论，鲁冠球却铁青着脸，只说了一句话："生产出这样的次品，不仅是对'钱潮牌'万向节信誉的损害，更是对国家、对人民的犯罪。一个厂的信誉是最重要的。今后凡是哪个人出了次品，就罚款，就砸饭碗。"这一招真是立竿见影，从此谁也不敢对产品有丝毫马虎了。

解决了工人们头脑中的"警戒线"问题，鲁冠球又在改进设备上狠下功夫。他将厂里的设备折旧制度，由 15 年逐渐改为 5 年，折旧率改为 20%，将税后利润的 80% 用于更新设备，并从国外引进了最先进的检测设备和高精尖的机床，先后投入设备的资金达 1500 万美元。而所获得的回报，也证明了他没有白白付出：由于管理上、质量上都超过了国有企业，通过严格的检查、验收，机械工业部把杭州万向节厂列为全国三家万向节的定点生产厂之一。

从此，"钱潮牌"万向节占领了全国 60% 以上的市场。

但鲁冠球看得更远，看到的是广阔的国际市场，他说："单是会赚本国的钱，不算什么本领。有本领，就要去占领国际市场，赚外国人口袋里的钱。"

这句话，可不是空口白话，鲁冠球是这么说的，也是这么做的。他还是紧紧地抓住自己的"质量、价格、成本"三要素，优质、低价，以无可比拟的竞争力，把"钱潮牌"万向节产品，节节推进到国际市场中，与外商打起了交道。如同当年四处寻找生存空间一样，这一次，他凭借自己敏锐的嗅觉，在国际市场上又开始寻找广阔的发展空间。他到处搜集国外万向节的市场信息，寻找一切机会，让"钱潮牌"万向节在外国人面前露面，广交会、泰国评选会，大的小的交易会都参加，两百套、三百套等小批量都卖……一方面不断拓宽发展的空间，扩大市场占有份额；一方面不断提高创新能力，开发出六十多个新品种，凭自己的实力打开了日本、意大利、法国、澳大利亚、西德、香港等十八个国家和地区的市场，不但每年持续创造大量外汇，而且，鲁冠球更酝酿成熟了自己的另一个战略：海外战略——成立跨国公司！

海外战略，首选落脚地自然是美国。美国是世界经济中心，又拥有通用、福特、克莱斯勒等代表世界汽车工业发展方向的最大型国际公司，万向的产品要得到国际市场的认可，必须要进入最高领域。

这是向荣誉巅峰的挑战，也是对万向人的一个极限考验。要知道，这毕竟是一家乡镇企业，而不是大型国营企业。没有任何的政府背景，只能靠自己单枪匹马去挑战众多巨人豪强。1994 年，经国家外经贸部批准，"万向美国公司"在美国注册成立，并且给自己制订了三大目标：第一，在美国树立万向的形象，把产品打入通用、福特、克莱斯勒等主机配套的领域；第二，搜集市场信息，及时反馈给集团，以拓展新的领域；第三，优化组合国际资源，尤其是要让国际资本为我所用。

不到十年间，这三大目标，已经得到了实现。

尤其值得一提的是万向美国公司，在二十年后被《哈佛商业评论》在《中国式管理》一文中，当成了中国企业的典型。文章写道，如果说有哪个国家哪个时期的经济发展阶段可以比拟生物学上的寒武纪物种大爆发及大灭绝，那只有中国的 1991 年到现在的经济阶段。1991 年到现在，很多中国企业失败了，但存活下来的企业变得更强大，更灵活，也更适应激烈的竞争。"有 46 年历史的万向，不仅存活下来了，还从一个农村小作坊成长成一个年销售规模超过 200 亿美元的企业，并在中国企业国际化中占得先机。"

是的，从中国的土地上走出来，脚上的泥巴还没有擦干，但是一转眼，万向已经成长为了一个巨人：1994 年万向在美国成立分公司，成立之初销售额只有 360 万美元，而在 20 年后，2014 年万向美国的销售额已超过 20 亿美元，这个数字意味着什么？是美国汽车三巨头的供应商，并且收购了 20 余家美国企业，投资触及房地产及新能源领域。

鲁冠球说过，要"做洋人的老板，用洋人的资本，收购洋人的企业，赚洋人的钱"。这话在 20 年前听来，近乎天方夜谭，相信没有几个人会当作一回事。但是鲁冠球不是那种空口说白话的人，他做到了。万向成功打入了美国主流社会，成长为美国中西部最大的中资企业。

鲁冠球的成功，有着许许多多的因素，但是最根本的还是他的独特精神：

一是梦想无尽。鲁冠球是一个有梦想的人，不但自己有梦想，他还将自己的这种追求梦想的气质带给了企业，感染了周围的人，使得许许多多的人和他一起追梦，从家乡追到了全国，从中国追到了全世界。

二是务实进取。鲁冠球的成功，要看到整个浙商的大背景，在这个商业文化传统里，他受到了熏染，并且以自己的实践反哺和丰富了浙商文化。务实、进取是浙商的一个突出特点，鲁冠球的务实进取表现在企业产品的创新上、企业战略的选择上，提及产品的创新，鲁冠球表示，要在有计划、有目标的前提下去创新，不是盲目去创新，同时也需要时间的沉淀，不能只靠一时的激情去做。"做事情一定要沉下心，踏实肯干，经过十几年的历练，一定会有收获。"话虽朴实，却字字如金。

三是善于学习。鲁冠球是一个真正懂得学习的人，从他当年在铁匠铺当学徒开始学习，他的一生都没有停止学习的脚步。有一个他亲自讲的例子：

那是 1984 年 3 月的一天，北京中汽总公司打来电话说，一位叫多伊尔的美国客商，要到万向来考察。这当然是一件好事，可是好事却不好办，因为当时在钱塘江边还立着一块"外国人止步"的牌子。鲁冠球认为这是个难得的学习机会，于是经过多方努力，最终经当时的杭州市委书记拍板，才破例让西装革履的多伊尔跨过了钱塘江。这这一跨，多伊尔代表在美国行业中排行前三位的舍勒公司，留下三万套万向节订单。8月，万向的第一批三万套万向节发往大洋彼岸，创下了中国汽车零部件出口美国第一。

而这只是一个开始，三年后，舍勒的老板专程赶到万向，提出独家代理公司的产品，目的是控制市场，限制万向的发展规模。鲁冠球对于这个要求断然拒绝，舍勒的老板一气之下决定和万向断绝业务关系。整整一年，万向的仓库里堆满了打着舍勒的标志并专门为舍勒生产的产品，造成大量资金积压。但是鲁冠球没有消极悲观，他认为，美国人一定会回来的，因为他对自己的产品有信心。果然一年后舍勒老板又回来了。因为他们在其他国家走了一圈儿以后，没有找到同万向一样价廉物美的产品。

最终，合作伙伴之间宾主互换：2000年4月份，万向集团谈成了对这家1923年成立的世界上万向节专利最多企业的收购。当鲁冠球再一次和舍勒的老板握手时，舍勒的老板感慨万千地说："你是胜利者。"

诚然，万向是一个不折不扣的胜利者，数字说明了一切：20世纪70年代，企业日创利润1万元，员工的最高年收入为1万元；80年代，企业日创利润10万元，员工的最高年收入为10万元；90年代，企业日创利润100万元，员工的最高年收入超过了100万元。2001年，企业日创利润300万元，员工的最高年收入为303万元。之后的万向更是进一步开疆拓土，在快速发展的道路上又快又稳地发展着，从国内走向国际，并且在国际上和世界强企展开竞争过招，不断取得胜利！其先后在美国、英国、德国、加拿大等7个国家建立18家公司。

而鲁冠球和万向的脚步还在稳健地向前迈进。公司从1999年开始参与清洁能源产业，目前，已经在新能源尤其汽车电池行业处于领先地位。

2015年10月15日，《2015胡润百富榜》发布，鲁冠球及其家族以650亿元，位列第10。

在经历了风风雨雨几十年艰难历程后，他被誉为中国企业家中的"不倒翁"。

然而，鲁冠球留给后来企业家的更多是弥足珍贵的第一代企业家精神。

从最初的奋起创业，到中间的做出一系列战略决策，勇敢而坚决地向前大步迈进，鲁冠球始终屹立潮头，站在万向的最前面。虽然，他只是一个普普通通的农民，但他又绝对是中国无数普普通通的农民中的一个佼佼者：不但勤于实践，更勇于在理论上创新。几十年来，他孜孜以求，不倦学习，不但获得了高级经济师和高级政工帅的职称，同时还撰写了大量的理论文章，已有六十多篇论文在《求是》《人民日报》《光明日报》《经济日报》等全国和地方报纸杂志上发表，被誉为"农民理论家"。理论指导实践，而实践又反过来不断丰富理论。不但万向集团本身，整个中国的企业，都从鲁冠球这里得到了贵比金重的经验。

也许在中国历史上，不乏从农民到巨商大贾的转变完成者，例如猗顿，但那只是个别；而鲁冠球却代表了一个整体，也代表了一个时代。

在"希望"中前行

如今，人们对于《福布斯》排行榜已经不再陌生。尽管对于其统计财富的数据来源，还抱有一定程度的质疑，不过，基本上已经肯定了其在民间的权威性。

而自从其在中国推出后，从 1999 年到 2001 年，连续三年间，都有一个叫作"希望"的刘氏家族，在榜单上赫赫有名：前两年屈居亚军，第三年则一下冲顶，以八十三亿元人民币的雄厚资产，成为中国"首富"！

在中国几千年历史上，对于财富，一直隐藏不露，讳莫如深；而如此巨大的财富，在一个兄弟众多的中国家族里，分配上不产生分歧乃至冲突，更加不可想象。但这一切，在这个传统式的家庭里，根本不存在。从创业开始，刘家兄弟就牢牢地抱成了"团儿"，各自发挥所长，齐心协力，创造了一番惊天动地的事业。成功之后，也没有什么人跳出来，居功自恃，或者争名夺利，而是按照人头，一人一份，不多不少。分也不是完全地分开，小分大合，作为一个联合体又始终血肉相连。

只不过，我们需要注意一个事实：当年的刘家兄弟四人可个个都是大学生。他们的成功，绝非偶然，而是知识转化为财富的一个典型案例。

说起来，他们的财富之路开始得一点都不神奇，甚至还有一些心酸：

1980年春节，刘永行被自己四岁的儿子缠得实在不行，为了满足儿子在过年的时候吃上"一顿肉"这个再简单不过、在当时却比登天还难的想法，他一咬牙，放下知识分子的臭架子，厚着脸皮，从大年初一到初七，每天在马路边上，低着头，缩着脖子，摆弄一个修理电视和收音机的小地摊。没有想到，尽管有点见不得人，可是那实惠却实实在在：短短几天时间，他竟然赚了三百块钱。这可了不得，足足相当于自己十个月工资总和！不但满足了儿子"心愿"，狠狠地吃了一顿，也激起了刘家兄弟内心的"狂野"之梦！"既然能靠修理无线电挣那么多钱，我们是不是可以自己来办一家电子工厂呢？"

自己办电子工厂，也不是出于赚钱考虑，而是首先想到了大发明家爱迪生和他所创造的"GE"，对于美国，对于整个人类社会所做出的巨大的贡献。一直视爱迪生为"偶像英雄"的四兄弟，有这么一个机会向前辈致敬，自然求之不得，内心也都充满了激动。对于学计算机的老大刘永言、学机械的刘永好以及会修理家用电器的刘永行来说，要搞一个生产电子产品的工厂，实在算不上多大挑战。他们并肩上阵，很快，中国第一台国产音响就横空出世了——新意。

只可惜，在人们对于工业化还是混沌一片，而对于企业更是理解模糊的时代，他们兄弟注定了无法成为下一个"爱迪生"，他们也做不成中国的"GE"。相似的名字，带来的命运却截然不同。当刘永好拿着他们的产品，找到乡下的生产队，谋求和人家合作，并且提出自己的想法：他们出技术和管理，对方出钱，工厂一边一半。没有想到，公社书记一句"集体企业不能跟私人合作，不准走资本主义道路"就彻底堵死了这条"实业报国"道路，"出师未捷身先死，长使英雄泪满襟"。刘氏兄弟在多年以后仍然惆怅和惋惜不已："我们失去了一次机会，我们的音响只能成为我所在学校校办工厂的一个产品。后来，这个产品为学校创造了一定的价值，居然还被评为省级科技成果。

如果当时我们做音响的话，说不准现在我们有可能成为中国的电器大王。"

第一次的创业并不能算成功，不过，不能当"发明家""实业家"，那么，当一个"万元户"总是可以的吧！这在当时，也是最"时髦"的一件事情。这一次，他们选择了一个投资少、技术含量低的行业——养殖业。他们将自己的梦想大厦奠基的希望，寄托在了小小的、不起眼的鹌鹑身上。最初，就在自己家的阳台上，做起了试验。

但很快阳台上的小小空间就不够用了。鹌鹑越养越多，下的蛋也越来越多。每天下班回家，刘永好和二哥刘永行就骑着自行车沿街叫卖。一件颇为尴尬的事情，就是经常碰到自己的学生，师生见面，互相之间都觉得有些难为情。后来，刘永好兄弟们一商量，干脆去古家村办一个良种场吧！这一次，吸取了上一次的教训，已经提出"停薪留职"的陈育新，专门跑到县委书记钟光林的家里，问回乡创业："要不要得？"创业当然没有问题，但钟书记还是嘱咐了一句："不过，你们要带起十户专业户！"

兴办实业的兄弟们，一口答应。但这毕竟仅仅是个开始，向银行申请贷款一千元，结果又遇到了麻烦：银行根本不理会他们！干脆，万事不求人，四人变卖了手表、自行车等家中值钱的物件，凑齐一千块钱。

有了创业资本金，老三第一个下乡当起了"育新良种场"的场长。"良种场"的主营业务是孵小鸡、养鹌鹑和培育蔬菜种。对于刘家兄弟来说，这里面实在没有多少技术含量。没有孵化箱，他们到自己到货摊上收购废钢材，然后到工厂租用工具，很快自己就做成了。建厂房没有材料，就在乡亲们帮助下，手抱肩扛，良种厂就这么建成了。一年下来，育新良种场孵鸡五万只，孵鹌鹑一万只，并带出了十一个专业户。

尽管此后的道路小有坎坷，但因为有四人同心协力，都克服了难关。而他们知识的储备，永不松懈的学习精神，也收到了回报。不久之后，他们不顾别人"天方夜谭"的不解与嘲讽，已经在开始用电子计算机调配饲料和育种选样，并且摸索出一条经济实用的生态循环饲养法：用鹌鹑粪养猪、猪粪养鱼、鱼粪养鹌鹑。这么一来，使得鹌鹑蛋的成本，降低到了和鸡蛋差不多的程度，利润空间大大拓展。

到了 1986 年，栽下的小苗终于长成了大树，结出丰硕的果实："育新良种场"已经达到了年产鹌鹑十五万只的规模，每天源源不断地被生下来的鹌鹑蛋，提供了足够的货源。

有了货源，还要有销售。刘家兄弟的分工，刘永好是负责市场的。他也的确有销售上的出众才华，从在青石桥一个鹌鹑蛋批发门市部，直至在成都最大的东风农贸市场里面，开了一家奇大无比的专营店，每天都堆放着数十万只鹌鹑蛋，生意已经不仅仅在重庆、西安做，而且来的客人，已经远涉新疆、北京，甚至还有老外亲自来下的订单。因为他们的拉动，整个的新津县迅速成为全国鹌鹑蛋的集散地。不仅仅是开始的十多户专业户，整个县城三分之一的农户，都投入到了鹌鹑养殖，全县近一千万只。一个小县城，比号称世界上鹌鹑大国的德、法、日等还要大上许多。他们已成为世界鹌鹑大王和鹌鹑蛋大王！

但带领乡亲们致富，毫无保留地传授养殖技术和经验，也给自己培养了竞争对手。面对自己扶植起来的淳朴乡亲们，正面展开竞争，显然不是一个明智的选择。兄弟几人一合计，干脆将产品升级，转战猪饲料市场。这一战，也是对整个刘氏家族的考验。

首先是市场进入。当时，以赞助中央电视台"正大综艺"节目而为国人所熟悉的"正大集团"，已经独占江山，投资一个亿在成都建了饲料厂。市场上，"正大牌"饲料出奇地火爆，简直供不应求，有销售的地方都排起了长队。面对这么强劲的竞争对手，刘家兄弟迎难而上，1987 年，他们成立希望饲料公司，并且在古家村买了十亩地，投资四百万元，建立了希望科学技术研究所和饲料厂，又投入四百万元作为科研经费，找了国内外一批专家进行研制开发。同时，为了表明自己不再与农民兄弟争利，和背水一战的决心与勇气，将十万只鹌鹑全部宰杀，没有给自己留一点退路。

两年过去了，"希望牌"1 号乳猪全价颗粒饲料，承载着刘家兄弟的"希望"，开始推向市场。擅长销售和市场推广的刘永好，第一仗就是与"正大"硬碰硬打，以蛇搏象。

他采取的是最原始、也最简单最有效的发放小广告的办法。租了一台刻印机，请一个写字好的朋友写好广告语，然后一张张的小广告就印刷了出来。他亲自一家一家地跑，给每一家的猪圈上都贴上了"希望"的广告："养猪希望富，希望来帮助。"这是刘永好亲自写的广告词，既将产品的品牌镶嵌在里面，又实实在在符合每一个养猪人的心愿。后来，广告又写在了每户养猪人的墙上，变成了："吃一斤长一斤，希望牌奶猪饲料就是精"。这就更诱人了，和"正大"以名门大户自居，高高在上的市场策略，截然不同。

事实证明这种低成本的广告策略是如何深入人心。只用了三个月的时间，"希望"牌饲料的销量就追上了"正大"。而这其中一个差别，决定了日后江山归属："希望"饲料的质量不比"正大"差，每吨的价格却便宜了六十块钱。坚持走自主研发道路的"希望"，终于在市场上面对面的交锋中，亮出了自己的"王牌"。

价格大战随即打响，"正大"的失败也是从一开始就注定了的：一开始，"正大"每吨降价二十元，"希望"也降二十元；眼看形势不妙，"正大"咬咬牙，降一百元！而"希望"胸有成竹，干脆降价一百二十元！这是没有任何悬念的较量，"希望"牌饲料的销量顷刻之间，狂涨了三倍！

"强龙不压地头蛇"，"正大"在节节败退后，终于明白了这个道理，主动上门"求和"。商业竞争，毕竟不是战场生死搏斗，要的是双赢。"希望"也不希望无休止地缠斗下去，最后，双方顺利达成了协议："希望"以成都市场为主，"正大"以成都之外的市场为主。经此一役，"正大"基本上交出了中国猪饲料市场的"第一"交椅。"希望"正如其名字所昭示的寓意，以不可阻挡的势头崛起，后来居上。

1992 年，依靠兄弟四人齐心协力，在中国个体私营企业中，第一个完成千万元级别的资金积累，如愿以偿，成为中国第一个经过国家工商局批准的私营企业集团——希望集团。

富是富了，作为中国最早的家族企业之一，兄弟分家的古老宿命，也在所难免。可是，毕竟是受过高等教育的知识分子，又不曾丢弃传统农耕文化的伦理道德：母亲在的时候，不管兄弟间有什么不统一，只要母亲一定夺，立刻就风平浪静，再无任何不睦。至于除了他们兄弟，妯娌之间，因为从一开始就在"方桌会议"上有特别规定，"各自媳妇回家看孩子，今后不得参政议政"，有点类似传统宫廷里面"后宫不得参与政事"，结果，也就少了乱七八糟的事。"家和万事兴"，农耕文化的伦理道德，在刘家兄弟身上，得到了最好的证明。

关于每个人的"所有权"，或者叫"产权"，利益相关，但兄弟四人都参与了最初创业，而且各按特长分工，所以并不存在"谁投资多少""谁功劳大小"，而是简单地一刀切：各占一份！成立了集团，也并不代表功成名就，可以躺在金山银堆上呼呼大睡了。新的起点，需要接受新的挑战，只不过更加复杂的局面，更需要从原始化的分工走向精密分工与合作：老大刘永言向高科技领域进军；老三负责现有产业运转，并且开拓房地产；老二刘永行和老四刘永好一起到各地发展分公司。

"兄弟齐心，其利断金"，希望集团在几兄弟的精诚合作下，简直一日千里。尤其以刘永好和二哥刘永行这一对"组合"，堪称完美。刘永行擅长内部管理，刘永好擅长对外公关与谈判。1993年5月份，仅用七天的时间，兄弟俩人便横跨湖南、江西、湖北三省，签下建立四个饲料场的协议。这一年到了年底，一盘算共建立起十家饲料场，个个盈利。而仅仅到1994年底，希望集团在各地的分公司已经发展到二十七家。

作为刘氏兄弟核心人物的刘永好，此时总结国内经济体制的利弊，提出了"国有私营，优势互补，共求发展"的思路，并开始新的试验。这就是，希望集团以技术、商标等无形资产和资金入股，国有企业以厂房、设备等有形资产入股，双方合股建立新的企业，由希望集团派员工按照私营企业运行机制和管理模式实施管理。通过合资、兼并国有企业变为混合经济的企业之后，企业活力增加了。一般情况下，两到三个月就可以赢利，两年就可以赚回一个新厂。1993年3月投产的上海希望饲料公司当年产销希望饲料25000吨，产值3000多万元，实现利税300多万元。同年5月签约、6月投产的南昌希望饲料公司，产量比原来增加三倍。仅南昌一方1993年12月一个月获得的利润，就超过了合资前一年的利润，被当地人称为"奇迹"。刘永好的思路在实践中获得成功，得到很多地方政府的肯定。于是，便有一些经济学家称之为"希望模式"。

吃水不忘挖井人，希望集团发达了，其发祥地古家村也在刘家兄弟的带领下彻底翻了身，成为四川省首批亿元村。该村 70% 的农民参与希望集团的各项事业，1993 年全村工农业产值达 2.65 亿元，户年均收入 2 万元，跃居四川省首位。经四川省政府批准，新津县在古家村建立了中国第一个以私营企业为依托的私营经济开发试验区——希望城。上海市政府也于 1993 年 7 月在上海嘉定希望公司所在地建立了中国第二座希望城——上海希望私营经济城，并聘请刘永好为上海希望私营经济城名誉董事长。

1993 年，刘永好作为非公有制经济界推选出的政协委员，出席了全国政协八届一次会议。这也标志着诞生于民间的希望第一次走上了整个改革开放的中心舞台。站在这个风光无限的全国舞台的中央，刘永好的标题是："私营企业有希望"，完全符合他在推广和销售，制造影响力方面的一贯风格。语意双关，而又简单明了。标题刚一念出口，济济一堂的人民大会堂台下，就爆发出一阵热烈的掌声。

10 月，作为来自企业界的唯一代表，刘永好更是荣幸地当选为全国工商联副主席。11 月，他赴港参加第二届世界华商大会，作为大陆首次派往这个国际盛会的代表。代表着希望集团，也代表着中国的民营企业家，刘永好迈开了通向世界的脚步。

1993 年，刘永好与 41 位政协委员共同提案，希望成立一家主要由民营企业家投资，主要为民营企业服务的银行。这一提议直接促成了两年后中国民生银行的成立。1996 年 1 月 12 日，中国民生银行在北京正式挂牌，经叔平任董事长，刘永好为副董事长。三年以后，刘永好又做出了一个更引人注目的大动作。他用了一年的时间，动用资金 1.86 亿元，完成了对民生银行一些股份的收购，持股量达到 1.38 亿股，从而成为占股比 9.99% 的第一大股东。1998 年，民生银行在上海证交所上市成功。同年，新希望集团改制为四川新希望农业股份有限公司，在深圳证交所上市成功。2002 年，公司总资产达14.5 亿元，位居上市公司 50 强中的第 38 位。

"分久必合，合久必分"。又一次刘氏家族的内部会议在家族老树下面召开。时过境迁，不变的依旧是内心跳动的梦想火焰，和血浓于水的手足亲情。本来可能在别的家族企业里针锋相对的一次会议，在这里简单明了。这是一次真正意义上的"绝密"会议，只有刘氏兄妹五人参与决策，每个人对各自的家属都守口如瓶，没有透露一点风声。最终经过董事会通过，从1995年4月13日开始，总部所有下属分公司的资金与资产全部冻结，不允许公司间流动，也不允许总部调拨。至于分配政策，仍然是当初确定产权时"资产平均分配"原则，全国27家分公司一分为二，划为东北与西南两个区域，刘永好坐镇西南，刘永行掌控东北。1995年5月15日，刘永好和刘永行在董事会文件上正式签字。兄弟四人从此各自走上独立之路：老大刘永言创立大陆希望公司，老二刘永行成立东方希望公司，老三刘永言建立华西希望公司，而老四刘永好成立南方希望公司。对于从一开始就全力支持的妹妹刘永红，他们也给了她一部分股份，作为回报。经过这一次的产权明晰，刘氏家族真正从一个家族企业过渡到了现代企业，奠定了基业长青的"基石"。对于分家，刘永好这样评价："我们兄妹几个都很优秀，有创业激情，能吃苦耐劳，很多地方都值得互相学习。正是这种互补型的团队组合，保证了原始积累的实现。创业时，我们考虑的是如何不倒下去。企业发展壮大了，面对着金钱、荣誉和掌声，看法就会不一致。两次调整，是从家族企业向现代企业过渡和规范，是谋求更大的发展……实际上，我们分的只是产业发展方向和地域。"

此言不差！正因为超越了家族企业的局限，"希望"才成为了常青树！

"希望"的道路，是中国私营企业所走过的一条共同道路；刘氏兄弟这样的民营企业家，也堪称中国民营企业家的代表。在他们身上所集中表现出来的精神，也是中国民营企业家的精神，有个性，但更多是共性：

一是坚韧不拔。这在很大程度上是所有中国民营企业家的共同写照。

在刘氏兄弟创业历程中，有一个共同的记忆：那是在1984年4月的一天，资阳县的一个专业户找到他们，一下子就下了十万只小鸡的订单，这可是笔大买卖！被冲昏了头的刘氏兄弟马上借了一笔数额不少的钱，购买了十万只种蛋。但两万只小鸡孵出来交给这个专业户之后不久，他们便听说这个专业户跑了。他们连忙去追款，结果到了对方家里一看，情形糟糕到不能再糟糕：两万只小鸡在回来路上就被闷死了一半，回家后一把大火，剩下一万只又死了，对方已经倾家荡产。男主人不知去向，只有女主人跪在地上给他们不停地磕头，能怎么办？

而比这更加令人绝望的，是剩下几万只小鸡马上孵出来了，可是没有饲料，又已经到了农忙季节，农民也不会要了，一时愁云惨雾笼罩住刘家兄弟。他们在一起商量来商量去，甚至想到了从岷江的桥头跳下去，或者隐姓埋名远遁新疆。但是逃避问题终究不是解决问题的办法。最后，他们决定留下来，不逃、不躲，毕竟，只要有人在就有"希望"！

接下来就是一场绝地反击：几个兄弟带着一筐筐的鸡仔，连着十几天，每天都是凌晨四点就起床，蹬三个小时的自行车，赶到二十公里以外的农贸市场，再用土喇叭扯起嗓子叫卖。八万只鸡仔就这样卖完了！

这是一次真正的洗礼：他们在危机中挺直了脊梁，他们真正知道了什么叫作市场经济。这一次的磨难不但没有打倒他们，反而让他们成熟了。也可以说他们的脸皮变厚了，但更根本的在于他们获得了内心的坚强。

只有内心的坚强，才是真正的强大，才是唯一能够支撑前行的力量。

二是专注执着。希望所以能够成功，一个关键就在于始终专注服务农民。

很多人看来，刘家兄弟的成功充满偶然性，实则不是。对刘永好来说，早从十七岁那年，他就插队到了成都市郊的新津县古家村，当地的生活环境令他大吃一惊：没水没电、缺医少药，连一条完整的公路都没有，就是在这样一个"兔子都不拉屎"的地方，刘永好一天挣着一角四分钱的工分，一待就是四年零九个月。炼狱一样的知青生活，不但锻炼了他的意志、心态、身体，最终重要的是让他真正了解了中国农民。

了解农民，了解农村市场，希望就这样在广阔的天地里迅速崛起了！

也正因为了解农民和农村，对农民抱有一种特殊的感情。1993 年，已经功成名就的刘永好，才会联合国内九位民营企业家，联名发了一个倡议——《让我们投身到扶贫的光彩事业中来》，动员民营企业家们到中国西部贫困地区投资办厂，培训人才，参与社会扶贫。这一举措旨在响应中国政府提出的用 20 世纪最后七年时间消除八千万人贫困的"八七扶贫攻坚计划"，这项倡议及其行动被称为"光彩事业"，它一经提出就引起了民营企业界的热烈反响，全国先后有三千八百名民营企业家参与进来，包括来自香港和澳门的企业家。光彩事业的实践对改善贫困地区群众的生活、增加就业、繁荣地方经济等均起到了很大作用。新希望集团作为倡议者之一，更扮演了积极参与的角色。经过二十多年持之以恒地参与贡献，新希望集团在"老、少、边、穷"地区投资已累计超过四十亿，通过发展家庭农场、养殖合作社等各种形式，帮助数以万计的农民朋友脱贫致富，成为"新型的、有尊严的、富裕的农民"。

光彩，不但是参与帮助的民营企业家的光彩，更是农民兄弟通过自身观念的转变，通过自己的勤劳双手，为自己和家人创造一个不一样的人生！

也正因为这一义举，中国的共同富裕追求又添上了浓墨重彩的一笔！

三是自信勤奋。曾经有记者问刘永好："如果你的巨额财富一夜蒸发，你还能东山再起吗？"刘永好对此回答是肯定的："拥有多少财富并不重要，重要的是，我拥有了创造这些财富的能力！假如我的所有财富都消失了，但是我的自信还在，我的见识还在，我的这种经历和能力还在，我就可以从头再来。对于我来说，自信和勤奋是无价的。"

是的，自信和勤奋，是刘氏兄弟成功的最重要法宝，也是中国民营企业家在一穷二白的创业征途上，所唯一拥有、可以依靠的最大"资本"。

自信不是天生的，它来自历练，来自每个民营企业家九死一生的历程。

勤奋同样不是天生的，它来自自我驱动，来自认定目标之后的强大自我驱动力，来自永远在前方的希望和永不停止的前进脚步，来自使命与追求。

对刘氏兄弟来说，九亿农民永远是他们的希望，他们最大的希望就是所有的农民兄弟，都能过上共同富裕的生活；他们自己能不能成为首富并不重要，重要的是中国农民可以自信地去追求幸福，骄傲地去向世界展示。正因为有这样宏大的梦想，他们才能够一直坚持到今天！

走向世界的"联想"

"假如失去联想，人类将会怎样？"

请注意，这一段诗一样的文字不是文学作品，而是一个企业的广告词。

但就是这句广告词里，也可以看出这个企业的不凡抱负：卓越的人类意识！

这家叫作"联想"的企业，当时并没有多少人知道，他们具体在干什么。

联想的创始人柳传志，此前一生的道路是在科学家的方向发展，他在科学院计算所外部设备研究室一连做了十三年磁记录电路的研究。虽然也连续得过好几个奖，但做完以后，却什么用都没有，一点价值都没有。只是到最后，1980 年，他们又做了一个双密度磁带记录器，送到陕西省一个飞机试飞研究所，用了起来。他们心里特别高兴。

但这种闭门造车的情形很快打破了，他们开始接触外国的东西，一比较就发现，自己做的东西差远了，就在这时候，柳传志有了一个清醒的认识：科学技术不能只停留在技术层面，必须转化成为现实的生产力！

但是怎么转化呢？直到一个机会来临：计算所所长曾茂朝想计算所自己办一个公司，积累点钱，上缴给所里，以解决所里急需的经费不足的实际困难。柳传志以往表现出来的组织能力使曾茂朝觉得他是最佳人选。他找到了柳传志，柳传志正为想做事"憋得不行"，二人一拍即合。

接下来一个现实的难题是：怎么做事情呢？ 1984 年，"两通两海"已经挺立在中关村，当时典型做生意的办法有三种：一是靠批文；二是拿平价外汇；三是走私。拿到批文后，一台 XT 机器能卖四万多元。

赚钱当然是生存所需第一位的，但是赚钱也分怎么赚，柳传志对部下讲过一个比喻：火车站卖馅饼的老太太，分析吃客都是一次客，因此，她把馅饼做得外面挺油，里面没什么馅，坑一把是一把。而盛锡福鞋帽店做的是回头客，所以，他的鞋怎么做也要合适。这是立意高下决定的。

站得高，才能看得远；联想要做的就是站在人类高度上，看到全世界。

当然光有立意还不行，还必须脚踏实地。联想迈出的第一步似乎并不怎么高明：二十万元创办公司，第一次做生意就被人家给骗走了十四万元！

生存！生存！生存！

从倒买倒卖电子表，到旱冰鞋，运动裤衩和电冰箱，一直到当时的紧俏商品彩色电视机，他们做的事情似乎与后来的"联想"毫无瓜葛。

不过，联想毕竟是联想，能够成功，一定有自己不为人知的深层次东西。

这个东西，除了知识分子的情怀，还有作为传统文化深植的"诚信"。为什么柳传志一直坚持将自己和联想的名声、信誉看得非常之重，不是想通过这个得到什么好处，而是他确定无疑地相信：在关键的时刻，一定是像这样的东西才会赢得人们的相信，给予你关键的帮助！

1992 到 1993 年时，"香港联想"已经风生水起了，生意做得很顺：在香港生产主机板卖到欧洲、美国等地，也卖到内陆做当时联想品牌机器的主机板。当时的供应链资金是从香港银行借的，香港银行下面有十几家分行都归中国银行管。联想在国内拿人民币通过进出口商换成港币，再拿港币还给香港银行。银行再借钱给他们买元器件做成产品卖到国内后，再把人民币换回来，循环往复。但谁也没有想到，一件意外的事情发生了：当年外汇汇率发生大变化，几个月之内人民币跟外汇的比例从 6∶1 涨到了 8∶1、9∶1，再拿人民币换港币还银行的时候，进出口商不愿意，他们的毁约导致联想不能按时向银行还款。而如果按照进出口商的要求，以八九块钱换的话就要损失一百多万人民币，在当时也是一笔大额。这可怎么办？最后还是柳传志一拍板：宁可遭受损失，也要遵守合同，坚决不能违约！就算赔了钱，也按时把钱还给中国银行。中国银行当时大吃一惊，因为汇率变化致使许多公司还不了钱，银行已经自个儿认了，可是就没想到还有联想这样的公司能还钱。结果是意料之外，也是情理之中的：还钱后，银行立刻将更多的钱借给联想，在其他企业不能动弹的时候多做了两三圈生意，而别人的钱都死在那里；这还只是开始。后来到了 1996 年，柳传志离开香港，主要经营国内市场，结果香港公司判断性失误导致亏损 1.9 个亿，现金流断裂。柳传志决定将国内资产做抵押，先稳住这个事情，在这种情况下，银行居然愿意借钱给他们，因为相信联想的诚信。在这之后，联想就一帆风顺，走上了阳光大道，而这正是他们自身努力，坚持诚信的结果，这是当时很多企业所想不到和做不到的。

还有一件事情，证实了诚信的重要性：1987 年前后，联想从香港直接进了五百台 IBM 的 PC 机，当年赚了很多钱，跟销售部说如果完成一定营业额和利润后，可以提一定的比例。结果销售大大超出预定指标，奖金高到难以想象的地步。但国家有一个制度，叫"奖金税"，只要发给员工的奖金超过三个月工资的那部分按 300% 缴税，一旦缴这笔税公司就玩不动了，当时有三条道路：其一，把奖金发了、税交了，来年运营资本确实受到较大影响；其二，跟大家讲"情况是不断发生变化的"，而且之前也的确不知道税的问题，大家也会原谅，但以后说话的分量会大打折扣；其三，不太好的做法，就是直接发现金不入账，万般无奈之下，联想选择了这条道路，到广东找了一家科学院试验工厂的企业，这家企业经常能倒腾出现金。几十万奖金发放后，员工们都很高兴，认为领导很守信用。第二年，那家企业就出了问题，顺带查出联想的问题，柳传志完全认错，但在员工面前的诚信保住了。

诚信、契约精神，是柳传志在香港的商业环境里学到的最重要一课。但是他的这种市场意识，还是和计算所的某些方面格格不入，造成文化冲突。

例如倪光南和"联想式汉字系统"，这是计算所领导关怀，无偿提供给公司，"联想"的翅膀从这里张开。"有的人像一颗珍珠，有的人不是珍珠，不能像珍珠一样闪闪发光，但他是一条线，能把那些珍珠串起来，做出一条光彩夺目的项链来。"在联想，倪光南和"联想汉卡"无疑就是珍珠，而柳传志就是这条线。这个比喻很朴实，然而朴实中往往蕴藏着深刻的道理。

柳传志和倪光南，这对联想企业史上空前绝后的搭档，就这么走到了一起。倪光南是技术的代表，柳传志是市场的代表，"技术＋市场＝成功"。再也没有比这更令人眼红的了。至于是技术至上还是市场至上，这个问题后来竟然成为二人分道扬镳的一个转折点。而当时，没有人去考虑。

1985 年 6 月 25 日，在北京展览馆里，第一批从奖状上和实验室里走向市场的"汉卡"正式与客户见面。定价 2900 元的第一块汉卡，以 3500 元被买走。这是联想进军市场所吹响的第一声号角。

然而，市场的冷酷无情与惨烈竞争，也让联想人第一次察觉到了寒意。"汉卡"成功，嗅到了市场血腥气息的公司纷纷一拥而上。这个时刻柳传志表现出了对市场的把握能力：进军 IBM 微机代理。为了当时被视为制度"怪胎"的"进口许可证"，甚至这个一身清高的知识分子，也不得不蒙受用自尊去换市场的痛苦与屈辱。第一单做成的 12 台计算机生意，奠定了几年后联想在国内最大的代理商地位，也埋下了日后联想以惊人的大手笔收购 IBM 全球 PC 业务的导火索。

其实令人头痛的又岂止是市场？企业与政府之间的关系，更加令人头痛，也更无可奈何。忍辱负重，成为联想和柳传志在成长路上所必须修炼的一门功夫。这也是很多企业和企业家必须要过的一道"关卡"。

1988 年，对于联想公司来说最牵动人心的一件事情，居然不是市场，而是与政府的"博弈"。为了将已经在报纸上公布、国家科学院给予"联想汉卡"的"国家科技进步二等奖"改为"一等奖"，公司上上下下可谓费尽心机。其中得到巨大锻炼的两个年轻人：郭为和李岚，日后都成为公司新一代的力量中坚。利用评审制度"复议程序"，两个年轻人愣是扭转乾坤，在公司的全力配合下，在二次举行的会议上，将"二等奖"变成了"一等奖"。在给公司写的报告里，郭为掩饰不住自己的激动和喜悦："当我向公司的全体同仁报告这一令人振奋的消息——联想汉卡系统荣获'国家科技进步一等奖'时，我不得不说这是联想的呐喊！在经历了反反复复、曲曲折折的道路之后，我们终于把 5% 的希望变成 100% 的现实。我们向倪总、秦老师以及计算所六室的同志们祝贺，你们十几年的追求终于得到了国家的承认。"

"把 5% 的希望变成 100% 的现实"，这闪烁着理想主义金色光芒的文字，只有几个字，却是从联想的老一代，到新一代一贯秉承的理念，也是联想能够在日后的道路上，克服一个个困难不断向前，一个最为重要的支撑。很大程度上，它可以看成是联想企业文化的一句最精辟的凝练。

选择进军微机市场，事实证明是联想的一条成功之路。拥有柳传志和倪光南的联想，具有了一切组合的完美要素。在德国汉挪威交易会上，"联想

Q286 微机"和主机板一炮打响，分别拿到了近十个国家的两千多份订单。这是一个了不起的胜利，联想人向国人也在向世人证明：他们进军海外，绝不只是一句空话！

胜利的背后，往往是危机。毕竟中国这个"市场"太特殊了。接下来几年，不但联想，整个计算机行业都集体迎来了一个寒冷而漫长的冬季。国内金融形势不容乐观，国际上计算机进入中国的关税却在不断下降。在中国市场上，外国品牌的计算机大举入侵，本土计算机品牌节节失利。

在一次发言上，联想总工程师倪光南，用科学家的理性和英雄主义的激情，描述了这一现实："形势是非常严峻的，比设想的还要严重得多。我们国家还要不要自己的计算机工业？都说要，那么谁来做这件事？事实上，这个重任已落在联想身上。只有联想还有能力继续。不管我们愿不愿意，实际上已充当了民族计算机工业的旗手。"

这是他的感受，也是柳传志的心声。最困难的时候，这对合作伙伴没有选择放弃，给联想清楚地指出了未来的前进方向。

1994 年 3 月 19 日，联想公司成立微机事业部，杨元庆集诸多权力于一身，成为这个部门的实际负责者。从这一天开始，也意味着联想不再是柳传志和倪光南的联想，而成为柳传志和杨元庆的联想。新老交替，事实上也意味着联想更加坚定放弃"技术"领先，而选择"市场"领先。

事实证明柳传志大胆起用杨元庆没有错。这个对市场有着更加敏锐嗅觉的年轻人，一上来就对"联想机制"大动干戈，精简成一支市场特别反应部队，然后以"经济电脑"的崭新概念，迅速完成了在国内市场上对诸多国外品牌电脑的狙击。

价格！价格！价格！

市场！市场！市场！

说起来实在没有什么出奇之处，可是就是将价格不断地降下来，联想的市场却在迅速扩大。

当然了，作为公司的掌舵人，柳传志也知道，仅仅被动地去打市场是不行的。市场变化多端，必须将命运牢牢地掌握在自己手里。于是，就有了联想在 1994 年向电子工业部"立将令""要给养"的惊人之举。

"要求政府关注我们，当我们做得好时为我们叫好。只强调民族工业是会引起反感的，老百姓要求用'好货'，而不是'国货'。我们希望电子部组织宣传舆论部门监督、检查联想品牌的机器，检查我们的质量，检查我们的服务，做得不好时，向我们发出警告，我们立即改正。做得好时，为我们叫好。"

"希望制定有利于民族工业发展的行业采购政策，在性能价格比相同的侵略下，优先购买国产商品。"

一方面，是柳传志高举民族品牌大旗；一方面，是杨元庆轻而易举地复制惠普模式，理想与现实，在联想的结合是这么并行而不相悖。至此，已经没有人再去怀疑，柳传志和倪光南之间产生分歧，柳传志选择市场而不是技术的正确性。联想归根到底，是一家企业。而企业的功能，是把自己的产品卖到市场中去，通过产生的利润，持续促进将来的发展。创造财富是企业的第一使命。就技术和把技术变成产品而言，柳传志认为联想最大的贡献，绝不是联想汉卡的发明，而是通过市场行为把实验室里的发明变成了市场上的产品，这才是最重要的。

"一个高科技企业的任务之一是完成把产品换成钱的过程，"他说，"这是一个系统工程。"

"我可以说一句大话，我没有倪光南，也一定能把这个公司做起来；倪光南没了我，想再找一个合作伙伴，会非常困难。后来我反复研究过这个事，结论是：我没有这个技术，还能找别的技术。我一定能找到！所以我现在也总是对我的员工说，一个好的技术很难得，但是更难得的是好的企业管理者，如果你的技术出来以后，没有一个好的首席执行官，这个事还是做不好。"

在这个问题上，先行一步的美国人显然比我们有更加深刻的认识。"一项技术发明出来之后，很快就变得无秘密可言。真正使世界大不一样的，是推动这项技术的能力。""科学只是提供燃料，商业才是发动机"。

正是有着天赋的理解，商业的本能，柳传志才更适合成为一个企业家，而不是科学家。一直不遗余力地支持他的中国科学院院长周光召，在这个看法上显然与柳传志完全一致："第一条是你的产品要卖得出去，这是最重要的。科技在科技企业里面只是很多种因素中的一个因素。只有在市场营销、管理、资金、人才等等因素都具备了以后，你的研发才上升为最重要的因素。"

有了这样的思路，选择与倪光南分家，而选择培养杨元庆这样的接班人，显然就顺理成章了。

当然了，对于一个企业来说，市场并不是全部。柳传志作为一个系统大师，深知道影响一个系统运动的因素，是多方面的。而在企业中，所有问题中最难解决的就是人的问题。即使像解决联想与中国科学院的血缘关系，在从国有企业的体制中，向民营企业的转变，曾经困扰无数中国企业家的产权问题，他都显示了超人的智慧。在选择企业的下一任接班人问题上，他却困惑不已。

杨元庆无疑是值得信任的，然而从一个青年才俊成为一个企业领袖，绝非一朝一夕的事情。甚至，柳传志不得不花了周六和周日两个多小时时间，来给杨元庆写一封意味深长的信。在这封长信中，他毫不掩饰自己对杨元庆的喜爱，明确地提出希望他成为联想下一任接班人，然而，有一道关卡，是杨元庆必须要过的，就是要学会"妥协"。不管在当时还是后来，所有认识柳传志和了解联想的人，对他都只有一个评价：能够保护柳传志和保证联想稳健地航行在市场海洋中的唯一法宝，就是"妥协"！如果一个人连"妥协"都学不会，是不配也不可能成为真正领袖的。这一封信，凝聚了柳传志全部的人生智慧和思想精华，也成为杨元庆一生受用不尽的宝贵财富。

和杨元庆一样，还有一个有资格成为联想接班人的，是郭为。对于二人，柳传志有一个形象的比喻：孔雀和老虎。孔雀依靠自己美丽而诗意地开屏，吸引人们心甘情愿地追随；而老虎依靠自己威风凛凛的杀气，逼迫人们不得不追随。杨元庆属于典型的"老虎型"，郭为则是"孔雀型"。至于自己，柳传志笑称自己："一半是孔雀，一半是老虎"。

抉择是艰难的。甚至他无数次想起了杰克·韦尔奇痛苦地在三个人中选择一个接班人的故事。不过，柳传志自有中国人的智慧，两个爱将，一个都舍不得，干脆将联想一分为二。后来，柳传志更是进一步"一分为五"。不管一分为几，他自己则始终是联想这个大家庭的"家长"。

对于青年人的成长，柳传志爱护有加，寄予厚望。新世纪的春天，柳传志在"联想"和"神州数码"的分拆仪式上，发表的讲话令人动容："尽管你们已经是身经百战的战士，但是我们在交出大旗的时候，还是想千叮咛万嘱咐。所有的叮嘱最后熔成三个字——要谦虚。已经不会有你们无法解决的困难，但就是不能让'自满'两字蒙住了眼睛。"

"十年二十年以后，中国经济又翻两番的时候，必然要有一些超大规模的企业出现，成为中国企业的领头羊，那就是你们！希望在那时，杨元庆和郭为到美国白宫走走，和美国总统见一见，谈一谈世界经济发展的格局，就像今天江泽民见韦尔奇和戴尔一样。这绝不是豪言壮语。你们一定要有这样的雄心！"

就是在这段讲话里，柳传志将联想的法宝，也是自己的全部心得，倾囊相授：

一是谦虚谨慎。谦虚，这是中华民族五千年文化所特有的君子之风。

柳传志和联想之所以引人瞩目，绝不仅仅是因为作为一个企业的崛起，更因为在他们身上所代表的意义：柳传志代表了中国的知识分子下海，而且是高级知识分子。这就注定了他们的下海不会只是为了挣钱，他们所拥有的知识和在市场上能否获得成功，将很大程度上影响到国家和民族的未来命运。毕竟中国不但在科技上落后美国等强国，在科技的市场化转换方面，也远远落后，所以这同样是在走一条赶超之路。再就是联想和中关村所代表的是中国的高科技，被誉为中国的"硅谷"。联想能否成为一家世界级的企业，柳传志等人能否成为世界级的大企业家，这是人们所关注并且寄予厚望的。这才是联想的独特之处。

但不管如何去与世界接轨、过招，在柳传志等人身上，最根本的还是"士大夫"精神，还是家国情怀。中华文化最基本、最传统的东西，和最先进的科学技术结合在一起，又和市场的残酷与复杂结合在一起。这是一个时代的缩影，也是中国脱胎换骨的最艰难困苦的一个写照。

二是雄心壮志。柳传志这一代人和联想的出现，很好地展示了中国人的精气神。

中国的现代化，是一个国家和民族的现代化。而中国已经在一百多年的道路上，走过了器物、制度、文化等变革，最后来到了"人"的变革。人怎么变？当然是实现全面发展，全面发展的一个前提就是充分的独立自由，自主自尊，这只要在新中国建立后才能做到，在改革开放后才能实现。改革开放是国家政策的改变，更是对人的观念的改变。

当国门打开，中国人看到一个全新的世界，中国人不甘落后的雄心壮志被激发了出来。和外国人比一比，中华民族要重新崛起回到世界舞台中央，从来没有过的昂扬斗志被激发。这一次，不是在战场上，而是在市场上，中国人要再次向世界展示自己的东方巨龙的雄伟身姿！

正是这种崇高的爱国情怀、民族自豪感，鼓舞柳传志等人勇敢地下海了。

三是全球视野。从一开始，柳传志等人所瞄准的就是一个新的战场：全球战场。

科技无国界。就科学技术而言，人类是连通一体的。尤其电子计算机技术，正在引领人类迈向一个崭新的时代，联想无疑是第一批弄潮儿之一。

在工业革命时代落后挨打的中国，这一次终于有机会，在新的时代迎头赶上，这是一个千载难逢的机会。柳传志等人选择电子计算机领域，看似一个冒险，实则是一个必然。而联想最终选择不是在技术领域，而是在市场领域和世界各国一同较技，这无疑是一个务实的明智选择。

从联想迈出第一步开始，成功就是注定的：中国拥有世界上最大的人口市场，中国市场的大门已经打开，这无疑会让联想立于不败之地！

因此，民族企业、民族品牌的口号又一次打响了，以这样的姿态在国内确立至尊地位，在国际上奋勇出击，联想就是想不成功都不可能了。

而联想也没有辜负自己的选择，没有辜负国人，没有辜负时代：联想从代理IBM起家，最终成功地收购了IBM，站在巨人的肩头上走向世界！

这一举动震惊世界，象征美国精神的IBM——这个承载着美国竞争力和科技实力的蓝色巨人，与联想精神——中国高科技产业里面的最坚定民族旗手，联合上演了一场世纪绝唱。历史将永远铭记这一时刻！

"我们的心中有一个声音在回响，人类失去联想，世界将会怎样。我们的目光在科技高峰上翱翔，肩负历史的重任，托起中华的太阳，啊，联想，联想，联想，乘风破浪向远方。啊，联想，联想，联想，我们走向辉煌……"听一听这豪情万丈的《联想之歌》，感受一下歌曲中所深情袒露的赤子情怀吧，这是联想，代表中华儿女吹响的进军世界的号角，这是联想和在新的时代里崛起的中国一道唱响的胜利之歌！

中国造：海尔

在经历了初步的市场经济洗礼之后，很多人开始有了一个意识：品牌意识！

中国古谚曰："金字招牌生意经"，现代商业叫"品牌""名牌"，就是你一个企业的产品的名字。但又不仅仅是名字，因为名字再华丽独特也没有用，还需要与之相匹配的产品质量、管理水平和企业精神。

中国第一个有着明确品牌战略并且很快成长为世界名牌的非"海尔"莫属。

尽管这是个听起来有点奇怪的名字，尽管这个品牌上还涂抹有一丝异国他乡的神秘色彩。不过，在这个品牌所代表的东方文化，却是地地道道的"中国造"。

和大多数企业不同，"海尔"从一开始就选择了一条明确的发展道路：名牌战略，依靠名牌的国际化战略，来带动企业国际化战略的实施。

作为"海尔"名牌战略之父，张瑞敏对名牌的解释一针见血："别人卖不出去，我能卖出去；别人卖得少，我卖得多；别人卖得便宜，我卖得贵。"这就是名牌的市场价值，一句话，拥有名牌者，大嘴吃四方，通赢天下。

必须做自己的品牌，而且必须把自己的品牌做成世界名牌，这是张瑞敏一开始就定下的目标。

"当你津津乐道于洋名牌的氛围时，可曾想过有多少曾有口碑的中国名牌已成明日黄花；又可曾发现那些登堂入室的洋名牌，已不是纯粹的舶来品，而是地地道道用中国人的双手，中国产的原料，在中国地盘上的'中国造'，将国际名牌与低廉的成本相结合便意味着可怕的竞争力……中国人必须有中国自己的国际名牌。因为那是国家实力的象征，是一个民族素质的外化，也是能否自立于世界强国的标志。"

1984 年 12 月，海尔的前身青岛电冰箱总厂迎来了一位新厂长，他就是张瑞敏。面对已经资不抵债、濒临倒闭的局面，张瑞敏的想法明显与众不同，"要么不干，要干就要争第一"，一定要为用户提供当时最渴望的高质量产品的体验。很多人认为原来亏损的原因是设备太差，只要从外国引进好的设备，生产出来产品就一定不愁卖。张瑞敏对此坚决反对。他认为问题不是出在设备和产品上，而是出在人的头脑里。

名牌战略，就是他为工厂开出的一剂良方，而名牌战略第一个需要的是什么？是高素质的人。如何才能让原来的员工脱胎换骨，成为高素质的人？张瑞敏的做法是毫不留情，抢起大锤狠狠地"砸"下去，不破不立！

第一锤砸得惊天动地。他上任后不久，1985 年，有一位用户向海尔反映：工厂生产的电冰箱有质量问题。于是张瑞敏突击检查了仓库，真是不看不知道，一看吓一跳！他发现仓库中有缺陷的冰箱竟然还有七十六台！当他向工厂的干部征集解决办法时，得到的答复是：产品有缺陷不能卖到市场上去了，但是还可以用，作为福利处理给本厂的员工就算了。这应该是一个不算太差的解决方案。但是就在很多员工都以为问题会这么以中国式的方式解决时候，张瑞敏却做出了令人不可思议的有悖"常理"决定：他下令立即召开一个全体员工的现场会，把七十六台冰箱当众全部砸掉！而且，由生产这些冰箱的员工亲自来砸！消息传出，很多人以为自己听错了，很多员工当场就落下了眼泪……要知道，那可是一个物资紧缺的年代啊！而这七十六台电冰箱什么概念，价值一百四十七万元啊！不要说工人"心疼"，甚至连海尔的上级主管部门都难以接受。但张瑞敏却知道，不砸下这一锤，就不可能重生！

最终，大锤抢了起来，一声声的巨响，回响在工厂车间，也回响在 20 世纪 80 年代的中国上空。从这里开始，海尔人的质量意识真正萌芽而出，深深扎根意识深处。一个巨人从这里蹒跚起步，海尔的脚步迈向国际！

"有缺陷的产品就是废品！"这一卓越的质量意识，成为海尔人的集体意识。

有一天，一个生产工厂在结束一天工作后，清洁工在地上发现多出来一颗螺丝钉。这里多一颗，就意味着什么地方少一颗。结果，所有工人都延长了工作时间，厂长亲自带头，将当天生产的千余台电冰箱，全部仔细地复检一遍。最后证明是虚惊一场——原来装货时多装了一颗！

名牌，不仅仅来自于创造，更来自于精细化管理。如果说在战场上，好的战略可以帮助你多出一倍的胜算，但是，如果没有一丝不苟的执行，还是不行。《孙子兵法》有言：不战而屈人之兵，那只是一种理想状态。事实上很少有战争是在没有任何短兵相接的情况下结束的。普遍的情况是：越是好的战略设计，越需要过硬的执行力作为保障。

军人出身的张瑞敏，受过严格的军事训练；更何况，他又是从《孙子兵法》诞生的地方来的，自然比多数人更懂得兵法精髓。他和普通的管理者不同之处，就在于他始终"战战兢兢，如履薄冰"。曾经有外国人对海尔的管理水平心存疑惑。张瑞敏带着他参观车间，随手抓起一盒针，问负责人："这里面有多少颗？""一盒一百颗，拿出来三颗，还有九十七颗。"当面，张瑞敏将那盒针倒在桌子上，一颗一颗仔细地数，不多不少，正好九十七颗。那个外国人当时就服了，竖起大拇指。

有一家国际著名的企业到中国寻找合作伙伴，从国内六十多家企业中层层汰选下来，仅剩下广东、上海和青岛的海尔集团三家。最后下决心做出选择的时候，一个偶然的故事发生了。考察专家在"琴岛海尔"的流水线旁边发现一个备用模具。他用手摸了一把，举起来看看，一尘不染。下面的故事不用说了，这只没有沾上灰的手拿起了签字的笔。

专心于品牌建设，狠抓质量和信誉的海尔，用了整整七年的时间，苦练"内功"，很快在国际上站稳了脚跟。在德国市场，通过认证之后，产品到德国去销售时销售商还不接受，因为中国货在这里都是低档货。德国人说，不要说中国货，就是日本的冰箱在德国都没有市场。为什么呢？因为德国是一个老牌工业强国，他们对自己的东西有一种自豪感，对别人的特别挑剔；而海尔是按德国的要求做的，百分之百保证海尔冰箱绝对没问题，还是不行。因为他们不相信中国产品。于是就做了一个实验：把中国的冰箱和德国的冰箱摆在一起，都把商标撕掉，让经销商选，看能否挑出哪个是中国的，哪个是他们的。如果挑出来不好的那台恰恰是中国的，就说明中国的产品确实需要改进。二十五个经销商，挑了半天没有挑选出来。海尔人自己就把冰箱拉出来说："这就是我们做的，你们再仔细看有没有问题。"看了之后还是没问题，傲慢的德国人这一次无话可说，只能接受了。就这样，凭着无懈可击的质量，从德国开始，海尔又连续在二十多个国家的市场上，相继打开了销路。

一个品牌历经风雨诞生了，然而只是第一步，接下来如何做大做强呢？

这就涉及一个从专业化到多元化的延伸或者叫扩张问题。争议不是一点都没有。毕竟，从冰箱扩展到其他的家电产品，不是简单地增加几个品种这么简单，涉及的问题很多。有人对多元化作过一个比喻：鸡蛋和篮子。一个篮子里当然鸡蛋越多越好，可是如果弄不好，就会互相碰撞，到最后一个完整的都剩不下。而面对这种担心，张瑞敏却表现得很有信心："东方亮了再亮西方。"先做好冰箱，然后逐渐延伸到其他领域，逐渐地扩大规模。

为了做好每一个产品，张瑞敏对企业员工提出了更高的要求：做好每一件事情，每天比昨天做得更好。他打了一个很形象的比喻：把一块钱存到银行里，如果它的利率是1%，按复利计算，到70天的时候，连本带利就变成2块钱。如果每天工作都能比昨天高1%，70天以后工作效率就会提高一倍。因此，每一位海尔员工每天把每一件事都要做到位。这就是海尔在全国最先实行的"日事日清"的管理方法。

看起来简单的事情，其实要做好并不简单，伟大就蕴藏在最简单的日常工作中。

在自己本身做大做强后，海尔先后兼并了18个企业，共盘活了包括5亿亏损在内的18亿资产，企业全部扭亏为盈。这里面有一个被写进哈佛大学的MBA教材，成为一个全世界商业精英家喻户晓的案例："海尔文化激活'休克鱼'"。原来，有一家叫作红星的电器厂，是生产洗衣机的工厂，被海尔兼并时，净资产只有一个亿，但亏损为2.5亿。面对这种局面，张瑞敏只问了一个问题：红星失败的原因是什么？是技术、资金，还是员工？都不是，而是企业的文化。也就是职工凝聚力差，缺乏将现有生产要素有效组合的"灵魂"。只要将已经成型的海尔文化整体灌输进去，红星就一定能起死回生。因此，张瑞敏的做法可以称得上举重若轻，在别人看来困难重重，他却只是在划归第二天，让企业文化、资产管理等五大中心的管理人员进驻红星，实施"文化先行"的管理理念。随后，张瑞敏作为海尔文化的创始人，又亲自到红星全体中层以上干部会上推心置腹地讲述自己的管理心得体会。他反复给大家阐述了自己的"名牌战略"，并提出一个要求：两到三年，争创中国洗衣机第一品牌，最终是国际名牌，做到全球第一。

结果如何呢？兼并当月，亏损700万，第二个月减亏，到第五个月，即盈利100余万。

是文化，而不是其他的什么力量，在最短的时间内，创造了最大的奇迹！

那么，如此仿佛具有神奇的"点石成金"魔力的海尔文化究竟是什么呢？

为了阐述这个文化，张瑞敏专门写了一篇文章给全体员工：《海尔是海》。

"海尔应像海。唯有海能以博大的胸怀纳百川而不嫌弃细流；容污浊且能净化为碧水。正如此，才有滚滚长江、浊浊黄河、涓涓细流，不惜百折千回，争先恐后，投奔而来，汇成碧波浩渺、万世不竭、无与伦比的壮观！"

"大海最被人类称道的是年复一年默默地做着无尽的奉献，袒露无私的胸怀。正因其'生而不有，为而不恃'不求索取，其自身也得到了永恒的存在。这种存在又为海中的一切提供了生生不息赖以生存的环境和条件。"

在这里，大海被赋予了人格化的精神，大海的三个特点值得所有人学习：

一是胸怀宽广。大海的胸怀无疑是最广大的，从高山之巅的雪水融化，到每一条溪流，每一个湖泊，所有的水都滚滚而来，投入大海的怀抱。而大海对所有的水都是一样的，默默地接纳，不管是干净的还是污浊的，大海不发一言，只是接纳，然后凭借自己的净化能力，让每一滴水在自己的怀抱里变化重生，升华，最后成为一个伟大的整体。

二是追求卓越。大海为什么会有追求卓越的精神？只要去看过大海的人都会有一个共同感受：那永无休止的潮水，一浪接着一浪，浪花滚滚，前赴后继。大海所追求的，是成为天下的王者，是成为最大的存在，拥有最大的力量。没有谁可以知道大海的力量究竟有多大，同样，没有人知道大海追求的尽头在哪里。亿万年来，它就这么不断地翻滚着，咆哮着，一代又一代的人类也正是汲取了这种精神不断自我超越。

三是无私奉献。大海是一个真正意义上的奉献者：它奉献给了人类无穷无尽的资源，从最简单的鱼虾贝壳到现代社会的能源，石油、天然气，以及可燃冰等。大海还藏着许多未知的宝藏，等着人类去探索发现。

海尔的名字中有一个海，海尔像海，而这是 1994 年张瑞敏的认识！

永恒、一流、奉献……海尔从一开始就向着人类的精神之巅发起了冲锋……

1997 年 8 月，海尔被国家经贸委确定为中国六家首批技术创新试点企业之一，重点扶持冲击世界 500 强。

1998 年，海尔集团工业销售收入实现 162 亿元。

2001 年，海尔集团工业销售收实现 600 亿元。据全球消费市场调查研究权威机构 Euromonitor 发布的 2001 年全球白色家电制造商排名，海尔在白色家电制造商中跃居全球第五。

至于海尔的当家人张瑞敏，个人更是从 20 世纪 90 年代中期后获得荣誉无数："中国经营大师"、美国优质服务科学协会的最高荣誉"五星钻石个人终生荣誉奖"、香港《亚洲周刊》中国大陆唯一的"1997 年度企业家成就奖"；1998 年，成为中国第一个登上美国哈佛大学讲坛的企业家；1999 年，被美国《商业周刊》评为"亚洲五十大风云人物"之一；1999 年，张瑞敏被英国《金融时报》评选为全球最受尊重的企业家；2004 年 8 月，美国《财富》杂志选出"亚洲 25 位最具影响力的商界领袖"，张瑞敏排名第六位，是入选的中国大陆企业家中排名最靠前的。

鲜花和掌声，往往意味着一个人走到成功的巅峰，而对于一艘在"海"上行驶的巨轮来说，必须要做的第一件事情，就是透过这些表面的风光，而时刻去警惕海浪下面的暗礁，随时会漂浮而来的冰山。在张瑞敏的办公室里，最有名的一个是手书"战战兢兢，如履薄冰"的座右铭，另一个就是一艘泰坦尼克的模型放在办公桌上："我要一抬头就看到它。"张瑞敏以此警惕自己，海尔的大船必须时刻保持在正确的航道上，必须永远对准正确的方向，而航道和航向就是永远变化的时代！

每一个企业都是时代的企业，一个再高明的企业也不可能超越时代！

要紧紧跟上时代的步伐，否则就会被时代所淘汰，百年基业，也抵挡不住时代的巨浪冲击。唯有顺应时代，与时代共舞，才会是唯一正确的做法！

1999 年，张瑞敏决定投资 3000 万美元，在美国南卡罗莱纳州建立海尔美国工业园，生产家电。此一举动标志着海尔的全球化征程正式开始！国内对此评论纷纷，但是张瑞敏不为动摇。"到美国建厂有风险；但是不到美国建厂是否就没有风险？！"海尔文化，是海洋文化，在海洋上搏击风浪已经成为他们的一种习惯，就是要在风险中抓机遇。差不多二十年后，海尔在美国已经家喻户晓，年轻一代甚至已经不知道海尔是一个来自中国的品牌，海尔品牌正在成为美国本土的品牌。

2008 年，由美国"次贷危机"引发的全球性金融风暴开始了，海尔正在张瑞敏的主导下，又一次抡起了大锤，这一次砸的不是产品了，而是仓库！张瑞敏非常明确地看到了世界范围内的新浪潮：从制造业向服务业转型，从以企业为中心向以用户为中心的新纪元开始了！

这一次转型并不容易，但是海尔坚持下来了，甚至请来了互联网之父凯文·凯利，亲自来给海尔的员工阐述，互联网时代是一个怎样的时代，应对这个时代的具体做法是什么，未来又将会是怎样的一副图景！

全球化，不仅仅是产品走向全球，更是一个全球思想冲突与碰撞、融合与创新的过程，海尔已经是一个全球品牌，一举一动牵动全球人的心。

2012 年 12 月，张瑞敏又一次被西方人请上了讲堂，这一次是瑞士全球知名商学院 IMD，将"IMD 管理思想领袖奖"颁给了张瑞敏，以表彰其对现代管理艺术与实践所做的贡献。而张瑞敏在西班牙 IESE 的学术报告厅内，用了很长的篇幅来阐释海尔"人单合一管理理论"，原本计划三百个到场听讲名额，结果有六百余人申请，现场座无虚席，鸦雀无声。这大概是西方管理学诞生以来，中国企业的管理经验第一次这么被重视。也是中国改革开放三十多年来，第一次真正向西方输出的不是有形企业产品，而是无形的管理思想，是最先进的企业创新模式。

正如《管理百年》作者、Thinkers50创始人斯图尔特·克雷纳评价的那样："以前中国没有现代企业的管理思想，但是现在有了。海尔的管理真的具有启发意义和创新精神，过去我们从西方的企业寻求灵感，现在我们放眼全球，海尔就是在管理创新上最杰出的企业之一。"

是的，全球第一，海尔做到了，而且是地道的中国造，是中国人的骄傲！

中华有为：华为

与众不同，追求卓越，这是一条艰苦卓绝的道路，然而也是最值得追求的目标。

华为就是这样：从一开始就有着明确追求、始终坚持如一，最后享誉全球。

如果要说民族品牌、中国企业家特有的精神，华为和任正非堪称杰出代表。

任正非祖籍浙江浦江县。据《我的父亲母亲》记载：任正非的爷爷是一个做火腿的大师傅，任正非父亲的兄弟姊妹都没有读过书。但架不住任正非父亲当年的执着要求，才让他读了书。任正非1944年的时候出生在贵州安顺地区镇宁县一个贫困山区的小村庄。虽然地处穷乡僻壤，却是一个标准的知识分子家庭。即使在三年自然灾害时期，他的父母仍然坚持从牙缝里挤出粮食来让孩子读书。有一个例子可以说明：十九岁时，任正非考上了重庆建筑工程学院（现并入重庆大学）。还差一年毕业的时候，赶上了"文化大革命"。父亲被关进了牛棚，任正非回到老家看望父母，父亲让他快回学校去。临走，父亲叮嘱："记住知识就是力量，别人不学，你要学，不要随大流。"这是无比沉重的叮嘱，也是充满希望的叮嘱。任正非回校后把电子计算机、数字技术、自动控制……全部自学完，还学习了逻辑、哲学、三门外语……

知识的力量发挥了作用，进入部队不久他就参加了一项代号为011的军事通讯系统工程。当时中央军委提出要重视高科技的作用。任正非上进好学，有多项技发明创造，两次填补国家空白。因技术方面的多次突破，被选为军方代表，到北京参加全国科学大会。时年 33 岁。

正是对知识的信心和对技术的迷恋，让他在从部队转业后选择了创业进入高科技含量的电信行业。创立初期，华为靠代理香港某公司的程控交换机获得了第一桶金。此时，国内在程控交换机技术上基本是空白。任正非敏感地意识到了这项技术的重要性，他将华为的所有资金投入到研制自有技术中。在研制 C&C08 机的动员大会上，任正非站在五楼会议室的窗边对全体干部说："这次研发如果失败了，我只有从楼上跳下去，你们还可以另谋出路。"这是一个军人即将踏上战场前的宣战，让人想起"风萧萧兮易水寒，壮士一去兮不复还"的悲壮豪迈！

但任正非的孤注一掷成功了，华为研制出了 C&C08 交换机，由于价格比国外同类产品低三分之二，功能与之类似，C&C08 交换机的市场前景十分可观。成立之初就确立的自主研制技术的策略，让华为冒了极大的风险，但也最终奠定了华为适度领先的技术基础，成为华为日后傲视同业的一大资本。

而市场上的对手又怎么会知道，华为是在怎样艰难的情形下杀出来的呢？当初华为创业，真可以称得上"家徒四壁"，只有"中华有为"的坚定报国信念！华为公司最早的办公地点是深圳湾畔的两间简易房。后来才搬到南油工业区。当时所在的那栋大楼每一层实际上都是仓库型的房屋。华为公司当时就占用了十多间仓库。在仓库的另一头用砖头垒起墙，隔开一些单间，员工就住在这些单间里。仓库很少有窗户，这些隔开的单间更是没有阳光，隔墙只垒了一人高，顶上是空的，方便空气流通及采光。这样，大家就不用怕忘记带宿舍的钥匙了，从仓库这边翻墙过去就可以了。而之所以在这样的环境里大家还干得不亦乐乎，就是因为任正非那种别具一格的信念：对知识和技术的尊重！

在后来著名的《华为基本法》里，"保证按销售额的 10% 拨付研发经费，有必要且可能时还将加大拨付比例"，这绝非一句空话，而是被严格执行的企业宪法。在华为，以坚定的研发投入来确保市场领先地位，已经不仅仅是一种策略，更是一种理念，一种真正的"知识经济""知本创业""知本家"的崭新理念，这是真正与时代同行的先进理念！

对此，任正非总结华为的资本积累说："华为在创业时期，没有资本，只有知本，华为的资本是靠知本积累起来的。"即使从现在来看，进入资金和技术密集型产业，对民营企业来说，仍然是巨大的冒险。高科技产生高利润，但是建立在高研发投入的基础上，华为做到了。

在深圳，在一个股票满天飞的浮躁年代，任正非和华为却显得有点另类：谁说知识无用？读书无用？只有读书才能出人头地，只有拥有了雄厚的知本，青年人才能在未来竞争中胜出！这一逆流而上的举动，无疑给当时无数出身寒门的学子带来了希望，当人们都一切"向钱看"的时候，无数的青年人如过江之鲫，涌入他的公司。朝气蓬勃的华为，很快在旗帜下汇集了一批新生力量，而作为领导人的任正非，气魄也足够大：

不管出现什么情况，每年都必须拿出企业 10% 的资金，作为研发的基本保证！

这是一个承诺，更是一份沉甸甸的责任。开始的时候，这 10% 成为企业沉重的包袱；甚至在最艰难的时候，任正非不得不去借高利贷来为企业的资金作为保障，然而研发的脚步却一天没有停止！终于，华为的这一步棋见出了妙用：每年上百成千的专利项目，成为华为最珍贵的无形资产！从 1988 年创立华为技术有限公司，专业从事通信产品的研究、开发、生产与销售，仅仅十年，到 1999 年，已经实现销售额 120 亿元人民币，2000 年超过 220 亿元。

同年，任正非被美国《福布斯》杂志评选为中国 50 富豪第 3 位。个人财产估计为 5 亿美元。

2003 年，荣膺网民评选的"2003 年中国 IT 十大上升人物"。

2005 年，华为公司有超过 1 万名员工从事研发工作，并在美国、瑞典、印度和俄罗斯设立了研究所。累计申请国内专利 5310 件，其中授权 1028 件，在欧美等发达国家累计申请专利 400 多件。在全球 90 多个国家，都可以看到华为公司的产品。400 多个基础电信运营商，包括 22 个全球排名前 50 名的运营商都采用了华为公司的设备。

同年，他入选《时代周刊》全球"建设者与巨子"100 名排行榜。《时代周刊》的评价说，华为正重复当年思科、爱立信等卓越的全球化大公司的历程，并且正在成为这些电信巨头"最危险"的竞争对手。

从 2004 年到 2014 年，华为在科技研发上的投入累计超过了 2000 亿元！

2015 年，华为实现销售总额 3950 亿元人民币（608 亿美元），净利润 369 亿元人民币（57 亿美元），而在研发投入一项为 596 亿元人民币（92 亿美元），研发投入占到销售额的 15% 左右。如此大的研发投入，在专利申请方面得到了正面的体现——其累计申请了 52550 件国内专利和 30613 件外国专利，专利申请总量已经位居全球第一。

研发——转为市场成果——获取高额利润——再加大投入研发。这样一条看似简单的道路，实则其中充满了无数的艰难险阻，绝非易事！

如果说技术是支撑华为的一只车轮，那么，另外一只车轮就显得更加重要。

这就是精神。

因为技术可以获得，而精神具有独一无二和不可复制性。这精神就来自任正非。

技术，是华为的基础，也是华为的利器。但是仅仅有技术就能成功吗？除了核心技术，对华为来说最可宝贵的，还有他们的核心企业精神。

华为的企业精神，在不同的阶段呈现出不同的特点：

第一个阶段就是艰苦创业的精神。从部队出来的任正非深知一点，一支部队的军魂就是部队的第一位军事长官所植下的。同样，一个企业的企魂，也一定是这个企业的第一位创始者植入的。任正非在创业的时候，已经 43 岁了，这个年龄他已经是一个久经历练的成熟领导者，领导风格自然而然成形了。从成立公司，到最初的产品问世，任正非和手下的技术人员，在极端艰难的条件下迎接着挑战：吃、住都在公司，白天工作，夜间就在工作台下拉一个床垫出来休息。蚊子太多，就用塑料袋从头到脚套住，只挖两个鼻孔洞用以出气……这就是后来被普遍传播的、令人又是肃然起敬又是望而生畏的"床垫文化"。

任正非身先士卒，的确像一位古代战场上的将军。1992 年的时候，华为员工已经达到两百多人。这一年冬天，公司到深圳经济特区外的西乡开会。开完会回来的路上，车子陷进了泥坑里。任正非二话不说，第一个下车，脱掉鞋袜跳进泥坑里推车。于是公司的其他人员也纷纷下车，合力将车子推出了泥坑。整个过程自然而然，干脆利索，没有一丝一毫的矫揉造作和拖泥带水。这就是任正非给企业注入的精神。

第二个阶段的文化就是时刻充斥的危机意识。1996年，任正非在十大杰出员工表彰大会上的发言中，第一句就是："成功是一个讨厌的教员，它诱使聪明人认为他们不会失败，它不是一位引导我们走向未来的可靠的向导。"1997年圣诞节前，他访问了休斯、IBM、贝尔、惠普公司后，发出了这样的感言："一批一批的小企业，成长为撑天大树，大树又遭雷劈。不断地生，不断地亡，这是信息产业的特点"。"华为由于幼稚不幸进入了信息产业，后退就是死亡，被逼上了不归路。""木秀于林，风必摧之。我们越发展，竞争对手实力越强，竞争就越困难。""进了华为，就等于进了坟墓。"

无疑，任正非的这种时刻充斥的危机感，来自于他独特的成长环境，也来自信息产业复杂严峻的竞争环境。因为技术的更迭速度实在太快了，这不像农耕时代中国社会古老的田园牧歌，也不是工业社会大机器生产昼夜不停的流水线生产，这是以天、以小时为计量的看不见的竞争：一旦被落下，就不是一天两天，甚至不是一年两年，而是一个时代的差距！

当然，任正非的危机意识，还来自于他意识到，中国正处在和世界列强同等较量的舞台上。农耕时代中国一家独大，工业时代中国落后挨打，现在进入信息时代，中国又可以与世界强国站在同一条起跑线上了。华为是一家企业，但是又不仅仅是一家企业，中华有为，中国的崛起是历史的必然，然而也的确需要无数像华为和任正非这样的人才。

当所有人都在为华为的成功欢呼，任正非所想到的却只有两个字——失败！"十年来我天天思考的都是失败，对成功视而不见，也没有什么荣誉感、自豪感，而是危机感。也许是这样才存活了下去……失败这一天是一定会到来的，这是我从不动摇的看法，这是历史规律。"如此深邃的话语，不像出自一位企业家之口，倒更像是一位哲学家！

但任正非并不自认哲学家，甚至不是企业家，他把自己比喻做狼。他像无数浪漫的人一样憧憬春天的美好，但他更多想的却是如何挨过眼前漫长的冬天。"活下去"，这是狼族唯一的生存法则和奋斗目标，狼在中国文化中不是一个受人欢迎的形象，但是狼的确是地球上最成功的经历了漫长岁月磨砺而生存下来的种族之一。狼的精神和智慧值得学习。与狼共舞，华为在和世界列强持续不断的过招中，从狼来了的一次次焦虑，转变为向全球市场的一次次凶狠而准确的出击。他们自己本身就演变为狼族，成为其他各个国家强企的头号竞争强敌。

狼文化，还有一个令人称道的地方就是团队文化。狼的团队协作精神是非常罕见的。而中国人在市场经济大潮的洗礼和冲击下，最欠缺和需要补上的一课就是团队精神。因为成功引入了狼文化，华为得以克服了这一缺陷，成为迄今为止最具有团队精神和协作意识的世界级企业。

"Hay 公司曾问我是如何发现企业的优秀员工，我说我永远都不知道谁是优秀员工，就像我不知道在茫茫荒原上到底谁是领头狼一样。企业就是要发展一批狼。狼有三大特性，一是敏锐的嗅觉。二是不屈不挠、奋不顾身的进攻精神。三是群体奋斗。企业要扩张，必须有这三要素。所以要构筑一个宽松的环境，让大家去努力奋斗，在新机会点出现时，自然会有一批领袖站出来去争夺市场先机。市场部有一个狼狈组织计划，就是强调了组织的进攻性（狼）与管理性（狈）。"

向动物学管理，当然只是一个形象的比喻。事实上，任正非正是从这里面，找出了某种纯粹意义上适合激烈竞争的生存之道，这就是他的高明之处。

第三个阶段是华为的超越文化发挥了作用。超越就是不以自我为中心，而是将自己的才能和智慧融入时代，从而实现为社会和国家服务、贡献的伟大价值。

"华为成长在全球信息产业发展最快的时期，特别是中国从一个落后网改造成为世界级先进网，迅速发展的大潮流中，华为像一片树叶，有幸掉到了这个潮流的大船上，是躺在大船上随波逐流到今天，本身并没有经历惊涛骇浪、洪水泛滥、大堤崩溃等危机的考验。因此，华为的成功应该是机遇大于其素质与本领。"任正非对华为的成功，有着如此清醒的认识。的确，哪一家中国企业的成功，不是拜改革开放三十多年的伟大事件所赐呢？个人努力当然不可缺少，但是大的环境更加重要。

从这一点上说，华为崛起与中国崛起的步伐是同步的，是一致向前的。

超越，首先超越的不是别人，正是自己。在改革开放的大环境里，最多的就是机会，而无数的企业正是在这些机会和诱惑面前失去定力，倒了下去。

任正非是军人出身，深知道企业定力的重要性。一旦决定要去做一件事情，就要集中全部力量，持续不断地对目标发起冲击，绝不改弦易辙。

在《华为基本法》中，第一条就做了明确的规定："为了使华为成为世界一流的设备供应商，我们将永不进入信息服务业。通过无依赖的市场压力传递，使内部机制永远处于激活状态。"想要获得什么，前提是必须懂得放弃什么。华为从一开始就给自己建筑了一道"防火墙"，旗帜鲜明地划出了界线，这是只有成熟者才有的自制力。正因为有着超强的自制力，华为才能轻而易举地拒绝镁光灯下的虚幻，甚至拒绝上市这样的资本游戏。"三代人之内不要说进世界 500 强。"

拒绝诱惑，听从内心的声音，华为如履薄冰，战战兢兢，最终成为世界巨人！

第九章

改革开放第二阶段（1992～2001）：壮大

1992年春天，邓小平南行讲话，为我国经济体制改革确定了市场经济的目标模式，被认为是继真理标准大讨论之后的第二次思想大解放。

"南方谈话"之后，从中央到地方形成了学习、贯彻、落实的热气腾腾的景象。经济发展有如搏战激流的鲤鱼，冲天跃起，跳上新台阶，跃过了龙门。"淘金！淘金！淘金！"一时间，人们纷纷下海，争当弄潮儿。

市场是充满诱惑的，遍地黄金；然而市场也是残酷的，竞争激烈。市场对人的最大考验之一就是人性。人性的善与恶，在市场这面镜子跟前照得一清二楚。有人在市场经济的大潮里迷失了自我，不顾诚信，不择手段，传统的礼义廉耻都丢弃了，取而代之的坑蒙拐骗，投机取巧，这是原始人类的野性和本能；但也是有人在市场经济的洗礼下升华了人性。

永不言败的"巨人"史玉柱，就是后者的一个杰出代表，也是一个传奇。

永不言败的"巨人"

在市场经济的概念刚刚被人们认识的时候，史玉柱无疑是一位市场大师！

他，曾经是一代中国青年的精神偶像，曾经是中国步入知识经济时代的一个标志性象征；他只有一个人，却以三头六臂的姿态在高科技、保健品、网络游戏三大产业领域全线出击；他曾经是一个最彻头彻尾的理想主义者，然而如今已经成为一个地地道道的现实主义者。他，就是史玉柱，一个最成功的"失败者"，一个最传奇的"平凡人"。

史玉柱有两个小故事，如今已经深入人心：一个是他小时候制造炸药，无师自通，展示了非凡的创造力。另一个是他从一个落后生，一跃而成为学习尖子，以全县"理科状元"身份考入浙江大学数学系。

其实，真正改变他命运的，是深圳这个年轻而充满活力的城市。深圳是梦的天堂，深圳是成功者和冒险家的乐园。这个在中国本土最早出现的开放"市场"，并不完善，然而充满了刺激和血腥气息，原始的冲动在每个人的身体里被激发出来。和这个生机蓬勃的天地比较起来，在办公室里一帆风顺地去走仕途，这样的人生对于青年人来说实在不能算得上丰富多彩。终于，史玉柱毅然决然地砸碎了"铁饭碗"，怀揣仅有的四千元钱，一头扑进了深圳这个如年轻姑娘般花枝招展的年轻城市怀抱。

知本，顾名思义，"知识"就是"资本"。史玉柱最初起家，靠的正是自己的"知识"。人们最初认识到他的技术天才，是他连续推出的M—6401、M—6402等系列"巨人汉卡"，从这里起步，史玉柱很快淘到了自己的第一桶金：从1000万到1个亿，他迅速地完成了财富的原始积累，成为年轻的亿万富豪，也成为头顶耀眼光环的优秀企业家。创业过程中的艰辛自不用说：他一次次向技术的堡垒发起冲锋，在一个个昏天黑地的白天和黑夜里，享受着创造带给他的喜悦。他甚至为此付出了年轻妻子不辞而去的沉重代价，体验了自己最崇拜的偶像科学家陈景润冲击哥德巴赫猜想的快乐，也体味了人生道路上伴侣劳燕分飞的痛苦。

然而事实证明：他不适合做一个科学家，而是一个天生商人。这表现在他在将自己的发明创造向市场推广过程中的匠心独具。没有钱买电脑，他就以多付出1000元的代价，先用后买；没有钱做广告，他就游说人家，先做广告，后付钱。等第一笔钱来了，他就全部投入进去，连续再做更大的广告。他一心只想将自己的产品尽可能多地卖出去，获取最大的利润。"广告——回款——广告"，他对市场有着一种本能的灵敏嗅觉，对市场的兴趣显然超过了对科学的兴趣。只有当别人的产品超越他之后，他才会又回到下一个科学技术难题的攻克中。接下来新产品出世，又是"广告——回款——广告"，他的"巨人"公司就是在这么一个简单而有效的思路下，迅速成长为中国第二大民营高科技企业。

巨人以惊人的速度成长起来了。与IBM的"蓝色巨人"意味相仿的这个东方巨人，可惜却生在了不一样的土壤中。软件产业其实在当时就出现了问题：因为它必须依附在硬件上面，而中国的硬件和美国环境没有办法比。更何况，在中国这片土地上，还有许多科学技术以外的问题。"巨人大厦"就是在这个时候，成为巨人第一个"陷阱"。这是个在今天一望而知的错误，但在当时，借用一句流行的话来说，却是一个"美丽的错误"。错误也美丽，而这正是当时国民心态的一种真实写照。

1992年7月，名不见经传的巨人公司，已经成长为珠海巨人高科技集团公司，M-6401汉卡年销售量2.8万套，销售产值共1.6亿元，实现纯利3500万元，年发展速度达500%。这么一个巨人从深圳转投珠海，不用说珠海政府官员给予最惠待遇。鲜花与掌声不算，珠海市政府的一份"厚礼"是实实在在的：一块按当时地价减免50%，并可分期付款先行使用的土地，摆在了史玉柱面前。这儿将成为巨人栖身的"安乐窝"，还是敛集市场财富的"聚宝盆"？史玉柱又一次显露了自己的商人本色，他绝不会安于现状，而是借此机会一举杀入房地产市场。

毕竟，"中国改革十大风云人物"、珠海第二批重奖科技人员，这些令人羡慕的光环，掩不住史玉柱的勃勃雄心：只要能把钱投到最具有盈利能力的市场中，他才不管是在计算机上写软件，还是与钢筋水泥打交道！

房地产、保健品……一个又一个新领域，市场的敏锐嗅觉并没有失误。然而政府在其中所起的作用，令他有些过于自信了。政府毕竟与市场不是一个完全相同的游戏规则：政府考虑的是政治，是以社会效益为先，而企业考虑的永远是利益，是以经济效益为第一的。政府要的是"珠海第一高楼"这样令人听上去就有些眩晕的字眼，要的是一个中国本土大学生创业成功的典型案例，希望可以吸引更多的青年人到珠海来创业。而史玉柱则要的是当时已经疯成一团的房地产市场。

巨人大厦在万众瞩目的情形下上马了。大厦的开工，如同一张无形的大嘴，吞噬着企业几年下来原始积累的资金。高科技市场竞争日趋激烈，利润已经不足以跟上巨人大厦的投入。必须尽快寻找到新的资金来源。保健品行业，就是这么一个遍地黄金的所在。

史玉柱说："巨人要寻找新的产业，并向之靠拢。"此时的史玉柱，将巨人的整体产业定位为：以电脑作形象，巨人大厦作投资，保健品出效益。

不打无准备之仗的史玉柱，真个"静若处子，动如脱兔"。当一年前成立巨人生物开发公司时候，大概没有几个人能说清楚这个小公司是做什么的。而一旦宝剑出鞘，史玉柱的动作又是那么快速多变，令人眼花缭乱：从邓小平那句著名的"让一部分人先富起来"的口号里，他得到灵感，提出了"让一亿人先聪明起来"的口号。"巨人脑黄金"，第一批产品从上马到生产出来居然不到两个月，真可谓"兵贵神速"。

而史玉柱还掌握着一个致命的"秘密武器"——广告轰炸。在当时，在"巨人"上上下下流传着一句话："巨人没有固定资产，所有的钱全部投入无形资产的宣传上。"

第一批先期投入的广告宣传费是 2000 万。要知道那可是在 1994 年……轰炸机、坦克、炸弹、军鞋等具有强烈视觉冲击力的广告画面出现在各大报纸上，引起了全社会莫名其妙的骚动以及诸多版本的议论和猜忌，甚至连国家工商行政管理局广告监督管理司都被惊动了，紧急宣布叫停以"巨人健康大行动"名义发布的"巨人系列广告"。此刻为止，几乎还没有人弄清楚这些广告究竟在做什么。

"巨人公司以提高民族体质、推动健康产业发展为己任……巨人斥资 5 亿元。强力启动健康、医药产业，优秀的产品群使巨人有信心在两年内实现高科技产值超百亿元，成为东方巨人……巨人从人民中来，为人民服务……巨人发展高科技造福人民。"

如同宣言本身惊天动地一样，"巨人广告"在社会上也引发了全民争论的风潮。几乎一边倒的批判声音，却使得"巨人"的名声更加如日中天。而聪明过人的史玉柱又不失时机地出来做了一个"检讨"：接受批评，全面修改广告创意、策划，再次重磅出击。这一下，"脑黄金"轰动全国。

广告，广告，还是广告！

从一开始的初战告捷，到后来连战连捷，史玉柱简直将广告这个竞争利器，运用到了出神入化的境地。如果按照武侠小说里，给商业江湖的种种神奇武功，作一个排行榜，"史氏广告"的"巨人模式"，一定高居榜首，其至今仍然令无数的广告精英、营销大师钦佩得无以复加！

人算不如天算！再精明如史玉柱，也没有想到自己会败在这么细小的环节上：从十几层到几十层，不仅仅意味着楼层增高，更意味着资金的庞大支出。仅仅地下一个环节，地下20米之后都是岩层。巨人大厦一共打了68根桩，最短的桩打了68米，最长的桩打了82米，仅打桩花了史玉柱1亿多。下完桩，接下来是地下三层，又砸了1亿多！

差不多原来可以盖起十多层巨人大厦的钱，现在连地面都没有出。已经在销售"脑黄金"的市场上，远超过"巨人汉卡"的史玉柱，不得不铤而走险：决定将保健品方面的全部资金调往巨人大厦。此时，脑黄金每年已经能为巨人贡献1个多亿利润。"我可以用脑黄金的利润先将巨人大厦盖到20层。先装修20层。卖掉这20层，再盖上面的。"说这番话时，史玉柱已经没有了建设"第一高楼"的冲天豪情，有的只是一个商人的谨慎和理性。

可惜上天连这个最后的机会都不给他。这一年，国家对保健品行业重拳出击。市场一落千丈，盛极而衰。再加上过量地"抽血"，脑黄金顶不住了！

1997年初，巨人大厦未能按期完工，国内购楼花者天天上门要求退款。媒体一向都是史玉柱的吹捧者，这时候倒戈一击，"地毯式"报道巨人财务危机。媒体在中国市场经济中扮演的角色，始终尴尬异常。一方面希望可以从企业的快速成长中获得超出寻常的效应；另一方面，又总以审视、批判甚至幸灾乐祸的立场对待企业。将"巨人"捧上天的是他们，打入地狱的也是他们。得知"巨人"现金流断了之后，立刻风言风语四起："巨人三个多亿的应收款收不回，全部烂在了外面。"这时候，灌注了无数人希望和心血的巨人大厦，只建至地面三层，不得不停工。

情势是如此严峻，向来喜欢自称"零负债"的史玉柱，第一次感觉到什么叫作"一分钱难倒英雄汉"。

几乎是在山穷水尽的时候,史玉柱又一次展示了置之于死地而后生的决绝精神!他再次选择了保健品行业。这一次,他借了50万元,选择的产品是"脑白金"。依旧是特色鲜明的"巨人模式":15万元给无锡一家公司生产脑白金,留出15万作预备资金,剩下的15万全部砸向了广告。

江阴第一个月赚了15万。史玉柱拿这15万加上15万预备资金,全部投入无锡市市场。第二个月就赚了100多万。跟着是南京市、常州市、常熟市……江苏市场很快被全面启动。史玉柱心里有数了,他对下属们说:"行了,我们有戏了,我说这个产品一年至少可以上10个亿的销售额。"

还是那个史玉柱,还是那句广告词:"今年过节不收礼,收礼只收脑白金!"一个有趣的现象是,这个广告创意连续多年被评为"十差广告"。

对此,史玉柱自有自己的解释:"'十佳广告'倒是年年换,因为许多公司都倒闭了。""评选广告的专家们唯美,讲创意,讲社会责任感,就是不讲能不能卖货。厂商只认销售额。"在这里,他的"市场意识"又一次占了上风。

相对于"先天成熟"的市场感觉,史玉柱对于企业的战略制定、经营管理,显然属于"后天迟钝"。正是前面的失败,使他擦亮了眼睛。从"脑白金"重新崛起的他,第一个重要的认识,就是:"一个企业资金实力再雄厚,也只能在几个重点行业、重点地区、重点产品上下功夫,如果没有做到重点突出而采取平均用力的话,就必然会失败。"

小心翼翼地再次起步,1999年3月,史玉柱终于在上海注册成立了一家新的公司——上海健特生物制品有限责任公司。当年,新公司的主营产品"脑白金"销售额就达2.3亿元。

东山再起,除了商业上的天才嗅觉,他更想感谢的,是自己的核心团队。

"我身边的几个骨干,在最困难的日子里,他们一直跟着我,我永远感谢他们。脑白金问世之前,我吃不准,问他们:'行吗?你们觉得有戏吗?'他们总给我非常肯定的回答:'行,没问题,肯定行。'身边的几个骨干,在最困难的日子里,好几年没有工资,他们一直跟着我。那时候,也是他们陪伴我爬完了珠峰。我永远感谢他们。"

除了感谢，史玉柱也感受到了压在自己肩头上沉甸甸的责任。挫折使人成熟，他已经不再是那个意气风发的书生，而已经是一个能够铁肩担道义的企业家。这个"巨人"重新站起来的第一件事情就是：欠债还钱！

他其实完全可以不这么做。根据法律，他的巨人公司早就可以申请破产。然而史玉柱却不曾动过这么合理却不合情的念头，因为他知道，那欠的都是老百姓的血汗钱啊！

2001年1月30日，一家名为"珠海市士安有限公司"的公司在《珠海特区报》上打出"收购珠海巨人大厦楼花"的公告，称以现金方式收购珠海巨人集团在内地发售的巨人大厦楼花。收购方式有两种：一是以100%的价格收购，分两期支付，即现期支付40%，2001年年底再支付60%；二是以70%的价格一次性收购，收购时间为1月31日至2月15日。后来人们才知道，珠海市士安有限公司的一切所为都源自史玉柱的指示。

2001年12月26日，史玉柱再获殊荣：当选成为CCTV中国经济年度人物。获奖的理由很简单：在一个强调诚信的舆论环境下，史玉柱已经偿还了他的所欠债务。这个奖项，较之当年的中国十大改革风云人物，分量或许轻了一点，然而在全国人民心目中，却是"金色十足"。

一朝被蛇咬，十年怕井绳。为了避免再出现资金枯竭问题，2002年间，上海健特先后与华夏银行发起人北京华资银团公司和首钢总公司签订《关于华夏银行股份有限公司股份转让协议书》，累计受让1.4亿股一般法人股。

参股华夏股份后，史玉柱又看上了民生银行。2003年，上海健特受让北京万通实业股份有限公司1.43亿股民生银行股票，到2006年6月30日，上海健特持有的民生银行股票3.157亿股。

2003年12月，四通控股斥资12亿元收购脑白金及黄金搭档相关的知识产权及营销网络。四通电子随即更名为四通控股，史玉柱出任总裁。通过和史玉柱的合作，四通控股实现了转型，史玉柱带来的保健品产品（脑白金和黄金搭档）利润高达四通控股的80%。

俗话说："狡兔三窟"，如今的史玉柱，岂止三窟，简直十窟都不止。

2004 年 4 月 8 日，当年曾经被媒体推下万丈深渊的史玉柱，在上海金茂大厦，在黄浦江的顶级游轮上，正式向一百多家媒体高调宣布：他要进军网络游戏领域，在上海新设立一家网游公司——征途网络。

没有人看好"巨人"再次崛起。人们在津津乐道陈天桥等后起之秀创业神话时候，似乎已经忘记了史玉柱曾经是高科技产业的领军人物之一。业内也普遍对于他这次重新回归本行，表示了怀疑和保留。

只有亲自作为竞争对手，才知道史玉柱是多么可怕。本身就是"骨灰级玩家"的史玉柱，凭借他的市场天赋，一下子就看到了商机所在。顺理成章地从盛大接手《英雄年代》开发团队后，他以简单明了的"永久免费，靠道具赚钱"的商业模式，牢牢地掐住了市场的咽喉。

"让穷学生和亿万富翁，在点卡面前一律平等，这是不对的，不符合营销规律。"

他的秘诀异常简单：要赚有钱人的钱。对没钱的人，史玉柱免费，靠免费吸引他们来捧个人场。有了人气，史玉柱才能更好地赚有钱人的钱。

2005 年 9 月，《征途》完成开发。然而正如其名字所预示的一样，这只是踏上征途的第一步。史玉柱深知，中国好产品不少，而能够卖得好的产品并不多。而他，恰恰就是那个营销方面的大师。于是，已经被屡试不爽的"笨办法"——史氏广告，又一次粉墨登场。这一次，还是选择电视投放广告的老路。尽管国家广电总局明文规定，网络游戏和烟草不能做电视广告。但是，深谙电视广告奥秘的史玉柱，还是在中央电视台给《征途》以形象广告的方式打了擦边球，首开国内网络游戏运营商在电视上播放广告之先河。据央视广告收费标准进行粗略计算，预计征途网络将在央视一套和五套共计投入近2000 万广告费用。

除了"以虚击实"的广告战略，史玉柱又迅速施展自己精于二三线市场推广的本领：如法炮制保健品的推广方式，推广团队是行业内最大的，全国有 2000 人，目标是铺遍 1800 个市、县、乡镇，到时候这个队伍预计为 2 万人。史玉柱习惯用军事术语解释自己的做法："空军好比是做广告，陆军好比是做营销，配合好了才能做。"史玉柱仍然采用农村包围城市的做法，将《征途》送进了县、乡、镇。"我只进免费的网吧，收钱的一律不进。"史玉柱说。他的做法令很多同行目瞪口呆：定期将全国5万个网吧内所有的机器包下来，只允许玩《征途》游戏，一个月就要支出上百万的费用。但是，对于很多上座率不到一半的农村网吧而言，包场的利润可想而知。加上网吧老板还能分享卖《征途》游戏点卡10%的折扣，这使得史玉柱在农村市场布下的星星之火绵延不绝。

更令人叫绝的，史玉柱还打出了"给玩家发工资"的广告：只要玩家每月在线超过120小时，就可能拿到价值100元的"全额工资"。工资是以虚拟货币的方式发，但玩家可以通过与其他玩家做交易而获得现金。《征途》官方称，截至2007年5月27日晚，同时在线的人数突破100万，成为全球第三款同时在线超过100万人的网络游戏。2007年上半年，巨人网络营收总额为6.87亿元，净利润达到5.12亿元。

对于市场，史玉柱的认识，可以说已经上升到化繁为简的返璞归真之境。

"自从'三大战役'失败后，我就养成一个习惯，谁消费我的产品，我就把要他研究透。一天不研究透，我就痛苦一天。""营销是没有专家的，唯一的专家是消费者。你要搞好的策划方案，你就要去了解消费者。"

2007年北京时间11月1日晚9点30分，在遥远大洋彼岸的美国纽约交易所，史玉柱身着一身白色运动服，成为世界瞩目的焦点。随着他敲下第一声钟响，一个颇具东方色彩的名字：巨人网络，登上纽交所，也出现在世人面前。首日开盘价为18.25美元，超过发行价17.7%，融资约为10.5亿美元。顷刻之间，这个"巨人网络"一下子诞生了21个亿万富翁，近200个百万富翁。而这个一身运动装束的青年人，则以32.48亿美元的身家，迅速抢到了中国富豪排行榜第一把"金交椅"。

从"中国首负"到"中国首富"，史玉柱的人生传奇令人瞠目结舌。虽然在首富的位置上，他并没有待多久，但对他来说，这些已经不重要。

重要的是，他已经谱写了属于自己的传奇，给后人留下太多的宝贵财富：

一是永不言败。他是一个"最成功的失败者"，他的价值不在于成功，而是失败。不是失败的教训多么惨痛，而是面对失败，面对逆境，他没有屈服，更没有放弃，而是选择了抗争。他让人想到海明威的小说《老人与海》中的名言："人，不是为失败而生的。"史玉柱精彩地演绎了这一句话。

二是诚信至上。什么叫作市场经济？市场经济的根基就是诚信。如果没有诚信，市场经济的大厦将会轰然倒塌。史玉柱是市场经济最早的弄潮儿之一，他不是理论家和哲学家，却是一个伟大的实践者。他有着科学家的令人羡慕的才华，他有着企业家的令人崇拜的市场嗅觉，可是他最看重的却是自己的诚信。孔子说："人而无信不知其可。"在这一点上，史玉柱的知识分子身份无疑起到了决定性的作用。他从本质上来说，仍然是一个熟读圣贤经典的书生，可是他却用自己瘦弱的肩头，硬是扛下了两亿多元的巨额债务。他没有选择申请破产，尽管他可以那么做，法律是允许的，但是他的良心不允许。他选择坚守良心。

三是尊重规律。很多人只惊叹于史玉柱的市场才华，却忘记了他是学数学出身。数学让他懂得规律的重要性。进入市场必须尊重市场规律。史玉柱所做的一切，包括广告轰炸，很多人觉得无法接受，事实上这就是市场规律。正因为一切按照市场规律办事，他才能一次次取得成功。

从自卑到自信：搜狐

当国门打开，当市场经济的大潮汹涌而来，对中国人来说最困惑的是什么？

答案竟然是：自卑！

自卑，是从鸦片战争以来，我们一次次被打败，我们发现在工业革命上西方的强大，以及我们的落后，我们开始走上一条漫长追赶西方的道路。

改革开放打开国门，我们又一次发现了西方的强大：当我们要进行自己的工业革命，却发现人家已经在进行科技革命了。不但在技术上面，我们在经济、文化等各方面都落后了，自卑不但没有消除，反而加重了。

于是在当时流行一股风潮：人们争相出国，很多人一去不回，有的回来也是外黄内白，成了所谓的"香蕉人"，被完全地西方化了。

但我们真的无力改变这一切吗？我们真的不能够跨越自己的百年自卑吗？

有一个人不相信，他选择了挑战，选择了通过创业来从自卑跨向自信。

他就是张朝阳。

今日，张朝阳既不是在网络经济新贵里拥有财富最多的一个；他的搜狐公司也不是网络公司里面最赚钱的一个。然而，若论影响力，则不管是个人还是公司，在中国这片土地上，尤其青年人中间，他又的确出类拔萃。作为中国网络时代的启蒙者和开拓者，在他身上所洋溢出来的那种自信乐观，那种执着追求的精神，已经影响了一代人，并且还将影响后来的青年人。有一个例子可以说明：一直靠品牌战略起家的搜狐公司，曾经动过一个念头，想请著名的 NBA 明星，中国球员姚明作为公司的形象代言人。可是不行，人们还是只认张朝阳，不认姚明。这也从一个侧面证明，姚明只是一个商业明星，而张朝阳则已经不仅仅具有商业价值，他的精神感召和思想影响，已经成为中国网络经济一笔庞大的无形资产；他的个人价值，也远远超越了物质财富本身。

"我在中国生长了 21 年，又在美国生活了 10 年。有时候能够跳出圈外，好像在宇宙飞船上来看、来观察这个宇宙、这个星球，来看我们中国人。""我们总是在寻求物质生活之上的一种更高的人生意义。这种出人头地，光宗耀祖，要取得成功的精神，能够激发起我们每一代人吃苦的精神，能够整天去想怎样来做事情。这些就构成了中华民族勤奋、善于思考、不断进取、对很多东西都富于研究的特质。""假如我们再吸收了西方的一些形式逻辑，比如说 A 加 B 就等于 C 这么简单的形式逻辑，和对规则的重视，我们就可以结合中国人的优秀品质在更大规模上创造在亚洲四小龙身上已经创造的经济奇迹。而这种奇迹将是比亚洲四小龙高出十倍十几倍的规模，而且速度上毫不逊色。也就是在 21 世纪，在现在这样一个世纪，更大规模地在中国大地上产生。"

"正视自己"，简简单单的四个字，然而要做到是多么不容易啊！

只有正视自己，我们才能走到外面，去和外面世界的人不卑不亢地交谈、沟通、做生意。只有正视自己的人，才真正懂得尊重别人。

张朝阳这段发自内心的肺腑之言，也正是他个人成长的真实写照。

这个当年清华大学的高才生，象牙塔里的天之骄子，赴美李政道奖学金的获得者，如果要问他为什么没有选择走科学研究，而走上了商业经营的道路，那么全部的答案，就是这看起来平淡无奇的四个大字。

在美国求学七年，张朝阳不仅仅补上了最重要的人生一课：正视自己，更从美国正在迅速崛起的"硅谷"经济神话中，感受到了一种灼热的躁动。那是创业的冲动，是对财富的渴望。在这里，他第一次接触到了"信息高速公路——互联网"。

"事实上，那时是一些校园内部网之间的互联，也不叫互联网，而叫'信息高速公路'，"张朝阳回忆说，"我们已经可以通过 unix 代码和电子邮件进行网上交谈，虽然不像现在有图文界面，但即便如此简单的应用，网络的这种独特魅力也已经让我下定决心，不走正常的道路，而是去创办网络公司，回国创业。"

"那时我就觉得，当今时代有两大趋势——Riding the waves of our times, one is the coming of age of the information superhighway, another is the mergence of China as a global power（顺应我们这个时代最伟大的两个潮流，一是信息高速公路时代的到来，另一个是中国作为全球大国的崛起）。"这两句英文，后来被张朝阳写在他的第一份商业计划书——"中国在线"的封面上。

"中国在线"，这个"中国气息"异常浓郁的"网络概念"，大概可以称得上互联网领域里最早的"中国概念"。来往于中美两国频繁穿梭的过程中，第一个机会出现了：亚太区中国联络官。和 ISI 公司一拍即合，China Online（中国在线）——用 Internet 搜集、发布中国经济信息，为在美国的中国人或者对中国感兴趣的人提供服务。这个项目很大程度上为张朝阳后来自己创业提供了丰富的实战经验和锻炼机会。值得一提的是，正是在这个过程中，为张朝阳提供了近距离观察中国市场的过程。"中国比印度、非洲接受 Internet 概念要快，对 Internet 的理解也比他们透彻。"

中国市场刺激了张朝阳的创业冲动。他决心自己创业，打开中国的网络市场。

1996 年，尽管这一年中国的 CERNET 到美国的国际线路带宽仅仅 2M，尽管这一年大部分的中国人都还没有听说过互联网这个名字，但是，一切都挡不住张朝阳匆匆忙忙的脚步。他有一个坚定的信念：正如地震都是一夜之间发生的一样，互联网在中国的出现，也不可能采取过去缓慢增长的方式，而必然是核爆炸和革命式的。在这个时代，"先行者胜"将是颠扑不破的一条铁的定律。为此，他必须比别人更快一步、更早一些。

正是在这个理念指导下，才有了他的第一笔风险投资——22 万美元（实际上最后到账的是 17.5 万美元）。而在当时，数以十亿计人口的大国中国，却几乎没有一个人能够说清楚风险投资是怎么一回事。

"天上掉馅饼"式的神话，在张朝阳手里成为现实。当然这里面也不是一蹴而就。尽管当时美国投资者对于互联网的热情已经被调动起来，可是一个中国青年人要做互联网，还是让所有人都觉得不放心。

无数次的被拒绝、在公用电话亭排队打电话，甚至被赶出别人的办公室，尝尽辛酸的滋味。终于，他成功了，找到了三个肯给他投资的人。

1996 年 8 月，ITC 爱特信电子技术公司终于注册。两个月后，账户上出现了第一笔资金。

有了钱，却还不知道接下来做什么。和雅虎的杨致远一上来就做搜索引擎不同，张朝阳不是技术出身，所以只是空对着一个"网络经济"的概念而束手无策。连做什么都不知道，靠什么赚钱更无从谈起了。

"当时网站的概念并不是特别清晰。"在张朝阳的印象中，1996 年最重要的事情，就是在这一年的年底花了两万元人民币"攒"了一台服务器，并把这台服务器放到了北京电信（现在是北京网通）刚刚建成的主干网上。这是中国的第一台商业服务器托管，也是中国的第一个商业网站。

在与北京电信合作的过程中，有一个细节很有意思：带着自己攒起来的这台"土"服务器，来到电报局时，张朝阳显然把这当作一个重大历史时刻，甚至带上了一瓶酒，准备签字握手以后喝酒庆祝。而对电报局长来说，这件事情实在太小，不就是挂个服务器在网上吗？小事一桩。结果带去的酒又带了回来，只照了一张照片。酒后来被张朝阳他们自己喝掉了，这张照片成为唯一的历史见证，被收藏进了搜狐的历史博物馆。

当时全世界还没有人真正搞清楚互联网的商业模式，像张朝阳的股东之一尼葛罗庞蒂，著名的《数字化生存》作者，投资的美国另一家互联网网站"热连线"，当时正在尝试"网络广告"。他们把自己当作了一家真正的媒体，雇用了大量记者去采写新闻，他们写了大量高质量的短文章，图片新颖，报道方式也与当时的报纸杂志不同，特别适合数字化时代人们的阅读习惯，流量非常大。然而与庞大的开支比较起来，收入实在微不足道。

最终，张朝阳还是找到了自己的最初道路——超链接。根本不用做内容，直接罗列别人的内容。又省事，又省力，简直和在马路上捡钱差不多。"那个时候上爱特信的网民直接看到的就是超链接这个频道。"他们接着又找到了"sohoo.cn.net"这个域名，那个时候还没有".com"域名。

现在看起来一切都上了正轨。不久，杨致远的雅虎在美国引起一阵狂潮，张朝阳立即又将分类加导航复制过来，名字也从"搜乎"转化成了"搜狐"。

一个是虎，一个是狐。也许本意在利用汉字的丰富联想性，将自己的商业品牌做大。可是里面也确实暗合了张朝阳的商业逻辑。狐假虎威，这个被中国人更多赋予贬义的成语，其中却暗含着巧妙借力的智慧。这个智慧，在农耕文化里看似大逆不道，而在商业文化里实则顺理成章。

然而不管有怎样的智慧，当时张朝阳始终解决不了一个棘手问题：盈利模式。不管是新兴产业，还是传统产业，作为一个企业，盈利是最根本的头等大事。而事实上，表面风光的互联网，当时都还是"绣花枕头——中看不中用"。第一次融资得来的启动资金已经所剩无几，张朝阳不得不第二次出击。

"第二次融资比第一次更为艰苦，花费了我大量时间。而且公司内部没有人能帮得上我，没有人知道我在干什么。"

在长达半年的时间里，张朝阳四处奔波，这只聪明的小狐狸似乎累得连摇尾巴的力气都没有了。然而上天不负苦心人，他终于又觅得了一个机会。1997 年的 9 月 11 日，这一天他马不停蹄地拜访了四位投资人，见面，谈自己的计划，连吃饭时间都没有。最后一个投资人，更是提着笔记本电脑从拥挤的街道上跑步穿梭过去的。

就在第一笔资金将尽、第二笔尚且远在天边之际，张朝阳不得不省吃俭用，请求董事会提供10万美元的"乔治贷款"——如果竞标失败，可以让张朝阳用这笔钱先"度日"，把公司继续经营下去。而这笔贷款张朝阳日后需要用利息和股权去偿还。利用这个喘息机会，张朝阳一举击败三家竞标者，拿到了一个项目，解了公司的燃眉之急。

1998年4月，搜狐公司获得第二笔风险投资，投资者包括英特尔公司、道琼斯、晨兴公司、IDG等，共220多万美元。

投资必然要求回报，现在张朝阳不得不认真思考盈利模式的问题了。

他首先想到的是网络广告。随着市场意识不断加强，此刻的国人对广告认识，已经颇为深入。不过网络广告是什么，还是一个未知事物。张朝阳不得不又一次充当了开路先锋的角色，亲自出马跑起了客户。

后来，网络广告成了搜狐最主要的盈利模式——当到了1998年的时候，搜狐全年的广告收入已经达到60万美元。搜狐网站和它开发的诸多运营模式，开始成为后来者的样本。在即将到来的互联网大潮中，当张朝阳成为新一代青年偶像的时候，所有人都已开始相信：互联网将改变中国。

事实证明张朝阳对互联网那狐狸一样的敏锐嗅觉没有错。当搜狐在中国崛起的时候，世界上互联网发展迅速，已经出现了几大巨头。一个个数字英雄们，更加年轻，更加迅捷，一夜之间超越了前辈们积累的惊人财富。

而荣耀也随之降临到了张朝阳的头上：

——1998年11月，张朝阳被美国《时代周刊》誉为全球50位"数字英雄"之一；

——1999年7月张朝阳被《亚洲周刊》选为封面人物；

——2000年3月12—14日，以唯一的中国企业代表的身份，参加由各国政府官员和企业领袖组成的"2000年全球互联网峰会"，并作为专题演讲代表，在会上做了题为"互联网对中国的影响"的重要发言；

——2001年5月，张朝阳参加《财富》全球论坛，并在"中国新一代创业者"主题论坛上发表重要讲话。与此同时，张朝阳被《财富》杂志评为"将在未来十年协助塑造商业世界的新面貌"的全球二十五位企业新星之一。

——1999—2001 年被《中国青年报》连续三年评为"年度 IT 十大风云人物"之一;

2001 年 5 月 7 日,被《财富》杂志评选为"全球 25 位企业新星"之一,"全世界最聪明的 100 人"之一。同年,被世界经济论坛评为全球"明日领袖"之一;

……

面对如潮水滚滚而来的荣誉,张朝阳比任何人所想象的都要清醒。互联网本来就是一个"吸引力"经济,如今,机会来了。在中国,并不是每个公民,都可以拥有引人瞩目的话语权。一旦获得这个机会,张朝阳当然不会放过。从一开始,为企业所制订的"品牌"战略,现在更加开始被他进一步推向纵深。

从最初的借助"虎"与"狐"的关联起家,到现在开始打造自己的品牌,张朝阳没有一丝一毫担心别人嘲笑和讥讽,而是立即投入个人——公司这个品牌链的打造中去。他给自己的定位是:时尚。因为互联网的用户,百分之九十以上都是青年人。而除了笼络客户,还有一个更为重要的目的,那就是他要改变人们对于互联网的肤浅和错误看法。"……至少让人们感受到互联网的人性化和丰富多彩,当人们想起网络的时候,首先想到的是娱乐、时尚和生活,而不是冷冰冰的电脑。"

的确如此,当互联网不再是机器与机器之间的连接,而成为人与人之间的沟通之路,成为每个人生活的一部分,它才真正开始凸现自己存在的意义。

从一无所有到成为人人崇拜的财富偶像,张朝阳又一次显示了自己的与众不同。作为新经济的一个代表,也作为新商人的一个代表,他完全"秀"出了自己和传统商人不同的另一面。不独在知识方面,他在思想和精神层面上,也在改变着人们对于"商人",对于"财富"的固执己见。

例如财富,张朝阳毫不掩饰:就是要追求财富,享受生活,挥洒人生。生而为人,既然来到这个世界上,追求成功,就是你的使命。"从事业成功的各种利益中,我最享受的是财富,这个东西让你感觉确实是比较从容。财富方面有了一种自由度,你希望的生活可以实现,因为这么多年的狼狈让人有点慌，是财富把多年的狼狈和金融不安全感彻底消灭了。而且，名和利也的确让我比以前快乐多了。名气大，很多人知道你，你跟这个世界非常具有关联度，这个世界发生了很多很多事情，你知道是怎么回事儿。你跟这个世界特别相关，这一点让我感觉很好。"

如此坦然地表述一个真实的自我，而没有谈什么"齐家治国平天下"，这实在是一个以前的人们想都不敢想的突破。而公然地谈论"财富""名与利"，视作实现自由和快乐人生的必然，更加注重自我的感觉，这已经在新商人与老商人之间，划出了一道泾渭分明的分界线。

当然了，不管名与利，都只是手段。真正的目标，在于实现人生的快乐。一个显而易见的现实是，一个人只有对自己的人生负责，你才能做到对其他的人负责。而你必须保证实现自己的人生理想，其次才能有能力帮助他人。"我认为，人生的目标第一是活得快乐与健康。所以，要轻松对待人生，保持青春活力与创造力，让生活达到一种从容的快乐。三四年前我都不会说这个话，因为那个时候我还在名利的道路上狂奔。我自制力很强，我知道该做什么的时候就做什么。但经营企业并不妨碍我追求更健康完美的人生。我也不希望别人只用一个固定的角色界定我，我只希望别人知道我是一个活得比较快乐的人，这是我的追求。"

"搜狐的目标就是要成为一个有独特新锐视角的新锐、思辨、人本的先锋媒体。人文关怀、社会责任感、媒体公信力就是我们追求的新闻价值观，我们不仅建立了自己独特的新闻品牌，并且会逐步成长为网络媒体的主要舆论力量。凭着搜狐新闻独特的多元化、全球化、大众化和强大的互动性一定能在影响中国的文明进程中做出历史性的贡献。"

这是一个英雄式的宣言，一如张朝阳以一个无所畏惧的英雄姿态，单枪匹马开始了网络时代，带给无数的青年人以惊喜、振奋与激励，和不断进取的向上力量；通向未来世界的大门，就在这一刻打开了！

今天，搜狐依然在实践和完成自己的使命，而我们对张朝阳的价值意义越发看得清晰：

一是自我实现。张朝阳是代表中国青年一代的第一个世界级偶像。他在国内代表青年人的崛起，在世界则代表中国青年向新时代的开拓。他个人从自卑到自信的过程，也是一代青年人走过的历程。这是真正中国与世界接轨的一代，中国改革开放至此结出了第一批的硕果。

二是追求财富。在中国，"万般皆下品，唯有读书高"，似乎除了读书，做官，就没有其他什么值得追求。追求财富更是四民之末。改革开放打破了这一传统，市场经济进一步激发了人们追求财富的念头。但是，每个人都可以在市场经济中追求财富，则似乎是很遥远的事情。张朝阳的出现破除了这一层迷雾，让追求财富展示在阳光下。拥有财富不再遮遮掩掩，而是堂而皇之，每个人都要去成为财富英雄。

三是快乐自信。通过追求财富可以得到快乐，建立自信。张朝阳所以被一代青年人所崇拜，就因为他的人生是可以复制的，他的脚步是可以追随的。创业，成功，享受财富，享受生活，这是一种崭新的人生，然而也是可以实现拥有的人生。你可以一无所有，但可以拥有梦想；你如果连梦想都没有，但还有可以做梦，可以去追逐梦想的权利。这就是一个正在开启的新时代赋予我们的权利，人生因此而充满希望。

走没有人走过的路：网易

在一个新的时代里，当年轻人将追求财富作为目标，已经没有什么是不可能的了。

追求财富，做个有钱人，这样的崭新人生目标，成为新时代的价值意义。

网易和丁磊的故事，就是一个在创富时代涌现出来的最令人怦然心动的财富故事。

从一个一穷二白的穷小子，几年之后一跃而成为中国首富，这样的剧本，恐怕就是当代最好的剧作家，也会觉得这样的构思未免太过大胆。

但是丁磊做到了。

此前的丁磊，虽然有技术上的天赋，初一时就第一次成功组装了一台六管收音机，但他还没有找到自己人生方向。他唯一喜欢做的事情就是跑图书馆去看计算机方面的书，还到计算机系里坐到后面去蹭课旁听。他觉得，这是他最喜欢的事情。

大学最后一学期，丁磊开始在计算机公司兼职任工程师，虽然是兼职，却是那家公司最主要的工程师。在那里丁磊这个学通信的学生第一次接触了Modem、WindowsNT等新设备。这时候的他，基本上已经知道自己的价值和人生的方向了。毕业后丁磊回了老家宁波，从1993年到1995年在宁波电信局做工程师。两年中丁磊最大的收获是学会了Unix和电信业务。"我几乎天天晚上12点才离开单位，因为单位有Unix电脑。网易后来的成功和我很早就掌握了Unix精华分不开。"

1993年，丁磊无意间在一本杂志上得知北京开了一个名叫"火腿"的BBS站。当时站上的内容很少，不过丁磊立刻意识到，BBS是以后发展的方向。第一次登录BBS的丁磊当晚就在中国惠多网创始人之一孟超的帮助下在宁波搭建成了自己的BBS站。1994年，丁磊第一次登录Internet，那是从中科院高能所同学那里要的一个账号。兴奋不已的丁磊浏览的第一个站点是Yahoo。Yahoo让丁磊"感觉很不错"。接着丁磊去创新公司下载了不少多媒体驱动程序。1995年6月，丁磊成为北京电信前100个用户之一。

就这样，在Internet上"见了世面"的丁磊按捺不住了，向自己的总工建议在本局开展信息服务业务，可是这样的建议会等来什么可想而知。最终等了一段时间，发现没有什么进展，他便做出了决定：辞职离开！

"这是我第一次开除自己。但有没有勇气迈出这一步，将是人生成败的一个分水岭。""我选择了广州，因为当时广州是中国经济最发达的地区"。

1995年5月，丁磊到了广州，加盟刚刚成立的广州Sybase。之后到1997年5月，整整两年，他跳了三次槽。最后他对自己的前途整整思考了五天，最后的决定是自立门户，干一番事业。他说自己"我根本不知道自己的公司未来该靠什么赚钱，只天真地以为只要写一些软件，做一些系统集成就可以了。这种想法后来几乎使公司无法生存。"

网易创业起步的资金是五十万元，一部分是丁磊几年来一行一行写程序积攒下来的，另一部分是向朋友借的。"当时并没有老板的概念，只是希望按照自己的意图做事。"丁磊回顾说。"当时认为只需管好两三个人就行了，哪知企业管理需要如此多的时间、经验和知识"；资金也是问题，好在当时网络上是一大片开阔地，他大胆设想用了163这样的一个数字来注册域名，因为这样做不仅易记，而且不会像英文字母那样容易混淆、难念。丁磊现在说起来还颇为自得："很多时候就是这样，最简单的地方却是许多人所想不到的。"

然而仅仅有了好的想法显然还不够，先行一步好处显而易见，困难也是摆在那里的：经营 Internet 业务，最好能有一台 Internet 服务器放在电信局里，怎样能不花钱就把自己的服务器架到电信局机房里去？丁磊为此费尽了心机。最后，丁磊向广州电信局呈上了一份"丰富 Chinanet 服务，吸引上网时间"的方案，方案指出：现在 Chinanet 上的服务很少，因此无法吸引用户上网，用户即便上了网，没有好的服务，也待不住。而网易提供的 BBS 服务能够吸引大批用户上网，并且能让网民一泡就是几个小时。在这里，他找到了一个最坚实的支撑，实际上也是未来网易的看家本领：用户体验。这一利器才是成就网易的大杀器！

广州电信局领导听了这个方案觉得有理，反正电信局又不用出资，而且这个服务也不会和电信局产生竞争，于是就给了网易一个 IP 地址，让他们把服务器放到了电信局。这种做法后来被称为服务器托管业务。到现在丁磊都自豪自己当初的那个方案写得非常好，"几乎可以打动任何一个电信局"。1997 年 5 月 4 日，网易公司还没有正式成立，网易 BBS 就正式开机运行了。由于丁磊是 Chinanet 上第一个安装"火鸟"BBS 的人，又经常泡 BBS，他个人的影响，加上无为而治以及宽容，网易 BBS 上的人数三个月就超过了资深的"一网情深"。

网易架在广州电信局的服务器是丁磊花 2 万元自己动手装的一台奔腾PRO，硬盘 18G。这样大的硬盘仅用来放网易用来宣传公司的一个主页和BBS 未免太浪费了，于是丁磊便决定免费向网友提供每人 20 兆的个人主页空间，为此，丁磊还专门写了一个包括计数器、留言本功能在内的个人主页服务系统。但就是没有什么人来网易申请个人空间。那个时候会做主页的人很少，网易的影响不够大也妨碍了网友把主页放在网易的信心。于是，丁磊便开始在网上四处寻找个人主页，发现不错的个人主页，就写 mail 告知网易可以提供资源更丰富的个人主页空间。其后，网易还在北京在线、瀛海威等五个当时国内主力站点上连续做了三个月广告，花了好几万元，终于使申请个人主页的人潮汹涌起来。公司还没赚到钱，为什么还要把钱花在不赚钱的个人主页上？丁磊的回答质朴得有些不合逻辑："如果我当初就考虑到做站点如何赚钱，可能就把路走错了。我受 Linux 影响很深，觉得服务就应该是免费的，根本没想到网站今后会有收益，我只是想硬盘闲着也是闲着，不如拿出来给大家用，我的目的大约就是想让网易变得出名一些吧，但没想到后来会这么出名。"

免费、共享，这些互联网世界后来风靡的理念，在当时丁磊就已经实践了。

从 BBS、个人主页，到网易免费电子邮箱，还是将目标对准客户的需求，免费的理念最终收获了回报：因为免费，网易拥有了大批的用户追随者，随着网易向门户网站的转变，这些用户一下子变成了最忠实的支持者和传播者。这种不是企业而是用户的自主传播就是"病毒式传播"。

1998 年 6 月之前，丁磊根本没重视过"网络门户"这个概念。一天，一个国外大网络门户站点的老板告诉丁磊，他们一个月的广告收入高达二十五万美元。这句话让丁磊猛醒，他意识到网上广告将可会成为网站最有前途的收入，回来后，网易就将首页向"门户"变了个脸，心想事成，网易改版后不到一个月，访问量激增。因为那时候网易已经有两万多个个人主页的用户，都是网易最铁杆的支持者。当网上新兵向这些网上老手询问"哪个站点最好"时，这些人会毫不犹豫地对他们讲："上网易看一看吧。我在那里还做了一个个人主页呢！"

1998 年 7 月，CNNIC（中国互联网信息中心）投票评选十佳中文网站，网易喜获第一。听到这个消息，丁磊简直不敢信这是真的。"因为我们一直把自己看成是搞技术的，是靠开发软件维持公司运行的公司，不是做内容的站点。"1999 年 1 月，网易再获 CNNIC 十佳中文网站第一。

第一门户，有点像武侠小说中的武林盟主，但是这需要真有独门绝学才行！网易的独门绝学，也许免费、共享等理念可以学，但网易的免费是令人惊叹的：不仅对个人，它还免费为加入网易排行榜的十五万个站点做流量统计和技术分析。一个站点如果能给其他众多站点提供统计分析服务，那么，这个站点的江湖地位可想而知。个人主页和排行榜后，网易的免费又延伸到了一个新生事物上——虚拟社区。"现实社会中有的，Internet 上同样会有"。网易这一步棋可能又走对了。很快网易的虚拟社区遍地开花，拥有了数量惊人的追随者。用户就是上帝，每天十万人的访问量让它在 1998 年短短四个月时间内，广告销售额就达到了十多万美元。1998 年，网易的利润达到了四百多万元。

然而，网路江湖的水究竟有多深，到了网易上市之后才真正显现出来：

"当时主要想通过公司上市，把企业进一步做大做强。"

美国东部时间 2000 年 6 月 30 日上午 11 时，网易在纳斯达克股票交易所正式挂牌交易。然而令所有人都大跌眼镜的是，截至当日收盘时，网易股价跌至 15.12 美元，跌破了 15.50 美元的发行价。在当时网络科技股票已经降温的大背景下，网易没有幸免。跌破发行价对于网站的经营者意味着很大的压力。因为一般的投机者都是在上市后才会介入，而以发行价买进的都是战略投资者，跌破发行价意味着网易的不被看好。2002 年 7 月，网易宣布因未能呈报年度报表而收到纳斯达克计划予以停牌的通知，同时网易在纳斯达克交易的股票代码也由 NTES 改称 NTESE。2001 年初的丁磊最迫切的愿望就是想把网易卖掉，但没人敢买。到了 9 月，想卖也卖不掉了，网易因涉嫌财务欺诈，停牌长达四个月。面对这一灭顶之灾，网易没有退却，反而进行了审慎地而坚定的抗辩。经历了艰难创业历程的网易绝不允许如此屈辱地死去！

终于，网易在停牌将近四个月后宣布，对于纳斯达克证券市场对网易的美国存托股在纳斯达克国家市场上停牌的决定，网易已经上诉成功。网易公司股票已于美国当地时间 2003 年 1 月 2 日上午恢复在纳斯达克股票交易市场的交易。网易股票在恢复交易后立即上升 46.33%，并以每股 0.95 美元的价格收盘。至此丁磊和网易总算是死里逃生了。

经历了这一次的危机，丁磊和网易不但没有退缩，反而更加勇往直前！

"信心很重要。"2001年的时候，丁磊决定网易进入一个崭新的市场——游戏市场，当时所有的媒体、所有的同行都说他疯了。不但媒体上一片责骂声，网易自己的员工也不相信。但丁磊对此充满了信心。他的信心始终来自他内心不变的信念：给用户提供最好的体验！毕竟，门户技术的东西各大网站都可以模仿，唯有用户体验不可模仿！

这也是网易从最早的个人主页开始就积累的资本，是他们的看家本领。

进军网络游戏的道路并不平坦，最初，丁磊考虑索尼和EA已经开发出了图形的网络游戏，就找索尼和EA，要做代理把他们的产品引进到中国。但是索尼和EA公司很高傲地说，不和中国公司合作，中国都是盗版，不考虑中国市场，就直接把丁磊赶了出来。丁磊回来之后很生气，就对同事们讲："第一个，老美能做出来的东西，我们也一定能够做出来；第二个，我们有钱。我们虽然从来没有做过游戏，但我们可以出钱买一家做过游戏的公司。"说干就干，丁磊后来在广州找到一家很小的公司，就把他们这个公司买下来了，花了三十万美金。买下这个公司后，丁磊还抽调了公司最优秀的技术团队过来参与开发游戏。

从2001年开发，到2002年1月的时候，出来了第一款网络游戏产品——《大话西游》，结果因为存在缺陷而失败。经过改造，2002年6月，《大话西游2》诞生，从客户端到服务器都很稳定。

游戏产品开发出来了，但是如何营销呢？丁磊就买了好多营销的书一个人看。光看书没有用，他又找到了"步步高"的老总段永平，见面之后，请教他营销怎么做。就这样一边看书一边请教学习营销知识。《大话西游2》，也是从最初的三千人的规模，到后来最高在线人数达到五十五万人。之后又是《梦幻西游》《天下贰》《大话外传》，网易在那个时代给无数的青年人的人生带来了不一样的江湖体验。

江湖情结是丁磊和那个年代无数青年人共有的，江湖、天下、侠骨柔情，在看似天马行空的幻想里实则蕴藏着中华传统文化最深层的东西。

依靠着对用户体验的执着和坚持，网易不出丁磊意料地又成功了，2002年是中国短信"爆炸"的一年，而在遍布中国的网吧里，年轻人正尖叫着大把花钱。2002年8月后，网易摇身一变成为暴利企业。随后是网易股价连续暴涨，当年逃离网易的老员工动辄唉声叹气。

2002年，网易成为纳斯达克表现最优异的股票。2003年，网易股票继续在中国概念股中保持领跑地位。2003年10月10日，网易股价升至70.27美元的历史高点，比年初股价攀升了617%，比2001年9月1日的历史低点攀升了108倍。丁磊成为第一个靠做互联网做成富豪的国内创业者，他第一次让中国富豪的财富数字可以被清晰而准确地度量。

"人生是个积累的过程，你总会有摔倒，即使跌倒了，你也要懂得抓一把沙子在手里。"

尽管之后，这位中国网络首富又经历了过山车一样的惊涛骇浪，但他已经不为所动了。"一会有人说我发达了，一会又有人说我栽了；评上首富赞不绝口，网易跳水，也有人说财富缩水。""我对这一切一般是不闻不问。我认为我们应该更多地考虑股东的利益、企业的发展、员工的进步。""我又不能一股脑儿把股票都卖掉，首富头衔毫无意义"。

当他被作为青年人的偶像，讲述自己成功的秘诀，他的话朴实而充满真诚："我做梦都没想到我有朝一日会掌握一家赢利超过两亿五千万人民币的公司，我也是一路跌跌撞撞，边打边学的走过来的。我最后要送给同学们两句话，是英语的：stay hungry，保持饥饿的状态；stay foolish，保持充实，保持求知状态，因为只有这样，你在人生的路上才能不停地进步。"这也的确是丁磊和网易文化的最内在的充沛精神。

网易文化或者精神，注定对中国的青年一代影响深远：

一是求知渴望。关于丁磊有一个有趣的小故事：有一次，丁磊自驾出游，来到一个只有二十万人口的西北小镇。转了一圈后，他有些失望，"这个城市居然没有一家书店和报刊亭。"和那些手握资本到处寻求投资机会不同，丁磊更看重的是知识和由于求知而带给人的尊严。他是一个信奉"科技改变未来，知识改变内心"的人。他说，钱的确可以让人活得舒适，但知识让人活得更有尊严，是钱不能比的。"输出知识，活出尊严。这其实有点曲高和寡，但我们要走一走这条没人走过的路。"

二是用户体验。丁磊所以在互联网江湖地位崇高，就因为他深得互联网精神的精髓。用户体验始终是他所看重的，他给网易灌输的 DNA 只有五个字——"消费者喜欢"。尊重消费者是网易一直坚持的不便原则。

三是创新无尽。丁磊一直在内心深处有一个坚持：发掘并输出"创新的内容"。"网易更像个做内容产业的公司，我们有一整套的产业链来给我们供应内容。"网易新闻、有道词典、网易公开课、网易云音乐、网易云阅读，网易一直走在创新的道路上并通过内容的不断丰富和升级来宣扬自己的价值观，而且旗帜鲜明地提出了"有态度"。这一点并不容易，遇到了很多争议。"我们有态度更多的是思想层面的独立态度。""激发每个人思考"，丁磊就是这思考人群中的一员。

丁磊的成功，为他带来了众多的个人荣誉，包括 2004 年亚太地区 Wharton-Infosys 技术变革先锋奖（WIBTA）。2005 年《南方周末》"公众形象榜"第一名。2006 年第三届"中国软件行业杰出青年"、中国游戏产业最具影响力人物奖。2007 年十大慈善家之一。这里面他最在乎的可能就是"公众形象榜"第一名，因为他永远是用户至上的理念！

总之，丁磊是一个启蒙者，更是一个实践者。他仍然在路上，路，仍然漫长。但他又并不是一个孤独的前行者，因为他永远和用户在一起！

第十章

改革开放第三阶段（2001 ～ 2017）：崛起

2001 年 12 月 11 日，中国正式加入世界贸易组织，成为其第 143 个成员。

这是中国从改革开放战略实施以来，一直为重返关贸总协定而持续努力的结果：自 1986 年提出申请，1995 年 7 月 11 日，成为世贸组织的观察员。之后又经历了一系列的漫长的、艰苦的谈判，终于"入世"。

入世，标志着中国经济终于成为全球经济中的一环，中国市场成为全球市场的一个组成部分；中国和世界不再是彼此孤立的，而是"共赢"的。

世界贸易组织，也就是 WTO，成立于 1994 年 4 月 15 日，在摩洛哥的马拉喀什市举行的关贸总协定乌拉圭回合部长会议上，决定成立更具全球性的世界贸易组织，以取代成立于 1947 年的关贸总协定。这也是二战之后，世界范围内成立的最重要的国际经济组织之一，因为其拥有 160 个成员国，成员国之间的贸易总额达到全球的 97%，因此又有"经济联合国"之称。

1997 年 10 月 9 日，世贸组织启用新的标识。该标识由六道向上弯曲的弧线组成，上三道和下三道分别为红、蓝、绿三种颜色。标识意味着充满活力的世贸组织在持久和有序地扩大世界贸易方面将发挥关键作用。六道弧线组成的球形表示世贸组织是不同成员组成的国际机构。有趣的是，标识的设计者是新加坡的杨淑女士，她的设计采用了中国传统书法的笔势，六道弧线明显带有毛笔书法起笔和收笔的韵律。

世贸组织一共有五大职能：1、管理职能。负责对各成员国的贸易政策和法规进行监督和管理，定期评审，以保证其合法性。2、组织职能。为实现各项协定和协议的既定目标，有权组织实施其管辖的各项贸易协定和协议，并积极采取各种有效措施。3、协调职能。协调其与国际货币基金组织和世界银行等国际组织和机构的关系，以保障全球经济决策的一致性和凝聚力。4、调节职能。当成员国之间发生争执和冲突时，世界贸易组织负责解决。5、提供职能。为其成员国提供处理各项协定和协议有关事务的谈判场所，并向发展中国家提供必要的技术援助以帮助其发展。成立的宗旨包括：1、提高生活水平，保证充分就业，大幅度稳步地提高实际收入和有效需求。2、扩大货物、服务的生产和贸易。3、坚持走可持续发展道路，促进对世界资源的最优利用，保护环境。4、积极努力确保发展中国家，尤其是最不发达国家在国际贸易增长中获得与其经济发展需要相适应的份额。5、通过实质性削减关税等措施，建立一个完整的、更具活力的、持久的多边贸易体制。6、以开放、平等、互惠的原则，逐步调降各会员国关税与非关税贸易障碍，并消除各会员国在国际贸易上的歧视待遇。

互惠原则，也叫对等原则，是 WTO 最为重要的原则之一，也是最能体现合作的双方"共赢"理念的一个重要实践，它是指两成员方在国际贸易中相互给予对方贸易上的优惠待遇。它明确了成员方在关税与贸易谈判中必须采取的基本立场和相互之间必须建立一种什么样的贸易关系。

此外，WTO 还有透明度原则、市场准入原则、经济发展原则、非歧视性原则，都是为了促进平等互利，为了实现各个成员国之间的"共赢"。

中国入世，无疑是 21 世纪发生的最大事件之一，其意义显而易见：

经历了 15 年的快速发展后，中国攀越诸多"高峰"：全球第二大经济体，世界第一大贸易国，世界第一大吸引外资国，世界第二大对外投资国……加入 WTO 对促进中国外贸发展和拉动经济增长发挥了重要作用。

2001 年，我国进出口总额 0.51 万亿美元，2015 年这一数字为 3.96 万亿美元，约为入世前的 8 倍。从 2001 年到 2014 年，我国初级产品的出口份额由 10% 下降到 5%，而工业制成品中机械与运输设备的出口份额由 36% 上升为 46%，出口增加值不断提升。此外，制度改革与时俱进。开放意识不断提升。简政放权推进，企业活力不断释放，"一带一路"倡议实施，中国对外投资迈上新台阶，于 2014 年首次成为资本净输出国。

事实证明，加入世贸组织是中国经济融入世界经济的重要里程碑，也是中国适应经济全球化发展趋势、进一步深化改革开放的客观需要。中国入世既推动了全球的经济增长，也实现了全球资源的优化配置。

入世让中国深度融入世界，世界也因为中国的开放而受益，成为世界经济发展不可或缺的力量。中国第一阶段是分享红利，第二阶段是红利互动。

展望未来，中国已经提出"一带一路"倡议，发起成立亚洲基础设施投资银行；积极稳妥推进人民币国际化，借助 G20 峰会积极参与全球治理。随着越来越多"中国方案"和"中国智慧"的推进，国际人士认为，中国开始承担更多国际责任，为全球治理变革开拓新空间，中国和世界的双赢也从经济上的双赢向着更大范围、更广空间内阔步挺进！

可以这么说，正是随着中国入世，全球化梦想才真正得以成为现实。

全球化，亦让中国的企业家真正获得了与全球企业家高手过招、同台竞技的机会，合作、共赢，中国的企业开始成为世界企业，中国的企业家精神与全球企业家精神开始接轨，在融合中新生，实现了超越。

让世界倾听中国的声音：凤凰

在全球化征程上，第一个把中国的声音传播到全世界、被世界聆听的，是凤凰。

凤凰，与龙一样，同样是中华文化的象征：而且凤凰寓意着展翅飞翔和吉祥，给人以亲和感，充满希望，容易作为中华文化的符号被西方所接受。

中华文化曾经在两千多年的漫长岁月里屹立在人类文明的舞台中央；自从近代以来，中华文化开始了漫长的、艰难的现代化转型。随着改革开放，这一转型达到了高峰并且在经历市场经济洗礼后逐步完成。

一个崭新的中华文化出现了，但是怎么向世界来展示和传播她呢？

时代需要这么一个企业和一个人物，这个企业和人物应运而生，顺势而为。

这就是凤凰卫视和刘长乐。

用刘长乐自己的话来说，凤凰卫视的创办和存在，都始终只有一个目的："拉近全球华人的距离"。其实，他所拉近的，已经不仅仅是全球华人的距离，更是中国和整个世界的距离，是整个东方文明和西方文明的距离。

一个商人，能够成就这么一项伟大的文化事业，是非常了不起的！而更加令人难以想象的，是做成这件事情，刘长乐仅仅用了 12 年时间，从成立卫视到在世界上产生影响力，则只用了五六年时间。这个奇迹是怎么创造的？那扇着美丽的翅膀，象征中华文化标志的吉祥之鸟——凤凰，又是怎样在这么短的时间里，飞越了五大洲的千山万水，吸引了全球数十亿人的目光的呢？

其实这里面并没有太多秘诀，一切都在于：此前的刘长乐，早已完成人生历练。他十年从戎，十年执笔。军队，这个革命的大熔炉，锻炼了他坚强的意志，也赋予了他一心为国的高尚情操。记者，这个号称"无冕之王"的特殊行业，二次给了他淬火的锻炼机会，不但练就了一双捕捉敏感机会的火眼金睛，更帮助他积累了丰厚的人脉资源。

之后，又是十年下海的风雨洗礼。1989 年，刘长乐去了美国，在休斯敦注册成立了乐天国际公司，建立起第一块根据地。1990 年，他来到香港。1993 年，又正式移民新加坡，因为这里是世界石油贸易的中心，特别是中东到中国的石油在这里过泊转运。另外，新加坡的金融体系也比较完备，自由开放。在这里，更能施展拳脚。石油、交通、房地产……亚太经济市场孕育出来的一个个机会，他都抓得那么准确，那么举重若轻。

不管在哪个领域，刘长乐都是出类拔萃的。当他辞官下海时，人们的评价是："商界多一个大贾，媒体少了一个人才。"当他转向投资传媒业，创办凤凰卫视时，传媒的说法调了个个儿："媒体多了一支新军，商场少了一支劲旅。"

不论人们如何评价，刘长乐却始终我行我素，认准了的事情，就一定要做下去。

在海外，刘长乐淘到自己第一桶金同时，也以一个文化人特有的敏感和自尊，对中华文化在世界上的弱势地位，有了深刻的洞察和一定的认识。传媒人出身这一职业的本能，令他注意到西方传媒和西方电影文化对全世界的影响越来越大，而东方文化在夹缝中生存，声音很微弱。这就激起了他那从来都不平静的内心中万丈波涛：做一个在全世界有影响的华人传媒！从第一次产生这个念头起，他就被这个伟大的梦想所激励，时刻寻找机会。

机会终于在新加坡找到了。新加坡是一个华人比例占到 74% 的国家，这里收看中文频道的人数，超过官方英文语言频道好几倍。对于汉语的热爱，背后所隐含着的是对中华文化的深深眷恋。这一下子给了刘长乐灵感：办一家面向全球华人的卫星电视频道，"拉近全球华人的距离"一下子涌上了他的脑际。

以个人的力量，做这么一件具有重大挑战的事情，难度可想而知。不过刘长乐很有信心，将其比喻为"先学诗人写诗，再学商人打算盘"。

写诗和做企业，在某种程度上是相通的。刘长乐认为，真正优秀的企业家，不仅需要严谨、守恒的管理精神，还必须有某种本能的、萌发奇思异想的冲动。这种冲动通常被误认为只有艺术家才具备或者需要。其实，做企业很大程度上，就是把基于梦想的激情和冲动，纳入到现实的理性轨道，并一步步去付诸实施。

有了艺术的灵感和冲动，刘长乐这位大诗人，一出手也真是不凡：1996年 3 月，凤凰卫视正式启播。令人意料不到的是，其股东之一，居然是美国的传媒大亨默多克！本来一无名气二无实力的凤凰，因此一夜成名！

那么刘长乐是怎么做到的呢？原来，也是事出凑巧。本来刘长乐只想悄悄地把这件事情做成。低调为人和做事是他一向的原则。这一次也不例外。当时正好蒙古电视台退还其租用的亚洲一号上的一个频道，接到消息，刘长乐立即带领人马杀过去，第一时间将其接过来，准备来个"借鸡下蛋"。结果，律师费付了，酒也喝了，事情到了最后关头，居然被告诉不行！而原因是默多克名下的香港卫星电视，租用了亚洲一号的大多数频道，因而对其他频道的租用拥有否决权。于是，半路杀出来个程咬金，默多克这个如巨象大鲸般的庞大对手，一下子挡在了前进路上……

刘长乐不愧是刘长乐，临危不乱。他利用自己的缜密思维，冷静地分析了自己和对手：今日亚洲有限公司，背景只有一个，就是多年从事大陆传媒工作的他了解大陆传媒的市场特征；而香港卫星电视，是默多克当年斥资从李泽楷手里收购过来，希望以此来进军中国内地市场，几年下来做得并不好。

通过比较分析，就可以看出：如果"今日亚洲"能利用默多克名下新闻集团强大的媒体资源，打入海外华人市场和欧美主流社会，将会事半功倍；而另一方面，默多克如果能够有自己这样有中资背景的公司合作，把触角成功地伸向大陆传媒市场，将一改原来的困难局面，乘风破浪突进中国市场。

找到了二者之间显而易见的互补性，刘长乐心里有底了。于是，就有了后来在北京颐和园的一幕：一条大大的游船上，刘长乐睿智而幽默地讲解着在这座皇家园林里发生的一桩桩趣事，默多克集团的几位主要领导听得全神贯注。很快双方从游船坐上了谈判桌，一连二十几轮的艰苦谈判，终于有了"凤凰卫视"的产生。

为了给这个自己宠爱万分、凝聚着无数人心血和希望的"孩子"起一个颇有寓意的名字，刘长乐和他的合作伙伴可谓煞费苦心。因为这是一个为了"拉近全球华人距离"而办的电视频道，所以弘扬中华文化，是一个不能背离的主题，必须在名字中体现出鲜明的中华民族特色。另外，因为这个卫视的股东组成本身就是世界性的：所以在文化内涵上，也应该表现出世界文化大融合的特点。经过精心的选择，最后大家一致认同了"凤凰"这个名字。

刘长乐这样解释："第一，世界文明史上关于凤凰的传说，来自于中华文化的'百鸟朝凤'。所以凤凰的传说和龙的故事一样，是中华文化的专利和象征。取名为'凤凰卫视'，也就是清清楚楚，明明白白地打上了一个中国的烙印。第二，传说中凤和凰是两个鸟，凤为阳，凰为阴，'凤凰'的另一个寓意就是'南北东西大荟萃'。所谓南北荟萃即大陆文化和港台文化的融合。所谓东西文化结合，是寓意以默多克的新闻集团为代表的西方文化，和中华文化之间的取长补短，推陈出新。更进一步引申，凤和凰还可以代表历史和现实的融合……"

不独名字，在设计上，凤凰卫视的设计也大有学问，例如两只鸟的口都是开放的，整个设计充满动感，非常像中国文化里的太极……

然而，刘长乐的商业才能，还不仅仅表现在这些小的方面，而更表现在对整个文化产业的定位上。毕竟，凤凰卫视是一家小单位，无法和其他的电视巨头们抗衡，那么自己的出路在哪里呢？如何能够在激烈的市场竞争中站稳脚跟，而不被别人挤下水去？对此，刘长乐选择了一个颇有头脑的战略定位：融合！

融合，就是融合百家，兼容并蓄。对于这种风格，邓小平的女儿邓琳，有一次在和刘长乐的谈话中，说得特别形象："凤凰卫视是个'四不像'，不像大陆电视，也不像中国香港和台湾地区或新加坡的电视。"

四不像，从另外一个表述的说法，其实也就是多元化。因为不管从资本组合、人际关系组合，还是人才组合上，凤凰都采取了兼容并蓄，博采百家的做法，用刘长乐自己的话说："来自中国大陆、香港、台湾以及海外电视的各路专才，带着不同的期望、不同的文化，最先风云际会于维多利亚港湾，好比现代国际版的水泊梁山；东西方武艺兵器一齐上，东西方文化因此遭遇碰撞，不一样的火花因此飞舞荧屏。"

有人曾经将刘长乐称为一个"疯子"，刘长乐颇为自嘲地道："我是一个'疯子'，而且还带领着五百个'疯子'在一起干。"

一个正常的人，为什么会"疯"？就是因为他找到了令自己值得为之疯狂、为之献身的奋斗目标。

要知道，在香港这片黄金遍地的土地上，凤凰的薪资并不是最高的；可是，凤凰却吸引了最具有才华的一流人才。这些来自五湖四海的各路精英奇才，一来到这里就仿佛变了一个人，其疯狂到什么程度，从下面这个小故事，可见一斑：

有一次，凤凰老板刘长乐过生日，下面的员工送了他一个包装精致的礼盒，里面的内容很令人浮想联翩。可是，等打开来一看，连刘长乐自己都笑了。原来，里面竟然是一个从超级市场里买回来的榨汁机。

不过刘长乐也知道，员工们不是真的抱怨自己工作的辛苦，而仅仅是和自己开一个玩笑。事实上，刘长乐自己比谁都能理解，这里面复杂而深刻的含义。

"这是一份具有企业文化内涵的礼仪。据我所知，香港有线电视一个新闻频道就有两百多人，而凤凰卫视从主持人到后勤总共只有一百来人。因此在凤凰，每个人的工作量都很大，一个人几个岗，骨头里榨油（笑）。但大家乐于榨和被榨，连老板，也被更大的老板——我们所处的竞争时代所榨，结果大家都很辛苦，但又很快乐。"

"累并快乐着"，这就是凤凰卫视的整个企业文化的内涵，简单到了极点，然而又充满了异常深奥的人生哲学。正是这种哲学，激励着每一个人，向自我挑战，不停地跨越，从而完成了一个个的不可能的任务：

——第一次凤凰人向世界展露他们的风采是迎接香港回归，支持赞助"亚洲第一飞人"飞越黄河壶口瀑布。中国和亚太 30 个国家和地区的 20 多亿观众，将透过凤凰卫视中文台与中国中央电视台的联合直播，亲眼见证这一壮举。整个腾飞的过程，只有 1.58 秒，可是刘长乐和他的部下们，却精心准备了半年之久，每个细节都推敲演练过无数次。

——"97 香港回归世纪报道"，全球 800 家传媒，8300 多名新闻记者，蜂拥而至，驻兵香港。在这样强手如林的新闻大战中，凤凰避实击虚，采取了"别人有的我有，我有的别人未必有"的总原则，即在公正、均衡、客观、平等的基础上，做到"大事不漏，重点突出，分寸适度"。除了通过卫星影像讯号将京港连接起来，播出政权移交仪式以及两地的庆祝活动外，还利用总部在香港的地利优势，分别在会展新闻中心，会展中心新翼，凤凰台大厦天台现场直播，更派出多支摄影队空中、地面全方位出击，务求将每个珍贵镜头展现于观众面前。

——黛安娜王妃葬礼。

——世界银行 1997 年会。

——1998 年克林顿访华。

——全国军民的抗洪救灾。

"当大事发生时，我在场。"这句话，已经成为"凤凰"人的座右铭，而在观众心目中则逐渐变成了定势："当大事发生时，看'凤凰'！"

华语世界新闻 70% 的未开垦土地，给了凤凰极大的发展空间。2001 年

1月1日，凤凰卫视资讯台出世。刘长乐的又一个梦想——华语CNN，以华丽而梦幻的方式一下推出在世人面前。

世界上没有一帆风顺的事情，一个新生事物的诞生总伴随着阵痛。凤凰卫视资讯台2001年开播之初，年亏损额达千万美元，巨大的亏损使得凤凰集团"财务紧张"的传闻甚嚣尘上。

"我们也经历了两年非常痛苦的、没有达到经营目标的阶段。"刘长乐坦率地说，"也许今天看来，资讯台的推出有点过早，开播两年后才被批准在内地有限落地，这也许是个经营错误，但是这个台必须推出。"

成功总青睐那些执着追求的人，"9·11"给凤凰资讯台送了个大礼。那时候正好是凤凰卫视资讯台刚刚诞生，开播一年还不到。有人开玩笑地对刘长乐说，你们好像是专门等着"9·11"，好像冥冥中知道有大事要发生一样。

成功没有奥秘。事实上，如果没有此前一次次在重大事件中的练兵，很难想象凤凰人会在"9·11"事件中表现得这么出色。事件发生在北京时间当日20时43分。而仅仅过了27分钟以后，正在播报《时事直通车》的主持人吴小莉，便插播了有关"美国纽约世贸大楼被袭起火"的消息及现场画面，使凤凰卫视成为香港和内地上千家电视媒体中最早播报的电视台。《时事直通车》一结束，凤凰卫视立即在荧屏上打出"美国遭受恐怖袭击"的字幕，切断广告改播新闻。21时33分，中文台、资讯台、美洲台并机联播的特别节目正式开播，并整整持续了35个小时。如此规模的长时间直播，也是凤凰卫视自香港回归60小时直播之后最长的一次直播报道。

锁定"9·11"事件日日专题播放的凤凰卫视，一时间名声大噪。业内人士甚至有一种看法，认为"9·11"事件对于凤凰卫视来说，犹如海湾战争对于CNN一样，使它一夜成名！

资讯台的产生，真正使凤凰卫视成为一家在世界上具有重要影响的现代传媒，也成为新的投资增长点。

"如果说凤凰对'9·11'的报道解决了华语媒体在世界媒体格局中'有没有'的问题，那么伊拉克战争时，我们已经回答了华语媒体'在不在'这些重大历史事件发生现场的问题。卢宇光冒着枪弹在人质现场已显示出我们'行不行'的气势。"

从"有没有"到"在不在"再到"行不行"，凤凰是始终牢记自己的使命，"开拓新视野，传播新感受，记录新生活，创造新文化"。立足回归之后的香港，在沟通大陆与港台两岸三地的同时，不仅将历史悠久，博大精深的中华文明传播给世人，更帮助中华民族以更加开放的思维和开阔的视野去认识这个纷繁多姿的世界。

"这是一个各种冲突交织，各种关系混杂，各种欲望张扬的时代。昙花一现多了，铁树就成了稀罕；急功近利多了，气定神闲就成了坚守。树木、楼房、城市、频道、梦想都在拔地而起、见风生长。但我仍相信这世界上最终不变的，还有人类朴实的价值观——有关真诚、友爱、善良、宽容，有关和平、自由、公正。它们不会因为时间地点的变化而变质，于大地它们是根本，于人类它们是灵魂。"

和那些对这个现代商业时代深恶痛绝，满口谩骂之辞的人不同，凤凰人更愿意以巨大的冒险精神，投入其中。共同的使命和理想，凝聚起了一个无坚不摧的优秀团队。他们不但在传播中华文化，更在实践和创造、丰富着中华文化。他们作为传媒产业的一分子，离不开市场这道"紧箍咒"，然而他们更时刻没有忘记，捍卫人类的良知，坚守自己的道德底线和职业品质。

1999 年，美国人在南斯拉夫战争中误炸了中国大使馆。凤凰人精心策划了一期节目《中国人今天说不》。后来，美国主管东亚事务的官员，和刘长乐会面的时候，开玩笑地这么说过一段话："那时候真正对我们有杀伤力的媒体，就是'凤凰'。因为你们不是谩骂，而是说理，这是最可怕的。"

正因为"有理""有节"，正是因为以"道"行"商"，所以刘长乐和凤凰人才获得了那么多的荣誉：尽管只有短短十年的成长经历，如今，凤凰卫视却已经成为公认的在全球最有影响力的华语媒体之一。凤凰卫视还曾被盖洛普调查公司评为中国人最认知的知名品牌，是唯一入选的媒体。在 2000年 1 月出版的《华声月刊》中，刘长乐被评为 1999 年"十大华声人物"之一；2000 年 12 月《中国新闻周刊》"2000 年新闻人物十大派对榜"，刘长乐被评为"传媒智者"；2002 年刘长乐通过今日亚洲有限公司入股亚洲电视，成为最大单一股东，此举被认为凤凰卫视将具备与香港无线电视抗衡的实力，而刘长乐则被香港媒体封为"新一代的媒体大亨"。2004 年 5 月，刘长乐获得"2004 年蒙代尔世界经理人成就奖"；近两年他还入选"20 位中国企业领袖""中国最受尊敬企业 50 强""中国最受尊敬企业"等。2014 年 12 月 4 日，在第六届世界华人经济论坛上，刘长乐获颁终身成就奖。2015 年 6 月 27 日，获颁 UIC 荣誉院士荣衔。

凤凰的成功，固然因为有一群出类拔萃的人才，但最根本还是刘长乐。

"刘长乐是一个具有宏观世界观的、充满热情的媒体工作人员。"星云法师如此描述他眼中的刘长乐，"他很有慈悲心、智慧而且有情有义。佛教讲究'和则贵'，我感觉'和'在刘长乐身上体现得非常好。他在世界各地都得到人们的尊重，他与两岸三地的同胞都相处得非常好，没有地域观念，对新知旧友都很重视。这些都是最好的体现。"

李敖这样评价刘长乐："刘老板确实有过人之处。他是一个有眼光、有胸襟、非常敬业的人。我很钦佩他。"

"刘老板就好比种了一棵梧桐树，提供了最好的土壤，有空气、水、阳光，等待一只一只凤凰飞来。他就是给大家提供了一个很好的发挥的环境。"凤凰卫视副台长吴小莉这样袒露自己的心声道，"我们凤凰聚集的都是同一类人，都是那种有理想、有激情、想为世界做些什么的人。"

而从 1996 年一叶孤帆，扬帆起航，到 20 岁弱冠之礼，在全球 56 个地区和国家设立了记者站，以卫星电视 IPTV 等多种方式实现了全世界有效的覆盖，凤凰网访问量超越了 CNN、BBC、纽约时报，稳居全球传统媒体门户网站首位，凤凰从几十个人的单一平台发展成为多元化的全媒体集团，成就了打造世界媒体巨轮的云泥之想，刘长乐自己又是怎么感想的呢？"有人说切住凤凰的脉搏就能听到中国的心跳，感恩全球华人。昂扬的新世纪，是中华复兴的坚实脚步和历史回响，让凤凰在大时代中破浪前行。"是的，没有改革开放的大时代，没有中国的和平崛起，就没有凤凰的一切。时代因素是凤凰成功的第一因素。

第二因素是，"凤凰"是勇于面向未来的，浴火的涅槃重生是凤凰所书写的传奇。其中引申的寓意是，承载人类幸福使者的使命，每 500 年就要背负积累于人世的不快和仇恨恩怨，投身烈火中自焚，以换取人世吉祥和幸福，在肉体经受巨大痛苦和磨炼之后，凤凰获得新生。面向未来，凤凰专注在做的始终是两件事：一是坚守，作为媒体人需要有坚守：道德的坚守、文化的坚守、责任的坚守等；二是创新：思维方式的创新、经营模式的创新等。尤其要面对新技术的挑战努力和创新。

第三个因素，就是和文化的内核。龙、凤文化是中华文化的两个基本图腾，二者相辅相成。但龙文化偏向于争斗，凤凰文化代表和谐，有人说"龙文化代表古代中华文化，凤凰文化代表现代中华文化"，这在很大程度上说出了凤凰文化的内在核心，就是和文化。在凤凰文化中，融合了五凤一体的是五彩凤凰。可以溯源到伏羲氏、女娲氏的凤凰"五彩文化"，代表的是中国自古以来"德、义、礼、仁、信"或"德、顺、礼、仁、义"的和谐思想。所以凤凰文化，正是多元和谐的文化。

相信在全球华人的助力下，凤凰这只吉祥之鸟，还能飞得更高，更加炫目！

中国的、世界的：阿里巴巴

《福布斯》封面文章曾这样介绍他："凸出的颧骨，扭曲的头发，淘气的露齿而笑，拥有一副五英尺高，一百磅重的顽童模样，这个长相怪异的人有拿破仑一样的身材，同时也有拿破仑一样的伟大志向……"

你能猜出来这个人是谁吗？不错，就是大名鼎鼎的马云。

可是，今日呼风唤雨的马云，没有人想到他曾经经历过怎样艰辛风雨的洗礼！

马云十二岁的时候，还在做一件当时看来很平常的事情：每天早上不管刮风下雨，他都要骑车四十分钟，到杭州西湖旁的一个小旅馆去学英语。因为当时已经对外开放，杭州来旅游的外国人又特别多。马云经常为他们充当免费导游，带他们四处浏览的同时练习英语，这一学就是八年。马云显然已经意识到：中国对外开放，和世界上的其他国家交流，必然需要优秀的英语人才。而外国游客带给马云的知识，又和从老师、书本上学到的很不一样，从一开始，马云就有了全球化视野。

马云高考考得很辛苦。第一次高考失败，他决定下学谋生，先后当过秘书、做过搬运工，后来给杂志社蹬三轮送书。一次偶然的机会马云在帮浙江舞蹈家协会主席抄文件的时候，接触到路遥的代表作《人生》，从书中体悟到"人生的道路虽然漫长，但关键处却往往只有几步"，遂下定决心参加二次高考。然而马云二次高考依然失利，总分离录取线差140分。但受《排球女将》永不言败的精神激励，准备参加第三次高考，因为家人反对只得白天上班，晚上念夜校。终于，马云第三次高考艰难过关。他的成绩是专科分数，离本科线还差5分，后因马云同专业招生不满，马云被调配到外语本科专业，捡了个便宜，进入杭州师范学院本科。

在大学里，马云当上了学生会主席，后来还成为杭州大学生联合会主席。毕业时，成为500多名毕业生中唯一一位在大学教书的教师。工资是每月人民币100~120元。马云显然不甘心只做一个普通的英语教师。他决定辞职下海，和朋友成立了一个"海博翻译社"。结果第一个月收入700元，房租2000元，遭到一致讥讽。在大家开始动摇的时候，马云坚信：只要做下去，一定有前景。

为了维持生计，他一个人背着个大麻袋，到义乌、广州去进货，翻译社开始卖礼品、鲜花，以最原始的小商品买卖来维持运转。两年间，马云不仅养活了翻译社，组织了杭州第一个英语角，同时还成了全院课程最多的老师。初次下海，酸甜苦辣咸，五味尝遍，马云的感受是："我一直的理念，就是真正想赚钱的人必须把钱看轻，如果你脑子里老是钱的话，一定不可能赚钱的。"

1995年初，马云作为一个贸易代表团的翻译，前往美国西雅图。一个朋友在那儿首次向他展示了互联网。他们在雅虎上搜索"啤酒"这个单词，但却没有搜索到任何关于中国的资料。马云和朋友一商量，为什么不自己创建一个网站？于是马云便请人做了一个自己翻译社的网页，没想到，三个小时就收到了四封邮件。马云顿时敏锐意识到：互联网必将改变世界！

虽然此时的马云已经是"杭州十大杰出青年教师"，但是马云却毫不留恋这个名头，立即选择进入互联网，开始筹备创业。"当时觉得互联网不错，就找了二十四个人到我家里，对着他们讲了两个小时，他们没听懂，我自己也没讲明白，最后说到底怎么样？其中二十三个人说算了吧，只有一个人说你可以试试看，不行赶紧逃回来。想了一晚上，第二天一早我还是决定继续做，于是成立了中国黄页。其实我知道，即使二十四个人都反对，我也会做下去！"创建企业黄页网站，每天出门对人讲互联网的神奇，请人家心甘情愿同意付钱把企业的资料放到网上去。没有人相信他，1995 年的杭州，人们不知道互联网是什么东西。在那段时间里，马云过的是一种被人视为骗子的生活。但是，马云的网站为上网的企业带来了客户，他的网站盈利了。最后，这个公司被中国电信以 18.5 万美元收购，双方组建了合资公司。然而中国电信在公司董事会中占据了五个席位，而马云的公司只有两个席位，这就像蚂蚁和大象博弈一样，根本没有任何机会。马云意识到自己这么做下去没有任何前景，于是又毅然决定辞职单干。

1997 年，一个很好的机会出现在马云面前：在国家外经贸部的邀请下，马云带着自己的创业班子挥师北上，建立了外经贸部官方网站、网上中国商品交易市场、网上中国技术出口交易会、中国招商、网上广交会、中国外经贸……一系列国家级站点。虽然不是自己创业，但当马云回顾这段经历时，不禁感慨："在这之前，我只是一个杭州的小商人。在外经贸部的工作经历，我知道了国家未来的发展方向，学会了从宏观上思考问题，我不再是井底之蛙。"

离开外经贸部以后，马云的想法已经非常明确："用电子商务为中小企业服务。"连网站的域名他都想好了："阿里巴巴"。

1999 年 2 月，在杭州湖畔家园马云的家中召开第一次全体会议，十八位创业成员或坐或站，神情肃穆地围绕着慷慨激昂的马云，马云快速而疯狂地发表激情洋溢的演讲："黑暗中一起摸索，一起喊，我喊叫着往前冲的时候，你们都不会慌了。你们拿着大刀，一直往前冲，十几个人往前冲，有什么好慌的？"在这次"起事"的会议上，马云和伙伴共筹了五十万元本钱。并按照惯例进行了全程录像，马云坚信这将有极大的历史价值。在这次会议上马云说："我们要办的是一家电子商务公司，我们的目标有三个，第一，我们要建立一家生存102年的公司；第二，我们要建立一家为中国中小企业服务的电子商务公司；第三，我们要建立世界上最大的电子商务公司，要进入全球网站排名前十位。"从这天开始，马云开始铁下心来做电子商务。

后来据他自己解释：102年的时间表，是因为这一年是1999年，要跨越下一个世纪一百年，迎接再下一个世纪的第一缕曙光，正好102年！至于进入全球第十，大家都觉得他痴人说梦！

然而疯狂才仅仅开始：他们没有租写字楼，就在马云家里办公，最多的时候一个房间里坐了35个人。他们每天16~18个小时不停地工作，设计网页，讨论网页和构思，困了就钻入地上的睡袋里睡觉。

当时，每个人工资只有500元，公司的开支一分钱恨不得掰成两半来用。外出办事，发扬"出门基本靠走"的精神，很少打车。据说有一次，大伙出去买东西，东西很多，实在没办法了，只好打的。大家在马路上向的士招手，来了一辆桑塔纳，他们就摆手不坐，一直等到来了一辆夏利，他们才坐上去，因为夏利每公里的费用比桑塔纳便宜2元钱。

1999年3月阿里巴巴正式推出，直至逐渐为媒体、风险投资者关注，并在拒绝了38家不符合自己要求的投资商之后于1999年8月接受了以高盛基金为主的500万美元投资，于2000年第一季度接受了软银的2000万美元投资。2007年11月6日，阿里巴巴在香港联交所上市，市值200亿美金。马云和他的创业团队，由此缔造了中国互联网史上最大的奇迹。

阿里巴巴成功了，成为全球著名的B2B电子商务服务公司，管理运营着全球最大的网上贸易市场和商人社区——阿里巴巴网站，为来自220多个国家和地区的600多万企业和商人提供网上商务服务。在全球网站浏览量排名中，稳居国际商务及贸易类网站第一。阿里巴巴两次被哈佛大学商学院选为MBA案例，在美国学术界掀起研究热潮，连续五次被美国权威财经杂志《福布斯》选为全球最佳 B2B 站点之一，多次被相关机构评为全球最受欢迎的 B2B 网站、中国商务类优秀网站、中国百家优秀网站、中国最佳贸易网，被国内外媒体、硅谷和国外风险投资家誉为与 Yahoo、Amazon、eBay、AOL 比肩的五大互联网商务流派代表之一。

马云被著名的"世界经济论坛"选为"未来领袖"、被美国亚洲商业协会选为"商业领袖"，是 50 年来第一位成为《福布斯》封面人物的中国企业家，并曾多次应邀为全球著名高等学府麻省理工学院、沃顿商学院、哈佛大学讲学。阿里巴巴成立以来，全球十几种语言 400 多家著名新闻传媒对阿里巴巴的追踪报道，被传媒界誉为"真正的世界级品牌"。

一时间，马云用令人难以置信的速度，成为中国青年一代的超级偶像。

然而，喧嚣的背后，很少有人去认真思考，究竟什么造成了马云的与众不同？

马云自己对此有过总结，认为自己的成功有三个与众不同的独特地方：

一是接受失败。中国人似乎很害怕失败，人人都渴望成功，似乎只有成功才能证明自己。但是恰恰，失败才是人生的常态和市场的正常情形。

马云说，自己的经历就是一个不断失败、不断犯错误的经历。每一次失败，每一次被别人拒绝，都把它当作一次训练。当他开始做生意，尝试销售，每天都给陌生人打电话、出去见客户。出门之前他都告诉自己："我要见 12 个客户，我都不会有机会赢的。一个机会都没有。然后当我回来，确实没有机会。我说，看，我是对的吧，我就知道没有机会。"但是如果赢了一个客户，那就是比预期做得好。所以每一次，马云犯的每一个错误，他都看作很好的令其将来成功的宝库。他甚至说，如果有一天，他写一本书，书名就是《阿里巴巴和 1001 个错误》。

正是不断地犯错误，勇于接受和面对错误，才会有了不断地学习、检查和进步的机会。失败是成功之母，这句话从来都没有错，错的是不相信的人。

后来，马云设立了湖畔大学，培养中国新一代的企业家，用的大部分案例都是失败的故事。研究失败，了解越多，你的人生就越会变得积极。

二是独立思考。马云显然不是一个人云亦云的人，他一直在独立思考。

不跟随别人走，而是遵循自己的规则，甚至成为规则制定者，这才是他能够脱颖而出的一个真正原因。一个善于独立思考的人，一定是乐观的、积极的，因为他总会从正面去发现机会。马云也遇到过许多竞争对手，甚至要与世界上最伟大的企业家同台竞技。他就对自己说："等等，请给我30年。他会变老，我就拥有了机会。"当与比他更富有的人竞争时，他对自己说："15年后，我可以准备，让我们再竞争。"这就是他的独特魅力，这就是他被青年人奉为偶像的根本原因。

乐见未来，而不是抱怨，这本身就是一种独立思考的能力。当别人在抱怨这个世界的时候，马云却在人们的抱怨中，发现了改变的机会。

三是永葆青春。这是一个非常聪明的做法：世界永远是属于青年人的。

马云是一个勇于接受和创造新事物的人。他对这个崭新的互联网时代，有着不可遏制的激情。他所以相信互联网时代，就因为这个时代一定是属于青年人的。互联网本身就代表了年轻，青春，梦想，而不是科技。

看清楚互联网的本质，阿里巴巴的战略定位就一目了然：不是人们争相追随的电子商务，而是年轻。马云一再提醒说："请留意那些30岁以下的人，留意那些少于30人的公司。我认为阿里巴巴能够成功的原因，正是19年前当我们开始这项事业，以及15年前当我们开始做淘宝、开始B2C模式的时候。"因为是新事物，所以只有青年人愿意尝试。

这将在很大程度上，预言互联网的未来：新事物，青年人，青春和未来。

在15年前，甚至20年前，阿里巴巴就已经锁定了20岁以下的青年人，经过10年、20年的耕耘，这些青年人成为社会的中坚力量，他们上网获取资讯、上网购物、上网做生意，都是理所当然的。阿里巴巴的成长也就理所当然了。针对电子商务摧毁了大量实体门店的生意，马云直言不讳："在这个世界，很多人抱怨互联网摧毁了大量的生意，但并不是互联网摧毁了生意，是落后的思维、态度、封闭自己，是这些想法摧毁了他们自己。我想说的是，人们说技术摧毁了就业，我说不，每一次技术革命都会创造更多的就业机会，比人们想象得更多，技术创造出了不同的工作。这是我们、这是中国和亚洲的机遇。"

四是不断创新。对于创新，马云一直有着清醒的认识并且抱着炽热的激情。

在互联网时代，一切都在变化，充满了不确定性。唯一不变和确定的事情，只有一件，就是创新。

在未来，创新将会在各个领域发生，零售、新金融、技术、制造以及能源。世界将在 5~10 年内迅速地发生改变，这是显而易见的事情。

面对未来，马云认为只有一个应对的方法，就是不断地学习、再学习。

如何赢得未来，马云对此看得清楚异常：不是技术，不是知识，而是文化和价值观。

技术终将是人工智能的天下，过去 20 年，人们努力将自己变成机器；未来 20 年，机器将大规模地进入各个领域，取代大部分人的工作。

要赢得与机器的竞争，只有创造一途。人类的终极优势是什么？是想象力、创造力和团队精神。人类的智慧将永远是机器所不能企及的。

时至今日，马云的影响力已经伴随着阿里巴巴在世界范围内的崛起，走向了世界，开始与一些国家的总理、甚至是总统平等地对话了。

而马云也不再仅仅是一个企业家的角色，他更多地成为一个商业领袖：

2013 年 5 月 10 日，马云正式卸任阿里巴巴集团 CEO，陆兆禧接替马云出任阿里巴巴集团首席执行官。

2013 年 5 月 11 日，马云出任 TNC（大自然保护协会）中国理事会主席。

2013 年 9 月 27 日，阿里巴巴集团创始人马云夫妇作为捐助人正式加入生命科学突破奖基金会，两人每年将为生命科学突破奖基金捐献 300 万美金，马云将会出任全球生命科学突破奖基金会理事。

2014 年 4 月，马云向自己的母校杭州师范大学捐赠 1 亿元人民币，设立"杭州师范大学马云教育基金"。这笔捐赠将由杭州师范大学教育基金会专项管理。

2015 年 1 月，马云作为亚洲和大洋洲地区唯一的私营部门代表，当选全球互联网治理联盟委员会成员。

2015 年 6 月 30 日，全球互联网治理联盟在巴西圣保罗召开全体理事会，选举了3名联合主席，阿里巴巴董事局主席马云当选理事会联合主席。

2015年10月23日，51岁的马云及其家族以1350亿元资产蝉联中国IT业首富，在13年里财富增长540倍。

2015年11月18日，阿里巴巴董事局主席马云受邀在菲律宾举行的2015年APEC工商领导人峰会上发表了主旨演讲。在演讲结束后，马云还受邀同美国总统奥巴马进行了对话。2015年11月30日，马云、比尔·盖茨、扎克伯格……这些全球顶尖科技公司创始人的名字同时出现在一份27人的名单上。他们投入巨资联手发起了一项史无前例的"清洁能源研究计划"。这一计划目的是集合政府与企业的力量，找到除了风能、太阳能以外更多零碳排放能源的可能，从技术上找到更多阻止全球变暖的方法。马云无疑是这一项目中最受关注的中国企业家。

2015年12月6日，阿里巴巴集团董事局主席马云受邀出席联合国气候变化巴黎大会并发表主题演讲。

2015年12月18日，在第二届世界互联网大会上，马云当选全球互联网治理联盟联合主席。

2016年9月21日，联合国秘书长潘基文亲自签发任命书，宣布马云受邀出任联合国贸易和发展会议青年创业和小企业特别顾问。

2017年3月24日，美国《财富》杂志公布了2017年年度全球50位领袖人物，阿里巴巴集团董事局主席马云位列榜单第二位，力压亚马逊CEO贝索斯等全球政商领袖。《财富》杂志对马云的评论是这样的："马云以意想不到、鼓舞人心的方式去利用他的平台，作为自由贸易和慈善倡导者，让阿里巴巴这样的开放电子平台可以作为世界经济发展的动力，去帮助小企业开拓消费市场。为了实现他的愿景，马云已经在敦促降低贸易壁垒。"在这个评价中，帮助小企业实际上也是帮助青年人在现实世界中实现梦想，成为马云最大的价值所在！

这一系列的轨迹，让人看到在中国参与全球化进程的大潮中，很有可能涌现出第一位登顶全球的商业领袖，而马云是最接近的，他无疑是中国骄傲。

中国的，也是世界的，正如当阿里巴巴上市的时候，新华社将其盛赞为

"中国奇迹"，马云和阿里巴巴，的确是中国奇迹，也是世界奇迹！

改变世界，引领时代：百度

1999 年 12 月 25 日，进入 21 世纪的最后一个圣诞节，一个青年人却放弃了在美国的生活，选择了回到中国，在北京开始了自己的艰难创业。

当时没有人会想到他能成功，更没有人想到他和他创办的企业能成为改变世界的力量。但不管别人怎么想，怎么看，他的内心却是坚定而明晰的：

他知道自己为什么回到中国，也知道自己所做的事情一定会取得巨大的成功！

他叫李彦宏，一个在二十世纪八九十年代北京大学的高才生，天之骄子。

进入北京大学，是李彦宏人生中的第一个起点，也是他改变命运的第一次机会：他出生在山西阳泉一个普普通通的小城市，一个普普通通的工人家庭。李彦宏唯一看上去不普通的，就是他广泛的学习兴趣。他一度挚爱戏曲，后来又在高中一年级的时候，第一次接触计算机就被吸引住了，为了能到机房上机，经常找老师软磨硬泡，比别人更多上机实践，在掌握了过硬的技能后，学校选派他到省会太原参加全国中学生计算机比赛，结果铩羽而归，第一次让他尝到了失败的苦恼。不过当他走进太原的书店，发现有许多在阳泉看不到的计算机书，又被吸引了……

1987 年，李彦宏以阳泉市第一名的成绩考上了北京大学图书情报专业（即现在的信息管理）。但即使在北京大学这样的高等学府里，当很多人都在按部就班走着毕业后去进入机关单位工作的轨迹，李彦宏却表现出了比其他人更大的抱负和更为敏锐的嗅觉：他对计算机技术情有独钟，认为这一定是未来改变世界的力量。因此他从大三开始，目标就已经非常清晰了：心无旁骛，买来托福、GRE 等书，过着"教室——图书馆——宿舍"三点一线的生活，目标是留学美国，方向锁定在计算机专业。

1991 年，李彦宏收到美国布法罗纽约州立大学计算机系的录取通知书。这一年的圣诞节，李彦宏从中国来到了美国。白天上课，晚上补习英语，编写程序，经常忙碌到深夜两点。尽管辛苦，他却心里非常踏实，因为他知道，这就是他想要的生活，他对自己的未来充满了信心。

1994 年暑假前，李彦宏收到华尔街一家公司——道·琼斯子公司的聘书。之后他在华尔街的三年半时间里，每天都跟实时更新的金融新闻打交道，先后担任了道·琼斯子公司高级顾问、《华尔街日报》网络版实时金融信息系统设计人员。1997 年，李彦宏离开了华尔街，前往硅谷著名搜索引擎公司 Infoseek（搜信）公司。

从华尔街到硅谷，正是这段岁月，让李彦宏开阔了眼界，也沉淀了经验："原来技术本身并不是唯一的决定性因素，商战策略才是真正决胜千里的因素。"

当然，技术还是非常关键的，李彦宏在技术上的才华已经得到公认：他为道·琼斯公司设计的实时金融系统，仍被广泛地应用于华尔街各大公司的网站。他最先创建了 ESP 技术，并将它成功地应用于 Infoseek/GO.COM 的搜索引擎中；GO. COM 的图像搜索引擎是他另一项极具应用价值的技术创新。他拥有的"超链分析"技术专利，是奠定整个现代搜索引擎发展趋势和方向的基础发明之一，1997 年 2 月 5 日向美国专利局提交专利申请，在同年 7 月 6 日被批准，比谷歌创始人提交著名的 PageRank 算法专利早了一年，并成为 1999 年后世界主流……

但真正令李彦宏受益匪浅的，还是硅谷那种用技术改变世界的雄心壮志。

对李彦宏来说，那时候他已经有一个比较清晰的梦想：在美国读研究生时，有一次，他报名参加了学校的一个研究小组。当时，负责面试的教授可能对他回的答案不满意，便随口问："你是中国来的？""你们中国有计算机吗？"尽管可能不是有心刺伤他，但教授的问题让李彦宏的心里特别难受，觉得怎么能这样问自己，自己从中国来的怎么了？中国这么大的一个国家，而且当时已经是 20 世纪 90 年代了，怎么可能没计算机？这近似是对自己祖国的一种羞辱。但也就是这么一句话，激发了李彦宏内心那股不服输的精神。从那时起，他就梦想有一天一定要用自己手中的技术改变国人的生活。而硅谷让他看到了梦想成真的可能性。

1999 年的圣诞节，李彦宏正式放弃了在美国稳定的工作和安逸的生活，回国创立百度公司，他已经迫不及待地要实现自己的宏伟梦想了。

回到国内，李彦宏的方向非常明确，就是做"中国人自己的搜索引擎"。这个梦想不仅仅是他一个人的梦，也是无数青年人的梦，因此很快吸引了一批志同道合者。就在北京大学，他梦想开始的地方，他走了一圈之后又回来了，在北大资源宾馆租了两个房间作为办公室，开始创业。

一开始的百度，是一个真正意义的小公司：加上李彦宏，公司一共八个人。可就是这样的小公司，目标却非常清晰：做搜索引擎，而且是中国人自己的。被这个梦想所煎熬着，每个人都干几个人的工作，很快，工作成果就出来了，而且签约下来的第一家网站就是大网站——Chinaren。

但是公司很快遭遇了成长之痛：李彦宏回国是看上了中国的互联网方兴未艾，但是在世界范围内，2001 年的春天，一股寒流袭来，互联网泡沫开始爆裂，很多的公司应声而倒，百度也遇到了巨大挑战。在这个时候，尽管握有第二次融资的 1000 万美金，李彦宏却一点都不保守，而是做出了一个大胆的决定：逆流而上，以一种堂吉诃德战风车式的孤胆英雄气质，挑战当时在世界范围内已经成为巨人的谷歌搜索引擎！

要知道，谷歌是美国硅谷的象征之一，拥有最优秀的工程师，规模更不是百度所能比拟的：百度当时加上兼职、前台各种各样的人才，也不过才二十来人，怎么和强大到几乎不可能被击败的谷歌去展开竞争？

但李彦宏毕竟是李彦宏，他对自己的技术有绝对的信心，再说他也并不畏惧失败。因为他在决定创业的时候，就征求过一个人的意见，他的妻子马东敏。李彦宏将妻子视作是最大的支持，同样出身高等学府科技大学少年班的妻子，对于他的技术给予充分肯定，认为这样的技术不去创业实在可惜了，正是妻子的鼓励让李彦宏有了做百度的信心。

风萧萧兮易水寒，像这样决定公司命运的重大决策，会是在什么样的情形下决定的？实际上只有一瞬间，靠的是个人长期以来积累的经验、信心基础上的直觉，而不需要再经过复杂的思考。一经决策，李彦宏立即投入行动，他的第一个举动就是从百度的 CEO 位置上下来，从万众瞩目到默默无闻，做一个项目经理，内部项目名称叫作"闪电计划"，这个计划就是要快速的提升百度的中文搜索的质量，超越谷歌。

当然了，计划再好，要实现也并不容易，何况对手是声名显赫的谷歌？但李彦宏很快找准了谷歌在中国大陆的三大弱点：一是中国互联网的内容增长，一年内容网页数目会增长三倍，但是全球范围看网页速度增长是50%。百度因为是在中国本土，服务器在本地，可以抓到更多中文信息，技术要求没有那么强，只要在内容上取胜就可以了，这是扬长避短。二是虽然中文互联网内容涨的速度很快，但是总体量还是非常少。没有内容，就是谷歌的搜索技术再厉害也没有用，巧妇难为无米之炊。这时候百度就想到了一个招数，推出了"贴吧"，让互联网用户找不到内容的时候，自己可以进入一个讨论区，进入一个吧跟兴趣相同或者类似的人进行讨论，相互交换信息，而这些信息被永久的保存在了百度的服务器上，这些内容极大地丰富了中文互联网的内容。三是坚持自我。百度从一开始就和谷歌的愿景就不一样，谷歌是"组织全球信息"，是以自我为中心，以自己强大的技术来组织全球信息；而百度是"让人们更便捷地获取信息"，是完全地以用户为中心。谷歌所关心的是自己的技术如何"炫酷"，百度所关心的则是如何更好地满足人们的需要，这是本质上的不同，也注定二者越走越远。

2004年以后，百度已经不再是"小荷才露尖尖角"，而是已经成为谷歌的一大劲敌。百度成功了，这时候连李彦宏自己都对母亲说："如果我把这个公司卖掉的话，我估计我会成为亿万富翁。"他母亲听了之后，第一反应就是："你每天干的这么辛苦，你快卖掉算了。"而李彦宏的回答则是："我不想卖，我不是为钱工作的。"不为钱工作，是李彦宏从创立百度就坚持的，也是百度的最核心的企业文化之一。

2005年，百度和当时著名的互联网公司一样，走上了上市之路。当时李彦宏忙得脚不沾地，而他最忙碌的就是要向美国人解释：百度是一个什么样的公司？为什么一个中国的互联网公司，非要谋求独立上市？而不是卖给美国公司，例如谷歌，狠狠地赚上一笔然后偃旗息鼓？最后，直接的对决摆在了李彦宏和谷歌的CEO埃里克·施密特面前。埃里克·施密特对于收购或者控股百度显得颇具信心，而李彦宏则当面拒绝了他，很多投资人问李彦宏："到底谷歌出多少钱你才会卖？"当时百度的上市估值是 8 亿美元，但李彦宏给出的回答是："他们出 20 亿美金我就卖！"这实际上是要吓退谷歌，而谷歌也真的就放弃了。

2005 年的这个夏天，注定属于李彦宏和百度。当准备在纳斯达克上市的最后时刻，关于定价问题又摆在了李彦宏和百度面前。华尔街投行希望以低定价的方式吸引投资者，但是这一提议被李彦宏严词拒绝了。他说："凭什么我是中国公司，我就要定低点，我就要打折？"他的性格在美国人眼中一向是温和的，但是在关键事情上，李彦宏从来不退却。华尔街也只能接受了"中国不能打折"这一事实。8 月 5 日，百度股票发行价 27 美元，开盘价是 66 美元，当天股价飙升至 150 多美元，交易首日收盘股价涨幅达 353.85%，创造了美国股市 200 多年历史中的最高纪录。无数选择支持李彦宏和百度的股民因此大为受益。

一个令人关注的细节是：当上市成功，李彦宏第一个打电话通知的不是别人，正是百度的第一位员工、当时的百度副总裁刘建国，只说了一句"We did it（我们成功了）"就流泪不止，电话两端都泣不成声。在鲜花与掌声的荣耀面前，李彦宏首先想到的是百度的员工，是他的团队。

这次上市还创造了一个奇迹：除了股价高，还是百度创业员工的共同致富，这在中国的公司里是非常罕见的。李彦宏作为两位创始人之一，其实在公司的持股并不高，只有 22.9% 左右。从公司创立之初，他就和另一位创始人徐勇逐渐地把股权分给更多的员工，早期甚至包括前台的工作人员。李彦宏这么做只有一个最简单的想法，就是百度开始创业，除了拥有李彦宏的技术，就只有信任他、追随他的员工。

在描述百度的企业文化时候，李彦宏给出的第一条就是"简单可依赖"。

简单，从百度的页面就可以看出来，简洁到了极致，百度的文化也是如此。简单的人际关系，大家说话直来直去，没有上下级的考虑，没有客气、绕弯子，心里想什么，就直接说出来。也许对一个刚到百度的高管来说会很吃惊：公司开会的话，不管谁晚到了，如果第一排没有位置，就坐在后排，李彦宏也是如此，并不因为自己的地位有什么特殊。

可依赖，就是百度的每一个员工都像家人一样，是有情感因素在内的，不仅仅是可以信任，而是可以对你产生依赖；同样，百度对每个员工来说，都是家，都是可以充分依赖的。每个人都有独特的能力和才干，但又都不是独自为战，一人如果遇到困难，就会有很多人补位。

简单，可依赖，都是中国文化传统的东西，让人想到中国传统的士文化。士的身上就充满了简单和可依赖两大特质：简单在于人格的简洁和高尚，可依赖在于那种为了精神和情感而不惜捐出身躯的决绝和高义。

总之，依靠技术，依靠文化，依靠中国这片神奇的土地，更得益于互联网时代这个蓬勃兴起的新时代，李彦宏和百度在全球范围内，与谷歌展开了一场场精彩纷呈的大战，正如美国人所习惯讲述的那样："一个人的强大，不是取决于自己，而是取决于你的竞争对手。"百度要想成战胜谷歌，就必须自己足够强大，强大到最终将谷歌挤出中国，并且在全球范围内，实现对谷歌的反超，最终坐上世界第一的宝座。

随着百度的上市成功，荣誉纷至沓来，李彦宏迅速被推上了成功巅峰：

2006 年 12 月 10 日，美国《商业周刊》2006 年全球"最佳商业领袖"；

2009 年 12 月 8 日，获得 2009 年度华人经济领袖奖；

2010 年 4 月 30 日，上榜"全球 100 位影响力人物，领袖类榜单第 24 位"；

2010 年 7 月 29 日，首都杰出人才奖；

2010 年至 2013 年，连续 3 年获评"《福布斯》全球最具影响力人物"；

2010 年 11 月 18 日，上榜《财富》年度商业人物，位列第六；

2012 年 3 月 8 日，以 102 亿美元身家列 2012 福布斯全球亿万富豪榜第 86 位，登顶大陆首富；

2012 年 6 月被"福布斯中文版"列入"2012 年中国最佳 CEO"榜单首位；

2013 年，李彦宏正式当选第十二届全国政协委员，同时兼任第十一届中华全国工商业联合会副主席、第八届北京市科协副主席等职务，并获聘"国家特聘专家"。此外，他还曾经获得"CCTV 中国经济年度人物""IT 十大风云人物""改革开放 30 年 30 人"等荣誉称号。

关于李彦宏的成功，有他自己的总结，也有大家对他的公认的几点因素：

一是专注、坚持。这是李彦宏和百度最大的特质之一，而在瞬息万变的互联网时代里，这样的专注尤其难能可贵。李彦宏从回国创业就坚持做搜索引擎，在当时就被认为是过时了，可是他没有放弃，一直坚持下来。

专注，坚持，做自己最擅长的事情，"想想这十几年以来，我自己生命当中，经常说的就是认准了就去做，不跟风，不动摇，同时对自己要有清晰的判断，一个人应该做自己最擅长的事情，同时也做自己最喜欢的事情。这样的话，做成的概率会很大。因为只有擅长的事情，才能做得比别人好，只有这个事情是自己喜欢的，才有可能在碰到强大对手的时候，仍然要坚持，在遇到极其困难条件情况下，仍然不会放弃，在有非常大的诱惑的条件下，仍然会坚持，就是跟自己喜欢非常有关系。我经常也说，一个人要做自己最喜欢的事情，要做自己最擅长的事情。"

这是李彦宏的肺腑之言，也是他的秘诀所在：因为专注，所以快乐；因为快乐，所以能够坚持；因为坚持，所以才能够最后登顶成功之巅。

二是简单实用。李彦宏反复讲，自己是一个工程师，而不是科学家。对工程师来说，简单和实用就是哲学。

简单和实用，其实也是与中国文化不谋而合的。中国文化是一个实用文化，这是被很多人认同、但是也遭到很多人诟病的。实用主义文化的一大特点是有利于生存，但是另外有一大缺点，就是为了生存而不择手段，仿佛生存的目的就是为了生存，而忽略了其他的精神需求，缺乏一种自我向上提升的内在驱动力，也就是我们今天所说的"灵性"。

百度与谷歌之争，在中国与其说是谷歌水土不服，不如说是谷歌的文化格格不入。2001年，李彦宏在百度董事会上提出百度转型做独立搜索引擎网站，开展竞价排名的计划。竞价排名模式从一开始就遭到反对，但是李彦宏坚持认为，这是百度战胜谷歌的一大利器。果然，百度成功了，一举成为全球第二大的独立搜索引擎，在中文搜索引擎中名列第一。

但是竞价排名模式，又只是简单的"业绩"或者"利益"驱动。在这样一个终极目标驱使下，百度上上下下每个人都似乎身不由己，赚钱！赚钱！

似乎李彦宏的"不为钱工作"的价值观和百度的行为产生了巨大的撕裂：当谷歌的"不作恶"文化在中国节节败退，在世界范围内，谷歌却进一步巩固了霸主地位。谷歌和百度显然是背道而驰的：谷歌不会因为任何原因操纵搜索排名位置来满足付了大量资金的合作伙伴在搜索结果前列的要求。谷歌坚持不给烟草以及烈性酒等做广告，但是却对经济、健康卫生、教育和非政府机关的广告大开绿灯。和谷歌相比，百度一度在竞价排名的模式下饮鸩止渴，最终随着一则"魏则西事件"而被口诛笔伐，百度被推到风口浪尖上，李彦宏不得不发出公开信《砥砺风雨，坚守使命》，承认做得还不够好，还有很多地方需要改进，需要"不断提升自己，找出产品体验和服务品质上的不足之处，把我们的产品打磨地更好、让我们的用户更满意"，百度不得不做出改变，以适应这个时代，也是从优秀走向伟大的必经一步！

三是拥抱时代。李彦宏承认，他和百度的成功，固然有其自身坚持和努力的因素，但是最大的因素还是时代使然。是时代造就了百度。"我们现在处在一个非常好的时代，有时我想，这就是一个 magic time，一个魔幻般的时代。对于我们这一代人来说，我们见证到了人工智能、机器学习以及很多相关的技术，终于从理论走到了实践，有了实用价值，所以我们这一代人可做的东西非常多。我们一起通过创新、技术来改变互联网、改变中国，改变全世界。"如果说，中国自从人类的工业时代开始后，就一直在苦苦地追赶；那么，当人类进入互联网时代，我们终于和西方国家站在了同一起跑线上，可以公平地展开竞争了。而中国人也用一系列事实证明：中国人同样可以做到领先世界！

当前，互联网时代已经进入纵深，人类正在向着升级版的互联网时代——人工智能时代大步而去。人工智能是被认为在未来十年左右就可以全面实现的，而这个崭新时代，对于李彦宏和百度来说，自然是不容错过的。

关于人工智能，百度很早就开始投入了研发，"百度大脑"已经成为百度引领未来时代的一个标志。百度大脑的背后是几千台电脑、甚至上万台电脑在协同工作，而在更深的背后则是一大批非常优秀的、非常天才的计算机科学家。同样，李彦宏是依靠百度的文化而不是其他，依靠百度对梦想的热烈追求和执着坚持，依靠对人类做出贡献的责任心作为吸引，才能够凝聚这么多世界上最优秀的人才，一起努力工作。

在人工智能领域，有百度大脑，也有功能简单然而强大的百度筷搜，它的造型就是一双筷子，但它可以智能地甄别食品是否具有安全问题，比如检测食用油的品质和饮料的酸碱度等；还有 BaiduEye，它的神奇之处在于能够让你"看到即知道"，比如说逛商场买衣服，看到一件衣服以后，用它扫描一下，BaiduEye 就会语音告诉你关于这件衣服的一系列信息。比如它在每个商店包括在网店卖的价格等，可以说，它就是一个随身的"智能知识库"；智能自行车 DuBike，它可以根据骑行者的位置、城市路况、环境质量等等，自动规划一条骑行路径，它还可以根据你的骑行习惯，来自动检测你的身体健康状况。最最重要的是它还有智能防盗技术，自行车丢了之后，摁一下按钮，车子就可以自动地回来；还有无人驾驶汽车，可以取代驾驶员将道路交通事故降低到最低……

无论时代如何变幻，正如李彦宏所说："种子在发芽之前，都要在别人看不见的地方，在土壤中扎下深深的根基。"百度的根基，就在于百度的团队，在于每个人心中深植的梦想：给自己一个改变世界的机会……

第四部分

未来篇

第十一章

互联网时代：终结与开始

2016 年 10 月 1 日，互联网世界发生了一件大事情：美国商务部下属机构国家电信和信息局将互联网域名管理权移交总部设在美国加利福尼亚州的非营利性机构"互联网名称与数字地址分配机构"（ICANN），从而结束了对这一互联网核心资源近 20 年的单边垄断。目前，ICANN 已设立一家叫"公共技术标识符"的非营利性公益组织，作为该机构的附属机构接管"互联网数字分配机构"的职能。在很多普通人看来，这件事情似乎称不上什么惊天动地，甚至比不上一个娱乐明星的花边新闻那么吸引眼球。但事实上，这却是对美国在互联网领域"霸权"的一个巨大挑战：要知道自从互联网诞生以来，尽管在全世界互联网都已经普及，几十亿人因此而享受到了信息自由和传播、分享的便利，但是，由于互联网诞生在美国，所以全球域名和 IP 地址管理的核心职能，始终是由美国政府与 ICANN 签订合同，授权由 ICANN 负责协调管理的，而美国国家电信和信息局对这个机构如何运行具有最终话语权。也就是说，美国在实际上捏着全球互联网的"喉咙"。

据报道，近 20 年来，美国国家电信和信息局承诺将"互联网数字分配机构"的职能交给私有部门，但始终没有明显进展。2013 年"斯诺登事件"曝光美国大范围监控互联网后，奥巴马政府为平息国际社会的愤怒才决定加速移交进程。但这个过程却充满了曲折，美国联邦参议员克鲁兹一再声称，如果交出互联网域名管理权，将极大地增加外国政府对互联网的控制能力，"就像卡特拱手让出了巴拿马运河一样，奥巴马如今交出了互联网"。当时的美国总统大选共和党候选人特朗普也支持克鲁兹，坚称"美国绝不应该移交互联网域名管理权"。就在移交即将完成的最后一周，亚利桑那、俄克拉荷马、内华达、得克萨斯四个州的司法部长联名签署上诉，阻止美国政府向ICANN移交管理权，称"奥巴马移交互联网域名控制权的计划是非法转移美国联邦财产，此类财产转移需得到国会批准"。但最终，在美国政府和国际多方的合力之下，美政府对互联网最基本功能历时40年的管辖权悄然终结。

对于这样一件关系到互联网世界命脉的事情，像谷歌、脸书、雅虎、推特、亚马逊等知名公司，自然不会无动于衷，而是联合起来，向美国政府发动了强大的游说行动。面对"移交"搁浅风险，上述公司还联合发出措辞强硬的"公开信"，认为移交互联网控制权"是必要的"，因为一个稳定、具有互操作性的全球互联网"对美国经济和国家安全至关重要"。

当最终移交完成后，《华盛顿邮报》在《合同到期，美国政府结束对互联网IP地址的授权》一文中称，美国政府对互联网最基本功能的权力宣告结束，"没有庆祝活动，也不是软弱，而只是一个合同的悄悄终结"。全球领先的在线科技刊物"The Register"则称"在互联网功能领域最有意义的改变已经发生"。这一改变最终将影响到全世界。

无论如何，历史滚滚向前的车轮不会停止，一个全球共治的时代已经到来，一个更加全面、深入的全球化时代已经在悄然间揭开了大幕！

文化的觉醒与回归

2016年被形象地称为"黑天鹅"年。"黑天鹅"是指"非常难以预测，且不寻常的事件，通常会引起市场连锁负面反应甚至颠覆"。在2016年，最大的两只黑天鹅，一是英国脱欧，二是美国大选特朗普胜出。这两件事情在发生之前，舆论是一边倒的，民意调查也显示事情一定会在人们预期的轨道上发展。但是事情最后偏偏就出现了意外：英国脱欧公投真的"脱"了，美国大选特朗普也真的一"黑"到底了。这两只黑天鹅的出现，用震惊世界来说一点都不夸张。英国脱欧，意味着欧盟从此进入更加动荡、更加艰难和不稳定的时期，前景一片黯淡。而美国大选的结果，则在国内和国际掀起滔天波浪：在国内，被称为是美国政治和文化生活的一次"撕裂"，甚至爆发了无数次的反对特朗普大游行。在国际上，人们增加了对美国未来不确定性的担忧。不知道特朗普大嘴一喷，还会说出什么，做出什么来。

很多人只看到了事情的表面，从而忧心忡忡。实际上，如果我们从互联网时代的视角去看这些事情，恰恰发现这是互联网时代文化的一个真实写照：变化。正如爱因斯坦教授给学生的考卷，题目年年一样，那么考试的意义在哪里呢？原来是答案变了。不错，互联网时代的最大的、最显著的标志之一，就是变化。我们现在变化的速度是无与伦比的：互联网时代的纪年，已经和传统意义上的纪年有本质的不同。互联网时代的一年，人类社会的发展速度抵得上传统社会的五年，甚至十年。以财富的累积速度为例，人类在进入互联网时代以后，从 20 世纪 90 年代以来，所积攒的财富总和，已经超过了人类此前两千年甚至自人类社会诞生以来积累的财富总和。至于互联网技术的发展，更是一日千里。技术的迭代不是以年，而是以月、甚至日在进行的。

变化带来的最直接后果就是"不确定性"。2016 年不过是世界在进入互联网时代的深度发展之后，在社会政治、经济、文化和生活方面的必然反映。不单是整个世界的发展被涂抹上了巨大的不确定性色彩，我们每个个体的人生也变得极大不确定：今天在这里，明天在那里；今天从事这个工作，明天从事另一个工作；甚至我们一会儿在现实中工作、生活，一会儿又在虚拟网络中遨游，生命变得立体而丰富。

所以，在互联网时代，唯一能确定的事情只有一件：未来是不确定的。

既然未来无法确定、无从把握，那么，作为互联网时代的创造者、参与者和分享者的主体的"人"，我们能做什么呢？由此产生了两种情形：一是无力感。深感人类的渺小，在科技面前的无能为力，从而充满失败感。这种人类在科技面前的失败和挫折，在 2016 年有一个显著的标志性事件，就是人工智能的阿尔法狗以 4∶1 的绝对优势击败了围棋世界冠军李世石。在这场万众瞩目的比赛里，被认为要捍卫人类在智慧领域里最后堡垒的李世石，一败涂地，勉强能够赢得一盘，已经是"神之一手"了。

而这还没有完，就在 2016 和 2017 跨年前后，一个 ID 叫 Master 的棋手，在网络上将中韩世界冠军在内的职业棋手，杀得丢盔弃甲，取得了 60 连胜的神战绩，让职业棋手哀鸿一片。最后 Maser 公布身份，原来是升级版的阿尔法狗，这时候已经没有人怀疑：人工智能已经称霸天下！

然而面对人工智能的咄咄逼人，在多个领域的狂飙突进，人们在退缩之后，也发现了另外的一种可能：那就是人是地球上最高级的智慧生物，人类有着独一无二的情感，人的情感是任何人工智能都无法比拟的。

人类的情感，人类的大脑，人类在 21 世纪，再次开始回归本源，思考那最著名的三个问题："我是谁？""我从哪里来？""我要到哪里去？"

所以说，这是互联网时代的科技狂潮之后必然带来的第二个结果：文化觉醒。

文化觉醒带来的是自我中心，也可以叫本位意识。例如这次美国的特朗普胜选，和英国的脱欧，本质上其实是文化的觉醒，是美国要回归；"美国优先""美国重新崛起"，是英国要回归；"自由贸易""传统英国"，包括中国在内提出"中华民族的伟大复兴"，内在的逻辑仍然是一种文化上的自我觉醒和认祖归宗。可以说，这种文化觉醒在全世界将成为一种潮流，当然，从长远看，也为文化的冲突埋下了伏笔。

伴随着文化觉醒，冲突首先发生在每一个个体的内部。以一个国家或者一个地区作为观照，这个冲突主要表现在精英文化和大众文化的对立冲突。不管是英国脱欧，还是美国大选，本质上都是一种精英文化，卡梅伦、希拉里，都是精英文化的代表，但是最终他（她）们都失败了，败在情理之外而又在意料之中。说清理之外，是因为他（她）们拥有大批的支持者，他们是国家和世界秩序的主导者，掌握着绝对权力。他们从来都具有决定事情发展的关键性权力和能力。但最后还是失败了。失败在意料之中，是因为互联网时代的文化，本质上就是一种大众文化。互联网的发展就是一个颠覆传统、去中心化的过程。传统的精英群体，自诩为世界和人类的金字塔顶层，是当然的中心。然而互联网却将这金字塔轰然推倒，每一个个体组成的大众成为主角。正是这些普通大众，用精英赋予自己的投票权力将精英们赶下了舞台。

所以，我们可以得出结论：与其说卡梅伦、希拉里败给了竞争对手，不如更直接地说是败给了这个互联网时代，精英文化败给了大众文化。

是文化的力量，而不是其他什么力量，决定了世界和人类下一步的走向。

当然了，互联网时代的文化，也有着泥沙俱下的性质，其带来的第三个结果值得警惕，就是娱乐至上的狂欢文化。这种文化是有害无益的。

或许是传统工业时代的机器化、组织化过度发达，对人的压抑过于深重。因此，当来到互联网时代，人得到了解放和获得新的全面发展机会之后，不可避免地，我们陷入了一场全球狂欢。这种狂欢从互联网的"免费""共享"中已经露出端倪。信息的狂欢、参与的狂欢，每个人都疯狂地获取一切信息，不管有用无用；参与一切事件，不管是英国脱欧还是美国大选，很多人也是带着这种狂欢性质的。他们并不去想未来，并不愿意去为结果负责。他们只是参与，只是无休止地狂欢。

欢乐是美好的，但如果没有了理智的约束，狂欢过后灾难也许就来临了。

看过世界的情形之后，让我们再把目光投向企业，又是怎样的情形呢？

一是企业家精神的回归。在2016年，我们看到最引人瞩目的有两桩大事件：一是万科的王石，陷入了无穷无尽的麻烦，一度陷入山穷水尽的地步。二是格力的董明珠，被推到风口浪尖上，引发了无数人的关注。这两人都是和自己所创立的事业可以画等号的，可以这么说，万科＝王石，格力＝董明珠，这不是一个简单的等式，而是在文化意义上，在精神层面上，甚至在市场认同上，大家都是这么想的。可是偏偏有人不这么想，那就是资本。资本是没有感情的，冷冰冰的，资本只有一个冲动，就是逐利。当新兴的资本，尤其是中国数量庞大的保险资本，无路可去，或者在没有更高利润的选择下，选择了大举进军实体企业，掀起一股收购实体企业的狂潮。"门口的野蛮人"来了，他们毫不讲理，依靠资本的力量，虎视眈眈，要抢门里面的蛋糕。而对企业的创业英雄们来说，他们有什么呢？除了一腔热血，可以说赤手空拳。他们的个人资本和门口的野蛮人来比实在太微不足道了，摆在面前的选择只有两个：要么悲壮地死去，要么乖乖举手投降。他们自然选择了前者，选择了义无反顾地抵抗，于是我们看到，王石和董明珠，一男一女两位创业英雄，在人们的关注下，在风口浪尖上起舞！而社会舆论也一边倒地支持他们：毕竟，疯狂席卷而来的资本力量太可怕了，如果任由这力量摧毁一切，那么这个世界也太过冷酷无情了！最终，在国家银监局主席一番旗帜鲜明的讲话，大声呵斥"门口的野蛮人"之后，资本被迫暂时做出了让步，王石和董明珠长出了一口气！

英雄依旧在前行，旗帜仍然在飘扬！但是很多人都心知肚明，这只是下一波更大浪潮来临前的平静。正如我们前面说过，互联网时代的两大力量：一是科技，二是资本。这两种力量是我们难以想象的，如同打开了的潘多拉盒子，没有人知道会从里面释放出来怎样不可抵挡的力量。

未来当然充满希望，但是未来科技和资本的力量必然日益壮大，主宰这个世界是必然的趋势。人在这两种力量面前，只能更加渺小和卑微。

所以，我们在这个时候重新发现企业家精神，重新为企业家鼓与呼，国家也提出了振兴实体经济的战略，就是可以理解的了。企业最重要的是人，而不是科技和资本，这一点必须被强调，并引起真正足够的重视。

二是企业文化的本土化回归。我们说全球化带来的不是文化一体化，而是文化的差异化。随着经济活动的更加频繁和日益深入，带来的不是文化的趋同，而是冲突和差异。这是可以理解的。因为文化就是个体生命的根和魂，万紫千红才是春，参差不齐才是世界的本源。如果全世界都生活在一种文化、一种信仰、一种价值观里面，未免太过单调和无趣。

和经济一体化背道而驰，文化的差异化益发明显。在 2016 年发生在中国人民生活中，有几件大事情令人印象深刻：我们隆重庆祝了中国共产党成立 95 周年、纪念了中国工农红军长征胜利 80 周年，以及神舟十一号和天宫二号遨游星汉，而在国企改革领域，习总书记明确提出了要用党建文化来引领国企文化建设，党建文化是国企文化的根和魂。这一历史性的表述和定位为国企文化建设指明了方向，国企虽然是现代企业制度，但是在文化建设上，不能照搬西方的那一套，必须立足中国本土文化，立足传统文化中的义利合一，立足中国共产党人的勇于追求、甘于奉献、自觉担当和敢于负责，国企存在是作为国民经济的中流砥柱和服务于国计民生的大事业，像航天事业就是最好的体现。

以党建文化来引领国企文化建设，事实上是强调了文化或者说精神的第一位作用，首先是昂扬的精神，自觉的责任和担当，不变的家国情怀，只有这些才是国企存在的根本意义。其次是资本或者说科技。然后才是资源等。人的作用被强调并且被始终摆在突出的地位，这是国企改革再出发的一大明确的目标和方向。不明确这一点，一切无从谈起。

从这一点出发，我们也面临一个新的课题，就是对中国将近四十年的改革开放伟大实践，做出属于中国的合理解释。这一解释的理论，一定是建立在中国本土化的基础上，正如毛泽东将马列主义本土化，形成了毛泽东思想。同样，西方的一切经济学理论，都不足以解释中国的改革开放。因为我们的改革开放不是孤立的，是与此前的三十年的社会主义事业探索紧密相连的，是与中国近代以来一百七十多年追求民族独立和国家富强紧密相连的，是与中国自古以来追求世界大同、天下一家的家国情怀紧密相连的。我们要清醒地看到我们的过去，只有如此才能看清我们的现在，才能准确地把握未来我们发展的方向。

共享经济时代：一个新纪元

不知不觉间，我们已经身处一个共享经济的时代。

共享经济，也称分享经济，是指能让商品、服务、数据（资源）及人的才能等具有共享渠道的经济社会体系。这样一个经济社会体系的形成，一个最根本的支撑就是互联网。

现在，在中国几乎走到哪里都有人在谈论"互联网＋"，这已经成为中国经济走向全球化的一个国家战略，而我们大张旗鼓推动"互联网＋"行动计划，一个最主要的目的，就在于全面推进共享经济。李克强总理是共享经济的坚定支持者，在谈分享经济时也指出："目前全球分享经济呈快速发展态势，通过分享协作方式搞创业创新是拉动经济增长的新路子。"

那么，为什么全球各个发展情况不一样的国家，会不约而同地选择分享经济呢？一个最重要的原因当然是互联网，互联网精神和互联网的理念，更重要的是互联网的云计算技术，大数据为共享发展提供了可能。

但是，共享所以被这么集中地、广泛地提出来，更是在于人们在经济发展过程中，发现了一个共同存在的问题，那就是经济的发展并不能和人们的幸福生活之间划上一个必然的等号。以我国为例，尽管改革开放三十多年，我们创造了巨大的物质财富，总体上人们的生活水平是提高了，可是贫富差距不但没有缩小，反而扩大了，甚至到了令人吃惊的地步。这就和我们所提出来的"共同富裕"的目标存在着本质冲突。

很显然，工业化和城市化带来的发展，并不会必然带来社会财富的平均和平等，更不会带来公平和正义，甚至有相反方向发展的趋势。这也是为什么工业化、现代化创造巨大物质财富的同时，带给人们的不是更多的幸福感，而是更多的孤独、焦虑、压抑甚至是绝望。人们不是因此而充满自信，反而在日益增长的科技和技术水平面前益发感到渺小。

因此，共享经济、共享发展、共享成长，成为全世界各个国家人们共同的呼声。在此背景下，互联网的出现和互联网的共享精神，逐渐成为全球一致的呼声。作为年轻一代，对此尤其有着更为迫切的期待。

从利己主义到利他主义

从去年以来，伴随着互联网时代进一步推向深入，在中国大地上，一个最令人关注的现象，当数"共享单车"的出现，给城市生活增添了便利，成为一道时尚而靓丽的风景线，以及由此带来层出不穷的"怪象"：蓄意破坏单车者有之，妄图将单车据为己有者有之，媒体上的报道几乎每天都在刷新人们的三观：有北京的两名女护士因为私自占用共享单车，被行政拘留 5 日。有一男子将共享单车用 U 型锁锁住，被行政拘留。有一上海男子将共享单车占为己有，被判处拘役三个月、缓刑三个月，罚款人民币 1000 元。有北京男子盗窃 5 辆单车欲销赃牟利，被刑事拘留。有女子给共享单车加私锁，被拘留 14 天……这些都是个人行为。还有群体行为，因为共享单车占据了很多公共空间，导致一些摆地摊的商贩群起而攻之，将其丢入垃圾堆，甚至共享单车企业之间应为竞争激烈，互相为了争夺本来有限的公共空间而展开了"地盘争夺战"……以至于广州等地方的政府部门不得不集体约谈共享单车企业……

一时间，共享单车关系到了每个人的生活便利与幸福指数，人称"国民素质照妖镜"。而这里面更多地照出了什么？就是两个字：利己！

利己主义，曾经被认为是人性中最内在、最隐秘、最本能的部分，也被认为是市场经济的内在驱动力之一。亚当·斯密堪称是利己主义的最早辩护者：他认为正是每个人生而带来的利己主义而不是其他，才成为了推动市场经济的第一推动力。人们都是带着利己之心进入市场的，最终却为他人创造了便利，在满足自己需要的同时满足了他人的需要。市场经济的车轮就是在这样无数个人利己主义的驱动下滚滚向前。

但是，真是如此吗？

且不去说那些高深的理论，让我们回到引发人们巨大思考的共享单车，看看在中国是怎么产生的？

首先来看共享单车所产生的大环境："共享经济"，这一理念最早起源于 2008 年的美国硅谷：通过互联网作为媒介，整合线下的社会资源，各自以不同的方式付出和受益，共同获得经济红利。从这里看出，这是互联网共享精神的市场化、商业化，之后很快就产生了 Uber。这个新的商业模式借助互联网尤其是移动互联技术的发展，席卷全球。

中国最初的共享单车在校园诞生。2014 年，北大毕业生戴威与 4 名合伙人共同创立 ofo，致力于解决大学校园的出行问题。而在此之前，戴威已经做了一个尝试：他本身是个重度骑行爱好者，2014 年成立了一个旅行骑行组织，在一年内发展了 10 多条骑行线路，2000 多人的用户，也拿到了天使融资。但户外运动毕竟只是小众市场，消费频次也低，很快这个项目就夭折了，之后得出教训：只有短途出行才是自行车的根本属性，应该做一个向更多人推广自行车的项目，于是有了 ofo。ofo 第一站就从北大校园开始，2000 多名学生参与了 ofo 的共享计划。"我们是连接，不是生产。"这是共享单车和传统工厂最大不同。

连接，就是把彼此素不相识的陌生人，通过移动互联网紧密地连接在一起。互联网诞生最本初的宗旨就是连接，连接五湖四海，连接全世界。

连接能产生什么？这是一个有趣的问题。互联网时代就是一个连接时代，连接带来了无数的惊喜，也带来了无数的创意并由此转为为市场。

ofo成功之后，又迅速杀出了摩拜。一个新闻系出身、资深汽车记者，有着一副清新干练形象的80后美女胡玮炜，看到ofo火了之后，迅速从朋友圈里拉了一个团队。2015年1月份，摩拜科技成立，并拥有了自己的自行车制造工厂。2016年4月22日，摩拜单车正式上线，并在上海投入运营。9月1日，摩拜单车正式宣布全面进入北京。

1年、1000万以上用户、33个城市、100余万辆自行车，年产超1000万辆，解决最后一公里……摩拜单车火了。

早期并不看好摩拜单车发展的马化腾决定转变投资意向。2016年10月，摩拜单车宣布获得超过1亿美元的C轮融资，投资方包括马化腾主导的腾讯。

3个月后，腾讯与华平领投的2.15亿美元D轮融资完成。

邻家有女初长成，摩拜火了，成为街头巷尾年轻人的最爱，一排排靓丽的身姿成为各个地铁口、公共车站的都市时尚风景线。今年1月，国务院总理李克强主持召开座谈会，听取专家学者和企业界人士对《政府工作报告（征求意见稿）》的意见建议，胡玮炜受邀参加座谈会。胡玮炜向总理介绍了共享单车，她说，共享单车诞生于中国，是在阿里巴巴等基于互联网的新经济产业模式之后，从中国土壤中生长出来的"分享经济""可持续发展经济"的典型案例。她同时介绍了摩拜单车。在听到这种橙色小车正以几何倍增的量生产时，总理欣喜不已。李克强总理对胡玮炜说："谢谢你，给我们带来了一股春风。"

目前，这股春风正在席卷中国大地，已经开辟第34个城市市场，胡玮炜的眼光也开始放眼世界，发出了宣言："要让全世界copy我们的单车。"

当然了，和对未来的展望相比，更让人感兴趣的是摩拜的创立初衷，对此胡玮炜表示，不仅仅在于利用科技改变城市交通出行生态，还希望利用科技放大人性善的一面，遏制恶的一面。也许摩拜单车只是一辆小小的共享单车，可是在她眼里："摩拜单车更像是一场城市复兴运动，改变了城市的生态，而不止于交通出行本身。"这种复兴在胡玮炜看来有三个层次：一是改变了交通拥堵和环境污染的情况；二是通过数据去改善城市的出行便利度；三是通过科技和数据，去推动信用体系的建立，让善的力量得以进一步弘扬，并且遏制人性恶的力量。

这位摩拜创始人称，在摩拜有自发形成的一个"猎人"群体，这个群体致力于让违规停放和不文明使用得到数据和信用方面的体现，可谓文明者多助，不文明者寡助，甚至寸步难行。这就变得更加有意义了。

总之，关于科技与人性，关于善与恶，已经成为互联网时代的一个新话题，也将被证明，在很长一段时间内，我们都必须面对这一课题。

没有人会怀疑，随着科学技术的一日千里，一个人工智能的时代正在到来。

我们的生活将是一个与人工智能展开竞争的时代：所有专家都已经预言，未来工厂中的超过一半的工作岗位将会被人工智能机器人取代，不仅仅是技术工人，甚至管理岗位也不需要了。还有在其他各个领域，例如大数据能够掌控一切的，理财师、律师等，人工智能更具有优势。还有汽车的自动驾驶技术，以及对未来保险业的巨大的冲击……

科技正在提供给我们更方便的生活，科技也正在进一步主宰我们人类世界。

但科技终究无法取代人类，因为人工智能和人类有着本质区别：人性。

人性是自私和贪婪的，这是一类观点，利己主义正是从这里找到了根据；但是人性也是温暖和光明的，亚当·斯密并不是只谈论利己主义，还谈论利他主义。他的《道德情操论》甚至将利他主义看得更高于利己主义。毕竟只有利己主义，人和动物就没有什么本质上的不同；只有懂得利他，奉行和实践利他主义，人类才能成为真正意义的人类。

可想而知，如果人工智能具有情感，一定是利己主义的；而人则是利他主义。

那么，利他主义会成为市场经济的毁灭者吗？还是会将其带到更高阶段？

在市场经济的初级阶段，利己主义一定是占上风的，因为不如此就无法发动。

但是在市场经济高级阶段，利他主义就必须占上风，因为只有如此，才能阻止市场经济的自我毁灭。因为自私和贪婪，所获得的也许是个人财富，所毁灭的却将是整个地球家园，是对环境不可挽回的伤害。

在不可预期的未来，也许人类和人工智能的对决，将是决定地球命运的最后一幕。这一幕反复出现在科幻文艺作品中，最终会变成现实吗？

在市场经济的大潮滚滚而来时候，人们只将目光投向财富，而忘记了思考。

但经历了工业时代的狂欢，以及对地球资源的疯狂掠夺；又来到互联网时代，人们借助日新月异的技术，拥有了纵横全球的更大力量，这时候道德和经济的对决就开始了。像谷歌公司就提出了不一样的口号：不作恶！

不作恶是什么意思？是因为掌握高科技力量的企业，很多都足以影响和改变人类的未来，企业已经超出了经济范畴，上升为人类命运的主宰者。

科技改变的已经不是生活，而是文化和文明，甚至是人性本身。人工智能时代不可避免要到来，站在这一时代的前沿，人类必须思索：什么是我们人性本身？什么是我们所认为的恶，什么又是善？二者什么关系？

恶，就是伤害，包括伤害我们自己的同类——人，也伤害我们的地球家园。善正好倒过来，善就是帮助，帮助我们自己的同类——人，也帮助地球家园。

因为将人性建立在恶的基础上，所以西方文化和文明才会有"救赎"的思想。人活着的意义就是为了救赎，要将整个的人性救赎、提升。

而东方文化和文明将人性建立在善的基础上，所以才会有"和"的思想，和合天下，"世界大同，天下一家"，因为善是一种互利思维，人活着的意义就是要帮助别人，让全天下的人都能够活得更幸福，更有尊严！

对不同的人性认识，导致了不同文明创立和不同对世界、人生的认识。

但是到了互联网时代，一切又融合、合流了。善与恶从对立到了统一。

这个统一，最后就是一个字："爱"。

爱，这也许是人类对抗人工智能最后的防线，也是唯一有效的武器。

爱，也只有在这个层面上，利己主义与利他主义才能实现完全的统一。

一个人只有爱自己，才会有出发的动力；一个懂得爱自己的人，一定懂得去爱他人。

爱，不仅仅限于对自己、对他人的爱，爱是超越的，会从个人的生命，到整体的生命；从个人扩展到周围的环境，最后到天地宇宙的大爱！

宇宙的创造，在科技上来说，只是一系列的物质的物理和化学反应……

然而，从生命的角度来说，我们推测，宇宙是因为爱而生的，宇宙所以是这个样子而不是其他样子，是经过精心的安排，是带着浓浓的爱意的……

让我们再回到共享单车的小小例子上来。从最初的一两家发展到包括 ofo、摩拜单车、优拜单车、小鸣单车、小蓝单车等 17 个玩家，有 20 多家投资机构投入了近 30 亿元资金，单车有 30 万辆……除去这些令人眼花缭乱的品牌和资本的抑制不住冲动，我们还感受到了什么？

那就是置身都市生活中，在钢筋水泥和浑浊空气的包围，置身于激烈竞争和快速向前的时代里，我们会对"共享单车"的出现产生了一种情感，一种爱的情感：爱共享单车所带来的那种自由和浪漫，对生活的重新发现和都市景观的悠闲欣赏，对绿色生活的向往。毕竟，对"共享单车"心怀不满的人只是少数，大多数人还是一下子爱上了这种生活方式。

也许，共享单车除了经济效益，一个更大的意义，就在于其公益性质。公益是从互联网的"免费"精神发展而出来的。以前人们只认为公益是政府的事情，是大企业的事情，是明星的事情，但现在公益意识已经深入人心，每个人都应该成为公益的行动者。甚至不需要你有多么高的姿态和多么大的付出，只要你出行选择一辆共享单车，就是公益——因为你给都市的绿色交通增加了砝码，给城市生态做出了贡献。

歌星陈奕迅有一首歌叫《单车》，歌中讲：他跟爸爸唯一的拥抱，就是他坐在后座的时候能够抱着爸爸的腰。爸爸总是对他很严格、很严苛，他所有的温暖的记忆都是在那辆自行车上……单车，承载着过去，也承载着未来；

单车有个人的情怀，还有对都市特殊群体的关怀：

很多从事服务工作例如保洁人员等都是在凌晨的时候下班的，没有地铁又只有很少的夜班车，甚至有的地方根本没有夜班车。共享单车就不仅仅是打通最后一公里，而是成为他们的艰辛生活的慰藉和希望。

这就是互联网时代，也许是我们所能经历的一个最好的时代，但也是一个最不确定的时代：没有人会知道下一刻会出现什么，巨大的不确定性正在让人们无所适从，而又只能更加努力地去拼搏和付出，去试图创造和丰富我们的生活。在人工智能时代到来之前，我们还有足够的时间，去丰厚和提升自己，去完善自己，但这需要所有人的共同努力。

从以人为本到以心为本

自从 20 世纪 80 年代企业文化兴起以来，"以人为本"就成为一个时髦的口号。乍一看，这个逻辑是非常清晰的：在企业中，最重要的资源是什么？说到底是人。企业不能离开员工而存在，企业文化不可能只是老板一个人的文化，企业也不是老板一个人的企业。企业必须依托员工这一主体，企业文化的建设一定是包括员工文化在内的。员工一方面是企业文化最大的受众，同时也是最大的创造主体。只有经过员工在实践中检验和再创造的文化，才是一个企业真正的企业文化，才有生命力。

当然，以人为本，不是以每一个员工为本，因为员工能力有大小，品格也是参差不齐的。在企业中，流传着一个二八定律：就是 20% 的优秀员工，创造了企业 80% 的效益。其他员工加起来创造的效益是 20%，甚至还有员工创造的效益是负数。正是根据二八定律，杰克·韦尔奇上任 GE 公司首席执行官后，把 GE 员工分为 20% 是优秀的（A 类），70% 是一般的（B 类），10% 是较差的（C 类）。对于 20% 的 A 类员工，真正实现的是以人为本，对他们一定要提拔、鼓励、高酬，让他们看到方向和希望；对于 B 类员工，也实行以人为本，不过排序在 A 类员工之后，对他们要进行培训，教育，让他们有再学习的机会。对于 C 类员工，韦尔奇的做法是坚决淘汰，以人为本跟他们一点儿关系都没有。

韦尔奇的这种话做法，看起来好像残酷了一些。但是他所服从的是市场竞争的需要。对企业来说，真正的以人为本是做不到的，以效益为本才是永恒的核心。如果一个企业没有效益，怎么能够对员工好？对员工的好如果不表现在升职加薪上，不表现在奖励上，又哪里是真正的好？

传统的以人为本，还面临一个问题：难道仅仅对自己的员工好，就够了吗？对企业来说，也许真正重要的、排序更靠前的应该是客户。企业所服务的客户才是给企业带来直接效益的，如何以客户为本，在某种程度上比重视自己的优秀员工更加重要。以客户为本就是以效益为本，这差不多可以画等号了。只要有了客户，有了良好的效益，企业不愁拿不出高薪来吸引人才，优秀人才的到来也就是水到渠成的了。这么一来，在企业内部实行以人为本也就是锦上添花而不是必需的了。

因此之故，尽管这么多年来，很多企业都在喊着以人为本，但是实际上效益导向仍然是企业的第一导向，效益为本才是企业的根本文化所在。

但这一情形来到互联网时代之后，真正发生了变化：企业所依赖的最重要资源，不是资本，也不是企业自己的员工，而是所服务的客户。这一点乍一看与传统工业时代没有区别，这不是还是以客户为本，以效益为本吗？不错，但仔细观察就会发现，如今客户已经不再是和企业单纯的供需关系，而是合作关系。互联网时代出现了一个崭新的词语，叫作"客户主权"。客户不再是企业供货或者服务的客体，而是变成了主体。企业反而变成了客体。企业所提供的产品或者服务，不再是由企业自己决定的，而是由客户决定的。同样客户所需要的不再是简单的产品，而是在产品中所附加的体验或者叫作情感，这才是最重要的。那么，企业如何给客户提供这样独具个性的体验或者情感呢？这就需要员工的独具匠心的设计和创造。员工超越资本和技术而成为企业的第一重要资源。如果没有这样的员工，企业就不可能完成客户的委托生产，也就无法获取效益，这时候以人为本就真正得到了实现。

但是，以人为本并不能概括现在的企业和员工的关系。因为企业中的员工，也不再是单纯的创造效益的工具。随着人工智能时代的到来，企业中用机器人取代人工已经非常普遍。机器的交给机器，而人发挥人的特殊作用。人的特殊作用是什么？就是能够在产品中注入情感，让产品变成一种文化。这种情感和文化才是客户主要消费的最时髦产品。

也就是说，企业所依赖的不再是员工的技术而是员工的创造和创新能力。但这种能力从哪里来？它成为所有企业普遍面对的现实难题。

答案不一而足。

以苹果为例，苹果智能手机被认为是互联网时代最成功的产品之一，它所附加其中的情感文化或者卓越的情感体验令无数的苹果迷疯狂。苹果的创新和创造能力举世公认。而这种能力则来自于当年乔布斯那间始终紧闭大门的办公室。在200多平方米的办公室中空空荡荡，只有一个乔布斯和他那灵感迸发的头脑。他通过打坐、冥想来获得灵感。其他办公室也是如此，一间间紧闭大门后是一个个狂热的心灵。苹果的文化是如此与众不同，在一个开放、多元的互联网时代却如此封闭，然而又总能领世界潮流之先。

与苹果相反的是脸书，依靠着开放精神和对年轻人才的吸引，不断扩大自己的规模，其成长速度甚至令微软、苹果等巨人都感到为之颤抖。

不管是特立独行、天赋卓越的领导者，还是不甘平凡、寻求自我实现的普通员工，总之这是一个依靠自己的内心更胜过自己的头脑时代。因为人类的头脑已经快要被人工智能给超越了，这是一个可以预见的未来。但我们的心是独一无二的，人类的丰富情感和创造力远非机器可比。

以心为本，意味着更加充满活力，更加具有丰富的情感和创造创新精神。

以心为本，是旗帜鲜明地举起反理性的大旗，是对科学和技术的一种反思。当我们在过去的二三百间疯狂地崇拜理性，以至于陷入理性迷思，我们在互联网时代则进入了一个感性复苏的时代，回归人的本质。

是人类的思想意识，而不是人类的技术，决定了世界成为现在这个样子。

互联网时代肇始于技术，但归根到底，这是一个人文复苏和鼎盛的时代！

任何一个企业，如果不能意识到这一点，不自觉进行文化转型，一定会遇到这样那样的问题，新问题层出不穷而且越来越没有解决的可能。

以心为本，必须做到以下几个方面：

一是对企业的再认识。企业不能再简单定位一个追求利益最大化的经济组织。企业显然也是一个生命，是一个活生生的社会生命，企业有自己的精神，有自己的追求，有自己的权利和必须承担的义务。企业不仅仅是资本和技术的集合，而是企业员工的精神的总和。企业所提供给社会的，不仅仅是有形的物质产品，更是无形的精神和文化产品。

二是对客户的再认识。很多企业还不愿意接受客户主权这一现实，然而互联网时代客户对企业的确是生死存亡的第一因素了。从大众汽车到三星手机，无不因为对客户的不尊重和蔑视而受到了沉重打击。客户就是上帝，已经不再是理念而变成了铁一般的法则。企业从生产型向服务型转变已经是时代所趋，但企业如何应对客户变化万千的需求以及见异思迁的本能，还是一个值得研究的新课题，需要企业做出更大改变。

三是对员工的再认识。企业与员工不再是雇佣和被雇佣关系，而是合作关系，员工的个性不但不被限制，反而被鼓励得到张扬，成为创新源泉。企业与员工也不再是一次性合作，而是终身合作的关系。一个员工可以在你企业内工作，也可以跳出去在行业内与你展开合作。企业对员工的约束从刚性的制度变成了软性的文化感召力，员工是基于对企业的文化认同而不是其他选择与企业合作。如果说承认客户主权，那么同时还必须承认员工主体，对待员工主体的情感和价值尊重，意味着企业可以获得长足的发展和永远保持活力，否则企业就会走向消亡。

以心为本虽然是互联网时代的崭新理念，但企业已经有丰富的实践。

在日本，实践以心为本的是稻盛和夫。稻盛和夫继承了中国儒家思想的敬天爱人，敬天，是要怀着一颗敬畏和恭敬的心，因为企业离不开自然环境而存在。爱人，是从内心里生出来博大的爱，每个人都带着上天所赐予的爱，但问题是如何将这种爱发掘出来，然后变为外在的善。

在中国，也有一家实践以心为本的企业，就是江苏黑松林黏合剂厂有限公司（简称黑松林）。黑松林董事长刘鹏凯信奉欧阳修的"万事以心为本"，从而在20多年的企业经营管理中摸索出了一套心力管理方法。所谓心力管理，就是注重员工的情感体验，将企业文化通过一系列的特定情境，内化到员工的意识中去。这种内化，其实就是企业价值观的信念化。黑松林的企业文化建设成功经验有三：一是注重学习，建立学习型组织，由此达成上下一致的文化认知；二是注重讲故事，通过讲故事的生动方式促进员工对文化的会心领悟，达到文化认同；三是通过现场会与因人因事施策的自省法，实现和满足员工的情感体验，达到文化内化。最终企业文化带来了实实在在效益，黑松林如今完成的一年营业收入已经是建厂初期的 400 倍之多，从当初一个濒临倒闭的作坊式小厂成长为全国粘胶剂行业的明星企业，大放光彩。

今天，越来越多的新兴企业已经提出了以心为本的口号，我们传统文化中，不管是儒家、道家还是佛教，都有着厚重而深邃的心学资源。但只有理念并不代表可以转化为实际行动，只有经过企业的实践检验，以心为本才会真正为成一种适合这个时代、引领发展的潮流。中国企业文化从八十年代到现在一直学习外国，如今到了建设和输出自己企业文化的时候，以心为本是一个很好的契机，我们期待早日见到更多的实践，不是一个两个企业的个例，而是成为群体性的普遍实践。

第十二章

互联网时代的企业家精神

那么，在互联网时代，企业家精神是怎样的，企业家又必须具备怎样鲜明的特质呢？让我们一一来看。

互联网时代企业家的三大特质一：个性

互联网时代是基于计算机技术的存在。而计算机的发明，按照大科学家莱布尼茨的说法，二进制与中国伏羲的八卦图密切相关。伏羲的八卦图后来衍生了中国文化的一大流派——道家。道家文化所推崇的神秘的"道""无中生有"，和今天的互联网有太多的相似之处。互联网是仿生自然，模拟自然，和中国道家所推崇的"道法自然"简直如出一辙。

道家文化在中国文化中是一个特殊的存在，它因为过于推崇个人，而反对集体，因此被推崇集体主义思想的儒家文化所不喜欢，给予排挤和打击。道家文化起初是和儒家文化分庭抗礼的，后来汉武帝时代"罢黜百家，独尊儒术"，从此儒家上了庙堂而道家流落江湖，地位悬殊。

但是儒家研究的是社会伦理，道家研究的是天地自然的运行规律。儒家是社会哲学，道家是宇宙哲学，道家终究在层次上高出儒家不少。如果说儒家强调的是人与人之间求同存异，强调的是人的共性，通过人的共性的集合，而创立一种坚固的、稳定的社会秩序，那么，儒家不可避免地会遇到另外一个问题：就是对于人的个性的束缚和压抑。根据儒家规则建立起来的社会秩序，虽然会在短时期内产生很高的效率，但是不可避免地会很快走向僵化，失去活力，最后走向无可挽回的解体，引起周期性的社会动荡。而对这种人为造成的社会秩序构成最大挑战的，就是人的天然生成的、无法被外力强行压制的"个性"。

道家是承认并尊重人的这种个性的。道家喜欢以水来作为譬喻。例如水有趋下的本能，那么对于这种本能，只能加以引导，因势利导，而不能加以阻遏。例如鲧用息壤阻塞洪水，结果最后洪水滔天，一泻千里，酿成了更大的灾害。大禹治水，采取疏而不是堵，顺势引导，于是洪水各安其道，奔流入海，九州乃定，天下大治。同样，道家认为对于人性，首先要勇敢地承认，人性中有善，有恶，如同太极阴阳鱼所显示的那样，阴阳各占一半，不是一道笔直的划下来，一分为二那么清晰、明确，而是蜿蜒分割，互相交织，你中有我，我中有你。因此，正是这两种互相对立而又统一的力量，相互激荡，冲突不休，构成了人性。

人性只是一个客观现实的存在，无所谓美好不美好。人性似乎都是相像的、千篇一律，例如都是趋利避害的。但世界上又没有完全相同的两个人，这就是每个人的个性不同。个性不但存在，而且要通过各种方式展示出来。例如，我们读孔子作的《春秋》，为什么能感受到一种人为建立的秩序之美？而我们读司马迁的《史记》，却对里面那么多鲜明的人物留下那么深刻的印象，就是因为前者突出了集体的共性，而后者凸出的个体的人性，也就是个性。人，可以是一种集体性存在，也可以是一种个体性存在。而个体性存在的人无疑更富有生命活力。

那么，让我们试着思考一个问题，人的共性、个性与文化有什么关系？

人的共性存在的基础上，可以建立整齐划一的秩序，这种秩序可以创建无往不胜的军队，可以组织起来一个井井有条的社会，也可以共同创造出一种宏大的文化，例如我们中国的长城，以及埃及的金字塔，都是一种集体秩序基础上宏大文化的代表。但是在人的个性基础上，所创造出来的就不是一种单一的文化，而是一个多姿多彩的文化生态系统了。如果说前者是一棵参天大树，后者就是一片一望无际的森林。在个性基础上创造出来的这个文化生态系统，里面又有无数个各自独立的小系统，每个小系统独立存在而又互相影响，通过彼此的调整、适应，而共同获得成长和发展的机会，最后达成一种不言自喻的和谐。

在人类的文化史上，我们也会发现这样一种景观：当每一种社会秩序创立并且达到完美的管理的时候，都会产生一种宏大的文化，诞生其标志性产物，但是当这种秩序濒临解体的时候，就会产生缤纷多彩的个体文化。像中国战国末期的百家争鸣等，并非是统治者有意为之，而恰恰是统治者的约束力量衰弱，从而使得个体的力量迅速崛起，大放光彩。

所以说文化和社会是不一样的，社会是人为建立的理想秩序，而文化是自然生态，其所遵循的是道家的顺其自然，是像自然界的春天一样，百花齐放，每一朵花都尽情绽放自己的生命，展示自己的美丽。大自然的美丽与诗意并没有一个无所不能的"制造者"，而只是靠着这一个个个体的自由创造，是"涌现"出来的。大海也是如此。浩瀚无边的大海并没有一张图纸，没有一个创造者，而是依靠无数的涓涓细流，无数的江河湖海，一滴滴的水珠，从千里万里之外的遥远地方汇集而来。每一滴水在流向大海的过程中，都经历了难以想象的磨难：高山峡谷的阻挡，沙漠荒地的侵蚀，还有树木草地的吸收，但是它们通过集体的力量，或者借助于蒸发，在风的带领下，克服困难，归入大海。正是无数的精彩，才让波澜壮阔的大海产生了引人入迷的生命魅力！

至于具体到一个企业来说，如何在员工的个性基础上建立起企业文化呢？

首先，要承认并尊重这种个性。在传统企业尤其是制造业中，经常出现的一幕是：在各个岗位上，员工们穿着统一的企业标识的服装，井然有序，按照固定的流程一丝不苟地从事作业。这里面当然也有一种现代工业的秩序之美。但是，这种整齐划一的文化，是否也压抑、束缚了员工的创造活力呢？同样是在网络公司，例如苹果、谷歌就不一样，员工穿着随便的衣服，工作时间自己决定，工作场所甚至有涂鸦墙……员工的创造活力随时迸发，一个个创意变成推动公司飞速发展的动力……不管是传统企业，还是互联网时代的新企业，一个不变的事实是，企业文化是作用于全体员工的，员工是最大的受体，因此，也是最大的创造体。

二是对员工的个性的有效引导。企业文化如果是由下而上来创造的，那么企业领导层面是否就对此失去控制了呢？不是的。恰恰相反，企业高层仍然肩负着一个最艰巨的任务，就是对员工的个性和基于此基础上创造出来的泥沙俱下、芜杂混乱的各种形态的文化进行梳理、筛选、引导，最后百川入海，汇集成为一种统一的、被大家所共同接受的文化，建立起一个最适合企业的文化生态系统。当然了，这种有效引导是需要智慧的，要把握好几个关系：包括企业内部文化与外部社会文化的大关系，企业自身特色文化与员工自由创造的文化的关系，企业自身文化对合作伙伴、客户等不同文化的兼容并收，企业文化生态系统自身的修正机制等。企业领导者面对的挑战不是变小而是更大了。

三是与员工一起不断提升。互联网时代我们听到最多的一个词就是"迭代"。这样一种崭新的企业文化，同样不再是一旦形成就不再改变，而是一个不断改进、不停地快速升级的过程。企业文化要因地而变、因时而变、因人而变。因地而变是要考虑在跨地域整合、跨国际收购的时候，要结合当地的文化、风俗等习惯进行企业文化的调整适应；因时而变是要在不同的时期，尤其外在文化大环境变动剧烈的时候，相应地做出调整；因人而变是根据不同文化背景、不同年龄层的员工，企业文化要做出调整，为他们而改变，而不是让他们削足适履。

建立在员工个性基础上的新型企业文化，要注意做到这样几点：

一是包容性。对待员工个性最好的做法是包容，个性有多种多样，但是海纳百川。员工的个性如何能够最完整地保持？就是融入一个共性的集体。个性不是一味地特立独行，我行我素，而是与其他人完美相处。个性并不排外，个性本身中就包含着对他人的尊重和包容。一个尊重员工个性的企业，整体上一定会有一种巨大的包容性，有容才能成大。

二是开放性。企业文化一定不是某一个企业自己的文化，企业文化同样具有社会属性，企业文化所影响的也不仅仅是企业内部员工，而是通过企业的品牌、产品、服务等影响到社会的方方面面。因此，如果说社会文化是一种大文化，企业文化就是一种小文化，但都具有天然的开放性。企业文化只有保持开放的姿态，才能不断保持青春活力。

三是超越性。互联网时代每个企业都有彰显自己个性的本能要求，因为只有这样才能获得更多的关注，但是一个企业的个性，与员工的个性是不同的。那么员工的个性如何转化成为企业的个性呢？一滴水只有融入大海，才能永不干涸，但是融入了大海，是消失了，还是获得了新生呢？当来自各种文化背景下的员工，带着自己的个性来到一家企业，他需要做的第一件事情不是张扬个性，而是选择放弃。完全地放弃掉自己，然后投身企业的大熔炉里铸造，最后会产生一种超越原来之上新的个性。这种新的个性是稳定的、持久的，同时不断趋于完善的。这才是一种成长了的、完成了的个性，这种个性的基因是从企业的整体基因库里获得的，因此和企业是个性与共性的完美统一。

互联网时代企业家的三大特质二：专注

在《庄子·内篇·养生主》中，有一个大家熟悉的"庖丁解牛"故事：庖丁给梁惠王宰牛。他的手接触的地方，肩膀倚靠的地方，脚踩的地方，膝盖顶的地方，哗哗作响，进刀时霍霍地，没有不合音律的。他简直不像是在宰牛，而是在跳着一种技艺高超的舞蹈一样，快乐得不得了。梁惠王大惊，问他："你怎么能够做到这样呢？"庖丁解释："我一开始也做不到这样，但是经过十九年的磨炼，我已经超过一般的技术而达到'道'的境界了！什么是'道'？就是不用自己的感官，而只用自己的精神去和牛接触，手上的刀子跟着精神游走在牛的身体的天然生理结构中，在牛的骨头的间隙里轻松地转动着很薄的刀刃，遇见筋骨交错聚结的地方，就小心翼翼地提高警惕，视力集中到一点，动作缓慢下来，动起刀来非常轻，豁啦一声，牛的骨和肉一下子就解开了。当完成这一切之后，我就提着刀站立起来，举目四望，悠然自得，心满意足，然后把刀擦抹干净，收藏起来。我一直都是这么做的啊！"

在这个故事中，庄周借庖丁之口，给我们道出了一个秘密：天下之事，并没有太多的诀窍。一件事情，只要你坚持不懈、持之以恒，用心去做，就能超过技术的层次而进入"道"的境界，最终像庖丁那样游刃有余。

对企业来说，也是如此。一家企业要怎样才能在市场上获得自己的核心竞争力呢？赫尔曼·西蒙经过对全球企业研究分析后发现，这个问题有两种思维方式：第一种是大规模生产，就是通过比你的对手生产更多的产品，然后以更低的价格卖到市场上去。但问题是，这样真的会获得核心竞争力吗？生产技术、装备、庞大的产量、低价格，这些别人也可以做到。还有一种是，把产品卖得贵的能力就是核心竞争力。这种能力可以是超凡的质量，也可以是通过卓越的服务而获得比对手与客户更亲密的关系，以及更加强大的品牌。而无疑，这些都是别人拿不走的。

因此，企业更应该选择的是第二条道路，"给我一件平凡的东西，我也要把它做出不同凡响的动静来"。使得平凡变成不平凡的，使得普通之物在你手中赋予了独一无二的蓬勃生命活力和精神的，就是"道"。

这个"道"，就是专注。

1986 年，赫尔曼·西蒙在杜塞尔多夫和哈佛商学院教授西奥多·利维特见面，两人探讨了一个很有意思的问题：为什么联邦德国的经济总量不过美国的四分之一，但是前者的出口连续多年占据世界第一？秘密不可能在德国的大企业身上，因为西门子、拜尔、戴姆勒和他们的国际竞争对手相比，并没有太大优势。最后西蒙用了十年的时间调查德国的中小企业，发现正是这些在各自的市场领域里取得世界领先地位的中小企业，成就了德国在出口方面的显赫成绩。而这 500 多家在各自领域里取得了世界市场领先地位的中小企业，名称千奇百怪，行业各种各样，各自拥有独特的企业精神和不同的成长特质，但共同点只有一个——专注！

专注，是一种战略。企业的最根本战略是什么？不是做大做强，不是尽快进入世界 500 强的排名，而是在错综复杂的商业竞争环境中长期生存。正如任正非所说："什么叫成功？经历九死一生还能好好活着，这才是真正的成功。"长期生存不需要爆炸性的成长经历，不需要太多的传奇故事和辉煌的增长率，它所需要的就是稳定，就是持续的进步。西蒙说："它们是以一种聚沙成塔的方式在数十年的岁月长河里实现几何级扩张的。"长期生存不是"惊鸿一般短暂，像夏花一般灿烂"。它尤其忌讳多元化。因为多元化通常所追逐的都是速度。速度当然引人注目，市场上也充满了太多的商业机会，然而速度就意味着风险，机会同时也是陷阱。多元化的冲动总会时时冒出来，可是市场最终起决定作用的还是消费者，而要赢得挑剔消费者的心，需要的就是专心一致，心无旁骛，而不是三心二意。一个从事竞技体育的选手，没有十年以上磨炼，不能成为世界一流的选手；同样，一家企业不经过十年磨一剑的磨砺，也不可能成为世界级企业。

专注，是一种文化。专注，就是专心致志，将全部的精神、意志力都灌注到对象事物中去。我国古代儒家讲"诚意正心"，诚，是人与天、地，与自然界沟通的桥梁，只有做到了内心纯然的诚，才能沟通万物，与自然界建立起一种高级联系。正心，就是将心念放在正确的、正面的、积极的方向上，例如善、信、利他等。坚持正心，自然就会获得相应的力量。专注也是如此，专注带来的是学习的力量。学习是从外部学习知识，但是必须经过内在的转化，才能成为自己的力量，最终展示在外在的实践中，解决问题，提高效率。"只要功夫深，铁杵磨成针"。只有实现了真正的学习，才能达到知行合一的自由之境。专注还会带来创新。创新是对外在的环境资源的综合运用后，所出现的一种灵感式的创造。创新并不是某一个火星，一个突然而来的好主意。创新是一个连续不断的、持续超越的过程。创新由某一个点、某一个局部发生，最初发生的时候很微妙，不专注就难以发现，但是正是通过这一个点、这一个局部，最终带动整体发生质变而形成风暴。

专注，是一种能力。成功的企业离不开成功的企业家，而成功的企业家普遍具有两种能力：瞬间洞察的能力和脚踏实地的能力。前者如牛顿，看见苹果落地而瞬间洞察万有引力。麦当劳的创始人雷·克罗克，被誉为"爱达荷州的马铃薯打中脑袋的现代牛顿"，中国的格兰仕微波炉掌门人梁庆德第一次在日本看见微波炉，强烈地感到"这东西有做头"，梁伯强从报纸上看到朱镕基对中国指甲钳产品质量提出批评，敏锐地嗅到了商机，一跃而成为中国的指甲钳大王……光有瞬间洞察的力量还不行，还必须有脚踏实地的能力。这种能力一是自己本人事必躬亲，脚踏实地。二是能将自己的这种做事态度传染给身边人。最终自上而下影响和自下而上熔铸，形成企业的关键的内在支撑能力。

那么，当互联网时代到来之后，企业是否对专注的需求变得更为强烈了呢？

答案是肯定的。

当最初的互联网时代到来，一片混沌的时候，中国的互联网企业就已经试着在给互联网文化和精神下一个定义了。当然是仁者见仁智者见智，但是有一点是共同的，那就是专注。因为不专注，就无法做到极致。不做到极致，就意味着你不是独一无二的。不独一无二就无法获得关注。不被关注就意味着失败，就意味着连基本的生存机会都没有。

一个有趣的例子，就是在进入互联网时代后，"工匠精神"的重新被发现。工匠精神是什么？工匠精神就是专注。其包含如下几层的含义：其一是宗教般的神圣感。要想成为一名真正的匠人，必须对你所从事的职业产生宗教一般的尊敬。不管是在东方的中国、日本，还是在西方的欧洲，最早的工匠都是产生在寺庙、教堂里的。从事寺庙、教堂的建筑，或者为寺庙、教堂的墙壁上绘画，从事佛像、神像的雕刻等。很多人穷其一生都是在从事这样的工作，而且不仅是一代人，还代代相传。除了稳定的薪酬，他们所从事这项工作的一个最根本驱动力，就是宗教般的情感。其二是燃烧生命的狂热，也可以说是一颗燃烧着的心。你必须为你从事的职业燃烧自己的生命、精神，因为仅仅是世俗的、普通的付出，不足以让你成为这个领域的佼佼者。而只有这个领域里的佼佼者，仅有的几个人，才能领悟到这个职业所蕴含的"神性"。不是为了追求世俗的名利，而是为了追求所从事职业背后的"神性"，只有带着这样狂热的追求，将自己的整个生命作为祭品献上，才能达到"道"的境界，才能成为这个领域出类拔萃、众望所归的大师。其三就是专注。几十年如一日，只专注于一个极其狭窄的领域。从来不被这个领域以外的精彩世界所诱惑，耐得住寂寞，守得住孤独。其四永远记得保持自己的独特性，有些事情只有你能做得了。

在互联网时代，企业的选择是更多还是更少了？表面上看起来是更多了，市场从有形的市场突破到了无限的市场，网络空间的无限性使得超级市场成为可能，动辄几十万、几百几千万的客户蜂拥而来，让企业抑制不住推出更多产品满足更多消费者需求的冲动。但与此同时，消费者却也因为有了更多"货比三家"的机会以及与更多消费者即时互动的技术支持，而变得空前挑剔。消费者和企业因为站在了同一平等的地位上，信息对等，从而变得更加难以对付。所以企业能够抓住的机会、能够攥紧的客户不是更多而是更少了，企业的生存之道越发单一。

专注，首先成为企业内部环境的要求。内部环境包括两个：物的环境和人的环境。物的环境就是你要从事生产什么样的产品，这个产品一定是你所擅长的、有着独一无二的竞争优势的。而要找到这样一个产品并不容易。要么是你的技术，要么是你敏锐地发觉了一个别人所忽略的市场。最好是技术和市场二者之间完美结合，才能成功制胜。人的环境，就是你的价值观和凝聚力，能否吸引足够的人才和你一起共事。这是一个非常关键的问题。互联网时代的人才竞争空前激烈，人才在各个企业之间的流动频繁，一个关键性人才的流失，可能就意味着同行业中一个强劲对手的崛起，因此留住人才成为了企业的头等大事。

专注，其次是企业外部环境的要求。互联网带来了全球化市场下的无国界竞争。在互联网世界里没有国别，没有行业之分，有的只是产品与顾客，甚至产品也不是那么重要，最重要的就是顾客。顾客的消费需求，顾客的兴趣爱好，决定着企业的生死存亡，谁拥有绝大部分的顾客群体，谁就是王者。例如很多美国的大公司拥有一流的技术，可是在进入中国市场竞争中，很快会被模仿他们技术的中国公司击败，为什么？就因为中国公司更熟悉中国顾客，更能抓住中国顾客的心，从而在市场份额上一举击败美国公司。美国公司虽然无奈，但只能被迫退出。所以，在一个复杂的外部商业环境里，最需要专注的就是人：一是顾客，二是伙伴。要想紧紧抓住顾客的心，没有别的途径，只能致力于为顾客提供最卓越的服务，例如苹果手机，在全球建立苹果手机的体验店，通过这种最直接和顾客沟通、交流的方式，让顾客了解苹果手机，从而了解苹果文化，成为苹果文化的忠实粉丝，苹果迭代，而顾客的群体亦随之扩大，这是一个双赢。关于如何面对不断涌现的强大竞争对手，一个最简单、最有效的方式就是将对方变成自己的伙伴。这也是我们下面将讲到的一种互联网时代通行的方式——合作。没有谁可以应对雨后春笋一样出现的新竞争对手，重要的是在互联网时代，你根本不知道谁是你的对手。因此，必须改变传统非此即彼、你死我活的方式，而是如同中国围棋一样，追求"共活"，实现双方共存共赢。

第三，在互联网时代，还有一个贯穿企业内部环境和外部环境的共同因素，就是变化。在这个技术一日千里、变化日新月异的时代，如果说有什么是不变的，那就是变化了。正如爱因斯坦早就洞彻了这种变化，每年给学生出的考试题目都是一样的——所不同的，只是变化了的答案。那么，在这个变化飞速发生的时代，企业怎样去应对呢？答案还是两个字：专注！专注于你的目标，专注做最好的你自己，专注打造最核心的竞争力。只有当你专注了，你才会发现，外在的一切不过是幻象，它们并不会真正影响你。时间因素对很多企业来说，都是重要的。尤其在互联网时代，企业所普遍追求的是快战略：快投入，快产出，快进入下一个行业。但是对一个建立专注文化为内核的企业来说，时间却是可以忽略的因素。当我们专注的时候，时间是不被察觉的。

有人说，时间可以成就伟大，也许人生经过太多就会积累沉淀发生质变。但是对企业来说，时间永远不会成就伟大，只有专注才能成就伟大！

需要指出的是，专注并不意味着故步自封，并不意味着与世隔绝；专注文化的建立，并不意味着企业一成不变，僵硬地孤立在那里而慢慢失去活力。专注，并不意味着拒绝，专注与互联网时代的开放精神也并不矛盾。

正如中国文化中的阴阳互补一样，专注，如果孤立地来应用，就会走向一个极端；要想取得切实有用的功效，也必须与另外一种文化共同运用，那就是——合作。专注与合作，好比是阴阳的两极，彼此对立又密不可分，只有交互运用才能构建最富有生机活力的企业文化。

互联网时代企业家的三大特质三：合作

合作，是人类社会自从诞生以来就存在的一种最基本的生活生存方式。

合作有两种：一种是男性和女性的合作。男性去狩猎，女性在家附近从事水果采摘，以及浆洗和缝补衣服，煮一些简单的食物来以供饱腹。这种合作是分工合作，是最古老、最自然、最普遍的一种合作形式。

还有一种在男性和男性之间，例如男人们一起出去参加狩猎活动，也是要合作分工的：有的人负责去将猎物驱赶出来，有的人负责挖掘陷阱，有的人负责投掷标枪，有的人负责通报讯息，从中指挥协调等。这样的合作是一种同质合作，是在一个大的目标下面的分工不同。

女人和女人之间当然也有分工：年长一些的女人负责带孩子，烧火煮饭等，稍微年轻一些的女人，负责去稍微远一点的地方采摘野果等。

不但是在人类社会之间，就是在自然界，也存在着自然而然的分工合作：例如我们都熟悉的鳄鱼和燕千鸟。鳄鱼什么东西都吃，口腔中难免残留一些食物，如果不予以剔除非常麻烦，这时候就需要燕千鸟的帮忙了。燕千鸟不但进入鳄鱼的口腔中，啄食残留的鱼、蚌、蛙的肉屑，还帮助除掉里面寄生的水蛭，是一个名副其实的口腔清洁工。有时鳄鱼把大口一闭，燕千鸟就被关在里边。然而只要燕千鸟轻轻用喙击打鳄鱼的上下颚，鳄鱼就会张开大嘴，让燕千鸟从里面飞出来。

还有蜜獾和导蜜鸟。野蜂常把巢筑在高高的树上，蜜獾不容易找到。导蜜鸟发现了树上的蜂巢后，便去寻找蜜獾，扇动翅膀，发出"嗒嗒"的声音，蜜獾得到信号后，就会匆匆赶来，爬上树去，咬碎蜂巢，赶走野蜂，吃掉蜂蜜。导蜜鸟等蜜獾美餐一顿后，再去独自享用蜂房里的蜂蜡。

还有海葵虾和红海葵。海葵虾的两只大螯自夹着一只红海葵，一遇到危险，立即提起红海葵，红海葵便用有毒的触手对付来犯者。这样，海葵虾可以到处觅食；而红海葵靠海葵虾吃剩的食物就足以饱腹了。

我们发现，不管是自然界的合作，还是人类社会的合作，必须满足这样几个基本条件：一是必须有一个共同的目标，这个目标是合作的前提；二是对目标有统一的认识，对于如何实现目标有着共同认可的规范；三是相互信任。在合作过程中创造出一种相互相互理解、彼此信赖、互相支持的良好气氛；四是具备了合作生存和发展的物质基础。

2013 年 9 月，曾经荣耀一时、人手一部的诺基亚手机轰然倒下，让很多忠实的粉丝黯然神伤。诺基亚手机质量过硬，而且性价比极高，很多人至今怀念不已。但是这样一个时代的霸主怎么就被迫谢幕了呢？

在众多的分析中，一个观点最具有代表性和权威性，就是被誉为商业先知，在全球拥有包括盖茨、乔布斯和韦尔奇等门徒在内的众多拥护者的普拉哈拉德。他最早在《哈佛商业评论》上发表《企业核心竞争力》而一举成名，后来在每一个时期都能引领世界商业的浪潮。这一次，他在 2004 年就出版了一本书《消费者王朝》，做出了一个惊人的预言：未来的社会，消费者将是最主要的力量。消费者应该充分享受到商业社会的进步和累积所产生的成果，消费者不是高高在上的上帝，而是和企业结成同盟关系。消费者是消费的主动选择者，更是企业的共同的生产者、价值的共同创造者，以及核心竞争力的共创开发者。换言之，企业已经不能自主决定自己的命运，消费者才是真正掌握着企业生死存亡的生杀大权的那个最终决定者，这就是消费者王朝！

显然，诺基亚的失败清晰可见：不尊重消费者，不关心消费者的体验！

更直白一点说，诺基亚习惯了高高在上，明确地拒绝与消费者"合作"。

是的，合作，才是互联网时代企业生存下去的唯一的一条路。如果说从前，核心竞争力是指企业内部的资源和技能的集成，那么，今天这已经不够了，还必须加上一条"共同创造"，共同创造就是向外寻求消费者的合作，由消费者和企业一道来解决某个问题或者创造某个产品。

为此，普拉哈拉德提出了"普拉哈拉德企业成功定律"，即"N=1""R=G"，前者是说，价值的基础是建立在消费者的独特体验之上的，即使面对着一亿消费者，也不能忽略一个消费者的独特体验。但是一个企业怎么能满足所有的消费者的个体体验呢？这就需要后面的公式，即企业必须拥有从全球大大小小的企业那里获取资源的能力，构建起全球化系统。一个无所不能的全球化系统才能满足所有消费者的需求。

代替诺基亚领跑智能手机时代的苹果，就是一个成功的例子。苹果手机注重消费者的体验达到了极致。而为了满足消费者的各种体验，苹果手机干脆开放了自己的研发平台，让全球的大大小小的企业都可以进来，一起参与创造。于是才有了苹果的异军突起，而最终诺基亚陨落。

除了苹果手机，还有一个企业与客户合作成功的例子，就是宜家家居。

对很多人来说，到宜家家居购物是一种很独特的体验：在那里，家具不再是具体的实物概念，例如床、沙发、桌子、椅子等，宜家是一种整体性的展示，它所给你展示的是生活本身，你所看到的是"家"，是"生活"，在这里，你甚至会忘记了自己是在商场里，而有一种在自己"家里"的感觉。你对未来的生活一目了然，就摆在眼前，你甚至可以立即置身其中：不管是大人，孩子，都对这种氛围有一种代入感，立即被吸引了。而这还不是宜家最高明的地方，宜家最高明的是与客户的合作：宜家的一切东西都需要你"自给自足"，自己选择，自己带回家，自己回家后组装，毕竟这是你的生活，需要你自己动手才有更强烈的参与感。宜家的创始人英格瓦·坎普拉德说得好，他创造这么一种商业模式的目的，不在于要改善大多数人的生活水平，而且要改善这些人的本身。改善人，让每个人都变得更好，这真是了不起！

正是通过客户的参与，宜家获得了客户的信任，建立了沟通和感情，更重要的是，宜家的成本因此而降了下来，真正获得了物美价廉的竞争力。

互联网时期的合作，呈现出自己独特的特点。

一是简单。简单是互联网时代人们普遍的一个要求。因为现代化以来，工业革命一次次带来了技术的进步，然而人们的生活不是因此简单反而更加复杂了。高科技带来工作量负荷的一再增加，人们忙得昏天黑地，在钢筋水泥的都市森林里废寝忘食加班，却还是追赶不上技术发展速度。在这个时代最奢侈的是什么？是时间。一个人的时间和精力有限，然而要关心和处理的事情、工作实在太多，因此，简单就成为普遍的要求。苹果手机的总裁乔布斯是一个佛教徒，他从禅宗中悟出了大道至简的终极真理，于是，设计出了在手机屏幕上一根手指头解决一切问题的"一指禅"。他成功了，一个删繁就简的时代由此开启。

简单，就是要让人一下子看得清楚。知道这东西是不是我想要的，这体验是不是我所喜欢的。要在最短的时间内，提供给人以判断，能喜欢你的，就是你的粉丝，就是你的合作伙伴；不喜欢你的，立即选择其他。

如果你想赢得消费者，如果要找到更多的合作伙伴，一定要记住简单法则：只需要展示自己最简单、最本真的一面，去伪存真，就能成功。

二是温度。什么叫温度，就是消费者对你的产品的体验之后所产生的情感。现在是一个信息爆炸的时代，以前消费者和企业是不对等的，被企业铺天盖地的产品信息所包围，买一件东西能够货比三家已经不错了，因为那需要大量的时间和精力，可是现在，网络购物的兴起，信息的畅通，买一件东西岂止货比三家，大数据能够帮助你货比万家。这还不算，更重要的每一件商品的后面都伴随着其他消费者的体验，这些体验有好的，有不好的，尽管都是个人体验，但是仍然极具参考价值。也就是说，企业的产品不但是功能上的，还融合了消费者的情感在内。企业已经无法自己来定义自己的产品，必须与消费者一起完成。

在互联网时代，企业要想成功生存必须获得粉丝。粉丝的多少是你能够壮大发展到什么程度的唯一标准。企业互相竞争，比的不再是技术、资本，而是你拥有多少的粉丝人群。市场上三大手机巨头：苹果、三星、华为展开竞争。苹果是全球粉丝群体巨大；华为是有民族品牌的特质，有着消费民族情感的一部分；三星则以其时尚、华丽而引领年轻一族。然而三星也是倒下最快的一个：年轻群体善变，一旦失宠，弃若敝屣。只要一个产品失败，对三星就是灾难性的，就是这么残酷。

合作要讲情感，但是请注意，这种情感和中国特色的拉关系、走门子、送人情不同，那是建立在不平等基础上的，而互联网时代的合作，是企业的主权和消费者主权，是在平等基础上建立的合作，企业不能只顾自己埋头生产，不顾自己的产品价值是否是消费者所需要的；但也不能一味迁就消费者，为了迎合消费者口味而丢弃了自己的固有原则。

　　三是人性。人性是什么？中国有人性善，人性恶的说法，西方也有人有原罪的说法。我们不去说这些，我们只说一点共同的，那就是人人都有追求美好生活的愿望，都希望明天可以变得更加美好，这就是人性。

　　在此基础上，企业必须致力于和消费者一道去追求美好，去创造能够为这个世界带来美好的价值，一起创造给人们带来美好体验的产品。

　　苹果手机带来了简单，让生活简单就是美好；阿里巴巴带来了便利，让生活便利就是美好。美好，有时候听起来虚无缥缈，但是美好的确是实实在在的，它就存在于我们的生活中，关键是谁有一双慧眼和一颗为了人类社会进步、生活更加美好而不惮于投身其中、勇往直前的心！

第五部分

访谈篇

第十三章

做未来的引领者

——专访中国商业文化研究会会长、苏宁环球集团董事长张桂平

问：从 1978 年开始的改革开放，已经走过了将近 40 年。在这个波澜壮阔的过程中，中国企业家群体的诞生，以及企业家精神的涌现，可以说是最激动人心的篇章之一。党的十八大和三中、四中、五中全会也给予了企业家、企业家精神以充分的肯定和期许。请结合您的创业历程，谈一谈您对企业家精神的理解。您能概括出几个关键词来吗？

企业家精神的五个关键词

答：好的。党的十八届三中全会报告中提出，"使市场在资源配置中起决定性作用""弘扬企业家精神"。之后四中、五中全会，以及习总书记系列讲话，也都强调要更好地发挥企业家的作用，这是对企业家的历史性肯定。的确，在过去改革开放近 40 年的过程中，企业家精神发挥了巨大作用，而在整个新中国成立的 68 年中，在经济建设的滚滚大潮中，国有企业和民营企业的企业家一道，共同谱写了一曲慷慨激昂、奋发进取的企业家精神之歌。这是属于企业家的光荣与梦想。

如果让我来概括企业家精神，我给出的第一个词就是"梦想"。

梦想是前行的动力。20 世纪 80 年代末期，在南京市宁海路，一间叫作"苏宁交家电"的小店悄然开业了。当时仅仅面积 200 平方米，员工只有十几名，

这么小的一个公司几乎没有人注意。不过我们的公司从一开始就起了一个很大气的名字："苏宁"，创立在江苏，又是在南京，所以各取一个字。从名字里就可以看出当时很有雄心壮志的。

公司虽小，在市场经济的大潮中只是"小舢板"，但是我们一点都不胆怯。因为小舢板再小，也和大船一样，有搏击风浪、扬帆远航的梦想。何况当时我们创业不是一时冲动，而是看好了当时中国的家电市场。这是一个庞大的市场，大有可为。刚创业的时候非常艰难，但是我们立志有一番作为，在大家齐心协力努力下，与八大国营商场展开了一场硬碰硬的"空调大战"。结果是苏宁"以小胜大"，"以弱胜强"，小舢板战胜了"联合舰队"，《扬子晚报》以头条新闻给予了报道，一群有梦想的人用他们的激情和勇气、智慧从这里开始踏上了市场征程！

关于企业家精神，我给出的第二个词是"敢为"。

1992 年，邓小平南行讲话之后，市场经济掀起又一波大潮。苏宁公司顺时而动，顺势而为，从家电领域一举杀入房地产市场。当时还是福利分房的时代，但是我们就是看中了一个住房商品化的时代即将揭幕。和进入家电领域一样，我们有充分的判断，并且有足够的勇气和行动力。对于企业家来说，就是要做第一个吃螃蟹的。要敢为天下先。

这一步棋，苏宁又走对了。左右逢源，分道行车，既为提速清除了障碍，创造了空间，也壮大了格局，迅速崛起成为市场上一股不可忽视的力量。从小到大，对任何企业来说都是一道难关。苏宁在闯过这一关的时候，却显得轻而易举。因为这就是企业界颠扑不破的定律：先行者胜！

我给企业家精神的第三个关键词，是"智慧"。

商场如战场，对企业家来说，在商场上要立于不败之地，除了步步为营，稳扎稳打，还需要有古代兵家一样的智慧。苏宁环球在专注房地产领域之后，一直在默默耕耘，奋力开拓。但是苏宁也知道，要想取得更大成功，必须从南京走出去，从江苏走出去，到全国去接受挑战和竞争。

2005 年 7 月，苏宁环球到吉林投资的时候，遇到一个看起来不是机会的"机会"：已亏损三年的 *ST 吉纸，正在急寻重组方。苏宁环球一下看上了这个机会，仅仅一个多月后，8月30日，苏宁环球就与吉林国资公司签约，一举收购了 *ST 吉纸 50.06% 的股权，成为国内第一宗在"股改"过程中收购绩差上市公司的个案。以 1 元代价获得 *ST 吉纸的"壳"，之后却将 4.03 亿元的房地产资产无偿置入上市公司，表面上看是"吃亏"了，但 2005 年 12 月 26 日，当 *ST 吉纸更名为 *ST 环球恢复上市时，当天即收盘于 2.79 元／股，较停牌前 1 元／股可以说是"暴涨"，苏宁环球持有该公司的股票市值达到 5.58 亿元。

还有一个例子，2007 年 8 月 24 日，苏宁环球出人意料地在上海以 66927 元／平方米的价格拍得 163 号地块，折算开发成本为 92000 元／平方米，被业内人士直呼"疯了"。但是苏宁环球真正的目的，却是实现"冲出南京，走向中国"的既定战略，借此一举在上海站稳了脚跟。

之后，苏宁环球又选择出击澳大利亚旅游地产，从中国又走向了世界！

我给出的第四个关键词，是"创新和包容"。

从 1987 年至今，苏宁已经走过了 30 年栉风沐雨的征程。从一家小店铺起家，如今苏宁环球已经成为一个"巨人"，不仅仅做大做强地产主业，而且积极开拓多元化发展道路：文体、健康、金融、旅游、农业、投资六大产业齐头并进、蓬勃发展，已成为总资产近千亿元，品牌价值超千亿元的综合性大型民营产业集团。如今，苏宁环球位列"2015 中国民营企业 500 强"第 17 位，"中国民营企业服务业 100 强"第 8 位。

近 30 年的荣耀与积淀，靠的是创新和包容。创新就是不断地突破自我，超越自我，从一个领域进入另一个领域，每一次都是集中研判中国经济发展，然后迅速进入新兴领域，如文体、健康、金融等领域，保持与时代经济的同步脉动。包容则是海纳百川，不断地加快自己的国际化进程。2015 年底，苏宁环球第二总部落户上海，是为了转型发展的需要，也是为了进一步国际化：收购国际一流动漫上市公司 RedRover 并成立合资公司上海红漫科技有限公司，战略投资亚洲顶级娱乐公司 FNC 并成立合资公司上海红熠文化传播有限公司，整合全球优质文体资源，助力中国文化产业腾飞。在健康领域方面，以医美产业作为"大健康"转型的切入口，2016 年 7 月，"苏亚医美"品牌重磅发布，以强有力的集团化品牌背书和雄厚的资金支持，将在国内、外进行产业链上、下游之间整合，致力于打造顶级医美连锁品牌，最终实现"亚洲第一，世界一流"的品牌目标，成为中国医美的绝对领导者。

此外，苏宁环球在金融、旅游、农业、投资领域也都取得累累硕果。高端自营品牌酒店——苏宁环球套房酒店、苏宁威尼斯酒店、与全球首屈一指的酒店管理公司万豪国际集团等建立了战略合作关系、投资兴建的上海朱家角科学公园、云南石林度假综合体等多个国际度假综合体项目。在现代农业领域，在国内创建多个苏宁环球现代农业产业园，建设集现代农业种植、乡村旅游度假等其他综合配套设施为一体的现代化服务体系，打造"国家级农业生产经营体制创新实验区"和"国家级新农村建设示范区"。投资领域，以南京总部为支持，在上海、香港两地分别设立多个海内外产业投资平台，与国内外领先的各大投行、基金和投资机构建立战略合作，为国家经济发展贡献自己一分力量。

企业家精神，我给出的最后一个关键词是"责任"。

多年来，苏宁环球以"承担社会责任，努力回馈社会"为己任，积极投身社会慈善事业。每年缴纳税费十余亿元，位列南京市民营企业纳税十强前两强。近三年合计缴纳税费逾35亿元。迄今，苏宁环球为社会提供数万个就业岗位，共向社会各界捐资捐物逾6亿元；直接向云南旱灾灾区、玉树地震灾区、汶川地震灾区、台湾风灾灾区捐款数千万元。出资设立了"苏宁环球爱心基金会"，在东南大学等著名高等学府设立了"苏宁奖学金"。在西藏、新疆及苏北贫困地区捐建多所希望中小学，帮助大批失学儿童重返课堂。苏宁环球积极参与设立省、市"见义勇为基金""南京市劳模帮扶基金"，对见义勇为先进个人、精神文明建设先进个人以及劳动模范进行表彰奖励和帮扶，为济贫救困、匡扶社会正义、促进社会和谐稳定的发展做出了巨大贡献。

创新 · 筑梦 · 启未来

问：企业家精神与企业精神息息相关。通常一个企业的创始人决定了企业的精神，也决定了企业上限和未来。从 1987 年创立苏宁以来，而今走过30 年，请问在这个发展壮大过程中苏宁环球形成了怎样的企业精神？尤其从一个地方企业到成为今天的世界 500 强，您认为要成为一个企业领袖或者要做一个全球品牌，最需要的特质是什么？

答：我觉得苏宁环球的企业精神，从开始到今天一直未变，就是"创新，筑梦，启未来"。

创新，我已经说过了，这是企业家精神的灵魂。企业家就是那种能够在市场的大潮来到之前，嗅出空气中的变化，预测并且引领这种变化的人。

创新人人都会说，但是要创新并不容易。因为这要建立在对整个国家政治、经济、历史、文化了解的基础上，还要建立在对个人和创业团队了解的基础上。一个人凭着自己的聪明才智，可以在某一个时间段、某一个特定的政策环境空间里实现创新，取得一时的成功；但是这样的成功并不能持久。真正的创新不能仅仅依靠一个人，而是要依靠一个团队。这个团队必须将创新当作一种文化，甚至于是一种信仰。

苏宁环球一直在创新，也一直在改变，努力地超越自我。虽然只有 30年的历史，但是苏宁环球的目标是一百年。要做百年老店，就必须依靠持续的创新。创新不只是我们头脑中的灵光一闪那么简单，而是要将灵感变成市场上的产品，成为引领人们消费的一种时尚或者习惯。所以创新实际上是一个综合体，是建立在科学基础上一个循序渐渐的过程。

要为持续不断的创新提供动力，就需要梦想的力量。苏宁环球的主业是房地产，所以说是"筑梦"。房地产是盖房子的，但又不仅仅是一所房子，而是无数人的安居之梦，是无数年轻人的梦想和未来落足点。这就是房地产的文化。而苏宁环球的发展其实依靠的不是资本，不是技术，而是人才。公司未所有的员工实现梦想而提供必需的条件支持，员工则用自己的辛勤劳动和才华智慧来实现公司的基业长青的梦想。

启未来，就是启示、引领未来。一个企业如果只向后看，躺在功劳簿上睡大觉，是没有未来的。一个真正的追求卓越的企业一定是始终向前看的。苏宁环球在过去30年发展历程中，从来都是向前看的。向前看，看行业发展的前景，看市场趋势的变化，更看人类社会文明和文化的发展。尤其进入21世纪以来，随着互联网时代到来，以及很快到来的人工智能时代，人类社会的发展一日千里。如果不向前看，就会很快被抛弃、淘汰。所以对企业家来说，始终要有一种危机感和超前意识。

至于说中国企业家要成为全球的商业领袖，或者说具有世界影响力的商业人物，中国企业要有在世界上响当当的品牌，我觉得自己做得还不够。不过中国的确已经出现了这样的企业和品牌，例如马云和阿里巴巴，任正非和华为，都是在世界上受人尊敬的。我觉得这里面固然有经济因素、文化因素，但最重要的一点，还是中华民族伟大复兴的中国梦，正在被世界普遍认同；中国和平崛起的进程，以及习总书记提出"人类命运共同体"的伟大理念，正在被世界人民普遍接受。这个大背景才是中国企业和企业家走向世界、被世界认可和接受的最重要因素。

传统商业文化的全球化

问：作为传统文化的继承者，您对徽商文化情有独钟，并且为成立江苏徽商商会付出了巨大的努力和心血，被推举为江苏省安徽商会创会会长，徽商文化促进会创会会长，国际徽商交流协会理事会会长，带领各级徽商商会为徽商文化的传播和创新做出了贡献。请您简单地谈一下徽商文化？您认为以徽商文化为代表的传统商业文化，在当今时代如何走向世界？

答：好的。

徽商在历史上和晋商并称为商界的"双雄"，几百年间始终屹立不倒。今天，徽商仍旧是一个有着积极进取精神和自觉文化追求的受人瞩目群体。对徽商来说，一个最大的特点就在于其"亦贾亦儒"的文化追求。我们今天所说的一个词"儒商"，其实最早的时候叫作"儒贾"，主要指的就是徽商。

徽商的崛起，得益于这么几个因素：一是家国情怀。徽商从朱熹那里继承了士大夫情怀，独善其身、兼济天下的特点非常明显。安徽籍贯的商人非常重视家族教育，一个家庭中最重要的事情就是读书，代代相传。

二是吃苦耐劳。徽商有个外号叫作"徽骆驼"，讲的就是能够吃苦耐劳。越是在艰难困苦的环境中，徽商越能迸发出强大的力量，从而在别人看似不可能的地方取得成功。

三是注重人情。徽商不是唯利是图，尽管算盘打得很精，但是在人情味上还是很浓厚的。

四是社会责任。徽商不管走到哪里，都不忘回报家乡，反哺社会。很多徽商个人生活很俭朴，但是一遇到扶危济困、主动承担社会责任，却很大方。这是因为在徽商的骨子里，是将"仁爱""情义"作为追求的。

作为徽商中的一员，通过在江苏的创业发展，我发现皖籍企业家都有着不错的经营能力，各自发展壮大自己的企业，但是彼此之间联系并不是太紧密，缺乏一个统一的机构作为串联彼此，很难充分发挥皖商自身的优势资源。对此，我带领苏宁环球成立了筹备组，和其他的成员一道，历时五年，在江苏和安徽往来奔波，最终促成了江苏省安徽商会的成立。商会成立后，立足当下，加强江苏省内包括南京、苏州、无锡、常州、镇江等地的徽商商会抱团发展；着眼全国，密切与全国各地省级安徽商会的合作交流。布局未来，通过国际交流的平台，将世界各地的徽商联系起来，在国内和国际实现优势互补、合作共赢。

从芜湖的安徽省"皖江经济工作会议"，带领各地的企业家们到皖江投资，再到"2011年皖江示范区战略性新兴产业发展合作对接会"，每一次活动都大大提升了商会的区域影响力。而商会每次成功扩大影响力的背后，都凝结着大家无数的心血，更代表一个共同的理念：独乐乐不如众乐乐！一个人的智慧和才华毕竟有限，一个企业所能做的事情和所能影响的人群也毕竟有限！但是众人团结在一起，就会发挥出"1+1>2"的效果，正如哲人所说：一滴水如何永不干涸？答案就是融入大海！大海获得了天下的江河湖海汇集而来的力量，惠泽万物；而水滴也通过融入大海获得了超越自身局限的永恒，实现了梦想！

"造福家乡，心怀天下"，徽商在历史上创造了辉煌，在今天依旧大有可为！

至于说到以徽商文化的中国传统商业文化，如何适应今天这个飞速变化的时代，中国企业和企业家如何到更大的世界舞台上去展示自己的风采，我觉得有一个理念是必须要坚持的，那就是"合作共赢"。在中国传统文化里，讲的是"和为贵""和气生财"，我觉得今天也是如此。和，不是不讲竞争，而是讲更有智慧的竞争；不是你死我活，而是实现共赢。习总书记提出"世界大同，天下一家"，我觉得就是"和"。

传统商业文化有自己的独特优势，但是也需要顺应时代，做出改变：

一是要增加包容性。当今时代因为互联网的出现，联通万物而进入了一个人类联系空前紧密的时代，但是冲突和矛盾也变得更加频繁。这就更加需要包容。包容性增长将是未来很长一段时期世界经济的主题。

二是要增加开放性。全球化的市场经济并不一定带来文化的全球化。相反，文化的个性更加凸显，各个国家和地区的文化更呈现出自己的色彩。如果不加以改变，文化的冲突将导致不同的文明矛盾不可调和。但要改变也是相当困难的，因为文化有惯性，有保守和依赖，改变需要勇气，也需要智慧。但一个不肯改变和不走向开放的文化是没有出路的。

三是要实现文化的共享。伴随着中国经济崛起，一带一路、亚投行等，中国向世界输出资本同时也开始输出文化。但我们的文化是否具有共享性，这是需要经过实践检验的。共享文化其实首先是一个共建的过程，共同的经历和共同的合作发展形成共同拥有的文化，在这个过程中，中国企业和企业家也许要承担更多责任，文化上也要更加自觉。

总之，伴随着中国企业和企业家走出去，伴随着文化上西方中心向东方中心的转向，我相信，中国商业文化一定会从传统走向创新，完成蜕变！

中国商业文化的转型与创新

问：作为中国商业文化研究会的会长，在您上任以后提出了"探商道，树商魂，铸商誉"，并且提出了"诚信、责任、创新、共享"的核心价值观，这也代表了中国商业文化的转型创新。请问为什么要进行这样的转型创新？

答：中国商业文化研究会于 1992 年由创会会长胡平部长创立，已经走过了 25 个春秋。这 25 年也正是中国改革开放的伟大事业蓬勃发展的 25 年，以建立市场经济为目标的经济建设取得了令人瞩目的重大成果。

中国商业文化研究会成立的一个重要目的，就是研究中国商业文化，并且是基于中国改革开放的大背景，是为了给社会主义市场经济的实践提供有益的理论探索和支撑，中国商业文化研究会的工作都是围绕着这个目的而展开的，"探商道、树商誉、铸商魂"则是进一步的表述。

探商道，就是要探索在中华商业文化发展的历史上，有哪些重要的、优秀的理念，例如中国商业文化独有的"义利观"，中国商人特有的"仁爱""和为贵"等理念，以及"义利合一""见利思义""什一之利"等丰富多彩的实践。通过这些探索可以发现，这些商业之道不但没有过时，而且在今天有着更加丰富和重要的现实意义，值得大力提倡。

以史为鉴、古为今用，应该是我们探索中华商道所坚持的一个基本方针。

树商誉，就是要重新树立商人的信誉。商人最重要的信誉是什么？就是诚信。其实一部中华文明史，整个的中华文化，都是建立在诚信的基础上。孔子说过，人而无信，不知其可。诚者天之道，诚之者，人之道。人所以为人，就是因为人懂得诚信的重要性。诚信是家庭、社会、国家赖以存在的基石，是人类能够不断繁衍，发展壮大的根本。

诚信亦是商业交易的基石。没有诚信就没有商业，这一法则今天依然适用。

今天，我们正在通过技术手段建立诚信社会，但不管什么样的技术，都不如我们从内心来重视诚信，视诚信为第二生命，甚至高于生命。

铸商魂，就是要重新塑造中国商人的精神。中国商人的精神是什么？其实有点是亘古不变的，就是家国情怀、敢于冒险、创新拼搏和自觉担当。从中国历史上的大商人，到今天的大企业家，都不外乎这几点。

商人在历史上，很长时间都排列在"士农工商"的四民之末，地位一直不高。但是从改革开放开始，给予了商人以最好的历史机遇，涌现出了企业家和企业家精神。今天的世界更是一个高度商业化的世界，创造财富和通过财富而创造一种最大限度实现自我价值的人生，已经是每一个年轻人的共同之梦。这可以说是最好的时期，也是最富有挑战的时期。创立一家企业，成为一个企业家，在当下已经成为一种时尚，但最终能否成功，并不取决于"术"，而还是取决于"道"和"魂"。

诚信、责任、创新、共享，是中国商业文化研究会新时期的核心价值观。

诚信是中华商业文化的文化根脉。诚信不是外在的环境要求，而是我们内心的自发的追求，是人之为人的根本。向内求索，靠的就是一个诚字。只有真正做到内诚，才会做到形之于外的谦。内诚而外谦，才能立己立人。诚信是一种向上提升的力量，是利他主义文化存在的基石。

责任是中华商业文化的精神基因。自觉担当历来是中华商人、中国企业和企业家的一个传统，"计利当为天下利"，追求"天下公利"，为了人类社会的进步和更多的人拥有更加富足的物质和精神生活而不懈奋斗！

创新是中华商业文化的发展动力。创新已经在今天成为全世界的主旋律，已经上升为国家战略。中国传统商业文化自从近代以来就开始与西方商业文化冲突、融合，但真正实现自我革新、自主创新，还是从改革开放以后，尤其进入 21 世纪以来，中国商业文化从理念上、内容上到形式上，进行了一系列创新，以支持中国企业更好地走出去，走向全球。

共享是中国商业文化的追求目标。共享是一个充满时代气息的词语，共享经济是一种崭新的经济形态，共享精神也是中国商业文化本身所含有的"大同"之梦在当今时代的一个体现，一个披着时代外衣的古老梦想。"世界大同，天下一家"，共享精神的本色其实说穿了还是"仁爱"，是"爱吾爱以及人之爱"，这种仁爱精神是永不过时、永续存在的！

问：当今时代，已经进入互联网时代，年轻一代享受着科技带来的便利，精神上也不可避免打上了时代的烙印。新一代的企业家很快将成长起来，他们是否会拥有不一样的企业家精神？您如何看待年轻企业家和他们的精神？

答：的确。伴随着人类社会进入 21 世纪以来，迎来一个崭新的互联网时代，而且这个时代正在飞速发展的科学技术推动下，向着更新的人工智能时代飞速而去，这是一个巨大的变化，对企业家来说也是巨大挑战。

新一代的企业家，他们身上必然带着互联网时代的精神烙印，那就是更加开放，更加包容，思想和价值也更加多元化，他们更具有个性，但是也因此而充满了更多的不确定性。同样他们也面临着更多风险和挑战。

但我要说，不管时代如何变化，人类的一些古老的基因是不会变化的。例如人性的贪婪、自私，这是黑暗的一面；还有人性的仁爱，渴望和平，这是光明的一面。人，永远是有着无休止的欲望的，正是这欲望的追逐，形成了不断前进的动力；满足欲望之外对道德的形而上求索，又始终作为一股向上提升的力量，不断谱写着人类文明的新篇章。

所以，对于年轻一代的企业家，我认为他们的冒险精神和创新精神弥足珍贵，但是他们也应该学习老一代企业家的稳健和吃苦耐劳精神，尤其是要继承传统企业精神中的"家国情怀"，因为说到底，你是一个中国人，带着中华文化在你血脉中打下的烙印，这是永远不会改变的。

对于有人说"企业无国界"，我是不能同意的。毕竟没有一个强大的祖国，没有一个安定团结的局面，没有一个公平公正的营商局面，纵然你有再出众的才华，再大的能力，也是不可能成功的。这是最重要的前提。

最后，我要向新一代的企业家送上祝福，我也相信，他们一定会在属于自己的时代里，创造出属于自己的辉煌！企业家精神也将放出新的光芒！

第十四章

中国企业家的责任、担当与创新

——专访中国商业文化研究会执行会长、中国恒天集团董事长张杰

企业家与企业家精神

问：首先祝贺您获得中国企业联合会和中国企业家协会授予的"2016—2017 年度全国企业文化建设突出贡献人物奖"。中国企业家群体的崛起是改革开放以来一道引人瞩目的风景线，企业家以自己独有的企业家精神为企业注入了灵魂，企业家精神亦得到十八大肯定并且被日益重视，正在发挥越来越重要作用。请问您对企业家精神是如何理解的？

答：2014 年 11 月在亚太经合组织工商领导人峰会上，面对全球的 1500 多位工商界代表，习近平总书记特别提及了企业家精神，他说："我们全面深化改革，就是要激发市场蕴藏的活力。市场活力来自于人，特别是来自于企业家，来自于企业家精神。"当前，中国经济发展进入新常态，全球经济格局也处于重新调整与变革过程之中，时代的发展变化、国际经济格局的调整，为企业家施展才华提供了更广阔的舞台，也带来新挑战。在这一历史背景下，推动传统产业转型升级、促进社会经济创新发展，需要大力弘扬企业家精神，引领和激发全社会创业、创新、创造活力。

无数案例和实践都说明，企业发展在一定程度上依赖于某个和少数几个主要负责人，这些人的特点是了解行业发展趋势和规律，对企业和行业情况

更为熟悉，对市场变化和趋势判断更为敏锐，在公司迅速发展壮大和关键转型时期，起到至关重要的"企业家作用"。这种真正对企业发展负责、同时具有真知灼见的企业领导人的创造性、积极性和主动性，就是我所理解的"企业家精神"。

企业家，作为一个承担特定企业职责和部分社会使命的一个职业角色，其核心作用，应该是企业内外部资源和资本要素的优化组合，应该是风险、机遇、战略、策略的判断与决策。正因为如此，主流经济学者，都将"创新"作为企业家活动的典型特征，包括产品创新、模式创新、技术创新、市场创新、组织形式创新等。

中国企业家的"产业责任"

问：企业家精神源于西方，您认为中国企业家精神和西方有何区别？

答：我说过，企业家的活动特征是创新，在这一点上东西方都是一样的。

尽管如此，不同的市场环境、不同的时代特征、不同的产业特性以及不同的文化因素，还是造就了不同的企业家，也就孕育出了不同的企业家精神内涵。例如在美国不同的历史发展阶段，"冒险精神""管理革命""产品创新""科技创新"，分别代表了不同阶段企业家精神的突出特征。概括而言，传统意义上的西方企业精神，更突出一种"契约精神"基础上商业利益的考量，是相对直接的一种企业效益与企业家经济收入之间的契约或者委托代理关系。而中国普遍意义上的企业家精神，则更倾向于突出"家国情怀"。这也是我们的特质。

就现阶段中国企业家而言，我认为除了普遍意义上的企业家精神，更应该突出企业家的"产业责任"。在供给侧重改革和全球经济格局大调整的时代背景下，中国企业在推动产业转型升级、推动产业持续发展方面，应该承载更多的责任和担当。作为不同领域的企业家，推动一个产业整体发展、提升和进步，是我们这个时代企业家的主要使命。

问：您能结合一下中国恒天集团的发展，具体谈一下什么是"产业责任"吗？

答：好的。作为纺机行业唯一的中央企业，中国恒天集团始终秉持"打造装备旗舰，引领纺织发展"的企业使命，以"成为具有国际竞争力的世界一流企业"为愿景，坚持技术进步和科技引领，孜孜以求、开拓进取，不断致力于纺机装备的做大做强，为世界纺织产业的发展和升级提供了坚实的装备保障。如今，中国恒天集团坚持发展纺织机械、纺织贸易核心主业，借力金融创新，推进商业模式的转型升级，已具备了纺织产业全流程、全方位的成套设备供应和服务的能力。

对纺织产业而言，在产能结构的国际化分工、资本供给的全球化互通、终端消费需求的持续升级、全行业的产业生态建设，乃至世界纺织工业文明的不断丰富和发展等各个方面，都将带来深刻的变革。如何迎接新的机遇和挑战，不仅是当前的迫切要求，更关乎全球纺织产业的可持续发展，这是时代为我们纺织人提出的重大课题，我们责无旁贷，义不容辞。唯有不断创新、进取，方能完成行业赋予我们的历史重任。

过去几年，在中央及各地政府的支持下，恒天集团与纺织行业相关企业共建产业、互利共赢，与各地政府共享发展、协同合作，共同推动了传统纺织区域的产业升级和新疆宁夏等新兴区域的产业提升，为中国纺织产业及地方经济发展注入新的活力，也为纺织这一传统产业的转型升级摸索出了经验。

未来，恒天集团、中纺机集团及旗下各级纺织机械、纺织贸易企业，将继续坚持强化推动中国纺织产业从中国制造走向中国创造、引领中国乃至世界纺织产业进步和结构调整升级的使命感，有效利用国内外企业技术与研发，以市场化为目标，把握纺织产业供给侧改革和转型发展的趋势，顺应国内乃至全球纺织产业数字化、智能化、绿色环保发展转型的趋势，进一步提高棉纺高端设备数字化成套、印染领域减少污染排放及自动化印染、化纤机械设备差异化纤维改进、无纺布领域定制化设计和改造等领域的技术创新，不断提高自主科技创新能力，大力提升高科技、新技术纺织产业装备的技术优势和系统性综合服务能力。

国有企业企业家责任、担当与创新的动力源泉

问：国有企业企业家相对来说是一个新提法，但是这个群体实则人数庞大，而且比民营企业家更多地承担了国家战略、国家经济发展、国营资本的保值增值以及政治、文化、社会责任等。您作为中国恒天的董事长，认为国有企业的企业家更有着什么样与众不同的特质或者精神？

答：国有企业作为公有制经济的代表，是我国国民经济的重要支柱，是我们党执政的重要经济基础，承担着重要的经济责任、政治责任和社会责任，要更多地从中央要求和国家利益的角度出发，思考和推动企业的发展，在平等参与市场竞争的过程中，求得自身的进步和发展。所以，国有企业的领导者，不仅需要有硬气有底气、理直气壮做强做优做大国有企业；也需要坚持以解放和发展生产力为标准，以增强企业活力、提高效率为中心提高国企核心竞争力；不仅要努力把国有企业建成能面对激烈市场竞争、以服务水平产品质量和经济效益为导向的现代企业；也要妥善化解或平衡好多方面的问题和矛盾。国有企业领导人员，或者说企业家，需要不断提高政治能力、强化责任担当、严守纪律规矩，要激发干事创业激情，既要成为党的优秀干部，又要成为企业经营管理的行家里手。作为企业家，国有企业领导干部的担当和牺牲精神显得尤为重要。

问：国有企业有着自己的文化特色，但最大的特色还是中国共产党的文化和精神作为引领。党建文化与现代企业文化不但不是对立的，反而可以起到引领和促进企业文化建设的作用。请您结合恒天集团的情况，谈一下如何以党建文化来引领企业文化建设，如何提升企业精神？

答：坚持党对国有企业的领导是重大政治原则，必须一以贯之；建立现代企业制度是国有企业改革的方向，也必须一以贯之。这是国有企业家所必须遵循的核心政治原则。国有企业的发展，不仅要根植于中国国情，也需要体现中国特色的本质要求，同时也必须遵循市场经济规律和企业发展规律，坚持现代企业制度方向。我们中国国有企业改革与发展，就是将两者统一于中国特色现代国有企业制度的实践：把加强党的建设和完善公司治理统一起

来，建设中国特色的现代国有企业制度，形成有效制衡的公司法人治理结构和灵活高效的市场经营机制。

坚持党的领导、加强党的建设，是国有企业的"根"和"魂"，也是国有企业的独特优势，是国有企业文化建设的根源。恒天集团着重突出党建工作与企业发展的有机融合，从强化"思想引领、责任落实、干部管理、执纪问责"等四个方面，发挥各级党组织"把方向、管大局、保落实"的领导核心和政治核心作用，进一步凝聚共识、打造团队，为企业改革和转型发展工作强有力的政治保障和组织基础。这几个方面的要求，其实和现代企业管理对企业发展的目标方向是一致的：思想引领，为国有企业改革和发展梳理明确的信心和决心；责任落实，是国有企业改革和发展的"军令状"；干部管理，是现代国有企业人才队伍建设的关键和核心；执纪问责，则是国有企业持续健康发展的有利保障。

在党建工作的强化和引领下，近年来，恒天集团面对经济环境复杂多变、风险挑战增多的国际国内形势，以"业绩、规则、诚信"作为企业发展的核心价值观，发扬"协同、创新、卓越"的企业精神，秉持"为股东创造效益、为客户创造价值、为员工创造机会、为社会创造财富"的经营宗旨，形成了"惠悦于民、恒达天下"的企业理想，这种富有恒天特色的文化理念已经成为恒天上下的共识，努力调动了广大干部职工激情进取、创新超越的积极性，成为恒天人继续攻坚克难、开拓创新的强大动力。目前，恒天集团的改革和转型发展取得了积极成效，主要经济指标实现了快速增长，综合实力得以显著提高，深化改革和持续发展的基础也更为牢固。

问：伴随着中国经济的整体转型，对于企业来说转型创新不可避免。在这方面，恒天这几年走出了一条很好的转型路，从单一纺织主业向金融、新能源汽车、文化创意产业等多元业务发展。请问恒天的这种转型创新动力来自哪里？对一个国营企业家来说如何去获得和保持这种动力？

答：谈到企业家精神时，我们已经提到，"创新"本身就是企业和企业家所具有的基本典型特征。企业的持续发展，本身也就是企业家把握时代脉搏、顺应发展潮流积极推进企业改进、变革、转型、提升和持续发展的过程。

作为一个传统的国有企业，恒天集团成立后，业务和发展思路局限于单一传统行业的纺织机械和纺织贸易领域，应对市场激烈竞争和周期性波动的能力不足，持续发展能力比较弱的不足更加突出。这一点，在 1998 年亚洲金融危机和 2008 年全球金融波动过程中表现尤其明显。尤其是 2008 年，全球经济和纺织产业剧烈波动，织行业周期性结构调整使恒天集团的纺纺机业务再次陷入低谷，纺织贸易等业务盈利急剧下降，华源债务危机直接影响银行和资本市场的信誉，银行贷款难度加大、企业负债率比较高、资产担保及抵押都很困难等。

面对这些挑战，我们恒天集团领导团队，反复沟通，讨论、研究集团的发展战略，统一了恒天集团新的发展战略和思路：立足纺机业务、做强做大纺机主务，积极拓展相关业务、提高综合实力，努力成为在主要业务领域具有影响力和竞争力的优秀中央企业。过去十年，在统一思想认识和集团发展战略的基础上，坚持发展核心主业，积极拓展相关业务。通过收购全球领先的染整设备制造商香港立信工业和德国门富士公司、非织造布机械国际领先企业 AUTEFA，弥补业务短板，使纺机业务一跃成为全球领先、品种最全、规模最大的纺机企业。以凯马股份重组为契机，先后重组、并购了国内外数家细分市场领域汽车企业，成立了恒天新能源汽车，优化了汽车业务结构。相继收购重组保定天鹅、山东海龙及碳纤维等纤维材料企业，完善新材料业务结构。对地产业务进行重组整合，结合自身纺织业务发展优势，尝试和探索文化和时尚创意产业的发展。目前，恒天集团已经形成并稳固了"三大主业、六大业务单元"的多元业务格局。

与此同时，恒天集团坚持充分利用资本市场，实施资本运作和科技创新双轮驱动战略。集团总部指导所属经纬股份收购了中融信托，并成立恒天控股等资产和金融业务平台，通过经纬 H 股私有化、上市公司资产整合与重组、发起设立产业整合基金等资本运作，将技术投入和科技创新作为着力点，提升实体业务的科技水平。目前，智能化棉纺成套装备实现了商品化，化纤、无纺布、印染等设备成套能力和技术水平初步达到国际先进水平。恒天纤维通过上市公司资产重组，为新型纤维材料技术研发和投入积累了充足资源，相继完成聚乳酸材料、功能化天丝等新型纤维素纤维开发技术准备工作。恒天新能源汽车已经建立完善的技术研发体系，形成了行业领先的运营模式和优势产品。

作为一个处于完全市场竞争领域的传统国有企业，恒天集团 1998 年 9 月成立以来，马上就要走过 19 年的发展历程。19 年来，恒天集团从营业收入不足 20 亿元，合并报表资产规模不足百亿，基本不盈利的单一传统纺织企业，发展成为纺机主业规模全球第一的行业翘楚，培育了新能源汽车、新型纤维材料等新的业务增长点，拓展了纺织贸易、金融、文化等经营业务领域，收入近 500 亿元，合并总资产规模达到 800 多亿元，年利润总额 30 亿元左右的多元跨国经营的集团公司。显著提升了核心主业产业的竞争优势和科技创新能力，取得了较好的社会效益和经济效益，树立了良好市场形象和社会形象。

从恒天集团的发展实践来看，我们坚持转型创新的动力和初心，就是坚定不移把国有企业做强做优做大，不断增强国有经济活力、控制力、影响力、国际竞争力和抗风险的能力。作为国有企业的企业家，能够坚持推动企业创新和转型，其动力源泉是组织信任、企业干部员工的支持以及企业家的个人价值观念，三者缺一不可。

国有企业企业家保持积极开拓、不断创新进取的动力，推动国有企业的健康持续发展，组织的信任和体制机制的改革完善是基础。党中央和国资委明确提出，要把充分调动各级领导人员的积极性、主动性、创造行作为各项工作的出发点，充分激发广大干部职工的工作激情和动力，营造干事创业的良好环境，主动为担当者担当、为负责者负责、为干事者撑腰，保护敢作敢为、锐意进取的改革创新者，鼓励想干事、敢干事、能干成事，努力为国企国资改革发展事业做出更大贡献。这也正是我们国有企业的从业者卸下思想包袱，敢想、敢做、敢试，不断创新开拓的动力。

就企业家个人而言，发展理念和个人价值观，则是不断获取改革、转型和创新动力的源泉。对此，习总书记和中央，其实有非常明确的要求：国有企业领导人员"肩负着经验管理国有资产、实现保值增值的重要责任，必须做到对党忠诚、勇于创新、治企有方、兴企有为、清正廉洁"。无论是坚定国有企业改革与发展的信心和决心,还是正视问题保持清醒头脑,增强改革与转型的使命感和责任感;无论是坚持把国企建设成为能够面对市场竞争、以质量效益为导向的现代企业,还是完善现代企业制度,把加强党的领导和完善公司治理进行统一;无论是坚持按照创新、协调、绿色、开放、共享的发展理念要求,推进结构调整、创新发展和布局优化,还是规范资本运作、提高资本回报、维护资本安全,加强国有资产监管;这些理念和价值观念,都是对现代国有企业管理者提出的基本要求,也是国有企业的企业家发展理念和价值观念的核心,更是不断获取改革、转型发展和创新动力的动力源泉。

民营企业精神与国有企业精神的融合

问:国有企业改革中一个重要突破口就是混合所有制。作为混改的试点和成功单位,中国恒天在混改中遇到了哪些挑战,又取得了哪些成功经验?在这个过程中是否有民营企业精神和国有企业精神的冲突问题?两种截然不同的文化类型如何融合?如何建立更具有包容性的文化?

答:恒天集团推动所属企业积极进行混合所有制经济的实践在原则上保证集团战略控股地位的前提下,在二三级公司通过加强与民营企业、外资企业的合资合作,鼓励企业经营管理者、核心技术人员和业务骨干持股等多种方式推动股权多元化,不同所有制、不同地域的企业快速发展起来,使混合所有制经济比重接近90%,形成了股权多元化格局,发挥了中央企业带动地方企业、民营企业共同发展的作用。

在发展混合所有制的道路上,恒天集团始终坚持"做实存量、做稳增量,分类管理、分级管理,整体筹划、兼顾特殊,合规操作、强化监管"的基本原则,一方面密切关注政府相关政策的出台,一方面积极进行相关领域的调查研究。目前的基本思路和研究重点主要包括:在不同产权层级上,如何结合集团的业务分类,差异化配置国有资本、非公资本、内部资本(指管理层和技术骨干)三种资本,以此促进产业能力、金融能力、内部能力三种能力的协同;短期内以调整盘活存量资产、充分激发现有多元产权结构的制度优势为主,中长期内结合政府相关政策和实施细则,稳妥探索在增量资产中实现混合所有制。

作为一个传统国有企业,发展实践混合所有制经济,也存在一些问题和挑战,包括传统国有企业的历史遗留问题、民营企业原有发展基础的问题、防范国有资产流失的挑战等等。这些问题和挑战,通过公司制改革、加强董事会建设、加强党的领导和公司治理完善相统一为核心内容的现代国有企业制度和公司治理体系的改革和完善,通过推进落实经理层任期制和契约化管理,建立与市场经济相适应的考核分配机制等,能够逐步解决。

从企业发展的核心和本质来看,积极推进混合所有制发展的国有企业与参与混合所有制发展的民营企业,并不存在企业精神的冲突问题。因为企业持续、健康、稳定发展,是企业发展本身的诉求,并不因为其股东是国有或者民营而有区别。但的确存在混合所有制实施以后,原来的民营企业家习惯性的经营管理方式方法、关注点与国有企业或国有资本有所区别甚至冲突的问题。

具体到我们恒天集团来说,积极探索混合所有制经济的发展,打造体制机制领先的创新型国有企业,成为国有与非国有资本、资本与企业家、实体资本与金融资本相互尊重的典范,是我们一贯坚持的目标。我相信,持续深入推动混合所有制改革,积极探索集团层面的股权多元化改革,积极探索资本投资运营的有效模式,拓展授权内容,加大授权力度,引进民营和国际资本,建立完善现代企业制度,打造能充分调动企业经营管理者、科技骨干团队、业务骨干团队积极性,充分发挥企业家作用,既有激励又有约束的市场化现代企业管控机制,建立真正股权多元化、公司治理架构机制健全的示范性混合所有制国有企业,本身就是建立更具有包容性的国有企业文化的有效举措。

中国企业家群体的未来

问:在国家"一带一路"倡议和中国企业"走出去"大背景下,中国企业的国际化是必然选择。对于中国企业家来说,要成为全球商业领袖,是否具备了这个可能?自身还存在着怎样的优势和劣势,有哪些挑战?

答：得益于中国经济和产业的快速发展，很多中国企业通过创新发展，已经在很多领域实现了全球领先，甚至全球第一。比如我们恒天集团在纺机业务领域，已经成为全球领先、品种最全、规模最大、成套设备能力最强、自动化数字化领先的纺机企业。但是，中国企业家成为全球商业领袖，可能还是一个任重道远、相对长期的过程。

具体到中国企业家这个群体而言，相对来说，管理的系统性、科学性和综合素质，和国际高水平的企业家相比，总体还是存在一定差距的，需要一代又一代中国企业家坚持不懈的努力和提高。但中国企业家也具有自身的独特优势，比如市场把握能力、企业家的创造性、员工团队创造性及激励机制、产品的体系化产业化能力、新经济新模式的创新能力等等。

市场活力来自于企业，特别是来自于企业家，来自于企业家精神。企业作为市场主体，要引入新产品、提供新标准、实行新管理、采用新技术、开辟新市场，无不需要创新实干的企业家精神，这也是一种最稀缺的资源和最根本的竞争力。中国社会经济体系的改革和进步，最终建立形成一个政府、企业、企业家、劳动者、投资者协调一致、分工明确、各司其职的市场经济体系，我们国家就一定能够更快培养造就国际一流的经济学家、具有国际视野的企业家，并真正成就一批全球商业领袖。中国企业家群体的未来无疑是大有希望的，对此我们充满了自信。

问：作为中国商业文化研究会执行会长，您对"探商道，树商誉，铸商魂"是如何理解的？对于"诚信、责任、创新、共享"又有怎样的见解？您认为这是否应是中国企业家的共同写照？

答："探商道、树商誉、铸商魂"是中国商业文化研究会确定的新使命。商业之道，是企业持续成长发展之道。探商道，就是探讨企业如何通过创新提供更好的产品和服务，实现更好更快发展。商誉，诚信是根本。树商誉，就是要形成良好的商业信誉，才能使更多的中国企业成为"百年老店"，才能真正实现"基业长青"。商魂，商业之灵魂，成为负责任的企业和企业家，共享商业之精神，是对"诚信、责任、创新、共享"之精神的概括和表达。

探商道，树商誉，铸商魂，是中国企业家们的共同理想和事业追寻。我们还有距离，任重而道远。

第十五章

培育中国特质企业家精神的文化动力

——专访著名企业文化学者、北京财贸职业学院院长王成荣教授

问：提起企业家，很多人第一印象就是"胆子大，敢冒险"，认为企业家群体就是这么一群人。您认为的企业家是怎样的呢？

答：企业家当然绝不是像人们所说的"胆子大，敢冒险"，这只是最浅显的认知。事实上，企业家不仅仅是经营管理企业的高手，而且每个企业家都是一个思想家，甚至是哲学家。每个企业家都不简单，都充满了智慧。像日本有四大经营之神：松下幸之助、盛田昭夫、本田宗一郎、稻盛和夫，一个个都是思想家，哲学家。松下幸之助著有《松下幸之助经营管理全集》，被企业界奉为圭臬。本田宗一郎说："思想比金钱更多地主宰着世界，好的思想可以产生金钱。"思想比金钱更重要，这句话本身就充满哲理。从这些人身上可以看出，企业家显然不只是"胆子大、敢冒险"那么简单。所以要理解企业家，就必须回归到企业家的概念本源上去。

企业家的概念本源

问：请问企业家的概念本源是什么？

答："企业家"（entrepreneur）一词最早出现在16世纪，是从法文中来的，其原意是指"冒险事业的经营者或组织者"，即指挥军事远征的人。所以这根本不是一个经济概念，而是一个军事概念。后来到了18世纪，企业家和

这个群体的冒险精神开始被更多认识，有些经济学家开始把企业家与经济行为联系起来，这与当时英国工业革命是分不开的。到了 19 世纪，1815 年，萨伊第一次将企业家列入经济发展的要素之一：土地、劳动、资本、企业家。萨伊认为，企业家是冒险家，是把土地、劳动、资本这三个生产要素结合在一起进行活动的第四个生产要素，他承担着可能破产的风险。企业家面对的是"不确定性"，他是在进行"创造性破坏"，是实现生产要素重新组合的人。企业家是"不墨守成规、不死循经济循环轨道的，常常是创造性地变更其轨道"的人。

到了 1942 年，经济学家熊彼特进一步提出：企业家是"创新的灵魂"。所谓创新就是企业家对新产品、新市场、新的生产方式、新组织的开拓以及新的原材料来源的控制调配。管理学家德鲁克这样定义：企业家是革新者，是勇于承担风险、有目的地寻找革新源泉、善于捕捉变化、并把变化作为可供开发利用机会的人。

当企业家作为一个群体、甚至是一个阶层出现后，企业家精神就开始形成了。这样一个群体的特质，这样一个群体的精神风格和行事方式，被更多人认识，也成为商业社会中最稀有的资源。和其他生产要素比较：土地是可以买到的，劳动是可以交换的，资本是可以筹集的，只有企业家是难求的，可遇而不可求。因此，企业家群体一度成为社会精英，成为最稀有资源。既然企业家是生产要素，因此必然遵循供求规律，而他们的稀缺性就决定了市场价格非常高昂，从几百万美元到几千万美元的身价，一直到今天，真正的大企业家在市场上都是身价以亿万美元来衡量的。

企业家必备的七大特质

问：请问，作为企业家具有怎样的特质？

答：最早的企业家可以分为两类：一类是创业者，他们通过自己的创新劳动和智慧创造企业，像美国沃尔玛的创始人萨姆·沃尔顿以及日本松下的创始人松下幸之助等人，都是创业型的企业家。后来，企业家成为生产要素，可以在市场上进行买卖，从而产生了职业企业家，也就是CEO。原来的创业型企业家隐身到了幕后，通过聘请来的职业企业家来执掌企业。当然也有创业型企业家和职业型企业家合二为一的，例如苹果的乔布斯，是苹果的联合创始人，就是最初的创业型企业家，又是后来的职业企业家。而在他之后的库克则是后来公司聘任的职业CEO。但不管是哪种类型，独立或者兼而有之，企业家的精神特质基本都是一样的，有以下几个方面：

一是天赋，包括眼光、胆量。我们说企业家有眼光、胆子大，为什么？就是因为他有着普通人所没有的直觉，直觉就是企业家的天赋。我认为，企业家多是天生的，而不是后天学习而成的。天赋才是造就企业家的第一决定性因素。当然有些企业家是出自著名的商学院，接受过系统的MBA教育，但也是基于天赋，通过系统教育，将本身具备的天赋潜能更好释放了出来而已。如果一点天赋都没有，上再好的商学院也没有用。这就好像艺术家一样，有的人没有上过学，但是依靠天赋也可以达到很高的艺术成就；有的人有一定天赋，又通过系统的学习，提高了素养，锻炼了技能，最后成为艺术家。也就是说，经过系统学习成为艺术家的可能性大为提高。但是归根到底，还是因为他身上有艺术的天赋与潜能，只是需要一个激发、提升和养成而已。企业家和艺术家相似，在很大程度上创业和创造艺术是相通的。过去，很多商界大佬学历不高，如霍英东、李嘉诚、宗庆后、曹德旺、鲁冠球、牛根生、陈丽华等等，有些连高中都没有上过，但是后来却取得了很大商业成就，就是因为他身上有一种常人没有的勤奋和勇敢、大胆、执着的企业家天赋。到今天，像马化腾、马云、刘强东、李彦宏等人是受过高等教育的，但是他能够取得今天的成就，一大原因靠的还是自己的天赋。这些人都是天生的创业者、企业家，受教育程度只能提高他们的修养、知识，激发他们的潜能，企业家天赋和特质却是课堂里很难培养出来的。

二是相关知识与经验的积累。企业家经商办企业是一种特殊的专业，需要丰富的经济学、市场学、社会学、文化学、心理学甚至政治学、哲学等知识，以及高超的技术技能，这一点跟受教育程度有关系，受教育越多，知识积累得越多、越快；但是企业家所需要的不少知识与经验，是在实践中取得的，靠实践磨炼，靠正反两个方面的经验与教训的启迪，光靠课堂是学不来的。

　　三是市场经济的洗礼造就的冒险与创新精神。要成为真正的企业家，一定要经过市场经济的洗礼，这是不可或缺的一点。市场经济讲的是自由竞争，是你死我活，只有在这样的环境中经受狂风暴雨的洗礼，才能完成历练。这是一个蜕变的过程、优胜劣汰的过程，也是一个精神升华的过程。为什么很多人诟病中国的企业家，说我们的企业领导人缺少企业家精神，认为他们多数未经历市场经济的大浪淘沙，多数是在不完全自由竞争环境中成长的。不完全市场竞争环境里产生的企业家，冒险与创新精神是要打折扣的。在市场上摔过跟头、经过风雨的洗礼，没有回头路可走，就得创新，敢冒风险。还有就是，经历过市场风雨，还强化了企业家雷厉风行的行事风格和敢于决断的个性特征。

　　四是执着。认定的事情一定坚持做下去，一条道走到黑，不撞南山不回头，既然要做某一件事情就一定千方百计要做成功，决不轻言放弃。然而我们有些传统不太好，我们的思维像水一样，是发散性的，都说中国人聪明，遇到困难不是迎难而上，而是避开困难，绕个弯过去。"聪明人"成不了企业家。欧美为什么出现了那么多世界级大企业？这跟理性有关，说得直接些就是认死理。当他们开车过马路的时候，红灯停，绿灯行，这没有什么可说的。可在我们这里，绿灯也要左右看看，担心别人不遵守规定。我们有些人做事，很少有一件事干到底，有时候是一心走捷径，投机主义严重；还有更多的时候，是因为恐惧失败，是害怕受挫折的心理。尤其中国自从近代以来，鸦片战争以后，部分人一直有一种挫败感，害怕失败，结果就造成了一种"只许成功，不许失败"的畸形心理。这一方面固然是一种动力，但更是一种不必要的压力。最简单的道理，失败是成功之母，很多时候，企业家都是要面对失败的，但在面对失败的时候不放弃，不动摇，依然坚定不移地走下去，坚持到最后一步、最后一分钟，就成功了。企业家就是这种人，是这种看上去有些傻却能取得成功的人。他们敢于创新和冒险，善于行动，不怕失败，不言放弃。

　　五是组织能力、感召力，或者叫领导力。企业家绝不是单打独斗的人。前面说过，他们是"冒险事业的经营者和组织者"，他们所带领的是一个团队，他们绝不是一个孤胆英雄的形象，不像奥运会上那种一个人单枪匹马去夺得金牌，赢得冠军。他们最大的能力是把具有相同志向的人感召在一起，组织起来，并将团队动员起来，为了一个目标，发挥每个人最大能力。就像指挥整艘船前进的船长一样。

六是特别守信用。在企业家心中，信用比生命重要。企业家在当初组织远征军出征的时候，不管远征到哪里，在各种不同的复杂环境中，唯一能依靠的就是信用。这跟游牧民族的特性有关，"骑走家移"，在马背上吃住是家常便饭，每天面对不同的陌生环境，不断地进行冒险。这时候人与人之间唯一的保障就是信用，就是我们说的契约精神。一个团队少不了要进行协作分工，通过分工合作取得胜利，获得战利品，这时候就要按照约定分配，不能有任何失信行为。在和所经之处的部落以及当地人交易中，诚信更是第一位的。

七是社会责任感。企业做大了，就会生出社会责任感。这时候的企业家是为个人，但已经超越了个人需求，每一项发明创造，每一个新产品的推出，都考虑到消费者，考虑要惠及社会。企业家是资本的所有者或经营者。资本当然是要追逐利润的，但是要追逐利润，获得利润最大化，就必须考虑最大程度有利于社会，造福社会乃至整个人类。其实，亚当·斯密在《国富论》里早已说得非常清楚了，在市场经济中，"每个人都不断地努力为自己所能支配的资本找到最有利的用途，固然，他们考虑的不是社会的利益，而是他自身的利益，但他对自身利益的研究自然会毋宁说必然会引导他选定有利于社会的用途。""他追求自己的利益，往往使他能比在真正出于本意的情况下更有效地促进社会的利益"。也就是说，他要为了更好地得到自己的利益，就必须先考虑到他人的利益；他更多地考虑到了他人的利益，反过来就使得自己得到了更多的利益。

以上七种精神特质是企业家必不可少的。正因为一个人要具备这七种特质才能企业家，从而使得企业家成为商业社会的稀缺资源，企业家精神也因此才成为了商业社会最可宝贵的精神品质。

企业家的财富观

问：企业家作为财富的创造者和拥有者，您认为他们应该拥有怎样的财富观？

答：所有的企业家，一方面受资本驱动，另一方面受创新冲动的驱动，他们大都有着做一番大事业来证明自己价值的想法。当然一开始也许并不是这样，有些企业家可能就是从农村一步步走出来的。最初可能想的只是为了家里人的生活好一点，日子好过一点；有了一点钱，希望带动村子里的百姓富裕起来，不外如此。但是随着企业越做越大，一项项物质需求不断得到满足，钱已经不是问题了，这时，对他们来说，财富已经只是一个数字了。这时候的他们，需要的是将事业做大，通过做大事业来得到社会的认可，也就是自我实现。人往高处走，他们本能地一路拼搏爬到了高处，然后是高处不胜寒。因为到最后，企业家已经不是自己了，而成为资本的化身。在普通人看来，挣那么多钱干什么？多少是个够？可是对企业家来说，他们已经被资本牵着走。我有个不太恰当的比喻，资本是一条猎犬，而且是嗅觉灵敏的猎犬，哪里有好的实现利润最大化的环境，就往哪里去。而企业家是牵着猎犬的人，他自己是没有选择的。我举一个例子，就是从去年一直在沸沸扬扬的一个说法："不要让李嘉诚跑了"，李嘉诚在大陆不停地抛售地产、套现，然后投资欧洲，很多人不理解，批判李嘉诚。这件事情要从两个角度看：一是从爱国的角度，希望李嘉诚的资本可以留在国内，继续支持国内经济建设。但是大陆的营商环境已经和当初发生了很大的变化，是否还要继续留下来？李嘉诚会有自己的判断。二是资本自己会有选择，马克思对资本有过最好的描述：资本有 10% 的利润就保证到处被使用；有 20% 的利润就活跃起来；有 50% 的利润就会铤而走险；有 100% 的利润就敢践踏一切人间法律；有 300% 的利润就敢犯任何罪行，甚至冒被绞首的危险。资本不会只待在一个地方，资本没有国界，资本只选择利润最大化的环境去冒险。对于企业家来说，始终被资本牵着走，不能全怪企业家。

企业家精神的文化渊源

问：企业家是如此一个特殊的存在，企业家精神又有着自己鲜明的特色，那么这个人群和这种精神的产生，文化渊源是什么呢？

答：我说过，先有企业家，后有企业家精神。企业家的出现是由当时的历史环境决定的，但是企业家精神的形成却受的是文化影响。

我们说，企业家和企业家精神产生于西方，而在西方文化中，一个重要的文化影响就是基督教文化。马克斯·韦伯在《新教伦理与资本主义精神》一书中，认为基督教伦理助推了资本主义精神，为企业家的精神、气质打上了深刻的烙印，一直影响至今。我们可以看到，在西方，不少大企业家是基督教徒。韦伯的新教理论认为，人天生就是有罪的，人生就是一个祈求赎罪的过程，每个人都带着罪恶来到人间，所以必须通过自己的劳动来赎罪。你劳动得越多，赎罪越多，死后越有可能上天堂，成为"上帝的选民"。为了被上帝选中，就必须尽可能多地劳动，多劳动自然就创造更多的财富。要指出的是，新教徒有教养，但可不是温文尔雅的，这些人在周一到周五在市场上激烈地厮杀，你死我活地竞争，一到周末就去教堂里听布道，唱赞美诗，忏悔，这是他们成就事业、开拓事业的动力。另一方面，虽然创造了巨大的财富，可是他们并不肆意地挥霍，因为上帝给了你获得财富的权利，却没有给你浪费财富的权利，这叫"禁欲主义"，所以那些大企业家，他们的生活都非常简朴，节约，所想的是更多的有益消费者，回报社会。这和一些暴发户的企业家截然不同，一有钱就拼命炫富，买私人飞机，买游艇，建造豪华别墅。而世界上一些著名企业家，他们所展示的是很高的修养，是内在的绅士，是精神的富足。像比尔·盖茨、巴菲特，这些人的追求都是创造财富，推动社会进步，反哺社会，将大部分的钱都用在了做慈善事业上。生活俭朴方面的典型，一个是沃尔玛的创始人老沃尔顿，每次理发，都是在镇子旁边广场的理发店，每次只花5美元；再一个是宜家的老板坎普拉德，那么大的一个企业家，自己装修房子，还要拿着自己开办的IKEA的促销海报去买便宜货。那么他们有那么多的钱干什么？这往往是我们很难理解的。在这些人身上，某种信仰和社会责任不是外加的，而是内在的。这就是文化给予他们的滋养，是文化造就了他们的精神。

问：西方的文化，造就西方的企业家；那么中国的文化，是否能造就中国的企业家呢？

答：中国的企业家和西方企业家是不同的概念。在我们的国有企业中，不叫企业家，叫企业领导人。因为国有企业的领导是有行政级别的，他们很多是国家任命的官员，而不是创业的企业家。二十世纪五六十年代公私合营的时候，我们是有一批真正的企业家的，后来就消失了。现在国有企业的企业家，只能算是第二类型也就是职业性的企业家。所以，我们说真正靠市场环境产生，经历过风雨而成长起来的企业家，主要是指的民营企业家群体。这个群体靠着自己的企业家天赋，靠着中国人特有的吃苦耐劳、勤奋拼搏，不断壮大、成长。尽管他们是在中国特殊的市场经济环境里，面对的是不完全的自由竞争，在极其复杂的营商环境里，他们必须要比西方的企业家付出更多的努力，要挣脱更多的束缚，这是不利的一面；但是有利的是，他们在这样一个特殊环境里，磨炼出了和政府打交道的能力，借助外力的能力非常强，这是一种畸形的企业家精神，以搞好关系网，搞好和政府的关系为重心，投机心理比较重，而不是在市场经济的竞争中苦练内功。

那么，中国这样一个特殊的企业家群体，他们的企业家精神又是怎样的呢？我们现在提出，要在 2020 年建设成为创新型国家，我们的企业家又能起什么样的作用呢？其实，我认为，我们要建设创新型国家，最需要的是三种人才：政治家、科学家和企业家。明智的政治家，引领创新的科学家，能够整合市场资源的企业家，这都是非常稀缺的人才。其中我认为最缺的还是企业家。因为在创新方面，国家作为一个重点战略，投入很大，但是仅仅依靠中国科学院能完成创新吗？也许会有很多的科学技术出来，可是如何转化？谁来转化？依靠国家来转化，转化率很低，效益也无法实现最大化。真正可以依靠的人其实是企业家，企业家就是市场资源配置的主体，他的核心能力就是创新。国家的创新体制和投资重心应该放在企业家身上，发扬他们的创新精神。让企业家站在最前沿，来组织高校创新，来通过市场资源配置实现效益最大化。当然了，这个企业家群体不仅仅是指民营企业家群体，我觉得，在国有企业内部，也应该下大力气培养企业家群体，产生企业家精神。中央企业是国民经济的命脉，集中了国家资源和一流的人才，中央企业的老总可以是官员，但是下面开发市场、海外开拓的具体负责人，都应该成为企业家，这样就会更加有竞争力。

中国特质企业家精神的文化动力

问：西方的基督教文化给企业家和企业家精神注入了文化动力，那么，我们中国特质的企业家，能否找到自己的文化动力呢？

答：企业家和企业家精神的文化动力，大的方面来说可以有三种：一种是政治动力，一种是宗教与文化动力，还有就是职业动力。政治动力，我觉得在国有企业的企业家那里表现得更加多一些，政治信仰、国家意识、民族情怀。现在国有企业普遍在加紧党建文化建设，这是一个积极的举动和重要的保障。很多国有企业的企业家，政治文化就是他们最大的动力。再就是宗教与文化动力，我们多数人没有明确的宗教信仰，更主要的是文化动力。这些文化动力主要是中国优秀传统文化和社会主义文化提供的。一部分民营企业家，可能会有自己的宗教信仰。但可以说所有的企业家都是具有职业信仰的。职业信仰，就是执着、义无反顾地做企业，以办企业为乐趣，以创新做出产品为乐趣，激情永远在心中，这在他们的内心世界是排第一位的。通过办企业来自我实现，在这个过程中形成了企业家精神和气质。

说到中国文化，我们的文化延续几千年，有一个传统一直存在，到今天也没有多大改变，就是"学而优则仕"和"商而优则仕"。我们的企业家在做大做强以后，都想谋个一官半职；不少民营企业家都会摇身一变，成为人大代表、政协委员，某某省工商联的副主席等，这么做一是出于保护自己企业的需要，二更是为了光宗耀祖，骨子里还是"官本位"思想作祟。所以，马克斯·韦伯在《儒教与道教》一书中，推演出中国文化和企业家精神是背离的结论，认为在中国文化的土壤里不能产生企业家和企业家精神。

中国文化的主脉，从根本上讲是儒家文化，不管哪一朝哪一代，不管在喜欢的时候尊孔，还是不喜欢的时候反孔，以孔夫子为代表的儒家那一套对中国的影响的确是巨大的。韦伯没有来过中国，但是他研究中国，《儒教和道教》对中国文化看得相当透彻。他认为中国为什么产生不了企业家精神？第一个大的障碍就是儒家的伦理纲常，因为儒家是讲等级秩序的，"君君臣臣父父子子""三纲五常"，伦理秩序是非常严格的。可是市场经济讲的是什么？是平等，不管是国王还是乞丐，在交易的时候都是平等的，不管多么小的公司，都可以和大企业坐下来谈合作，签订平等的条约。如果按儒家文化显然做不到这一点。第二个是儒家鄙视经济利益，认为金钱是道德沦丧的根源，将个人追逐金钱的欲望看作是洪水猛兽。孔子说："君子喻于义，小人喻于利。"君子是不言利的，只有小人才言利，结果这一思想压抑了中国人财富创造的追求。当一个人离开世界的时候，看的是你当了多大的官，而不是给这个世界创造了多少财富。在韦伯看来，儒家文化和市场经济格格不入，主要表现为功利与反功利、竞争与反竞争、保守与变革、人治与法制、崇古（述而不作）与创新、等级与平等等方面，这些都是不利于现代企业家精神的完善与发展的。这和西方不一样，他们创立一个品牌，成就一番事业，那地位可以说不亚于国家总统。总之，韦伯认为中国文化无法给企业家提供这种文化动力，所以作为一个阶层归依的企业家精神就无法形成。

问：韦伯的话有片面之处，中国传统文化固然有自己的弊病，但是也有自己的优势。中国文化历来有同化、融合其他文化的特点，在企业家精神方面是否也如此？

答：是的。我们说过，中国文化有自己的缺陷，但是更有自己的长处。中国文化所以几千年不断绝，首先是自己的根脉深厚，再就是善于吸收外来文化，然后转化为自己的东西，最终创造出新的文化来。

企业家精神也是如此，产生于西方，但是其基因并非不可改变。在自然界，可以通过"杂交"来改变基因。在文化方面，我们也可以改造企业家精神的基因，与中国文化相结合，创造出中国特质企业家的文化动力，从而为中国企业家注入中国文化的精神和气质。

　　具体来说，有这么几个方面：一是中国文化的人本思想。儒家是高举人本思想的大旗的。孔夫子所说的"仁"，就是如何做人、爱人，强调的就是以人为本；还有民本思想也是人本。市场经济在启动的最初阶段，也许是暴力的，血腥的，只是追求利润。但是市场经济发展到高级阶段以后，一定会考虑一个最基本的问题：赚钱的目的是为了谁？是为了自己、为了员工、为了企业、为了国家、为了社会，不管为谁，最终目的还是为了"人"。而对企业来说，最应该关注的、最直接受益者就是企业的员工，为了自己员工的物质利益和精神富足，是最直接的；同时其经营行为也是为了顾客，为了股东，为了社会。

　　二是中国文化的理想人格追求。中国人历来强调自我修养及道德上的自我完善。孔子讲"三达德"，即"智、仁、勇"，孟子讲"富贵不能淫，贫贱不能移，威武不能屈"，都是对理想人格的描述。对于企业家阶层来说，只有不断地修身正己，坚持"己所不欲，勿施于人"，才能以自身高尚的道德准则和人格魅力在商战中处理好各种商务关系，并且管好自己的企业。这一点非常重要，因为我们中国企业家中，会有一个现象：一下子大红大紫，一下子又销声匿迹，固然跟社会环境有关，但最终还是自身的道德修养问题。

　　三是社会责任意识。中国人受儒家仁爱思想影响很深，以民为重、以社稷为重，"天下为公""行天下之大道"的社会责任意识深入人心。约翰·奈斯比特在《亚洲大趋势》中曾举例说明1993年美国人捐赠了1262亿美元给教育和慈善机构，捐赠了96亿美元给艺术、文化和人道组织。实际上，中国企业家及海外华商和他们比起来一点都不逊色。在中国民族资本企业家中，就有范旭东、侯德榜、卢作孚等杰出代表；今日知名的企业家曾宪梓、霍英东更是蜚声海内外；海外华商中，菲律宾的龚诗贮、泰国的丁家骏、李石成、马来西亚的姚美良等，都是以艰苦奋斗、回馈社会为荣的，和西方企业家比起来社会责任意识一点都不差。

　　四是团队意识与和谐思想。中国的文化，有人说就是"家天下"文化，这其实是突出了一个思想，就是"和为贵"。强调家族利益、团体利益，强调团体重于个人。中国的家族文化，已经有了几千年的历史，对于现代企业来说，认为家族文化是一个极大的障碍。可是在中国企业家中，尤其是海外华商中，家族企业恰恰提供了很多成功的典范。例如李嘉诚不就是家族文化吗？甚至在世界范围内，家族企业成功的例子也比比皆是。沃尔玛难道不是家族文化吗？团结友爱，守望互助，这种人与人之间的亲情，对西方在自由竞争的市场环境中激烈厮杀的企业家来说，简直不可想象。因为极端的个人主义，无情竞争，人情关系淡漠，协作性差，市场经济在来到高级阶段以后，不得不向东方、向中国文化寻求特有的和谐思想和人情味。可以说，中国文化中的和谐思想和团体主义意识，能为企业家精神赋予更高尚的伦理道德特质。

五是天人合一精神。中国文化并不认为人是自然的征服者，改造者，而始终认为人和自然是一体的，是密不可分的。在党的十八大中，正式明确了人与自然的关系，那就是"树立尊重自然、顺应自然、保护自然的生态文明理念"，这和西方企业对待自然的态度是不同的。当然到了现代，西方企业也非常注重环境保护，但那还是为了经济利益，把保护自然当作工具而不是目的，人和自然往往对立的。

此外，中国文化中还有很多优秀的东西，例如厚德载物、宽恕谦敬、勇于奉献、勤俭节制、自强不息、舍生取义等精神品格，这些都是中国企业家和企业家精神取之不尽、用之不竭的文化资源和精神宝藏。这些资源和宝藏整理发掘，发扬光大，用于实践，创造继承，不仅有利于克服市场经济发育阶段的拜金主义、利己主义、享乐主义，而且对于医治今天西方国家高级市场经济阶段的企业家"综合病"，例如极端的个人主义、贪得无厌的赚钱冲动、紧张冲突的心理以及烦琐的法律诉讼程序等，也能起到缓解乃至治疗作用。这是我们开出的"中国药方"，也应当是我们的文化自信。

当前中国企业家的最大精神动力，莫过于以习近平总书记为核心的党中央提出的"两个百年"的宏伟目标和"四个全面"的战略布局。正在走向中华民族伟大复兴的中国，正在和平崛起的中国，正在走向世界中心舞台、向世界输出资本硬实力和文化软实力、在全球治理中发挥越来越大作用的中国，呼唤中国的企业家，呼唤中国特质的企业家精神。这样的机遇千载难逢，我们有理由相信，中国的企业家队伍会迅速成长，企业家阶层会很快形成，中国的企业家精神也会扎根中国大地上，充分吸收中国优秀文化的营养，形成中国特质、中国风格。我们更有理由相信，伴随着中国企业走向世界，中国的企业家也会在全球竞争中快速成长，中国特质的企业家精神也会在世界上得到树立并发扬光大。

第十六章

中国企业家精神的历史传承与创新

——专访北京大学经济学院王曙光教授

"韦伯命题"的影响及其终结

问：提起企业家精神，很多人会想到马克斯·韦伯的《新教伦理与资本主义精神》，韦伯认为，中国儒家伦理无法催生真正的企业家精神。对此您怎么看？

答：韦伯的《新教伦理和资本主义精神》，在西方和东方影响都很大，他认为在中国和受儒家文化影响很深的东亚国家，无法产生真正的企业家精神，这被称为"韦伯命题"，其观点被很多人接受。很多学者对此深信不疑。但其实，从"韦伯命题"提出之后，反对的声音也同样有很多。这个命题，我在二十多年前读本科的时候曾经研究过，当时我和我的导师陈为民先生还合作写了一本书《儒家伦理与现代企业精神的承接》，对韦伯命题进行了详细的分析，并且以东亚经济的崛起作为有力的例子，通过分析以日本为主的亚洲四小龙，和改革开放后的中国经济崛起，反驳了"韦伯命题"。最后我们得出一个结论：东亚的现代化，或者说东亚企业的现代化，并没有受到儒家伦理的制约和束缚，相反，儒家伦理在东亚经济的现代化过程中，起到了很好的催生和助推的作用。这实际上是一个完全的颠覆，宣告了"韦伯命题"的终结。

我认为，企业家精神并不是一个神秘的东西，它只是经济活动过程中的产物，伴随着经济活动而存在。韦伯认为是新教伦理催生了资本主义精神，也就是企业家精神，实际上是资本主义经济本身的崛起和企业家阶层的出现，催生了新教伦理，改变了传统的基督教伦理。伦理是经济活动与社会交往的产物，而不是相反。

其实，人类的经济活动一直存在和演变着，企业家精神（广义上的）也早已存在着，而绝不因为有了资本主义之后企业家精神才一下子蹦出来的。拿中国来说，我们有着自己历史悠久的商业传统，我们的商业精神，其实跟现代企业精神是很类似的。我所崇敬的赵靖先生，是中国经济思想史领域的开创者之一，他的《中国古代经济思想史讲话》《中国经济思想通史》是研究中国古代经济思想的奠基之作。赵靖先生对于韦伯是持批判态度的，认为韦伯的学说，在理论上是"头脚倒置"，韦伯把文化，尤其是宗教，看作是经济发展的决定力量；其实，新教中的所谓资本主义精神，恰恰是经济发展的产物。是欧洲的经济发展，是经济力量的推动，催生了宗教改革，从而产生了包含资本主义精神的新教伦理。而新教伦理反过来又促进、加速了经济发展，是这样一个关系。韦伯却颠倒过来说了。所以说新教伦理不是空穴来风，它不可能脱离经济的发展和企业的实践而独立存在。同样，中国也有自己广义上的企业家精神，因为中国的商业活动数千年来一直没有中断。中国的儒家伦理道德体系，也不是凭空形成的，而是受中国数千年经济和社会发展的影响。反过来，儒家伦理道德也在影响着经济活动和社会发展，二者是相辅相成的。

中国企业家精神的四个阶段

问：既然中国很早就存在有和现代企业精神相类似的商业精神，那么它是什么样子的？又是怎样演变和发展的，可有自己的脉络？

王曙光：我把中国的企业家精神分为四个历史阶段：一是传统的广义企业家精神。二是近代工业化初期的企业家精神。三是工业化迅猛兴起时期的新中国企业家精神。四是工业化高潮时期的改革开放以来市场经济下的企业家精神。

先说传统广义企业家精神。这个时间起点是先秦时代，也就是中国的古典主义时代。大概从孔子开始，当时社会上的经济活动比较频繁，伴随着经济繁荣，出现了很多的大商人，也随之出现了大量关于商人精神的讨论。关于商、商人，讨论最多的就是一个人应该如何处理"义"和"利"二者之间关系的问题。实际上就是我们说的"义利之辨"。在中国历史上有三大主题："义利之辨""华夷之辨""君子与小人之辨"，贯穿了中国两千多年的社会发展历史。其中，"义利之辨"是核心，被认为是"儒者第一义"。王夫之更是认为，"义利之辨"是制约"华夷之辨"和"君子小人之辨"的根本，"天下之大防二，而其归一也，一者何也？义利之分也。"我们今天再来看"义利之辨"，会发现在孔子和孟子那里，是两个完全不同层次的东西。他们二人都强调义利合一，可是又有不同。在孔子的时候，有两种说法，一种叫以义制利。这是从底线角度讲的，以义来约束人们的本能逐利行为，我认为这可以称为儒家的消极伦理，是一个底线意义上的伦理，每个商业行为和逐利行为都要受到义的制约。第二个层次是儒家的积极伦理，我们可以概括为"义以生利"。只要一个人的经济行为符合义和礼的要求，利就来了。做好事能得到更多利益，这一点和现代企业社会责任理论是完全一致的。作为一个企业家，为什么要强调爱国，要反哺社会，要关注社区利益，促进共同发展，就是因为"义以生利"，利他才能利己。要想最大限度地利己，必须先利他，这就是义和利的更高层面的关系。

后来到了孟子那里，就不像孔子那么中和，他见梁惠王，说"何必曰利"，不谈利，"有仁义而已矣"。后来一直到了宋代，在南方经济发达的地区，产生了功利主义儒家，代表有叶适为代表的永嘉学派、陈亮为代表的永康学派，都在温州、台州这一带。永嘉学派又被称为功利学派，提倡"经世致用，义利并举"，永康学派的陈亮，将道义和功利并列，认为二者不能分开。这都是在肯定人的逐利欲望的正当性。人生来有追逐利益的欲望，无可厚非，但是必须受到义的约束。在当时士农工商，商人处于四民之末，应该说功利主义儒家思潮的兴起，对于商人地位提高，和商人逐利精神的肯定，产生了很大影响。而这又和南宋时期的开放的、蓬勃的经济活动的兴起是分不开的。

其实，早在司马迁那里，就肯定了人们的逐利欲望，提出利是人们的生活要求，追逐物质利益是人们的本性。"天下熙熙皆为利来，天下攘攘皆为利往"。他的《货殖列传》，就是最早为中国商人树碑立传的。在肯定人的逐利欲望正当性基础上，他又提出了"富而好德"，就是我们说的儒商。陶朱公范蠡，孔子的高足子贡，这两个人都是儒商的杰出代表。知识分子参与商业经营，精英人物参与商业活动，提高了商人的道德操守和社会责任。中国企业家精神的基因从先秦时代就奠定了。

再说第二个历史阶段，就是中国近代工业化初期。当时的中国面临亡国灭种的危机，因此呈现出两个鲜明的特点：一是民族危亡，二是西方对中国的影响。我把这一时期的企业家精神总结为八个字：家国情怀，民族精神。家和国都要没有了，中国传统儒家文化的"修齐治平"，讲的就是家国天下，只不过那是在士大夫层面，现在则跟每一个人息息相关；民族精神和民族意识空前高涨、觉醒，中华民族如何在世界民族之林自立，成为每个人都在思考的问题。正是这两点促使企业家开始把自己的经营行为和国家命运自觉地、主动地联系在了一起，形成了"家国同构"。我们看这一时期的大企业家：张謇、荣氏兄弟、范旭东、刘鸿生、陈光甫、周作民、卢作孚，穆藕初，还有著名的爱国华侨陈嘉庚、张弼士，在这些大企业家身上无不呈现出共同的特点：一是有担当、有情怀。这些人可不是普通人，都是大知识分子，他们中的大部分人都在国外留过学。例如陈光甫是从宾夕法尼亚大学沃顿商学院毕业的，范旭东是从日本留学回来的，穆藕初是从美国留学回来的。这些人对于西方文化和现代文明都有着深刻的了解。同时这其中还有张謇这样的晚清状元，对于中国传统文化可以说深入到骨子里。二是强烈的民族意识。这些人可不是单纯做生意，他们办企业都是经过了深思熟虑的，是有着明确的实业救国、实业兴国的抱负和追求的。他们也是最早一批社会责任意识自觉觉醒的人。在这些人身上，可以说结合了两种截然不同的东西：既有西方现代文明意识，又有中华民族的本土意识；既有开放性，又有传统文化的保守。

在这些人身上，中国儒商文化的一大精神特色表现得淋漓尽致，那就是义利合一。陈光甫开办银行、卢作孚造船，张弼士造葡萄酒，范旭东投身化工业，他们都不是出于个人目的，所追求的也不是个人私利。这是真正的儒商。三是在这个中国社会从传统向近代、现代过渡的阶段，这些人身上既有独立的企业家精神，又摆脱不了跟官府密切结合的传统官商文化本性。其中有一个代表人物，就是盛宣怀，被誉为"手握十六颗夜明珠"的大企业家，他创办了中国近代工业化历史上的无数个第一，但是他的成功主要是善于和政府打交道，利用官府的力量达成目的。他也是冯友兰说"中国文化两千年解不开的死结"的官商文化代表。

　　第三个历史阶段，是工业化迅猛推进时期的新中国企业家精神。好多人认为中国文化产生不了企业家精神，中国没有自己真正意义上的企业家，这个说法有问题，太过绝对化。我们强调，企业家精神并不神秘，它只是一个随着经济活动的繁荣和社会的进步发展而自然涌现出来的产物。其实中国的近代化虽然开始很早，却并没有完成。一直到新中国成立，才真正开始了工业化。当时有两大国家任务。一是工业化，二是赶超西方，后来形象地称之为"超英赶美"。在这两大历史任务的指引下，当时的企业呈现出两个鲜明的特点：一是很强的奉献精神，国家至上，国家目标超越企业目标。二是企业与国家同构，自觉将企业的发展和中华民族的伟大复兴同构，不分彼此。在解放初期，有一个特殊的公私合营阶段，叫作"一化三改"，一化就是逐步实现社会主义工业化，三改就是逐步实现对农业、手工业和资本主义工商业的社会主义改造。在这个改造过程中，一批近代有名的企业家纷纷支持国家建设，主动接受改造，放弃私人企业，如荣毅仁先生，同仁堂的乐松生先生，都表现出了极高的觉悟和极大的积极性。也有人会说，他们是被当时的形式所逼迫，是大势所趋，但我们应该看到，他们也是经过了反复思考，才做出了最终的抉择的。他们这么做，有顺应历史潮流的需要，更因为在他们内心里，社会主义的工业化建设，新中国崛起的民族复兴之梦，和他们内心的企业家抱负是暗合的，济世安邦，利国利民，何乐而不为？所以说这既是大势所趋，也是这些企业家的主动选择。新中国在大规模工业化时期，涌现出了像王进喜这样的人物，我认为他不能被看作一个简单的英雄模范人物，而是一个特殊时代的卓越企业家。王进喜这个人很特别，他的奉献精神，以他为标志的"铁人精神"、大庆精神，代表了那个时期中国特有的企业家精神。我们知道，大庆精神最重要的是什么？就是爱国主义，是献身精神。因为当时我们国家的工业基础实在太薄弱了，又没有外援，只能靠自力更生，艰苦奋斗。所以像王进喜所代表的企业家精神就弥足珍贵。当半个多世纪过去后，我们再回眸历史，再去看这种工业化迅猛推进时代的精神动力，我们已经很难想象，王进喜跳进泥浆池子里，用自己的身体去当搅拌器，可这就是在那个年代里真实发生过的事情，现在到大庆看看，还有王进喜留下的遗物，还可以到处可见"铁人"精神所留下的痕迹和影响，毫不褪色。

在新中国成立之后迅猛推进工业化的时期，还有特别值得一提的就是《鞍钢宪法》。这是新中国诞生的、特有的企业管理方法，是毛主席亲自命名并做了批示，号召向全国进行推广的。《鞍钢宪法》的基本内容是"两参一改三结合"，即干部参加劳动、工人参加管理；改革不合理的规章制度；工人群众、干部、技术人员三结合。其核心就是"民主管理"，这也是中国共产党的优良作风和成功经验。毛泽东在批示中，将鞍钢的报告总结概括为五个方面的内容，即"坚持政治挂帅，加强党的领导，大搞群众运动，实行两参一改三结合，大搞技术革新和技术革命运动"。《鞍钢宪法》诞生后，不但在中国名噪一时，一些欧美、日本的管理学家也在研究，称之为"后福特主义""团队合作""全面质量""经济民主"。甚至有人认为"丰田生产方式"，实际就是工人、技术人员和管理者的"团队合作"，秉承的正是"鞍钢宪法"的核心理念。今天，我们再来看《鞍钢宪法》，仍然有它的积极意义，最重要的一点就是：作为企业领导者的企业家，不再是高高在上，而是和民众打成一片，发挥群众的集体智慧，依靠民众的创新和创造精神，依靠团队和集体力量，形成推动企业向前发展的整体力量。这种团队精神，集体主义精神，对我们今天的国有企业和民营企业来说都非常重要。

第四个阶段，是工业化高潮时期的社会主义市场经济下企业家精神。20世纪80年代以后，随着改革开放不断深入，企业成为自负盈亏、自主经营的市场主体，现代企业家群体应运而生。这个群体有两个来源：一个是带有集体性质的企业，改制之后成为培育企业家的土壤。例如张瑞敏，海尔当初就是一个集体企业；柳传志，联想也是个科研院所办的集体企业；还有一个来源是乡镇企业，比如鲁冠球，当时的万向就是乡镇企业。这些企业家的出身不同，历史背景千差万别，但是却有一个共同点，那就是都带有现代企业家的精神基因。他们处在一个经济转型的大时代，不可避免带有鲜明的时代特点：一是这一代的企业家，普遍有着济世情怀。像张瑞敏、柳传志、任正非等人，都不是唯利是图，而是继承了原来古典意义上儒家文化"义利合一"的精神。二是这一代企业家，普遍顺应时代，具有在转型时代嗅觉灵敏，开拓创新的能力，善于创新，抓住机遇。三是国际眼光，他们虽然在家门口艰难起步，但后来都自觉主动地参与了国际竞争。他们和新中国成立初期的那一代企业家相比，国际格局更为明显，现代企业家意识特别突出，市场意识不断增强，现代契约精神、创新意识、工匠精神、社会责任意识都具备了。这一代的企业家，可以说真正意义上的现代企业家了。

国有企业的企业家精神

问：谈论企业家精神，不能忘记国有企业的企业家精神。国有企业是国民经济的主脉，企业家精神方面是否也应该有代表性？

答：是的。就像有人认为中国没有企业家精神一样，也会有人认为，中国的国有企业是没有企业家精神的，这当然是不对的。国有企业在新中国成立之初，曾经缔造出了代表时代之魂的企业家精神；在改革开放后，国有企业经过改革，一次次焕发出活力，在不同时期都始终承担着中流砥柱的作用。国有企业的企业家精神，也始终没有中断过。

我举一个中央企业企业家的例子，就是宋志平先生，他是中国建材和中国医药两大央企的掌门人，在他的手上，中国建材和中国医药双双进入世界500强。这两个行业可以说都是我们的传统行业，而且面临如何可持续发展的难题。可是宋志平不但破解了难题，而且走出了转型成功的新路子。他成功的具体原因就不说了，只讲一点，就是他把行业领域内上千家的竞争对手都变成了合作伙伴；这就是典型的中国式思维，是中国儒商文化中最古老的"和为贵"思想的现代化应用。像宋志平这样的中央企业、国有企业企业家还有很多，他们共同的特点，就是自觉地将企业命运和国家命运联系在一起，在中华民族伟大复兴的征途上，主动担当，积极作为，这就是中国特质的企业家精神。

中国企业家精神的六大误区

问：在了解企业家精神发展的几个阶段后，我们对中国企业家精神的发展脉络更加清晰，也更加自信。但与此同时，是否也存在一些问题？

答：中国企业家精神有自己的优势，但我们的企业家也有自己的缺陷。我将这些缺陷归纳了一下，一共分为六大误区：一是缺乏独立的人格，跟政府过于密切。官商文化在两千多年中一直存在着，今天叫作政商文化，但还是脱离不了和政府的关系，造成很多企业家对自己的定位不准。不清楚跟政府究竟应该是一种怎样关系。

二是很多企业家自私自利。所以如此，是因为他们误解了西方资本主义精神，他们认为资本主义精神就是利己，利润是资本的唯一追求，做企业只要挣钱就够了，根本没有社会意识。这样的认识可以说相当肤浅、片面。

三是投机取巧，不是靠着创新技术，去推动社会进步，而是靠着投机取巧赚钱，通过一些不正当的手段来发财致富，缺乏的就是工匠精神。

四是短视和机会主义，缺乏永续经营的思想，没有做百年老店的追求和抱负。

五是缺乏契约精神，法律意识淡薄。

六是有竞争意识，但没有合作意识。这同样是对资本主义精神的误读。一提到市场经济，想到的就是你死我活的竞争，却不知道资本主义也是讲合作的，而且企业要想真正实现永续经营，长久发展，就必须合作，要有合作精神。

企业家精神的重塑

问：既然我们的企业家精神有自己的传统优势，也有不足，那么面对未来，我们应该如何更好地进行传承，并且在传承的基础上创新呢？

答：我们回眸历史，是为了更好地面对未来。企业家精神是我们珍贵的历史和文化资源，也是我们现代社会稀缺的资源，一定要好好地加以传承，同时在传承的基础上创新。我认为有以下几个方面：

一是全社会要给企业家创造提供一个良好的成长环境，要珍惜企业家，认识到企业家精神很宝贵，是不可多得，甚至是可遇而不可求的，要珍惜。

二是要用法治塑造好的环境。要给企业家以稳定的预期，用法治的环境和法治的精神来培育企业家和企业家精神。

三是保持好政府和企业家的正常关系。作为政府官员，要呵护企业家，和企业家做朋友，而不是像有的地方官员那样杀鸡取卵。要像习总书记讲的那样，构建"亲""清"的新型政商关系，这需要政府官员和企业家一起努力。

四是要严格保护企业家的财产安全。在这方面国家已经出台了法律，给企业家一个稳定、安全的环境，让企业家可以安心地去施展才华抱负。

五是社会意识层面，要给予企业家以正面的认识和肯定的评价。我们过去讲的商人为富不仁，唯利是图，无商不奸，都是对商人的偏见。其实商人也好，企业家也好，都是社会劳动者，无工不富，无商不活，士农工商，一样是给社会做出贡献的。所以对于通过自己的辛勤劳动和智慧才华创造财富的企业家，我们不应该仇富，而应该给予尊重。

最后，我想说的是，21世纪的中国企业家必将登上世界舞台的中央。伴随着我们国家倡议的"一带一路"，以及参与全球化治理的步伐加快，中国企业大规模地走出去，中国企业家不管是在现实竞争中，还是在精神修炼的更高层面上，都将面临重大的挑战，但更面临不可多得的历史机遇。历经风雨洗礼之后的中国企业家，一定会赢得世界尊重！

尾声：领导未来

——中国企业家精神与世界大同

2017 年 1 月 18 日，中华人民共和国主席习近平在联合国日内瓦总部发表了"共同构建人类命运共同体"的演讲，首次向世界提出"构建人类命运共同体，实现共赢共享"的中国方案。作为响应和肯定，2 月 10 日，联合国社会发展委员会第 55 届会议协商一致通过"非洲发展新伙伴关系的社会层面"决议，"构建人类命运共同体"理念首次被写入联合国决议中，体现了这一理念已经得到广大会员国的普遍认同。

这一认同，体现了中国对全球治理的巨大贡献，更体现了中华古老文明几千年来所一直倡导和追求的理念"世界大同，天下一家"正在焕发出新的生机。从 20 世纪末期有识之士做出预言"21 世纪，将是中国的世纪"，到 21 世纪第一个十年中国以磅礴之势实现和平崛起，再到第二个十年，金融危机之后的世界文化和文明中心开始向着东方"回归"，一系列事实证明，中国已经重新站在世界舞台中央，中国人经历了鸦片战争之后一百七十多年的追赶、拼搏和奋斗之后，正在重新找回和确立自信，并且将不可阻挡成为未来新世界的领导者之一。

领导世界，对中国是古老的，也是崭新的；是熟悉的，也是陌生的。尤其今日的世界，正面对着人类自有文明以来最复杂的情形：一方面是空前发达的科学技术，带来了物质最为丰富的时期，甚至人工智能将最大限度地帮助人类解决体力劳动问题，从而享受最富足惬意的工作和生活；另一方面是触目惊心的环境污染，地球家园所提供给我们的资源正在被疯狂掠夺，人性的贪婪和自私欲望从来没有如此被放纵，核战争的阴影，恐怖主义的幽灵，甚至人工智能的威胁，焦虑和不安让人们的身心失调，人类的精神从来没有如此的压力重重和苍白疲惫……

那么，领导世界，中国做好准备了吗？中国文化又将给出怎样的支撑呢？

对于国家层面上，我们姑且不谈；对于中国的企业和企业家来说，中国经历了改革开放以来的"请进来"，如今正在进入第二个阶段："走出去"。中国企业不论是国企还是民企都轰轰烈烈地开始了全球化征程。这是一个大的潮流，也是一个不可避免的趋势。而中国的企业和企业家在世界范围内，和全球的商业对手竞争，面临的不外两大问题：一是如何打造我们的领导力？二是如何创新我们的文化力？先来看第一个问题。

关于领导力，首先我们要明白最基本的一点，就是今天我们置身互联网时代，一切都在改变，一切都在创新，"领导力"也已经与传统意义上不同：传统的领导力是像美国那样，拥有全球的"话语权"，也可以称为霸权，就是绝对的领导力。但这种领导力如今已经走向衰落。因为互联网将整个世界连接在一起，地理空间上的隔阂消失了，时间上的距离缩短了，你中有我、我中有你，互相依赖、互相促进，只有共同发展，才能实现共同梦想。在这样一个彼此联系、沟通在一起的新世界里，从一元中心变成了多元中心，甚至是互为中心，没有了传统意义上的绝对主角，没有了高高在上的领导者，没有任何一个人、一个国家，再能做到以自我为中心，以自己的利益为中心，而去号令全世界。这就好像多米诺骨牌所揭示的一样，每一张骨牌都是一个独立的存在，但是又都和其他的骨牌相互依存。如果其中的任何一张骨牌倒了，那么整个多米诺骨牌所组装起来的世界将轰然倒塌。这就是互联网时代的世界，突出自我但也更加强调共性：突出自我，是为了有更强的包容能力，每一个个体都必须对自己的行为有足够的负责能力，并且能够自主为他人担当，敢于担当，勇于作为，成为一个更大组织中的倡议者或者领导角色，每个人都是自己的领导，同时也能够领导他人。强调共性，是因为要么共同走向明天，要么一起走向毁灭，这就是"人类命运共同体"的含义，没有选择，没有任何人能独善其身。霍金所预言的"地球之外的其他家园"，只能是遥远而不可及的梦。

其次，即使是中国式的领导力，也不是一蹴而就的，而是渊源有自，既要遵循古老的传统，又要在传统的基础上创新。在最古老的《尚书》，我们的祖先就提出"协和万邦"。如何实现这样的领导力？《易经》的乾卦中"用九"说："群龙无首。"请注意，这可不是一个贬义词。而是说一群龙在一起，根本不需要一个领导者。因为每条龙本身，都是一个卓越的个体，都具备领导自身的能力，同时能够与其他的龙和谐相处，包容性地结合在一起，构成一个具有强大力量而又有着谦逊品格的群体，造福于整个天下。龙，善于变化，喜欢变化，能够洞察变化，领先变化。龙的能力也不是天生的，而是需要经过修炼的。

龙，并不是真的自然界的动物，而是中国人的想象，是对华夏两大民族炎帝部落和黄帝部落融合之后的产物。但是西方人却无法理解中国的"龙"，将其理解为"恐龙"，理解为暴力。这就大大走样了。龙，被选择作为中国华夏民族的统一图腾，实际上被寄予了丰富的象征含义：

一是融合。龙是多种动物的集合，汇集了鱼、鳄、蛇、猪、马、牛等动物的特征，甚至包括云、雷电、虹霓等自然天象的一部分特征。这种融合本身就是华夏民族不断地融合的进程反映，最后形成一个新生体。

二是开放。飞龙在天，龙是在天空翱翔的，而天空是无限的，没有边界的。

三是提升。龙是积极进取的，从水中到陆地，再到天上，不断进取，不断提升自我。

四是无私。龙被认为是掌管雨露的，布云施雨，滋润天下万物，而没有一点私利之心。

五是至善。龙代表着天，与天地同寿，和天一样具有大德，代表着"天良"。

六是无为。无为就是顺应自然，和自然融合一体。在该风调雨顺的时候，布云施雨；在人类做错了事情应该受到惩罚的时候，和自然一道，大旱或者大涝，对人类进行毫不留情的惩罚。正是这种强大的雷霆万钧的震慑力量，压抑了人类天性的贪婪和自私，促使人类走向友爱和平。

以上"龙"的这些特质，虽然是我们的祖先赋予的，但是在今天看来，作为一个领导者，正是必须具备的特质。只要有了这些特质，不管在什么时候，都可以成为一个优秀的领导者，拥有令人心悦诚服的领导力。

接下来我们再看第二个问题：如何创新文化力？

要创新文化力，尤其在互联网时代要创新中国的文化，有几个层次显而易见：

第一个层次是创新文化。创新这个词大概是进入 21 世纪以来被提到最多的一个词。实际上 21 世纪就是一个创新的世纪。每一天，每一刻，甚至每一秒，创新都在发生，世界都在改变。这还不算，随着人工智能的出现，创新的速度更加不可思议：以在围棋界攻陷了人类智慧最后一块阵地的阿尔法狗来说，它第一次出现在世人面前是向人类历史上最优秀的棋手学习，第二次出现已经是自我学习了。它一天 24 小时都在学习，而进化速度是以秒来计算的。人类的棋手需要吃喝拉撒睡，而对阿尔法狗来说只有一件事情，就是学习。这样看来，最大的创新将来一定是人工智能，我们创造了人工智能，而人工智能很快就会完成自我进化，从学习人类到自我学习，最终战胜人类，甚至创造出自己的文化和文明。这样的一幕似乎只有在科幻小说和电影中才会出现。

但不管怎么说，创新无时无刻不在发生。如同一句广告词所说："这个世界在残酷惩罚不改变的人"，你不改变，这个改变的世界就会将你淘汰。在传统工业时代，竞争对手也许只是某一个人，某一个企业，但是在今天，每个人的竞争对手都一样，就是这个迅速变化的时代。

因此，对任何人、任何企业、任何国家来说，创新文化都必须被列在首位。包括中国在内，很多国家制定了国家创新计划，不创新，毋宁死！

第二个层次是包容文化。如前所述，人人都知道创新的重要性。但是大家面临一个共同的问题是：创新从哪里来？它如何发生？又依靠谁而发生？

这是一个有趣的问题，也是一个仁者见仁智者见智的问题。对习惯了传统思维的人来说，认为创新当然来自于精英阶层，来自位于社会金字塔顶端的那些高学历、高净值财富，甚至是握有权势的人们。创新当然只能由他们来推动，利用非凡的智力，利用强大的资本和科技力量，以及利用国家机器的力量，来推动创新，来创造出"创新"。然而，真的是这样吗？一群年轻人可不这样认为。在90后，乃至更年轻的00后看来，创新当然是年轻人的事情。事实上在一些领域的确如此：看看那些计算机高端技术领域，以及航天航空等特定的技术领域，不都是年轻人的天下？平均年龄30岁上下的年轻人主宰了一切，他们体力充沛，头脑灵活，有着理想主义和火一样的青春激情，创新只能在他们手中发生，他们就是未来，只有他们才是创新的领导者！

但是和以上两种观点不同，也有人认为更大的创新来自于普通人群，是无数的普通人而不是只有精英和青年人构成了这个世界的绝大部分，正是这绝大多数的人类社会的主体，他们的无穷无尽的生命欲望和精神需求，构成了一个广阔无边的市场，这个永远不会被满足、不可能被填满的市场成为所有天才的主意和一系列科学技术付诸应用实践的最理想场所。如果没有这样的试验田，科学发明只能在实验室里发生，再先进的人工智能机器也没有用武之地。最普通、最广大的人群才是第一推动。他们也许并不完美，但正是这不完美产生了推动力。

当然了，对于这最广大的人群来说，排列在第一的并不是创新文化。因为每个生命都是一个完美的创造，一个生命从生下来开始，就不再创新了，只要按照生命本来的样子，就可以成为一个人；如果再加上后天的教育，则会成为一个社会上标准所评判的杰出的、完美的成功者。

对于人来说，并没有自我创新的需求，但却有着一种更大的需求，那就是人与之间的沟通。生而为人，作为万物之灵，不知怎的却害怕孤独。只要是人，就有沟通的需求，有融入群体、得到肯定的精神需求。这样产生了社会，进而产生了文化和文明。也正是这种渴望无限融入、无限沟通的本能需求，最终产生了互联网，并且还将进一步万物互联。

因此，对于需要沟通、联系、融合的最广大人群，所需要的文化是包容文化。彼此就生命的形式而言，是相同的；但因为不同的文化和文明背景，形成了不同的"人"。不同的"人"的联系、沟通，是一个复杂的过程，这就需要包容。互相包容，互相带着最大的诚意和善意去接纳对方，如果说人类社会还会变得更好，就必须进一步发展包容性。

　　就像大海一样，大海接纳天下各种江河、各种形态汇聚而来的水，最后统一形成了大海。而大海又通过阳光的蒸发，将海水再变成各种形态，回归大地，回归原来的地方。在这个永恒不变的循环过程中，创造了生命。

　　这似乎可以得出一个结论：只有在一个包容性的环境里，才会产生创新。

　　美国的硅谷是引领人类进入互联网时代的精神策源地之一，在这里，包容成为一个最基本的、也是特色最鲜明的特征，包容产生了创新。

　　第三个层次是善或恶的文化。既然包容产生创新，那么怎么创造一个包容的环境呢？

　　在一个现实的社会中，大到一个国家，小到一个企业，一个家庭，要形成包容的氛围和环境，有两条显而易见的道路：一条道路是改变外在的环境。改造环境是由于西方社会自从文艺复兴以来"人"被重新发现，人的理性得到空前的重视，于是人类就借助理性而发展了科学技术，从而完成了对环境的一系列改造。这改造包括自然环境，也包括社会制度和文化。通过改造，一种崭新的文明或者叫文化形态产生了，就是城市文明、城市文化。城市的规模有大有小，城市的主要支撑工业也不一样，有重工业，也有轻工业，但是城市的精神都是一样的，那就是开放、自由、责任。开放是对任何人开放，可以自由来去，水一样流动；自由是人的生活和精神随心所欲，只要你的经济能力足够支撑；责任就是每个人都是公民，必须承担最基本的社会责任。但是城市经过二三百年的发展，日益繁荣的同时也带来了城市病。因此这条道路只能是有限包容。

　　还有一条道路是改变我们的内心。整个东方文化在现代化之前就已经走在这条道路上。以中华文明、印度文明作为代表，都强调人与环境并不是对立的关系，恰恰相反，人的生命是宇宙创造，人的每一个部分都带着宇宙的完全信息。事实上，人被创造出来，人也在创造宇宙。我们每个人内心的活动，每一个意念的产生和消亡都在改变着宇宙。每个生命从发育开始，其实都是一个自我寻找的过程。从新的精神形成到一点点扩展，最终重新与宇宙融合在一起，宇宙即我心，我心即宇宙。

　　从西方的道路出发，我们发现，会很容易走到恶的道路上去：因为向外发展，就会发现资源的有限，就会产生争夺、形成冲突，最后导致战争。而战争是人性之恶的最集中体现：一旦进入战争状态，人就不是"人"了！

　　从东方的道路出发，人们则很容易就会走到善的道路上去。因为向内探索，就会发现生命中包含着宇宙的信息，这种信息还诞生在善的前面，就是爱的信息。其实每个生命都是由爱而形成的，携带着爱的种子。

　　因此，在以上三个层次之上，我们还要再加上一个层次，也是最高的层次：仁爱文化。仁爱最早是由孔子提出来的。而孔子的仁爱思想形成，又是受到了母亲的影响。因此也有人说，母爱是仁爱和平之源。人类社会最初的童年记忆，就是母系社会。那时候的人类社会是金色的，充满了幸福、温暖的回忆。后来进入父系社会，进入男权社会，冲突和争夺增多了，战争也多了起来。

　　仁爱，就是要通过每个人克制自己的内心欲望，从而减少在外在的现实世界中对资源的争夺，对外在物质的无休止的索取。以前在古代社会，物质匮乏，孔子这么说或许还被很多人嘲笑，但是今天人类社会已经进入物质过剩，第一次出现了生产过剩和进入整体上的消费时代，这时候，战胜自我，克制欲望就变得尤其重要。既然我们是人，是有理性的，那么就有能力做自己的主人，为了保护自己，也保护整体的地球家园，一起努力创造一个幸福和谐的明天，而不是一起走向毁灭！

　　最后，关于中国的企业家如何在全球化的市场竞争中去发挥领导力、去创新文化力，去缔造属于中国企业家的整体性精神，我们给出四大法则，其实也是中国最古老的智慧典籍《易经》中的四大法则，那就是：元、亨、利、贞。元，是"始其大"。万物始生之时，就已经包含有未来变大的潜能特性。一棵小草和一棵大树的不同，不是后天环境决定的，而是在种子那里就已经判别了后来的不同。对于我们的企业家来说，必须从一开始就有追求"至善"的心；亨是"沟通"，人与人沟通，人与天也就是自然沟通，要做到沟通离不开一个"诚"字。诚能感物，更能成物。诚也是天地宇宙的本源，只要诚的根基牢固，就不会有大的灾祸；利是"义之和"，我们的企业家精神和西方之所以不同，就在于我们是建立在利他主义基础上，所追求的是天下公利，是大利天下。为他人着想，为社会和国家着想，为整个人类的利益和幸福着想，在这个过程中，个人的小利自然就得到满足，不言自明；贞，是"正道"。坚守正道，有利于天下、有利于全人类的就是正道。如果个人利益和集体利益、人类社会的整体利益发生了冲突，一定是舍小就大。只有为着最广大的人群利益着想，才会永远立于不败之地。

老子说："绝圣弃智"，真正的大企业家，是不需要什么条条框框的法则作为根据和指点的，他们只需要听从自己的内心。而在我们的内心有什么？是天地宇宙早已种植下的爱的种子。我们其实只需要细心呵护这种子，令其生根发芽，长成参天大树。内心的爱充盈之后，自然会转化为外在的善。将个人的善向外扩大，由家及国，行之天下，就是仁爱。求仁而得仁，一个人拥有这样的一生，还有什么可遗憾和不满足呢？到那时，"世界大同，天下一家"，不就自然而然地实现了吗？

最后，本书即将出版之际，9月25日，《中共中央国务院关于营造企业家健康成长环境弘扬优秀企业家精神更好发挥企业家作用的意见》正式公布。这是我国首个聚焦企业家精神的文件，肯定了改革开放以来企业家"为积累社会财富、创造就业岗位、促进经济社会发展、增强综合国力作出了重要贡献"，尤其对企业家精神进行了概括"爱国敬业、遵纪守法、艰苦奋斗、创新发展、专注品质、追求卓越、履行责任、敢于担当、服务社会"，中国企业家群体的精神风貌第一次得到了清晰而全面的描述展示。"意见"更明确指出，在营造依法保护企业家合法权益的法治环境、营造促进企业家公平竞争诚信经营的市场环境、营造尊重和激励企业家干事创业的社会氛围、加强对企业家优质高效务实服务、加强优秀企业家培育的同时，更要加强党对企业家队伍建设的领导。这是一个坚定不移的核心，是过去改革开放近四十年中国特质企业家精神所赖以形成的一个重要原因，也是改革开放下一个四十年中国特质企业家精神持续健康发展的根本保障。

正如习总书记在中国共产党建党95周年大会上讲话所号召的"不忘初心，继续前进"，中国企业家精神从历史的长河中走来，怀抱朴素的"经世济民"理想，到后来立志"以商报国"，"家国同构"，最终在新中国成立后，尤其在改革开放的大潮中经历市场经济的洗礼而涅槃新生，涓涓细流，汇成江河；百折千回，终归大海。在中国共产党引领下全体中华儿女一起砥砺奋进的中华民族伟大复兴中国梦征途上，中国企业家群体将以更加昂扬的斗志和更加旺盛的精神，谱写新的篇章！

（全书完）